WELTRAUM
für clevere
KIDS

Fachliche Beratung Peter Bond

Projektbetreuung Wendy Horobin
Gestaltung Pamela Shiels, Rachael Grady, Lauren Rosier, Gemma Fletcher, Karen Hood, Clare Marshall, Mary Sandberg, Sadie Thomas
Redaktion Fleur Star, Holly Beaumont, Lee Wilson, Susan Malyan
Register Chris Bernstein
Bildrecherche Ria Jones, Harriet Mills, Rebecca Sodergren
Herstellung Sean Daly
Projektleitung Bridget Giles
Art Director Martin Wilson

Für die deutsche Ausgabe:
Programmleitung Monika Schlitzer
Projektbetreuung Martina Glöde
Herstellungsleitung Dorothee Whittaker
Herstellung und Covergestaltung Kim Weghorn

Titel der englischen Originalausgabe:
Space – A children's encyclopedia

© Dorling Kindersley Limited, London, 2010
Ein Unternehmen der Penguin Random House Group
Alle Rechte vorbehalten

© der deutschsprachigen Ausgabe by
Dorling Kindersley Verlag GmbH, München, 2011
Alle deutschsprachigen Rechte vorbehalten

Jegliche – auch auszugsweise – Verwertung, Wiedergabe, Vervielfältigung oder Speicherung, ob elektronisch, mechanisch, durch Fotokopie oder Aufzeichnung, bedarf der vorherigen schriftlichen Genehmigung durch den Verlag.

Übersetzung Martin Kliche
Lektorat Hans Kaiser

ISBN 978-3-8310-1939-7

Repro Media Development and Printing Ltd, UK
Druck und Bindung in China

Besuchen Sie uns im Internet
www.dorlingkindersley.de

Inhalt

EINFÜHRUNG 4

BLICK INS UNIVERSUM 6

Was ist das All?	8
Unser Platz im All	10
Ein Kreis aus Sternen	12
Frühe Theorien	14
Teleskope	16
Riesenteleskope	18
Licht sehen	20
Infrarotastronomie	22
Botschaften aus dem All	24
Unsichtbare Strahlen	26
Hubble-Weltraumteleskop	28
Hexen und Riesen	30
Observatorien im All	32
Seltene Observatorien	34

GEWALTIGES UNIVERSUM 36

Was ist das Universum?	38
Geburt des Universums	40
100 Milliarden Galaxien	44
Entstehung der Galaxien	46
Ein Sombrero im Universum	48
Die Milchstraße	50
Magellansche Wolken	52
Die Lokale Gruppe	54
Das Herz der Milchstraße	56
Galaxienkollisionen	58
Aktive Galaxien	60
Dunkle Materie	62

ABHEBEN! 64

Raketenantrieb	66
3, 2, 1 …	68
Der Spaceshuttle	70
Raumfahrtzentren	72
Start einer *Ariane 5*	74
Künstliche Satelliten	76
Satellitenbahnen	78
Satellitenbild	80
Raumsonden	82
Weltraumschrott	84

Nationen im All	86
Alternative Antriebe	88

MENSCHEN IM WELTALL — 90

Pioniere der Raumfahrt	92
Astronautenausbildung	94
Weltraumspaziergänge	96
Leben im All	98
Tiere im Weltraum	100
Erweiterung der ISS	102
Die ersten Raumstationen	104
Die Internationale Raumstation	106
Weltraumforschung	108
Weltraumtourismus	110
Raumfahrzeuge der Zukunft	112
Galaktische Fernreisen	114

DAS SONNENSYSTEM — 116

Die Geburt der Sonne	118
Die Sonnenfamilie	120
Merkur	122
Venus	124
Bilder von der Venus	126
Mars	128
Marsmissionen	130
Sandkunst auf dem Mars	132
Planetoiden	134
Jupiter	136
Jupitermonde	138
Voyager 1 & 2	140
Saturn	142
Saturnmonde	144
Saturn im Sonnenlicht	146
Uranus	148
Neptun	150
Pluto und danach	152
Kometen	154
Kometenmissionen	156
Meteore	158
Meteoriten	160
Leben auf anderen Welten	162

DIE ERDE — 164

Einzigartige Erde	166
Der perfekte Planet	168
Die Jahreszeiten	170
Erdoberfläche	172
Atmosphäre	174
Leben auf der Erde	176

DER MOND — 178

Begleiter der Erde	180
Finsternisse	182
Mondoberfläche	184
Reiseziel Mond	186
Der Mensch auf dem Mond	188
Wasserlandung!	190
Rückkehr zum Mond	192

DIE SONNE — 194

Die Sonne	196
Sonnenaufbau	198
Die Sonnenatmosphäre	200
Sonnenstürme	202
Beeindruckende Polarlichter	204
Der Fleckenzyklus	206
Sonnenbeobachtung	208

STERNE & STERNGUCKER — 210

Was sind Sterne?	212
Geburt eines Sterns	214
Helligkeitsausbruch	216
Wenn Sterne sterben	218
Interstellarer Raum	220
Mehrfachsterne	222
Kugelsternhaufen	224
Andere Sonnensysteme	226
Extreme Sterne	228
Schwarze Löcher	230
Sterngucker	232
Nachthimmel	234
Nordhalbkugel	236
Südhalbkugel	238
Chronik	240
Glossar	244
Register	248
Dank und Bildnachweis	254

Einführung

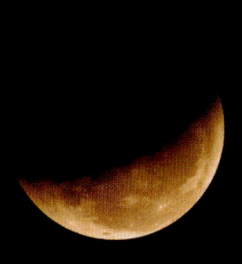  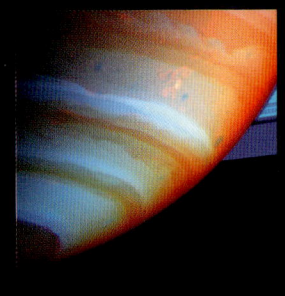  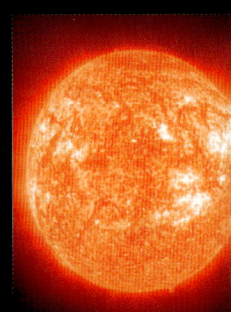

Erst etwa 500 Menschen konnten bis heute mit einem Raumschiff die Erde verlassen, um die Wunder des Weltalls zu erforschen. Dieses Buch nimmt dich mit auf eine Reise durch Raum und Zeit, auf der du das Universum entdecken kannst.

In den einzelnen Kapiteln erfährst du, wie Raketen und Teleskope funktionieren, wie man im Weltraum arbeitet und lebt und welche ungelösten Rätsel die unendlichen Weiten des Universums bergen. Die Reise führt dich von unserem blauen Planeten zu fremden Welten mit lebensfeindlicher Umwelt, versteckten Ozeanen und riesigen Vulkanen. Du entdeckst farbenprächtige Nebel, Milliarden Sterne und Galaxien, die über das gesamte Universum verstreut sind.

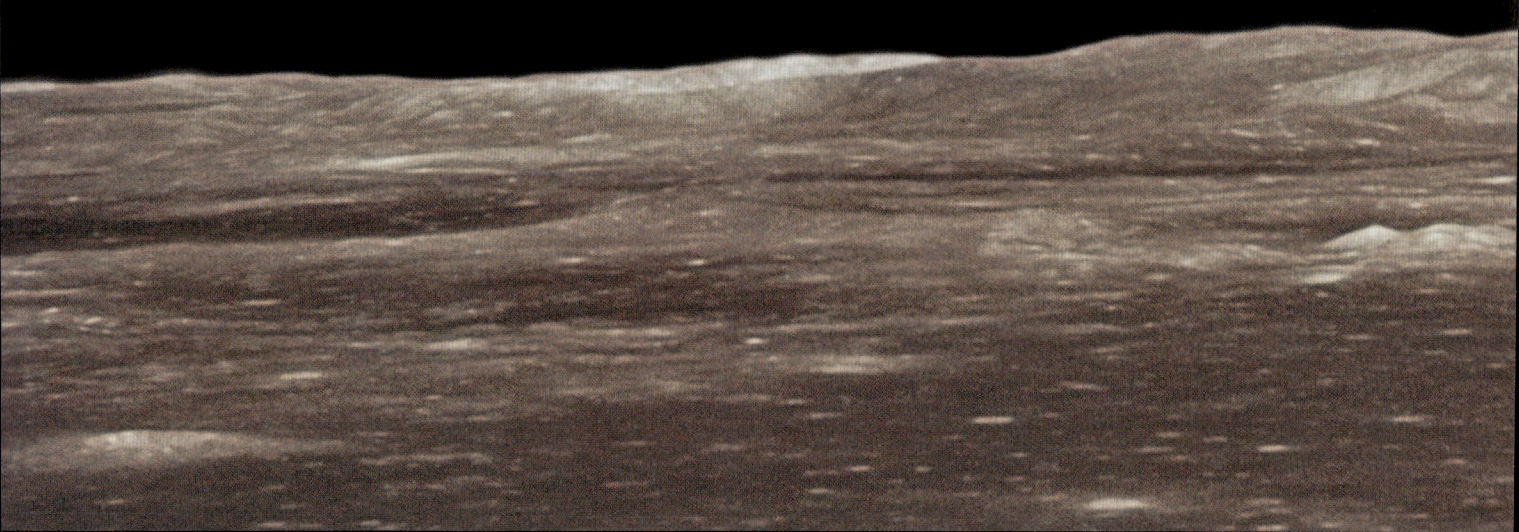

Mit seinen wunderschönen Aufnahmen, die die stärksten Teleskope der Welt machten, und den vielen erstaunlichen Fakten ist dieses Buch ein wertvolles Nachschlagwerk für alle, die sich für die faszinierende, unvorstellbar große Welt, die unsere Erde umgibt, interessieren.

Jeder, der einmal in den Nachthimmel geblickt und sich dabei staunend gefragt hat, wie es dort oben wohl aussehen möge, wird dieses Buch nicht mehr missen wollen.

Peter Bond

👁 Dieses Symbol verweist auf Seiten, auf denen man noch mehr Einzelheiten zum jeweiligen Thema findet.

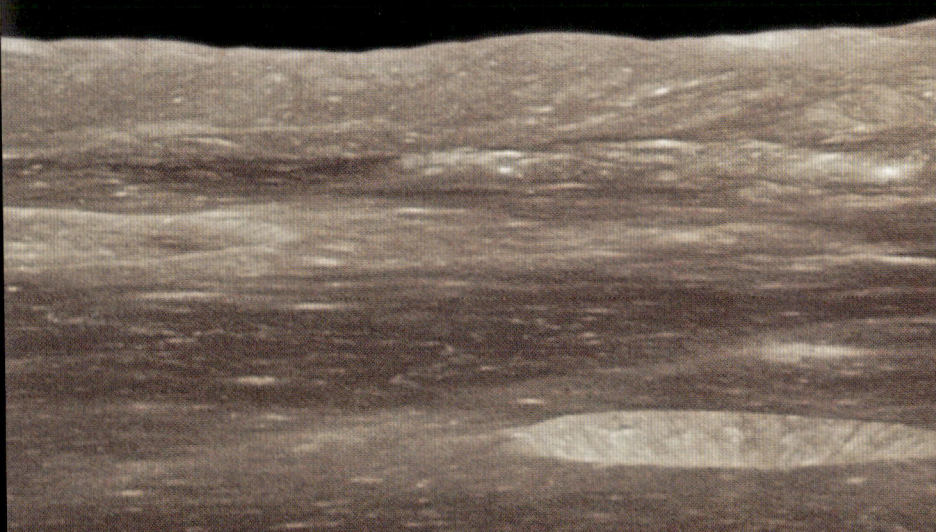

▲ ALLGEMEINE ARTIKEL *führen in die einzelnen Themen ein (* 👁 *S. 72–73). Viele enthalten Fakten, Zeitleisten, die die chronologische Entwicklung zeigen, sowie Bilder.*

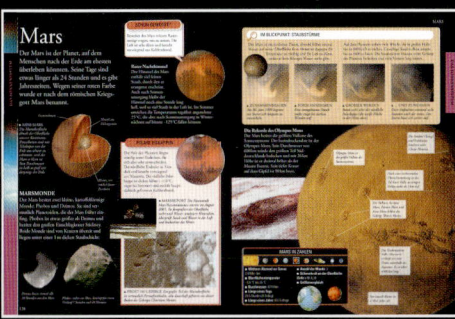

▲ DETAILLIERTE BESCHREIBUNGEN *ergänzen die Darstellung unseres Sonnensystems (* 👁 *S. 128–129). Sie enthalten Fakten und Abbildungen über den Aufbau, das Aussehen und die Charakteristika der Planeten.*

▲ INFOKÄSTEN *bieten einen vertieften Einblick in bestimmte Themen wie z. B. Teleskope (* 👁 *S. 18–19) und präsentieren viele zusätzliche Einzelheiten.*

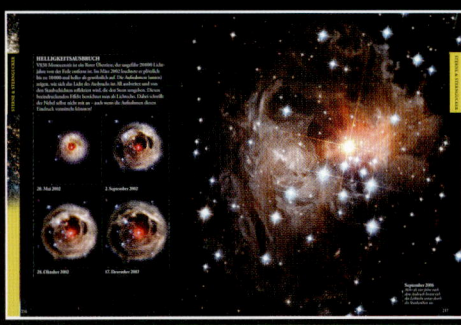

▲ BILDSEITEN *veranschaulichen in jedem Kapitel besonders interessante Themen wie z. B. explodierende Sterne (* 👁 *S. 216–217).*

BLICK INS UNIVERSUM

BLICK INS UNIVERSUM

Wir leben auf einem winzigen Planeten eines riesigen Universums. Seit Jahrtausenden beobachten Menschen den Himmel, um herauszufinden, was sich dort alles befindet.

Was ist das All?

WISSENSWERTES

- In den USA erhält jeder, der eine Höhe von 100 km erreicht, ein Abzeichen, das man „Astronautenflügel" nennt.
- Menschen, die ins All fliegen, nennt man in Europa und den USA Astronauten oder Weltraumfahrer. In Russland heißen sie Kosmonauten, während die Chinesen sie nach ihrem Wort für den Weltraum Taikonauten nennen.
- Ein Mensch, der sich ohne schützenden Raumanzug im All aufhalten müsste, würde das nicht lange überleben. Man kann im All nämlich nicht atmen und hätte ungefähr zehn Sekunden Zeit, um sich zu retten, bevor man bewusstlos würde.

Wir leben auf der Erde – einem kleinen, blauen Planeten. Ihre Oberfläche besteht aus flüssigem Wasser und Gesteinen. Die Erde ist von einer Lufthülle umgeben, der Atmosphäre. Oberhalb der Atmosphäre beginnt das All: ein unvorstellbar riesiger, stiller Raum von erstaunlicher Beschaffenheit.

◀ ÄUSSERER WELTRAUM *Auch weit entfernt von Sternen und Planeten enthält der Weltraum Staubkörnchen oder Wasserstoffatome.*

DIE GRENZE ZUM ALL

Die Erdatmosphäre endet nicht plötzlich – sie wird immer dünner, je höher man aufsteigt. Der äußere Weltraum (oder das All) beginnt in einer Höhe von 100 km. Doch auch oberhalb dieser Höhe existiert eine Schicht aus sehr dünner Luft, die man Exosphäre nennt. Wasserstoff und andere leichte Gase entweichen aus dieser äußersten Schicht der Erdatmosphäre in den Weltraum.

◀ EXOSPHÄRE *Die äußerste Schicht der Atmosphäre erstreckt sich bis zu 10 000 km oberhalb der Erde.*

◀ DIE ATMOSPHÄRE *schützt die Erdoberfläche vor gefährlichen Strahlungen und der Hitze der Sonne. Nachts verhindert sie, dass Wärme in den Weltraum entweicht.*

Dunkler als Schwarz

Aufnahmen aus dem All zeigen die Erde von Dunkelheit umgeben. Man kann die Erde nur sehen, weil sie das Licht der Sonne reflektiert. Sterne scheinen, weil sie gewaltige Mengen Energie durch Verbrennung erzeugen. Doch der größte Teil des Alls erscheint schwarz, weil dort kein Körper Energie erzeugt oder Licht reflektiert.

IN EINEM VAKUUM

Ein Raum ohne Luft oder Gase ist ein Vakuum. Auf der Erde überträgt die Luft Wärme von einem Ort zum anderen. Im All gibt es keine Luft, die Wärme verteilen kann. Eine Raumsonde wird deshalb auf ihrer Sonnenseite sehr heiß, während die andere Seite in der Dunkelheit sehr kalt wird. Raumsonden werden vor dem Start in einer thermischen Vakuumkammer getestet, damit sie extremen Temperaturen widerstehen.

Sonne

SCHNAPPSCHUSS

Jeder Körper, der sich gleichmäßig im All bewegt, ist schwerelos. Deshalb schweben Gegenstände in einer Raumfähre und Astronauten können sogar große Satelliten anheben. Die Schwerelosigkeit nimmt ab, sobald die Raumfähre abbremst oder beschleunigt.

BLICK INS UNIVERSUM

Hitze

▶ BARBECUE ROLL *Bei diesem Manöver drehen sich Raumfähren um ihre Längsachse, damit sie nicht zu heiß oder zu kalt werden.*

Kälte

▲ DER SCHWERKRAFT ENTKOMMEN *Der Spaceshuttle benötigt den Treibstoff seiner beiden Zusatztriebwerke, um die Schwerkraft zu überwinden.*

Die Erde verlassen

In den Weltraum zu fliegen ist schwierig, weil man die Erdanziehungskraft überwinden muss. Dafür benötigt eine Trägerrakete eine Geschwindigkeit von 28 000 km/h, die man Flucht- oder Entweichgeschwindigkeit nennt. Um zum Mond und den Planeten zu fliegen, brauchen Raumfähren sogar eine noch höhere Geschwindigkeit – 40 000 km/h.

Unser Platz im All

BLICK INS UNIVERSUM

Unsere Heimat Erde empfinden wir als groß. Man braucht zwei Tage mit dem Flugzeug und viele Wochen mit dem Schiff, um sie einmal zu umrunden. Doch in der unermesslichen Weite des Universums ist die Erde nur ein winziges Pünktchen. Ein Außerirdischer, der durch das Universum fliegt, würde unseren Planeten kaum bemerken.

ERDE UND MOND
Der nächste Nachbar der Erde ist der Mond – ihr einziger natürlicher Satellit. Der Mond ist kleiner als die Erde. Sein Durchmesser ist nur ein Viertel so groß wie derjenige der Erde, sodass die Erde etwa 50 Monde aufnehmen könnte. Obwohl er uns sehr nah erscheint, liegt der Mond ungefähr 384 000 km entfernt. Eine bemannte Raumfähre braucht drei Tage, um ihn zu erreichen.

DAS SONNENSYSTEM
Die Erde ist nur einer der vielen Himmelskörper, die um den Stern kreisen, den wir Sonne nennen. Die Sonnenfamilie besteht aus acht Planeten, fünf Zwergplaneten, Hunderten Monden, Millionen Kometen und Planetoiden und viel Gas und Staub. Sie bilden zusammen das Sonnensystem. Die vier kleinen Planeten in Sonnennähe bestehen aus Gestein, während die vier äußeren Planeten viel größer sind und hauptsächlich aus Gasen bestehen. Das Sonnensystem ist sehr groß – die Raumsonde *Voyager* benötigte zwölf Jahre bis zu Neptun, dem äußersten Planeten.

DIE LOKALE GRUPPE
Die Milchstraße ist eine der größten Galaxien in einem Haufen von etwa 45 Galaxien, den man Lokale Gruppe nennt. Die meisten dieser Galaxien besitzen keine eindeutige Form und sind viel kleiner als die Milchstraße. Die beiden nächsten Nachbargalaxien der Milchstraße sind die Große und Kleine Magellansche Wolke. Sie liegen etwa 200 000 Lichtjahre entfernt und sind mit bloßem Auge auf der Südhalbkugel zu sehen. Die größte Galaxie der Lokalen Gruppe ist der Andromedanebel – eine große Spiralgalaxie wie die Milchstraße. Er liegt ungefähr 3 Mio. Lichtjahre entfernt im Sternbild Andromeda.

DAS UNIVERSUM
Das Universum umfasst alles, was existiert – alle Sterne, Planeten, Galaxien und den Raum zwischen ihnen. Millionen von Galaxienhaufen sind im Universum verstreut, sodass man mit jedem Blick durch ein Teleskop viele Galaxien entdecken kann. Das sichtbare Universum enthält etwa 70 Trilliarden Sterne – mehr als es Sandkörner in den Wüsten und an den Stränden der Erde gibt.

BLICK INS UNIVERSUM

DIE MILCHSTRASSE
Unser Sonnensystem befindet sich in einer großen Spiralgalaxie, der Milchstraße. Die Sonne ist nur einer von mindestens 100 Mrd. Sternen dieser Galaxie und liegt etwa 30 000 Lichtjahre von ihrem Zentrum entfernt. Die Milchstraße ist etwa 100 000 Lichtjahre groß – das ist riesig! Eine Raumfähre, die mit Lichtgeschwindigkeit flöge (300 000 km/s), bräuchte 100 000 Jahre, um von einer Seite der Galaxie zur anderen zu fliegen. Die Sterne der Milchstraße liegen sehr weit auseinander. Der sonnennächste Stern ist mehr als vier Lichtjahre entfernt.

FAKTEN
- Ein modernes Kampfflugzeug bräuchte mehr als 1 Mio. Jahre, um den nächsten Stern zu erreichen.
- 1 Lichtjahr ist die Strecke, die Licht in einem Jahr zurücklegt – das sind ungefähr 9,5 Bio. km.
- Wie groß ist das Universum? Niemand kennt die Antwort, weil wir seinen Rand nicht sehen können – wenn es einen gibt. Das sichtbare Universum ist mindestens 93 Mrd. Lichtjahre groß.
- Das Universum besitzt kein Zentrum.

BLICK INS UNIVERSUM

BLICK INS UNIVERSUM

EIN KREIS AUS STERNEN
Diese Langzeitaufnahme entstand im Spätsommer in British Columbia (Kanada). Die kreisförmigen Linien haben die Nordpolarsterne erzeugt. Doch nicht die Sterne bewegen sich – sondern die Kamera kreist wegen der Rotation der Erde um ihre eigene Achse.

Frühe Theorien

Verglichen mit allem anderen, was uns umgibt, erscheint uns die Erde unglaublich groß. Daher glaubte man früher, dass sie der wichtigste Ort im Universum wäre und sich alles um sie drehte. Diese Anschauung änderte sich allmählich nach Erfindung des Teleskops im frühen 17. Jahrhundert.

GEOZENTRISCHES UNIVERSUM

Die Menschen früher beobachteten, dass Sonne, Mond und Sterne von Osten nach Westen am Himmel entlangwanderten. Es sah für sie aus, als kreisten diese um die Erde. Mehrere Jahrtausende lang glaubte daher beinahe jeder, dass die Erde den Mittelpunkt des Universums bildete. Das größte Problem dieser Theorie war, dass sie nicht die Bewegungen einiger Planeten erklärte – manchmal schienen Mars oder Jupiter stillzustehen oder sich sogar rückwärtszubewegen.

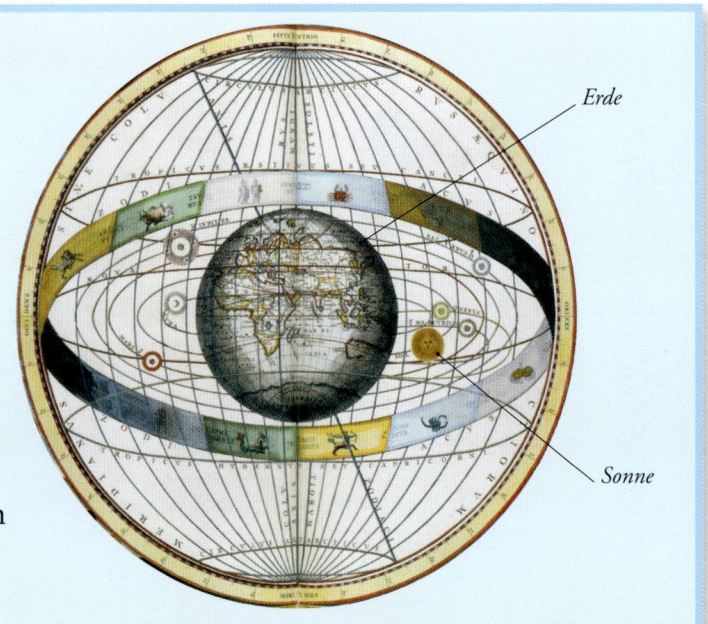

Erde

Sonne

FLACH ODER KUGELFÖRMIG?

Wenn man an der Küste steht und zum Horizont blickt, scheint die Erde flach zu sein. Sehr lange Zeit glaubten die Menschen, dass die Erde eine Scheibe wäre und sie an deren Rand abstürzen würden. Aber nach und nach erkannten sie, dass die Erde kugelförmig ist. Die Natur lieferte dazu einige Hinweise:

- Der Erdschatten auf dem Mond ist bei einer Mondfinsternis gewölbt und nicht gerade.
- Seefahrer, die nach Norden oder Süden reisen, sehen Sterne am Horizont auf- und untergehen. Auf einer flachen Erde sähen sie immer dieselben Sterne.
- Ein Segelschiff würde auf einer flachen Erde am Horizont immer kleiner. Tatsächlich verschwindet zuerst der Rumpf und danach der Mast.

▼ LAND IN SICHT! *Wenn sich ein Schiff einer Insel nähert, sieht der Seefahrer zuerst die Berggipfel. Wegen der gewölbten Erdoberfläche kann er den Strand erst später sehen.*

Sichtlinie

Gewölbte Erdoberfläche

UMLAUFBAHNEN

Die alten Griechen lehrten, dass der Kreis eine ideale Form besitzt. Deshalb erschien es ihnen logisch, dass alle Planeten auf Kreisen wandern müssten. Aber die Berechnungen zeigten, dass ihre Bahnen am Himmel nicht kreisförmig waren. Sie ergänzten daher die größeren Kreise mit kleineren, aber auch das führte zu keinem Ergebnis. Das Rätsel löste 1609 der deutsche Mathematiker Johannes Kepler. Er erkannte, dass die Planeten sich auf elliptischen (ovalen) Bahnen bewegen.

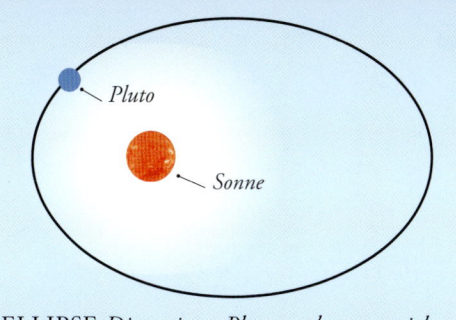

▶ *Johannes Kepler*

▲ ELLIPSE *Die meisten Planeten bewegen sich nicht keisförmig um die Sonne. Die Bahn des Pluto ist lang gestreckt – eine Ellipse.*

BLICK INS UNIVERSUM

GEISTESBLITZ!

Der Astronom Nikolaus Kopernikus (1473–1543) erkannte als Erster, dass die Sonne und nicht die Erde den Mittelpunkt des Sonnensystems bildet. Seine Theorie war jedoch äußerst unbeliebt.

◀ *Mondfinsternis*

▶ ER SAH SIE VORAUS
Hipparch entwickelte als Erster eine Methode, um Sonnen- und Mondfinsternisse vorherzusagen.

Erstaunlicher Astronom

Der bedeutendste Astronom seiner Zeit war Hipparch von Nikaia (190–120 v. Chr.). Er entdeckte, dass sich die Erde auf einer geneigten Achse dreht und dadurch die Jahreszeiten entstanden. Und er berechnete die Entfernung von der Erde zum Mond, indem er eine partielle mit einer totalen Sonnenfinsternis verglich. Hipparch fand auch heraus, dass der Mond eine elliptische Bahn besitzt und dass sich seine Geschwindigkeit ändert. Er katalogisierte Sterne und zeichnete die erste Sternkarte.

DER KALENDER

Obwohl alte Kulturen keine Teleskope besaßen, konnten sie mit ihren Instrumenten schon Winkel und damit die Positionen der Sonne und der Sterne bestimmen. Sie erstellten nach der Wanderung der Sonne Kalender und errichteten Bauwerke, die darauf ausgerichtet waren. Die Tolteken in Mittelamerika bauten die Pyramide des Kukulcan mit 365 Stufen, eine für jeden Tag des Jahres.

▲ PYRAMIDE DES KUKULCAN *Der Tempel zu Ehren des Schlangengottes Kukulcan wirft zu bestimmten Zeiten einen Schatten in Form einer Schlange.*

Teleskope

Teleskope sind Instrumente, um weit entfernte Objekte zu beobachten. Fast unser gesamtes Wissen über das All wurde mit Teleskopen gewonnen. Optische Teleskope fangen Licht der entferntesten Bereiche des Alls ein, doch die Größe der Spiegel und Linsen ist begrenzt.

BLICK INS UNIVERSUM

▶ DAS YERKES-OBSERVATORIUM *ließ der Geschäftsmann Charles T. Yerkes errichten, der beim Ausbau des Verkehrssystems Chicagos reich geworden war.*

LINSENTELESKOPE

Die ersten Teleskope waren Refraktoren, die das Licht mithilfe von Linsen beugen und sammeln. Das größte Linsenteleskop besitzt das Yerkes-Observatorium in Wisconsin (USA). Es wurde 1897 errichtet, um Sterne zu beobachten und ihren Lauf zu verfolgen.

▼ DAS YERKES-TELESKOP
Die Linse des 1897 gebauten Yerkes-Teleskops hat einen Durchmesser von 100 cm und wiegt 5,5 t – so viel wie ein Afrikanischer Elefant.

Okular

Objektiv

Linsen vergrößern das Bild.

Linsenteleskope
Ein Refraktor oder Linsenteleskop sammelt mit einer konvexen (nach außen gewölbten) Linse Licht und bündelt es. Ein Okular vergrößert das Bild. Linsen besitzen aber den Nachteil, dass sie sehr schwer sind. Und wenn sie zu groß sind, verzerren sie das Bild. Dadurch sind Größe und Stärke der Linsenteleskope begrenzt.

Okular

Fangspiegel

Hauptspiegel

Spiegelteleskop
Der konkave (nach innen gewölbte) Hauptspiegel leitet das Licht zum Fangspiegel. Dieser lenkt das Licht zum Okular, welches das Bild vergrößert. Weil Spiegel leichter als Linsen sind, kann man Spiegelteleskope (oder Reflektoren) viel größer und stärker als Refraktoren bauen.

BLICK INS UNIVERSUM

NOCH GRÖSSERE TELESKOPE
Obwohl Spiegelteleskope viel größer gebaut werden können als Linsenteleskope, gibt es Probleme, wenn ihr Spiegel größer als 8 m ist. Daher bestehen solche Spiegel aus vielen kleinen Spiegeln, die zu einem großen zusammengesetzt sind. Jeder Spiegelabschnitt ist computergesteuert, um seine Position auf weniger als die Dicke eines menschlichen Haars genau einstellen zu können.

Spieglein, Spieglein …
Nicht alle Spiegel sind aus Glas – einige bestehen aus flüssigem Metall. Ein flacher Behälter mit Quecksilber oder Silber wird so schnell gedreht, dass eine spiegelnde Oberfläche entsteht. Mit diesen Spiegeln kann man nur direkt nach oben sehen!

IM BLICKPUNKT: FRÜHE TELESKOPE

Die ersten Teleskope baute 1608 der niederländische Brillenmacher Hans Lippershey. Das waren einfache Linsenteleskope, die aus zwei Linsen in einem Rohr bestanden. Als der italienische Astronom Galileo Galilei von Lippersheys Erfindung erfuhr, baute er selbst ein eigenes, verbessertes Teleskop mit stärkerer Vergrößerung.

▲ HANS LIPPERSHEY *soll auf seine Erfindung gekommen sein, als er zwei Jungen beim Spielen mit Linsen beobachtete.*

▶ GALILEIS ZEICHNUNGEN
Galilei hatte 1610 ein stärkeres Teleskop entwickelt. Damit untersuchte er die Sonne (S. 208) und fertigte von seinen Beobachtungen Zeichnungen an.

◀ NEWTONSCHES TELESKOP
Isaac Newton baute 1668 das erste funktionierende Spiegelteleskop.

Riesenteleskope

Das Hale-Teleskop erregte enormes Aufsehen, als es 1948 vollendet wurde. Mit seinem 5-m-Spiegel war es damals das größte und leistungsstärkste Teleskop. Später entstanden mit verbesserten Techniken Teleskope mit Spiegeln von bis zu 10 m Durchmesser. Heute sind sogar noch größere Teleskope geplant mit Spiegeln von bis zu 42 m Durchmesser.

SCHON GEWUSST?

Die meisten Teleskope stehen in großen Höhen, wo sie sich über den Wolken und dem größten Teil der Atmosphäre befinden. Entlegene Berge eignen sich ideal, weil dort nicht das Licht von Städten stört. Auf Mauna Kea, einem erloschenen Vulkan auf Hawaii, stehen viele Teleskope.

RIESENTELESKOPE

Keck-Teleskope

- **Größe des Hauptspiegels** 10 m
- **Standort** Mauna Kea, Hawaii (USA)
- **Höhe** 4145 m

Bis 2009 waren die Keck-Zwillingsteleskope die größten optischen Teleskope. Das Keck-II-Teleskop überwindet Turbulenzen der Atmosphäre, indem der Spiegel 2000-mal pro Sekunde seine Form anpasst.

Gemini-Teleskope

- **Größe des Hauptspiegels** 8 m
- **Standort** Nordteleskop: Mauna Kea, Hawaii (USA) Südteleskop: Cerro Pacho (Chile)
- **Höhe** Nordteleskop: 4213 m Südteleskop: 2722 m

Die Gemini-Zwillingsteleskope stehen auf beiden Seiten des Äquators, um nahezu jeden Bereich des nördlichen und südlichen Himmels zu beobachten. Sie sind über eine besonders schnelle Internetverbindung miteinander verbunden.

BLICK INS UNIVERSUM

Very Large Telescope (VLT) Array

- **Größe des Hauptspiegels** 8,2 m
- **Standort** Mount Paranal (Chile)
- **Höhe** 2635 m

Die Teleskopanordnung (engl.: *array*) besteht aus vier 8,2-m-Teleskopen sowie vier beweglichen 1,8-m-Teleskopen. Die Teleskope sind über unterirdische Spiegel zusammengeschaltet, um die Aufnahmen zu kombinieren.

Large Binocular Telescope (LBT)

- **Größe des Hauptspiegels** 8,4 m
- **Standort** Mount Graham, Arizona (USA)
- **Höhe** 3260 m

Das Große Binokulare Teleskop besitzt nebeneinander zwei 8,4-m-Hauptspiegel, die so viel Licht wie ein Spiegel mit 11,8 m Durchmesser sammeln. Das LBT ist zurzeit das größte und leistungsstärkste Einzelteleskop der Erde.

Hale-Teleskop

- **Größe des Hauptspiegels** 5 m
- **Standort** Palomar Mountain, Kalifornien (USA)
- **Höhe** 1700 m

Auch 60 Jahre nach seiner Fertigstellung ist das Hale-Teleskop noch immer das zweitgrößte der Teleskope, deren Spiegel aus nur einem Stück Glas besteht. Größere Spiegel geben unter ihrem Gewicht nach und verzerren das Bild.

European Extremely Large Telescope (E-ELT)

- **Größe des Hauptspiegels** 42 m
- **Standort** Cerro Armazones (Chile)
- **Höhe** 3060 m

Dieses riesige Teleskop soll 2020 in Betrieb genommen werden. Der Hauptspiegel wird einen Durchmesser von 42 m haben und 15-mal mehr Licht sammeln als die größten Teleskope heute. Es soll erdähnliche Planeten entdecken, die um andere Sterne kreisen.

Thirty Meter Telescope (TMT)

- **Größe des Hauptspiegels** 30 m
- **Standort** Mauna Kea, Hawaii (USA)
- **Höhe** 4050 m

Das 300 Mio. Dollar teure 30-m-Teleskop (TMT) soll 2018 vollendet sein. Sein Herzstück ist ein Hauptspiegel mit 30 m Durchmesser, der aus 492 sechseckigen Abschnitten besteht. Es wird fast 10-mal mehr Licht sammeln als jedes der Keck-Teleskope. Das TMT soll die Entstehung neuer Galaxien beobachten.

Licht sehen

Licht ist eine Energiewelle und bewegt sich mit einer Geschwindigkeit von etwa 1 Milliarde km/h am schnellsten im Universum. Für die Strecke von New York nach Düsseldorf braucht Licht nur zwei Hundertstel Sekunden – weniger als ein Lidschlag!

Sichtbares Spektrum
Lichtstrahlen sind offenbar weiß. Doch wenn weißes Licht auf einen dreieckigen Glaskörper fällt, den man Prisma nennt, entsteht ein Regenbogen. Diese Farben oder Wellenlängen des Lichts nennt man das sichtbare Spektrum, weil unsere Augen sie sehen können.

▲ WEISSES LICHT setzt sich aus allen Wellenlängen des sichtbaren Spektrums zusammen.

▲ WENN EIN STRAHL weißes Licht auf ein Prisma trifft, wird es gebeugt. Aber weil jede Wellenlänge leicht unterschiedlich gebeugt wird, teilt sich der Lichtstrahl in sein Spektrum der Farben auf.

ENERGIEWELLEN

Die Energiewellen werden nach den Wellenlängen unterteilt. Die Wellenlänge ist der Abstand zwischen den Spitzen zweier aufeinanderfolgender Wellen. Dabei besitzen Wellen mit hoher Energie kurze Wellenlängen. Den vollständigen Bereich der Wellen nennt man elektromagnetisches Spektrum.

Gammastrahlen

▲ Gammastrahlen besitzen die kürzesten Wellenlängen. Sie entstehen bei großen Explosionen, z. B. wenn ein massiver Stern als Supernova zerbirst.

Röntgenstrahlen

▲ Die weißen Flächen um die Cartwheel-Galaxie sind vermutlich Neutronensterne und Schwarze Löcher, die Röntgenstrahlen emittieren.

Ultraviolettstrahlen

▲ Die blau dargestellten Flächen der Galaxie NGC 300 sind Sternentstehungsgebiete. Neue Sterne geben ultraviolettes Licht ab.

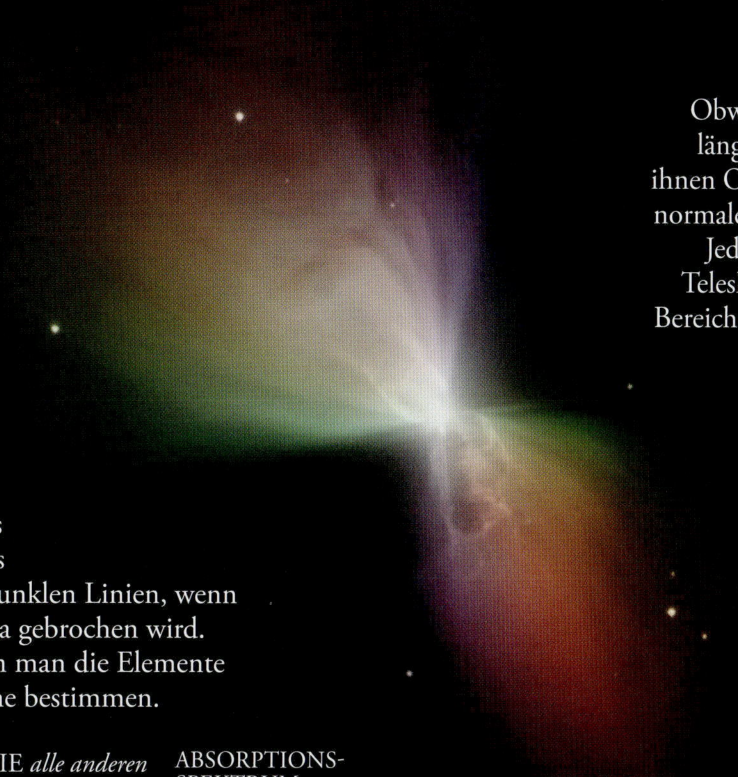

LICHT SEHEN

▶ MITHILFE des Lichts bestimmt man die Zusammensetzung und Wärme eines Objekts wie des Bumerangnebels, des mit 1 K kältesten Objekts im Weltall.

Das Spektrum nutzen

Obwohl wir nicht alle Wellenlängen sehen, können wir mit ihnen Objekte entdecken, die uns normalerweise verborgen bleiben. Jede Materie gibt Energie ab. Teleskope, die auf verschiedene Bereiche des elektromagnetischen Spektrums reagieren, können diese Strahlen wahrnehmen.

BLICK INS UNIVERSUM

Spektroskopie

Diese Methode bestimmt aufgrund der Farben, aus welcher Materie Sterne bestehen und wie heiß sie sind. Jedes Element erzeugt ein eigenes Muster aus farbigen oder dunklen Linien, wenn sein Licht mit einem Prisma gebrochen wird. Anhand dieser Muster kann man die Elemente und die Energie ihrer Atome bestimmen.

▶ WIE alle anderen Sterne besitzt auch die Sonne ein einzigartiges Muster.

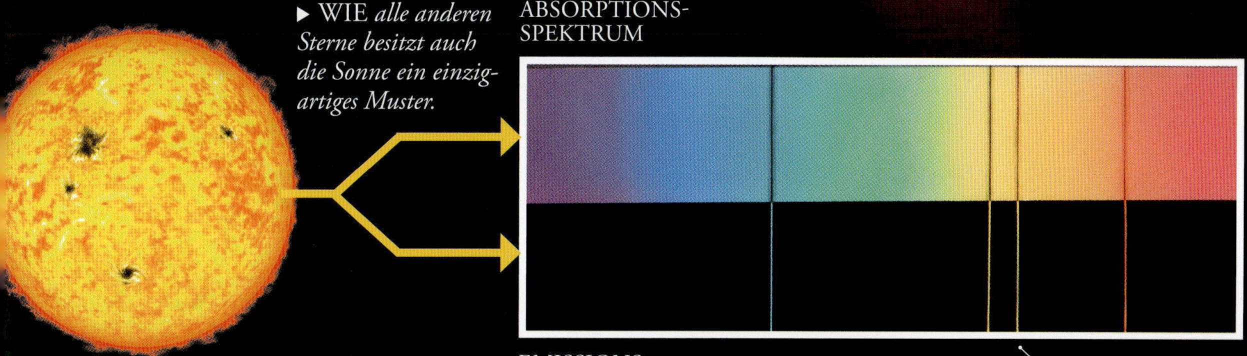

ABSORPTIONS-SPEKTRUM

Absorptionsspektren enthalten schwarze Linien.

Emissionsspektren zeigen Muster aus farbigen Linien.

EMISSIONS-SPEKTRUM

Die Linien entstehen durch Atome, die bestimmte Wellenlängen absorbieren oder emittieren.

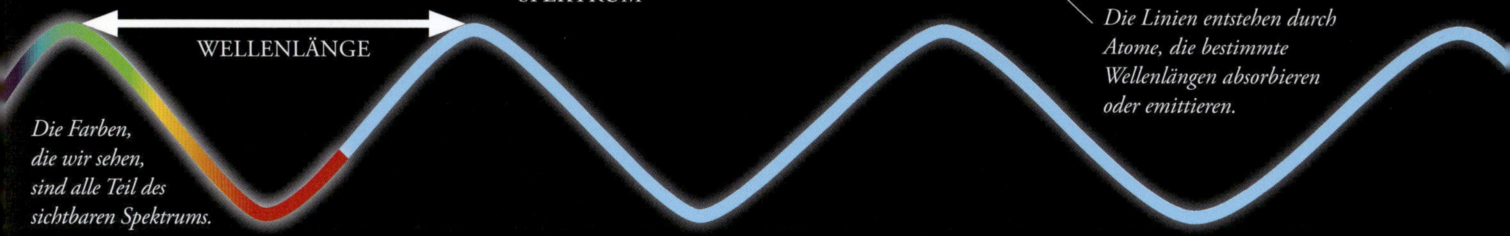

WELLENLÄNGE

Die Farben, die wir sehen, sind alle Teil des sichtbaren Spektrums.

Sichtbares Licht

▲ Das sichtbare Licht ist nur ein kleiner Teil der Energie, die die Sonne abgibt. Unsichtbare Infrarotstrahlen spüren wir als Wärme.

Infrarotstrahlen

▲ Mithilfe von Infrarotstrahlen können wir durch die Staubwolken der Milchstraße sehen. Die drei jungen Sterne hier waren vorher unsichtbar.

Mikrowellen

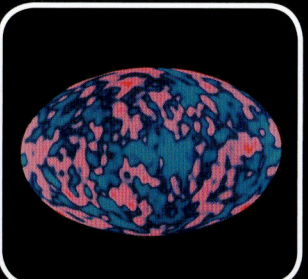

▲ Die Restwärme des Urknalls wurde mit Mikrowellen entdeckt. Sie liegt nur 2,7 K über dem absoluten Nullpunkt, der tiefsten Temperatur überhaupt.

Radiowellen

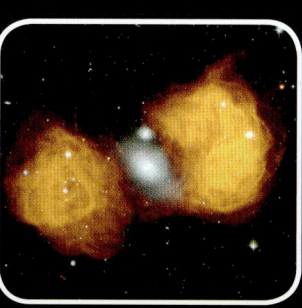

▲ Radiowellen haben die längsten Wellenlängen. Das massive Schwarze Loch im Zentrum der Galaxie Fornax A strahlt starke Radiowellen ab (orangefarben).

Infrarotastronomie

Die Farben des Regenbogens kennt jeder – Rot, Orange, Gelb, Grün, Blau, Indigo und Violett. Diese Farben bilden das sichtbare Spektrum. Unterhalb des roten Endes dieses Bereichs befindet sich die Infrarotstrahlung, die wir als Wärme spüren. Obwohl Infrarotstrahlen unsichtbar sind, kann man sie mit besonderen Teleskopen aufzeichnen. Sie machen sogar Objekte sichtbar, die hinter Staubwolken versteckt sind.

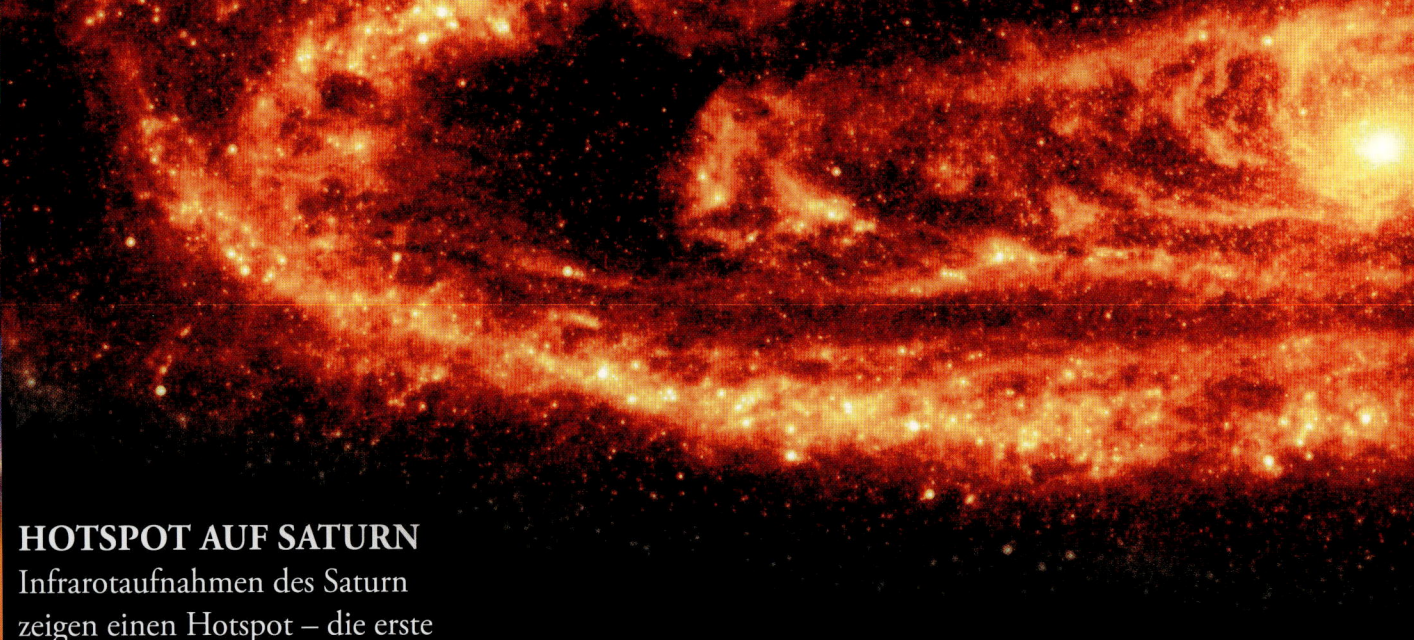

HOTSPOT AUF SATURN

Infrarotaufnahmen des Saturn zeigen einen Hotspot – die erste warme Polarkappe, die entdeckt wurde. In diesem wärmsten Gebiet auf Saturn ist es 8–10 Grad wärmer als am Äquator. Ein gewaltiger Sturm von Tausenden Kilometern Durchmesser wütet ständig über dem Südpol.

◄ *Die hellen Bereiche dieser Infrarotaufnahme zeigen die wärmeren Gebiete des Saturn.*

EINE SEHR WEIT ENTFERNTE GALAXIE ...

Messier 81 ist eine Spiralgalaxie im nördlichen Sternbild Großer Bär (Ursa Maior). Messier 81 oder Bodes Galaxie liegt etwa 12 Mio. Lichtjahre von der Erde entfernt. M81 kann man leicht mit Ferngläsern oder kleinen Teleskopen entdecken. Im infraroten Licht beeindrucken die Spiralarme, deren Staubwolken von heißen, massiven, neu entstandenen Sternen erwärmt werden.

INFRAROTASTRONOMIE

SPITZER-WELTRAUMTELESKOP

Infrarotstrahlen aus dem All verschluckt die Erdatmosphäre fast vollständig, sodass Infrarotteleskope auf hohen Bergen, in Flugzeugen oder Satelliten installiert werden. Das Spitzer-Weltraumteleskop der NASA zählt zu den stärksten Infrarotteleskopen. Den Andromedanebel (unten) nahm Spitzer in 18 Stunden mit über 11 000 Einzelbildern auf.

▲ **EIN AUGE AM HIMMEL**
Die Infrarotaufnahme des Helixnebels mit der hellen Staubwolke, die einen sterbenden Stern umgibt, erinnert an ein Riesenauge.

BLICK INS UNIVERSUM

GEISTESBLITZ!

Friedrich Wilhelm Herschel (1738–1822) war ein Astronom und Musiker. Mit einem Prisma und einem Thermometer bewies Herschel, dass unsichtbare Formen des Lichts außerhalb des sichtbaren Spektrums existierten. Die unsichtbare Wärme nannte man später Infrarot – unterhalb von Rot.

▲ **SO ERSCHEINT** *der Andromedanebel im sichtbaren Licht. Die große Infrarotaufnahme (oben) zeigt mehr Details seiner Spiralarme, deren Aufbau sehr unregelmäßig ist. Vermutlich wurde der Andromedanebel durch eine Kollision mit seinen beiden Satellitengalaxien verformt.*

IM BLICKPUNKT: DAS STERNBILD ORION

Das Sternbild Orion erkennt man leicht an seinen Gürtelsternen. In dunklen Nächten sieht man auch den hellen Fleck des Orionnebels unter dem Gürtel. Dieser Nebel ist ein Gebiet, in dem viele neue Sterne entstehen. Wenn man das Sternbild mit einem Infrarotteleskop aufnimmt, erkennt man eine riesige Staubwolke mit hellen Bereichen, in denen junge Sterne den sie umgebenden Staub erwärmen. Die Sterne selbst sind so heiß, dass sie im infraroten Licht nicht sichtbar sind.

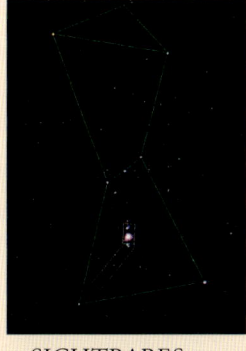

▲ **SICHTBARES LICHT**
zeigt die Sterne des Sternbilds Orion.

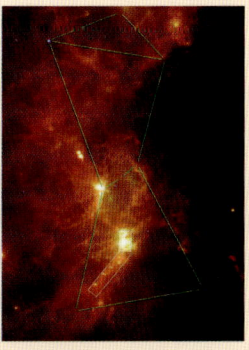

▲ **INFRAROTES LICHT**
zeigt, dass helle Staubwolken Orion umgeben.

Botschaften aus dem All

BLICK INS UNIVERSUM

Der amerikanische Ingenieur Karl Jansky entdeckte 1931 als Erster Radiowellen aus dem All. Mit diesen Wellen untersuchen Astronomen viele Objekte im All und sie versuchen sogar, mit Außerirdischen Kontakt aufzunehmen.

RADIOASTRONOMIE
Die Radioastronomie beschäftigt sich mit Objekten im All, die Radiowellen aussenden. Das sind Wellen wie das Licht, die aber außerhalb des sichtbaren Spektrums liegen. Radioteleskope nehmen die unsichtbaren Wellen auf und wandeln sie in Bilder um.

Die Zahlen von eins bis zehn zeigen, wie wir zählen.

Die Symbole stellen wichtige Chemikalien dar, die auf der Erde existieren.

Das DNA-Molekül – die Blaupause für das Leben

Die Gestalt des Menschen und die Bevölkerungszahl der Erde

Die Position der Erde im Sonnensystem

Ein Symbol zeigt das Arecibo-Radioteleskop.

▲ IST DA DRAUSSEN JEMAND?
Das Arecibo-Radioteleskop sandte 1974 diese codierte Botschaft ins All. Doch bis heute haben wir keine Antwort erhalten.

Arecibo
Eines der größten Radioteleskope der Erde steht bei Arecibo auf der Insel Puerto Rico. Die Schüssel ist 305 m groß und liegt in einer Bergsenke. Der Radioempfänger hängt in einer Höhe von 137 m wie eine riesige Stahlspinne über der Schüssel. Obwohl sie unbeweglich ist, kann das Teleskop durch seine Lage in Äquatornähe einen weiten Himmelsbereich erfassen.

Kinostar
Am Arecibo-Radioteleskop wurden die Filme *Contact*, der den ersten Kontakt zu Außerirdischen thematisiert, und der James-Bond-Film *Goldeneye* gedreht.

BOTSCHAFTEN AUS DEM ALL

TELESKOPNETZWERKE

MERLIN

- **Schüssel** unterschiedliche
- **Standorte** mehrere

MERLIN ist ein Netzwerk von sieben Schüsseln in Großbritannien, das in Jodrell Bank bedient wird, zu dem das 76,2 m große Lovell-Teleskop gehört. Sie bilden ein Teleskop, das einer Einzelschüssel von 217 km Durchmesser entspricht. Das Netzwerk kann eine Münze in 100 km Entfernung erkennen.

VLBA

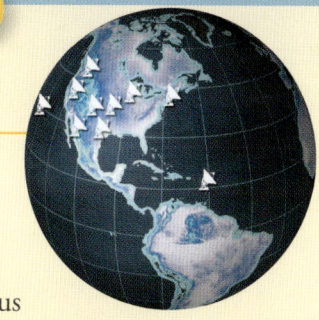

- **Schüssel** 25 m
- **Standorte** Hawaii, Festland USA, Westindien

Die Very Long Baseline Array (VLBA) besteht aus zehn Radioteleskopantennen. Der kombinierte Effekt entspricht einer Einzelschüssel mit mehr als 8400 km Durchmesser. Das Interferometer entdeckt winzige Einzelheiten: Man könnte damit von New York aus eine Zeitung in Los Angeles lesen!

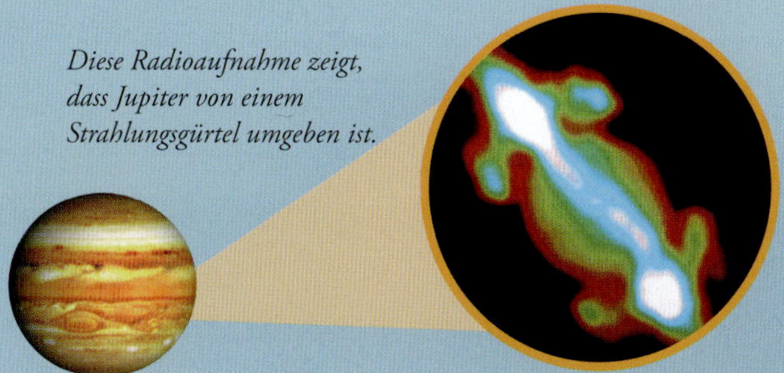

BLICK INS UNIVERSUM

Diese Radioaufnahme zeigt, dass Jupiter von einem Strahlungsgürtel umgeben ist.

Die Parabolantenne leitet das Signal zum Subreflektor.

Der Subreflektor bündelt das Signal zum Empfänger.

Jupiter ruft die Erde ...
Die ersten Radiosignale von einem anderen Planeten wurden 1955 von Jupiter entdeckt. Seitdem wurden Radiowellen von allen Gasriesen aufgenommen. Radiosignale können auch von erdartigen Planeten und Planetoiden stammen.

Very Large Array
Zu den wichtigsten Observatorien der Radioastronomie der Erde zählt das Very Large Array (VLA; engl. für „sehr großes Syntheseteleskop") in New Mexico (USA). Die 27 Schüsseln des VLA sind Y-förmig angeordnet. Jeder Arm des Y ist fast 21 km lang. Wenn man die Radiosignale jeder Schüssel kombiniert, entspricht die Anordnung einer Riesenantenne von 36 km Durchmesser.

Die Schüsseln mit einem Durchmesser von 25 m können auf Schienen ihren Standort wechseln.

Unsichtbare Strahlen

Ultraviolettes Licht (UV), Röntgen- und Gammastrahlen sind Energien sehr heißer Objekte. Die meisten dieser unsichtbaren Strahlen absorbiert die Erdatmosphäre, sodass man sie in großer Höhe misst.

📷 SCHNAPPSCHUSS

Einige Gammastrahlenausbrüche sind so unglaublich hell, dass man sie tatsächlich schon mit bloßem Auge sieht. Ein Ausbruch wurde im März 2008 im Sternbild Bärenhüter (Bootes) beobachtet, obwohl er 7,5 Mrd. Lichtjahre entfernt war.

▲ DIESES *Teleskop flog an einem Ballon über den nördlichen Polarkreis. Weil die Sonne im Sommer nicht untergeht, konnte sie den ganzen Tag lang überwacht werden.*

◀ DER BALLON *besteht aus einer dünnen Kunststofffolie und ist 110 m groß – in ihm hätten zwei Boeing 767 Platz!*

Hoch hinaus

Mit diesem Heliumballon untersuchte man im Rahmen des Projekts „Sunrise" sechs Tage lang die Sonne im UV-Licht, um die Entstehung der Magnetfelder der Sonne zu erforschen. Er brachte ein großes Sonnenteleskop in 37 km Höhe, um die störenden Auswirkungen der Erdatmosphäre auszuschalten.

GAMMASTRAHLEN-AUSBRUCH

Eine explosionsartige Freisetzung der energiereichsten Wellen erfolgt, wenn ein massiver Stern zu einem Neutronenstern oder Schwarzen Loch kollabiert.

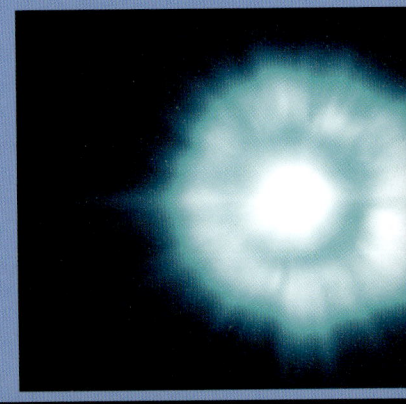

Gammastrahlen *Unsichtbare Strahle*

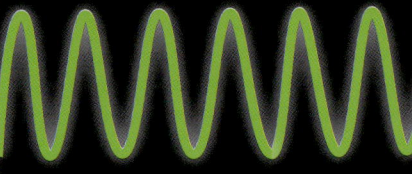

BLICK INS UNIVERSUM

UNSICHTBARE STRAHLEN

BLICK INS UNIVERSUM

INTEGRAL
Das INTEGRAL-Weltraumobservatorium besitzt hochempfindliche Detektoren, die Röntgenstrahlen, Gammastrahlen und sichtbares Licht gleichzeitig registrieren. Es kreist seit 2002 alle drei Tage um die Erde, um Gammastrahlenausbrüche, Supernovae und Schwarze Löcher zu entdecken.

▶ **MIT DER ERDE** *als Schutzschild vor Emissionen Schwarzer Löcher hat INTEGRAL starke und schwache Gamma- und Röntgensignale entdeckt, die vermutlich von Neutronensternen und Schwarzen Löchern stammen.*

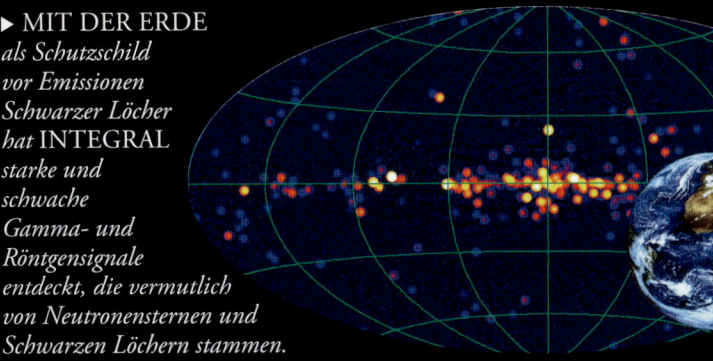

SDO
Das Solar Dynamics Observatory (SDO) erforscht die Sonne ständig mit verschiedenen Wellenlängen, besonders solchen vom äußersten Ende des Ultravioletten. Seine gesammelten Daten sollen Auskunft geben, wie die Sonnenaktivität das Leben auf der Erde beeinflusst.

DER MOND IM RÖNTGENLICHT
Sogar ziemlich kalte Objekte wie der Mond geben schwache Röntgenstrahlen ab. Die beiden Abbildungen unten zeigen den Mond im sichtbaren Licht und in einer Aufnahme mit Röntgenstrahlen. Diese entstehen durch Röntgenstrahlen der Sonne, die Atome auf der Mondoberfläche anregen.

DIE SONNE
Mit einem optischen Teleskop sieht man nur die verstreuten dunklen Sonnenflecken. Im ultravioletten Licht erkennt man zusätzlich heiße, explosive Sonneneruptionen.

Sichtbares Licht   Röntgenstrahlen

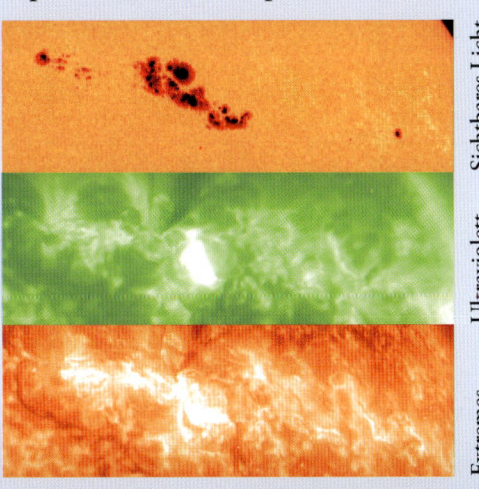

Sichtbares Licht | Ultraviolett | Extremes Ultraviolett

Röntgenstrahlen   **Ultraviolette (UV) Strahlen**   *Sichtbare Strahlen*

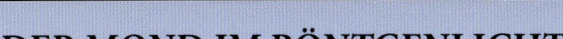
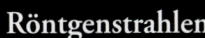

Hubble-Weltraumteleskop

Das *Hubble*-Weltraumteleskop ist das bekannteste Observatorium im All. Seitdem es der Spaceshuttle *Discovery* im April 1990 auf eine niedrige Erdumlaufbahn gebracht hat, sendet *Hubble* riesige Mengen an Daten und atemberaubende Aufnahmen zur Erde.

GEISTESBLITZ!

Edwin Hubble (1889–1953) erkannte als erster Astronom, dass sich andere Galaxien außerhalb der Milchstraße befinden und dass sich die Galaxien voneinander entfernen, weil das Universum sich ausdehnt.

Fast jedes Bauteil des Hubble-Weltraumteleskops wurde zwischenzeitlich ausgetauscht. Nach den Wartungsarbeiten wird es immer wieder auf seine Umlaufbahn gesetzt.

WARTUNGSMISSIONEN

Hubble ist das einzige Teleskop, das im Weltraum gewartet wird. Dazu fängt es ein Spaceshuttle mit dem Roboterarm ein und sichert es in seiner Ladebucht. Astronauten reparieren dann das Teleskop und ersetzen alte Instrumente.

Verschwommene Ansicht des Alls

Die *Hubble*-Mission begann unmittelbar nach dem Start mit einem großen Rückschlag, weil die ersten Aufnahmen verschwommen waren. Die Ursache hierfür war ein falsch geschliffener Spiegel, der dadurch an den Rändern um ein Fünfzigstel eines menschlichen Haars zu flach war! Das Problem wurde drei Jahre später durch den Einbau einer Korrekturplatte gelöst.

▲ *Vor der Reparatur*   ▲ *Nach der Reparatur*

Ein Auge ins Universum

Hubble hat Bilder vom Mond, von Pluto und fast allen Planeten unseres Sonnensystems aufgenommen. Das Teleskop sandte erstaunliche Bilder von Staubwolken, in denen Sterne untergehen und entstehen, und von Tausenden Galaxien zur Erde. Die Aufnahme (rechts) zeigt den Butterfly-Nebel, eine Wolke aus Gas und Staub, die einen sterbenden Stern abstößt. Die Aufnahme entstand mit der neuesten Kamera, die 2009 eingebaut wurde.

BLICK INS UNIVERSUM

Sekundärspiegel

Einfallendes Licht

Die Schutzklappe verhindert, dass Licht der Sonne, der Erde oder des Monds in das Teleskop fällt.

Hauptspiegel: Probleme, die der Schliff des Spiegels verursachte, wurden mit einer Platte behoben.

Instrumentenmodul

Sonnenpaddel: Der erzeugte Strom wird zusätzlich in sechs Batterien gespeichert und genutzt, wenn sich Hubble *im Erdschatten befindet.*

▲ **STEUERUNG**
Hubble *wird über das Tracking and Data Relay Satellite System (TDRSS) der NASA gesteuert.*

📷 **GEISTESBLITZ!**

Lyman Spitzer (1914–1997) entwickelte die Theorie eines Teleskops im All und war maßgeblich am Entwurf und der Entwicklung des *Hubble*-Weltraumteleskops beteiligt.

FAKTEN

- **Länge** 13,2 m
- **Durchmesser** 4,2 m
- **Gewicht** 11,1 t
- **Start** 24. April 1990
- **Kosten beim Start** 1,5 Mrd. Dollar
- **Umlaufbahn** 569 km über der Erde
- **Geschwindigkeit** 28 000 km/h

▲ **SIGNALE** *des TDRSS werden von der Bodenstation White Sands in New Mexico (USA) empfangen.*

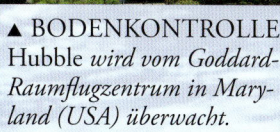

▲ **BODENKONTROLLE**
Hubble *wird vom Goddard-Raumflugzentrum in Maryland (USA) überwacht.*

BLICK INS UNIVERSUM

HEXEN UND RIESEN
Der Mann im Mond ist nur eine Erfindung, aber im Weltraum gibt es eine Hexe! Der Hexenkopfnebel liegt im Sternbild Fluss (Eridanus) im sicheren Abstand von 900 Lichtjahren zur Erde. Ihre Hakennase und ihr spitzes Kinn leuchten blau im Licht von Rigel, einem hellen Überriesen (nicht im Bild).

BLICK INS UNIVERSUM

▲ ALL-AUGE *Das Zentrum der Spiralgalaxie NGC 1097 erinnert im infraroten Licht an ein Auge. In ihren Armen zeigt sich eine kleine Begleitgalaxie (links).*

▲ STERNLICHT *Pismis 24 ist ein offener Sternhaufen. Er enthält drei der massivsten Sterne. In dem glühenden Nebel (unten) entstehen neue Sterne.*

▲ FANTASTISCH *Den „Körper" des Ameisennebels bilden zwei Lappen aus Gas, das ein sterbender Stern mit bis zu 1000 km/s Geschwindigkeit ausstößt.*

▲ BLASENWERFER *Der junge Stern HH 46/47 stößt zwei Ströme aus warmem Gas aus. Die Gasströme bildeten in dem Gas und Staub Blasen um den Stern.*

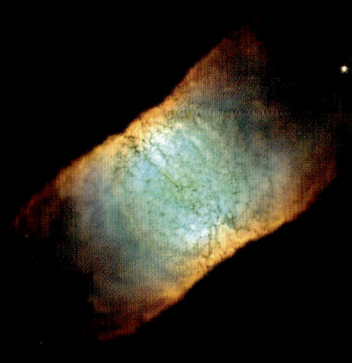

▲ VIERECKIG *Der zylindrische Retinanebel sieht von der Seite viereckig aus. Heiße Gase entweichen an den Enden und Staub verdunkelt die Ränder.*

▲ JUMBOJET *Der Strom aus Gas und Staub eines jungen Sterns (oben außerhalb des Bildausschnitts) erinnert an einen Tornado. HH 49/50 ist 0,3 Lichtjahre lang.*

Observatorien im All

Die meisten hochenergetischen Teilchen und Strahlen aus dem Weltaum werden von der Erdatmosphäre herausgefiltert. Die Luftströmungen verursachen auch Turbulenzen, die scharfe Aufnahmen verhindern. Die Erforschung von Himmelsobjekten gelingt daher besser, wenn man sie mit Weltraumteleskopen beobachtet.

XMM-Newton misst auch schwache Röntgenstrahlen, die Chandra *nicht erkennt.*

Chandra
NASA

- **Benannt nach** dem Nobelpreisträger Subrahmanyan Chandrasekhar
- **Typ** Röntgenobservatorium
- **Start** Juli 1999
- **Ausrüstung** 4 zylindrische Spiegel, die ineinander verschachtelt sind
- **Umlaufbahn** umrundet die Erde alle 65 Stunden auf einer elliptischen Bahn in einer Höhe von 10 000–139 000 km

Chandra misst Röntgenstrahlen von explodierten Sternen, Galaxienhaufen und den Rändern Schwarzer Löcher. Es beobachtete sogar Röntgenstrahlen von Teilchen, kurz bevor diese in ein Schwarzes Loch fielen. Die erste Aufnahme stammte von dem supermassiven Schwarzen Loch im Zentrum der Milchstraße.

▲ Chandra *fliegt 200-mal höher als* Hubble.

XMM-Newton
Europäische Weltraumagentur – ESA

- **Benannt nach** dem berühmten Naturforscher Isaac Newton. XMM ist die englische Abkürzung für Röntgenmehrfachspiegel.
- **Typ** Röntgenobservatorium
- **Start** Dezember 1999
- **Ausrüstung** 3 Röntgenteleskope, die jeweils 58 konzentrische, ineinander verschachtelte Spiegel enthalten
- **Umlaufbahn** umrundet die Erde alle 48 Stunden auf einer elliptischen Bahn in einer Höhe zwischen 7000 und 114 000 km

Weil Röntgenstrahlen durch normale Spiegel hindurchgehen, sind die Teleskope mit gewölbten, ineinander verschachtelten Spiegeln ausgerüstet, die sie zu den Detektoren reflektieren.

▲ *Sternausbruch in M82, der Cigar-Galaxie*

Spitzer-Weltraumteleskop
NASA

- **Benannt nach** dem berühmten amerikanischen Astrophysiker Lyman Spitzer
- **Typ** Infrarotteleskop
- **Start** August 2003
- **Ausrüstung** 85-cm-Hauptspiegel und 3 supergekühlte wissenschaftliche Instrumente
- **Umlaufbahn** folgt der Erde bei ihrem Umlauf um die Sonne. Es entfernt sich allmählich immer weiter von der Erde, um einen großen Himmelsabschnitt ohne Unterbrechung erforschen zu können.

Das Teleskop nimmt Bilder auf und untersucht das Infrarotlicht der kühlsten Objekte im Universum, z. B. Staubwolken um Sterne, in denen Sterne und Planeten entstehen, sowie staubhaltige Galaxien.

▲ *Der Sonnenschild schützt* Spitzer *vor der Wärme der Sonne und den Infrarotstrahlen der Erde.*

OBSERVATORIEN IM ALL

IM BLICKPUNKT: EINE WOLKE MIT VIELEN FARBEN

Jedes Weltraumobservatorium stellt andere Kennzeichen eines Himmelskörpers dar, wie man an Cassiopeia A, dem jüngsten Supernovaüberrest in der Milchstraße, sehen kann. Die sich schnell ausdehnende Wolke ist etwa 10 000 Lichtjahre entfernt. Sie bildet vermutlich den Rest eines massiven Sterns, der um 1680 als Supernova explodierte.

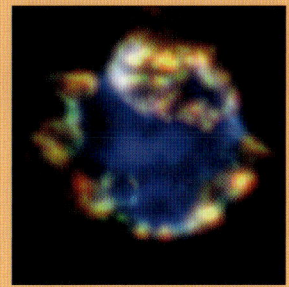
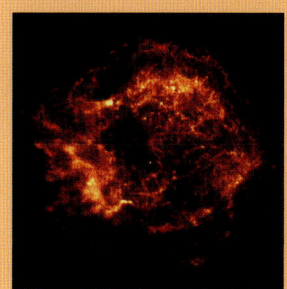
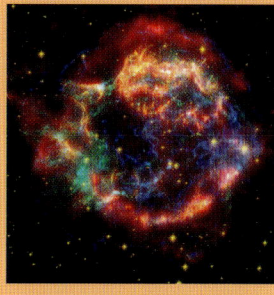

▲ **OPTISCHES BILD VON HUBBLE** *Im sichtbaren Licht sieht man große Trümmerwirbel, die wegen der Wärme der Explosionsdruckwelle glühen.*

▲ **INFRAROTBILD VON SPITZER** *Heißes Gas (grün und blau) und kalter Staub (rot) entstanden gleichzeitig und sind in den gelben Gebieten vermischt.*

▲ **RÖNTGENBILD VON CHANDRA** *Die noch immer expandierende heiße Gaswolke ist deutlich sichtbar – ihr Durchmesser beträgt zehn Lichtjahre!*

▲ **MEHRFARBIG** *Die Kombination der Bilder von Hubble (gelb), Spitzer (rot) und Chandra (grün und blau) kann erklären, wie sich Supernovae entwickeln.*

BLICK INS UNIVERSUM

Fermi-Gammastrahlen-Weltraumteleskop
NASA

■ **Benannt nach** dem italienischen Nobelpreisträger Enrico Fermi, einem Pionier der hochenergetischen Physik
■ **Typ** Gammastrahlenobservatorium
■ **Start** Juni 2008
■ **Ausrüstung** Large Area Telescope (LAT) und ein Gammastrahlenausbruch-Monitor (GBM)
■ **Umlaufbahn** kreist alle 95 Minuten in 550 km Höhe um die Erde

Das Teleskop wurde von den USA, Frankreich, Deutschland, Italien, Japan und Schweden entwickelt. Der Satellit dreht sich selbstständig, um neue Gammastrahlen zu entdecken.

▶ *Das Teleskop hat viele neue Pulsare entdeckt (👁 S. 228).*

Herschel-Teleskop
Europäische Weltraumagentur – ESA

■ **Benannt nach** Friedrich Wilhelm Herschel, dem deutsch-britischen Astronomen, der das Infrarotlicht und den Planeten Uranus entdeckte
■ **Typ** Infrarotteleskop
■ **Start** Mai 2009
■ **Ausrüstung** 3,5-m-Hauptspiegel und 3 supergekühlte wissenschaftliche Instrumente
■ **Umlaufbahn** *Herschel* befindet sich in einem Gebiet, das 1,5 Mio. km von der Erde entfernt auf der entgegengesetzten Seite der Sonne liegt.

Herschel misst einen großen Wellenlängenbereich. Das Teleskop untersucht, wie die ersten Galaxien entstanden und sich entwickelten. Es erforscht die kalten, dichten Staubwolken genauer als je zuvor.

▲ *Die Instrumente werden mit Helium gekühlt.*

James-Webb-Weltraumteleskop
NASA

■ **Benannt nach** einem früheren NASA-Chef
■ **Typ** optisches und Infrarot-Weltraumteleskop, das als Nachfolger des *Hubble*-Weltraumteleskops vorgesehen ist
■ **Geplanter Start** 2014
■ **Ausrüstung** 6,5-m-Hauptspiegel, der größte Spiegel eines Weltraumteleskops
■ **Umlaufbahn** 1,5 Mio. km entfernt auf der Nachtseite der Erde

Die USA, Europa und Kanada entwickeln das Teleskop. Es könnte einmal die am weitesten entfernten und dunkelsten Objekte des Universums erforschen.

Sonnenschild

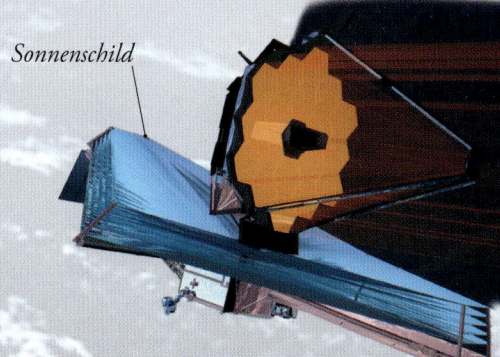

▲ *Der Schild ist so groß wie ein Tennisplatz.*

Seltene Observatorien

Das Universum wird heutzutage auch mit ungewöhnlichen Instrumenten erforscht. Hier einige etwas ausgefallenere Observatorien:

GONG
The Global Oscillation Network Group

- **Standort** 6 Stationen weltweit (Kalifornien, Hawaii, Australien, Indien, Kanarische Inseln und Chile)
- **Funktion** untersucht Schallwellen der Sonne

Die Observatorien untersuchen Schallwellen innerhalb der Sonne, die durch kleine Beben auf ihrer Oberfläche entstehen. Sie erzeugen Millionen Schallwellen, die Einblicke über den Aufbau der Sonne gestatten.

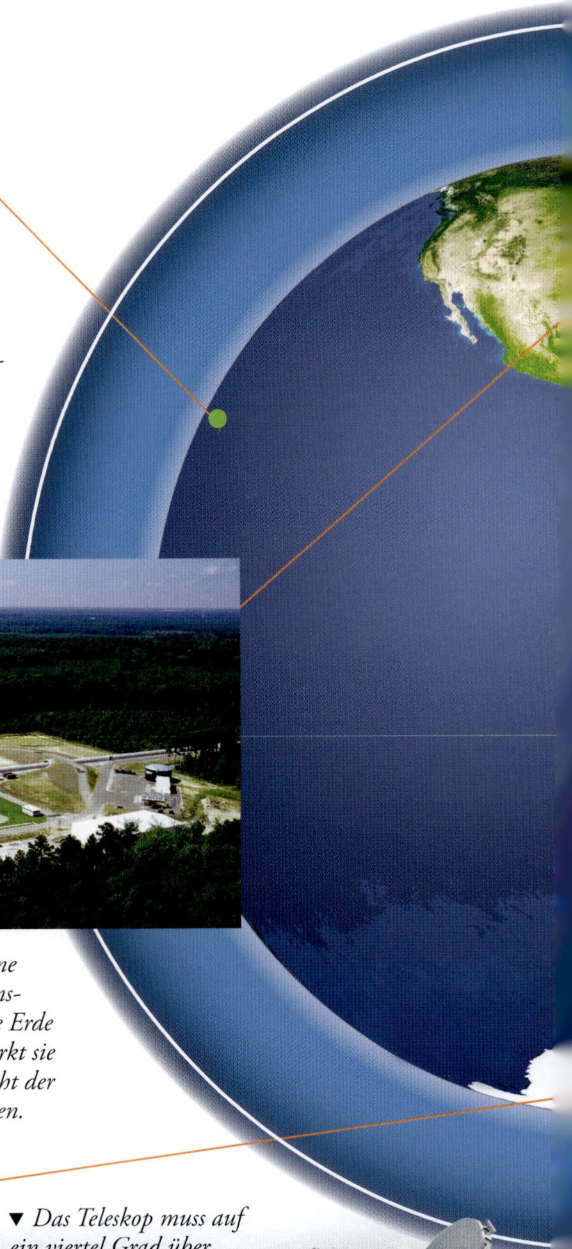

▲ DIESE unauffälligen weißen Container beherbergen hochempfindliche Detektoren, die die Sonne überwachen.

LIGO
Das Laser Interferometer Gravitationswellen Observatorium

- **Standort** 3 Detektoren in den Bundesstaaten Washington und Louisiana (USA)
- **Ausrüstung** Das L-förmige Observatorium mit 4 km langen Röhren enthält Laserstrahlen und Spiegel.
- **Funktion** Suche nach Gravitationswellen

Gravitationswellen krümmen vermutlich die Raumzeit. Sie entstehen wahrscheinlich, wenn Schwarze Löcher kollidieren und Supernovae explodieren oder kommen aus dem frühen Universum. Ihre Existenz konnte bisher direkt noch nicht nachgewiesen werden.

▲ Wenn eine Gravitationswelle in die Erde gelangt, wirkt sie auf das Licht der Laserstrahlen.

Südpol-Teleskop (SPT)
The Arcminute Cosmology Bolometer Array Receiver

- **Standort** Amundsen-Scott-Forschungsstation, Südpol
- **Ausrüstung** 10-m-Teleskop
- **Funktion** Beobachtung der Mikrowellen-Hintergrundstrahlung

Im antarktischen Winter scheint am Südpol keine Sonne, sodass es Tag und Nacht dunkel bleibt. Die extrem trockene Luft eignet sich ideal für die Suche nach winzigen Änderungen der Reststrahlung des Urknalls.

▼ Das Teleskop muss auf ein viertel Grad über dem absoluten Nullpunkt (−273 °C) gekühlt sein.

SELTENE OBSERVATORIEN

▶ SOFIA 747 SP kann sein Teleskop ständig auf ein Objekt im All ausrichten, auch wenn das Flugzeug in Turbulenzen gerät.

SOFIA
Stratosphärenobservatorium für Infrarotastronomie

- **Standort** an der linken Rumpfseite einer umgebauten Boeing 747 SP
- **Ausrüstung** ein Spiegelteleskop mit 2,5 m Durchmesser
- **Funktion** Beobachtung des Himmels im sichtbaren und infraroten Licht

Das Flugzeug fliegt jeweils bis zu acht Stunden über den Wolken und dem größten Teil der Atmosphäre in Höhen zwischen 11 und 14 km. Die Beobachtungen des Observatoriums sollen Fragen über die Entstehung des Universums beantworten. SOFIA wird voraussichtlich 20 Jahre lang im Einsatz sein.

SNO
Sudbury Neutrinoobservatorium

▼ *Das Gestein schützt die Detektoren vor kosmischen Strahlen.*

- **Standort** 2 km tief unter der Erdoberfläche in einer Nickelmine in Sudbury, Ontario (Kanada)
- **Ausrüstung** schweres Wasser in einem Tank von 12 m Durchmesser, den 9600 Sensoren umgeben
- **Funktion** Untersuchung hochenergetischer Teilchen (Neutrinos) aus dem Kern der Sonne und explodierender Sterne

Neutrinos dringen normalerweise unbemerkt in die Erde ein. Wenn sie auf Atome des schweren Wassers treffen, erzeugen sie Lichtblitze, die die Sensoren registrieren.

BLICK INS UNIVERSUM

▲ *TRANSPORTER bringen die riesigen Schüsseln in verschiedene Positionen.*

ALMA
Atacama Large Millimeter/Submillimeter Array

- **Standort** eine in 5000 m Höhe gelegene Ebene der Atacamawüste (Chile)
- **Ausrüstung** mindestens 66 Schüsseln mit 200 Plattformen im Abstand von bis zu 18,5 km
- **Funktion** Beobachtung der Gas- und Staubwolken des kalten Universums

ALMA besteht aus 66 Schüsseln mit bis zu 12 m Durchmesser, die zusammen wie ein einziges Riesenteleskop arbeiten. Das trockene Klima und die dünne Atmosphäre in großer Höhe eignen sich ideal für klare Aufnahmen der Infrarot- und Mikrowellenstrahlen aus dem All.

GEWALTIGES UNIVERSUM

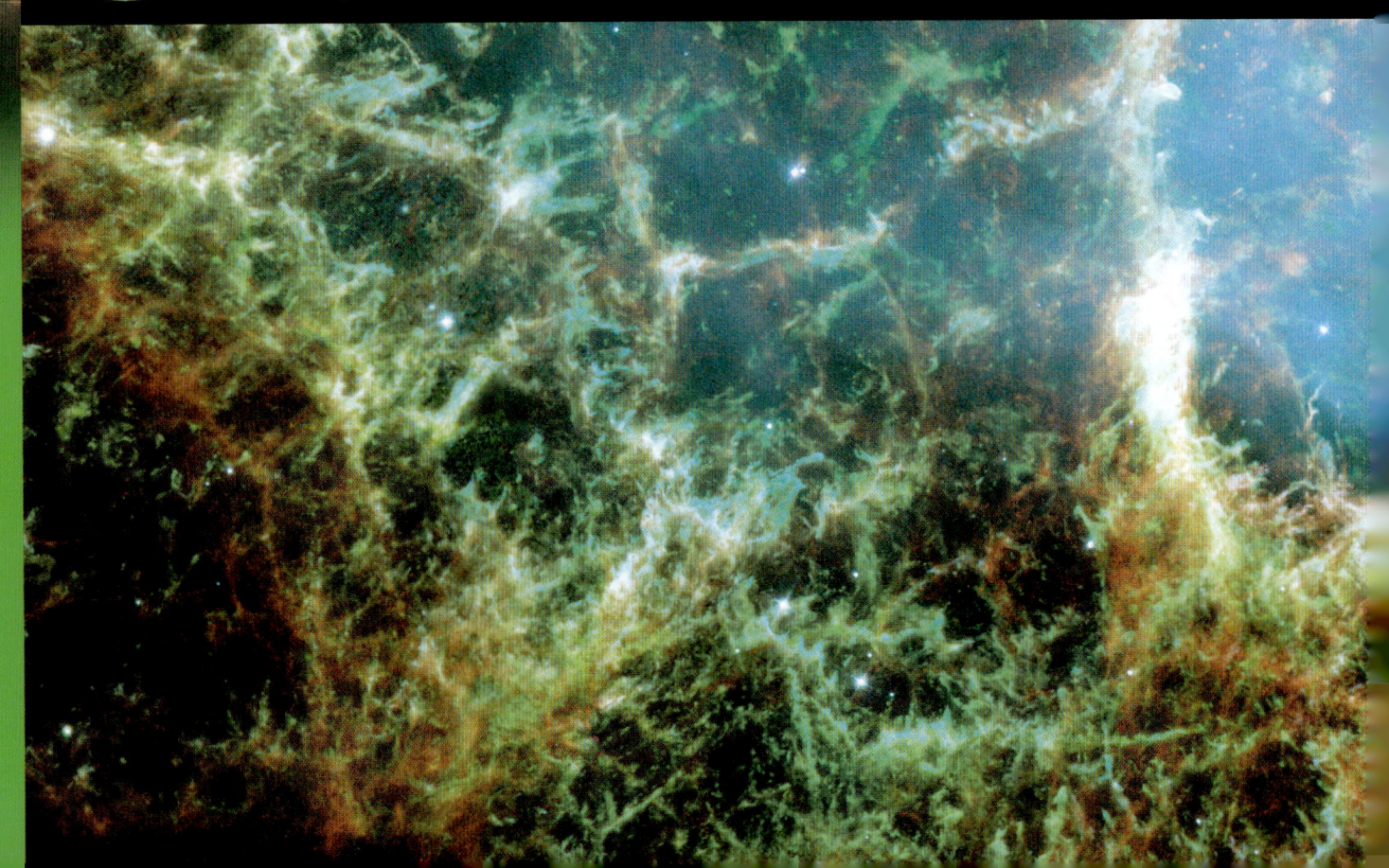

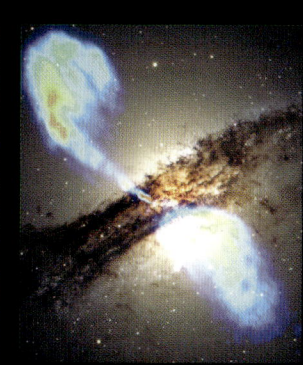

GEWALTIGES UNIVERSUM

Das Universum ändert sich ständig und enthält alles, was existiert: alle Materie von den kleinsten Atomen bis zu den größten Galaxienhaufen, die Leere des Raums und jede einzelne Sekunde der Zeit.

Was ist das Universum?

Das Universum umfasst alles – Planeten, Sterne, Galaxien und den Raum zwischen ihnen. Sogar die Zeit ist ein Teil des Universums. Niemand weiß, wie groß es ist, wo es beginnt oder endet. Sterne und Galaxien sind so weit von der Erde entfernt, dass ihr Licht uns manchmal erst nach Milliarden Jahren erreicht – wir sehen das Universum dann so, wie es vor Milliarden Jahren aussah. Dieses Licht verrät uns, wie das Universum begann und wie es vielleicht enden wird.

LICHTJAHRE

◀ Mit unterschiedlichen Teleskoptypen kann man herausfinden, wie das Universum früher aussah.

Ziemlich schnell …
Licht breitet sich im leeren Raum mit 300 000 km/s aus. Mit dieser Geschwindigkeit können Lichtwellen in einer einzigen Sekunde siebenmal um die Erde sausen.

Teleskope sind Zeitmaschinen: Sie sammeln das Licht entfernter Sterne und Galaxien und wir sehen diese so, wie sie aussahen, als sie das Licht vor Tausenden oder sogar Milliarden Jahren auf die Reise schickten. Entfernungen werden im Universum in Lichtjahren gemessen. Ein Lichtjahr entspricht der Strecke, die das Licht in einem Jahr zurücklegt – etwa 9,5 Bio. km. Das Licht der am weitesten entfernten Galaxien erreicht uns erst nach ungefähr 13 Mrd. Jahren. Wir sehen sie heute also, wie sie aussahen, lange bevor die Sonne und die Erde überhaupt existierten.

UNIVERSUM DER ZUKUNFT

Lange Zeit glaubte man, dass die Schwerkraft der Sterne und Galaxien die Ausdehnung des Universums verlangsamt, doch nach jüngsten Beobachtungen wird sie sogar beschleunigt. Dadurch entfernen sich die Galaxien immer weiter voneinander. Es entstehen keine Sterne mehr, Schwarze Löcher verschwinden und das Universum wird zum kalten, dunklen, leblosen und leeren Raum.

WAS IST DAS UNIVERSUM?

SCHON GEWUSST?

Einen Raum beschreibt man mit seinen drei Dimensionen – Höhe, Breite und Tiefe. Die Zeit ist eine vierte Dimension. Das Universum besitzt vermutlich sechs weitere, versteckte Dimensionen. Sie sind ineinandergewunden und unendlich winzig.

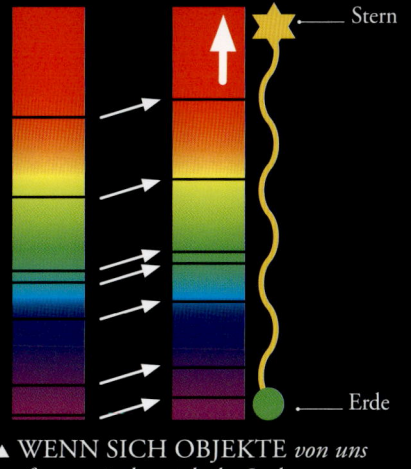

▲ WENN SICH OBJEKTE *von uns entfernen, ändert sich ihr Spektrum. Mit dieser Änderung berechnet man, wie schnell sie sich bewegen.*

Stern
Erde

Entfernungen bestimmen

Die Entfernungen im Universum sind schwer zu messen. Viele Galaxien sind so weit entfernt, dass man nur ihr Licht dafür nutzen kann. Weil sich das Universum ausdehnt, werden auch die Wellenlängen des Lichts eines Objekts gestreckt. Jede dunkle Linie in seinem Spektrum verschiebt sich zum roten Ende. Dieses Phänomen nennt man Rotverschiebung. Die Entfernung einer Galaxie und wie schnell sie sich entfernt, berechnet man mit der Größe der Rotverschiebung. Die ältesten und schnellsten Galaxien weisen die größte Rotverschiebung auf.

GEWALTIGES UNIVERSUM

Form des Universums

Das Universum besitzt vermutlich eine Form, die von der Dichte seiner Materie abhängt. Wenn diese eine bestimmte kritische Dichte überschreitet, wäre das Universum geschlossen. Ist die Dichte dagegen geringer, wäre es offen (sattelförmig). Doch Beobachtungen von Raumsonden zeigen, dass das Universum wohl nahe an der kritischen Dichte ist, sodass man es sich flach denkt. Ein vollständig flaches Universum hätte keine Grenze und würde sich ewig weiter ausdehnen.

Geschlossen
Offen
Flach

◄ *STERNE, Staub und Gas – alles, was man am Himmel sieht, bildet nur einen Bruchteil des Universums. Der größte Teil besteht aus unsichtbarer dunkler Materie und dunkler Energie (S. 62–63).*

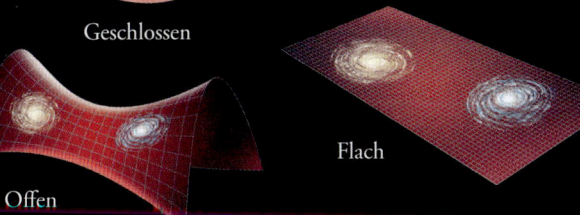

VIELE UNIVERSEN?

Ist unser Universum einzigartig? Manche Astronomen glauben, dass es viele Universen gibt. Ihr Aufbau könnte einer Art riesigem Schaum aus Blasen gleichen, in dem sich manche Universen noch gar nicht entfaltet haben. Andere könnten physikalische Gesetze und Dimensionen besitzen, die wir in unserem Universum nicht kennen. Theoretisch könnten Universen tatsächlich durch Schwarze Löcher miteinander verbunden sein. Da auf unser Universum aber keine anderen Universen einwirken, kann man ihre Existenz nicht beweisen.

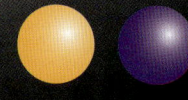

Geburt des Universums

Das Universum entstand vermutlich in einer gigantischen Feuerkugel vor 13,7 Milliarden Jahren. Mit einer gewaltigen Explosion, dem Urknall, begann alles: Zeit und Raum und auch alle Materie und Energie des Universums.

RASCHE EXPANSION

Am Anfang war das Universum unglaublich klein und unvorstellbar heiß und dicht. In der Feuerkugel wandelte sich Energie in Materie und Antimaterie um. Dann begann es sich auszudehnen und kühlte ab. Für den Bruchteil einer Sekunde verlief die Expansion langsam, aber dann beschleunigte sie sich schlagartig. Seither dehnt sich das Universum ständig weiter aus, und zwar immer schneller.

▼ DIE BLAUEN UND VIOLETTEN *Farben zeigen Röntgenstrahlen, die Materie und Antimaterie nach Kollisionen als hochenergetischen Teilchenstrom von dem weißen Pulsar abgeben.*

1 Das Universum dehnt sich von einem unendlich winzigen Punkt zur Größe einer Grapefruit aus. Durch ungeheure Energien entstehen Materie und Antimaterie.

URKNALL

| Zeit | 1. 0 Sekunden |
| Temperatur | Feuerkugel |

Quarks Elektronen

▲ ZU DEN *häufigsten Teilchen im Universum zählen Quarks und Elektronen. Sie sind die Bausteine aller Atome.*

Materie und Antimaterie

Unmittelbar nach dem Urknall wurden gewaltige Energiemengen in Teilchen aus Materie und Teilchen aus Antimaterie umgewandelt. Treffen beide Arten aufeinander, löschen sie sich gegenseitig aus. Wäre die gleiche Anzahl beider Teilchenarten entstanden, würde keine Materie existieren. Doch sämtliche Objekte unseres Universums bestehen vorwiegend aus Materie. Die einzige Erklärung für dieses Phänomen ist offenbar, dass während des Urknalls aus unbekannten Gründen etwas mehr Materie als Antimaterie entstanden ist.

Was war vor dem Urknall?
Es gibt kein „vor dem Urknall", weil Raum und Zeit nicht existierten. Nach dem Urknall dehnte sich der Raum aus und auch die Zeit begann. Beide konnten nur gemeinsam starten. Es dauerte lange, bis man diesen Zusammenhang erkannte!

DIE ERSTEN DREI MINUTEN

Innerhalb der ersten 3 Minuten kühlte das Universum auf weniger als 1 Mrd. Kelvin ab. In der gleichen Zeit dehnte es sich von einem Punkt, der mehrere Milliarden Mal kleiner als ein Atom war, auf die Größe der Milchstraße aus.

GEWALTIGES UNIVERSUM

2 Das Universum ist so groß wie ein Fußballfeld. Eine große Zahl Materie- und Antimaterieteilchen kollidieren, löschen sich aus und erzeugen noch mehr Energie.

3 Das Universum bläht sich plötzlich auf und kühlt ab. Neue fremdartige Teilchen wie Quarks und Elektronen entstehen.

4 Das Universum ist noch zu heiß, als dass Atome entstehen könnten, aber einzelne Quarks lagern sich zu schwereren Teilchen wie Protonen und Neutronen zusammen.

2. 10^{-43} Sekunden	3. 10^{-35} Sekunden	4. 10^{-7} Sekunden	3 Minuten
10^{32} Kelvin	10^{27} Kelvin	10^{14} Kelvin	10^{8} Kelvin

▲ *K steht für die Einheit Kelvin der Temperaturskala, die in der Wissenschaft Verwendung findet. 0 K entspricht –273,15 °C. Es ist die tiefstmögliche Temperatur im Universum.*

BILDUNG VON ATOMKERNEN

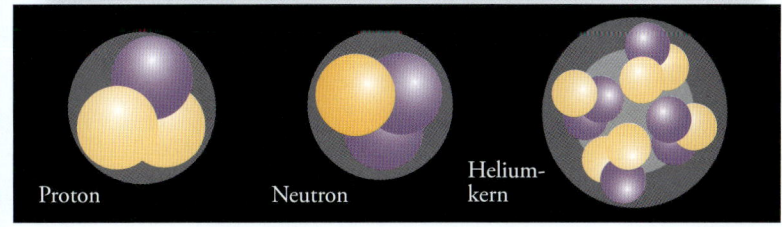

Proton   Neutron   Heliumkern

Protonen und Neutronen enthalten je drei Quarks. Nachdem das expandierende Universum ausreichend Protonen und Neutronen besaß, bildeten sie einfache Atomkerne als Grundlage der Wasserstoff- und Heliumatome. Die meisten Sterne bestehen aus diesen beiden Atomen. Nur drei Minuten nach dem Urknall waren sämtliche Wasserstoff- und Heliumkerne des Universums entstanden.

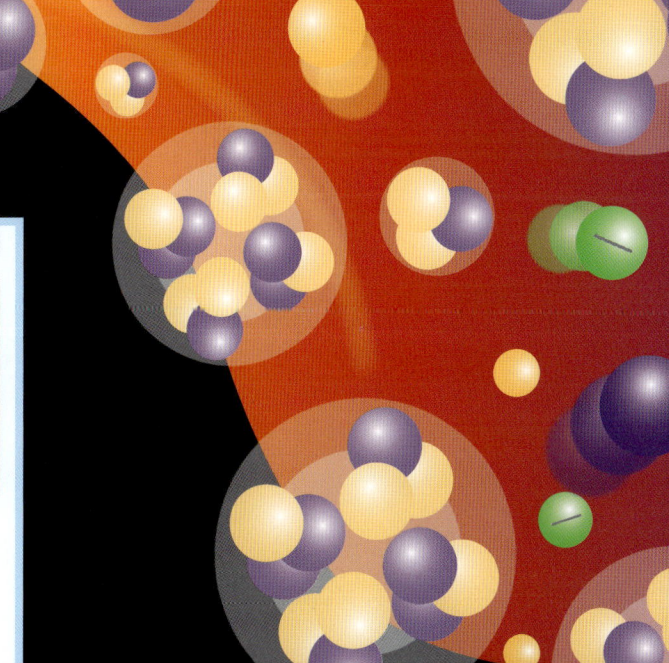

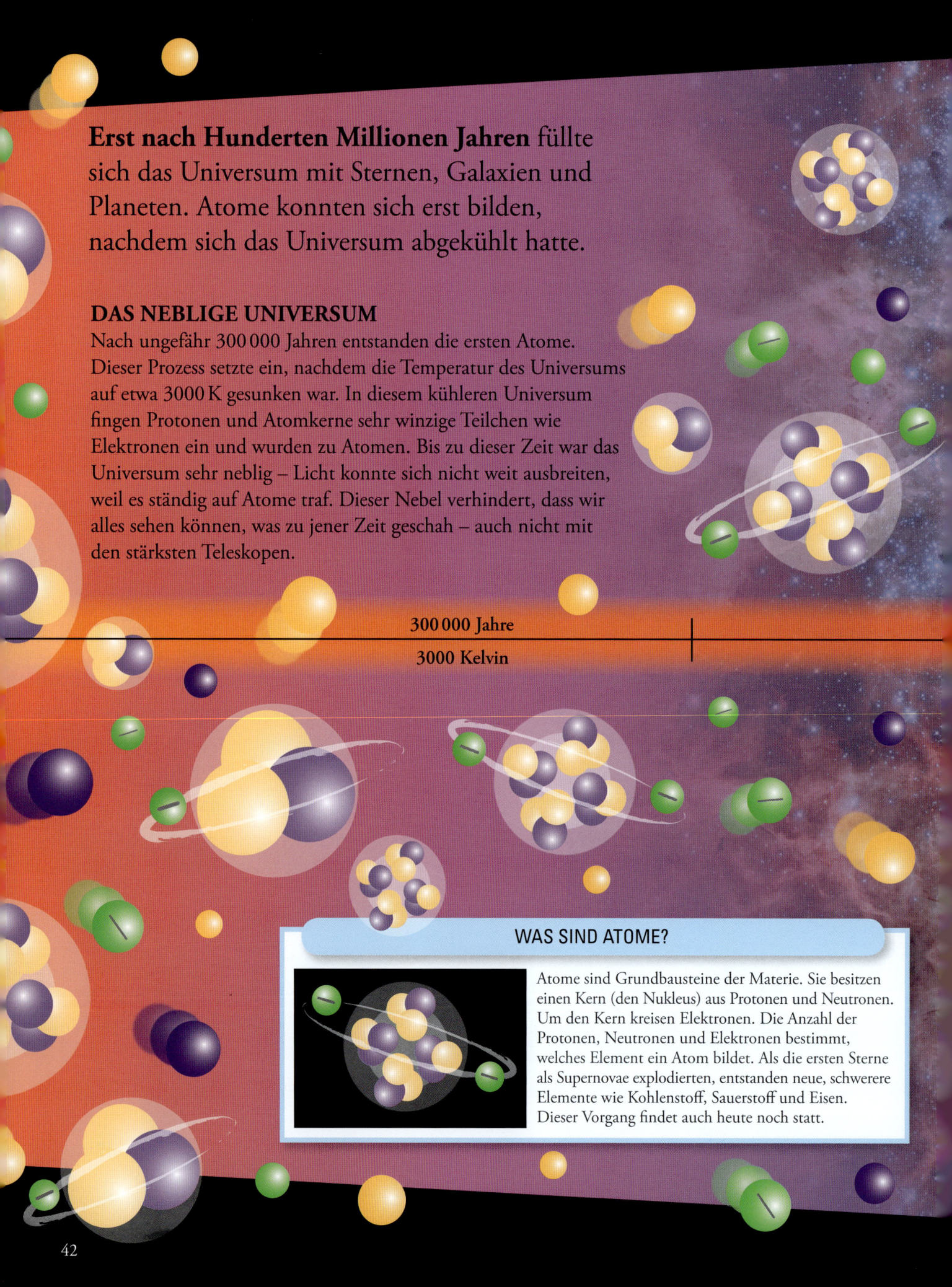

Erst nach Hunderten Millionen Jahren füllte sich das Universum mit Sternen, Galaxien und Planeten. Atome konnten sich erst bilden, nachdem sich das Universum abgekühlt hatte.

DAS NEBLIGE UNIVERSUM

Nach ungefähr 300 000 Jahren entstanden die ersten Atome. Dieser Prozess setzte ein, nachdem die Temperatur des Universums auf etwa 3000 K gesunken war. In diesem kühleren Universum fingen Protonen und Atomkerne sehr winzige Teilchen wie Elektronen ein und wurden zu Atomen. Bis zu dieser Zeit war das Universum sehr neblig – Licht konnte sich nicht weit ausbreiten, weil es ständig auf Atome traf. Dieser Nebel verhindert, dass wir alles sehen können, was zu jener Zeit geschah – auch nicht mit den stärksten Teleskopen.

300 000 Jahre
3000 Kelvin

WAS SIND ATOME?

Atome sind Grundbausteine der Materie. Sie besitzen einen Kern (den Nukleus) aus Protonen und Neutronen. Um den Kern kreisen Elektronen. Die Anzahl der Protonen, Neutronen und Elektronen bestimmt, welches Element ein Atom bildet. Als die ersten Sterne als Supernovae explodierten, entstanden neue, schwerere Elemente wie Kohlenstoff, Sauerstoff und Eisen. Dieser Vorgang findet auch heute noch statt.

DAS ERSTE LICHT

Etwa 200 Mio. Jahre nach dem Urknall bildeten sich gewaltige Wolken aus Wasserstoff und Helium. Durch ihre Schwerkraft kollabierten die Wolken zu dichten Klumpen aus Atomen. Als sie heißer wurden, begannen sie zu glühen und bildeten die ersten Sterne. Diese explodierten bereits nach kurzer Zeit, sodass neue Sterne entstanden.

ENTSTEHUNG DER GALAXIEN

Galaxien formierten sich ziemlich schnell nach den ersten Sternen. Dichte Wolken aus Gas und jungen Sternen zogen sich durch Schwerkraft und dunkle Materie zu kleinen Galaxien zusammen. Später kollidierten sie und bildeten größere Galaxien.

FUNDAMENTALE KRÄFTE

Der Urknall erzeugte auch die vier Fundamentalkräfte. Dazu zählen die Schwerkraft, die elektromagnetische Kraft, die schwache und die starke Kernkraft. Die Schwerkraft hält z. B. die Planeten auf ihren Bahnen um die Sterne. Der Elektromagnetismus verbindet die Elektrizität mit dem Magnetismus. Die schwache Kernkraft wandelt Elementarteilchen um, während die starke Kernkraft Protonen und Neutronen im Atomkern zusammenhält.

Die Schwerkraft hält den Mond auf seiner Bahn um die Erde.

GEWALTIGES UNIVERSUM

200 Millionen Jahre	500 Millionen Jahre	Heute
100 Kelvin	10 Kelvin	2,7 Kelvin

▲ DIE *Hintergrundstrahlung, ein Beweis des Urknalls, markiert den Zeitpunkt, an dem die Temperatur tief genug war, damit sich Atome bildeten.*

Glühende Überreste des Urknalls

Das Licht des Urknalls bleibt für uns unsichtbar. Aber man kann das schwache Glühen einer Strahlung messen – die kosmische Hintergrundstrahlung. Diese Reststrahlung zeigt, wie das Universum 300 000 Jahre nach seiner Geburt aussah. Auf der Karte erkennt man wärmere (rot/gelb) und kältere kosmische Mikrowellen. Die ersten Galaxien entstanden wohl in den etwas kühleren und dichteren (blau) Gebieten.

DIE URKNALL-MASCHINE

Wir können im Universum nicht sehen, wie es unmittelbar nach dem Urknall aussah. Daher versuchen Forscher mit großen Anlagen wie dem Large Hadron Collider in der Schweiz mehr über den Urknall zu erfahren. In einem riesigen Speicherring werden Protonenstrahlen erzeugt, die 800 Mio. Mal pro Sekunde kollidieren. Durch diese Kollisionen werden Elementarteilchen wie Gluonen und Quarks freigesetzt. Die Anlage dient auch dazu, bisher unbekannte Elementarteilchen zu erzeugen, die beim Urknall eine wichtige Rolle spielten.

100 Milliarden Galaxien

Wohin man auch blickt, im Universum findet man überall Galaxien – gewaltige Sternsysteme, die durch ihre Schwerkraft zusammengehalten werden. Als die ersten Galaxien entstanden, war noch keine Milliarde von Jahren seit dem Urknall vergangen.

GEWALTIGES UNIVERSUM

RIESEN UND ZWERGE

Mindestens 100 Mrd. Galaxien gibt es im Universum. Einige sind enorm groß und enthalten viele Milliarden Sterne. Andere sind kleiner und bestehen aus weniger als 1 Mio. Sterne. Die kleineren Galaxien sind zahlreicher, obwohl Zwerggalaxien im Lauf der Zeit von ihren größeren Nachbarn verschluckt werden. Unsere Galaxie, die Milchstraße, besitzt etwa 100 Mrd. Sterne.

100 MILLIARDEN GALAXIEN

GEWALTIGES UNIVERSUM

▲ M51, *die Whirlpool-Galaxie, ist 30 Mio. Lichtjahre entfernt.*

M51 GALAXIE

IM BLICKPUNKT: M51

Mitte des 19. Jh. hatten Astronomen verschwommene Flecken am Nachthimmel entdeckt, die sie Nebel nannten. Um sie besser untersuchen zu können, baute Lord Rosse das bis dahin größte Teleskop – ein 1,8-m-Spiegelteleskop. Damit untersuchte er den Nebel, den man heute als Whirlpool-Galaxie (M51) kennt. Die Zeichnung der Galaxie machte er 1845.

Sich ein Bild machen

Viele Eigenschaften der Galaxien sieht man im sichtbaren Licht nicht. Um die wahre Natur einer Galaxie zu entdecken, wird sie mit unterschiedlichen Wellenlängen untersucht. Das Bild von M51 haben vier verschiedene Weltraumteleskope aufgenommen. Eines zeichnete Röntgenstrahlen eines Schwarzen Lochs, von Neutronensternen und dem glühend heißen Gas zwischen den Sternen (violett) auf. Infrarot- und optische Instrumente bildeten Sterne sowie Gas und Staub der Spiralarme (rot und grün) ab. Junge heiße Sterne erzeugen UV-Licht (blau).

Das Hubble-Weltraumteleskop nahm auch die Zwerggalaxie Zwicky 18 auf, die etwa 60 Mio. Lichtjahre entfernt ist.

ZWICKY 18

GALAXIEN AUS GAS

Einige Galaxien sind enorm groß und enthalten doch nur wenige Sterne. Diese dunklen Galaxien bestehen fast nur aus Gas, sodass sie auf Bildern als verwischter Fleck erscheinen. Malin 1 enthält Gas für 1000 Galaxien von der Größe der Milchstraße. Offenbar entstehen dort erst jetzt Sterne. Ihre riesige, aber undeutliche Scheibe ist sechsmal größer als die Milchstraße. Im Bild unten eine nähere, normale Galaxie.

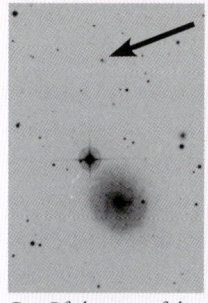

Der Pfeil zeigt auf die Galaxie Malin 1.

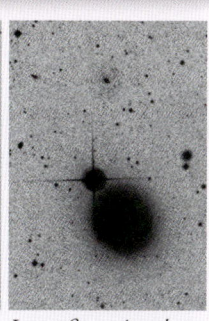

Im größeren Ausschnitt erkennt man sie besser.

HUBBLE DEEP FIELD *1998 war das Hubble-Weltraumteleskop zehn Tage lang auf ein leeres Gebiet ausgerichtet – die Aufnahme zeigt Tausende Galaxien in bis zu 12 Mrd. Lichtjahre Entfernung. Man erkennt viele Spiralgalaxien wie die Milchstraße, elliptische und auch solche, die mit anderen kollidiert waren.*

Entstehung der Galaxien

GEWALTIGES UNIVERSUM

Galaxien gibt es seit Milliarden Jahren – aber woher kommen sie? Mit großen Observatorien kann man in das sehr frühe Universum zurückblicken. Diese fernen Blicke zeigen verschwommene Galaxien, die miteinander kollidieren. Entstanden so auch die ersten Galaxien?

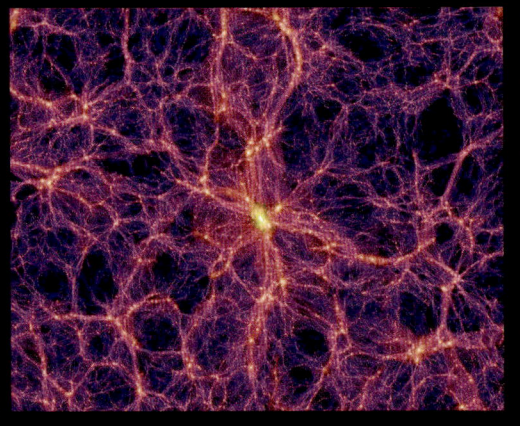

▲ THEORIE *Dieses Computermodell zeigt Materie, die unter der Schwerkraft zu Strängen verklumpte. In ihnen entstanden die ersten Galaxien.*

WAS GESCHAH?
Zur Entstehung der Galaxien existieren zwei Theorien. Nach einer kollabierten riesige Wolken aus Gas und Staub zu Galaxien. Nach der anderen bildeten Sterne kleinere Gruppen, die zu größeren verschmolzen, dann zu Galaxien und schließlich zu Galaxienhaufen.

Form verändern
Viele Galaxien waren zunächst kleine Spiralgalaxien, bevor sie später, häufig nach Kollisionen, zu großen elliptischen Galaxien wurden. Bei Kollisionen prallen die Sterne nicht aufeinander, weil die Lücken zwischen den Sternen groß genug sind. Doch die Galaxie nimmt eine andere Form an.

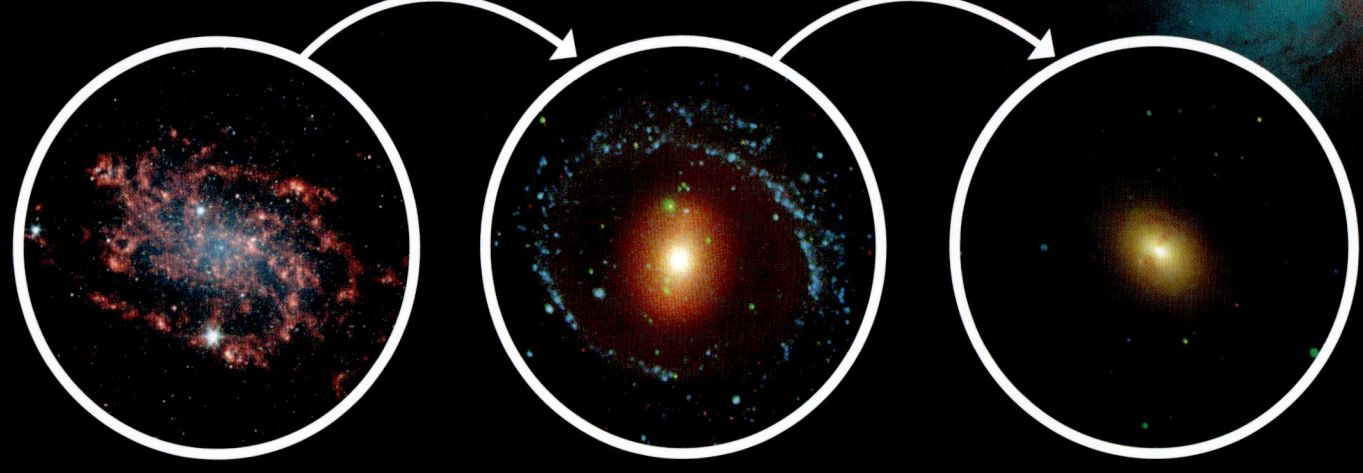

▲ KINDHEIT: *NGC 300 ist eine junge Spiralgalaxie, in der viele neue Sterne entstehen.*

▲ JUGEND: *Während die Galaxie älter wird, entstehen immer weniger neue Sterne.*

▲ ALTER: *Große, gasarme elliptische Galaxien enthalten vorwiegend alte Sterne.*

ENTSTEHUNG DER GALAXIEN

SPIRALGALAXIEN

Das frühe Universum enthielt vermutlich viel Wasserstoff und Helium, die mit Staub Wolken bildeten. Wenn diese unter dem Einfluss ihrer Schwerkraft kollabierten und rotierten, entstanden Spiralgalaxien.

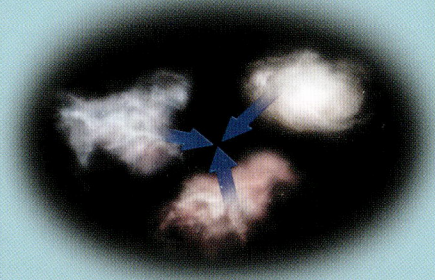

▲ **VERKLUMPEN** *Wolken aus Gas, Staub und Sternen werden von der Schwerkraft zusammengezogen.*

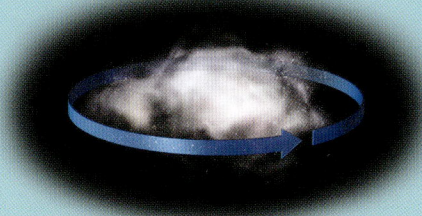

▲ **ROTIEREN** *Durch die Schwerkraft rotiert die kollabierte Wolke. Neue Sterne entstehen und drehen sich um ihr Zentrum.*

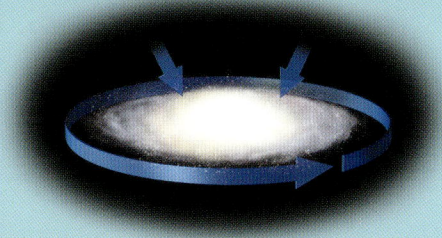

▲ **SCHRUMPFEN** *Durch die Rotation wird die Wolke flacher und bildet eine Scheibe aus Gas, Staub und Sternen.*

▲ **ARME AUSBILDEN** *Die Scheibe rotiert ständig weiter, sodass am Rand Spiralarme entstehen.*

GEWALTIGES UNIVERSUM

Außenseiter
Diese ungewöhnliche Galaxie, die man Hoags Objekt nennt, ist keine irreguläre, Spiral- oder elliptische Galaxie. Ein Kreis aus jungen blauen Sternen umgibt einen gelben Kern aus älteren Sternen.

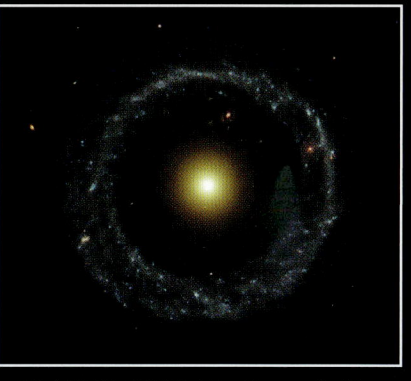

▲ **BLAUER RING** *Haufen aus heißen blauen Sternen bilden den Ring. Sie sind vermutlich die Reste einer anderen Galaxie.*

◀ **RAUCH!** *Die Cigar-Galaxie ist eine irreguläre Galaxie, in der viele Sterne entstehen. In jungen Galaxien entstehen mehr Sterne als in alten.*

VERSCHIEDENE ARTEN VON GALAXIEN

Galaxien werden in drei Hauptarten unterteilt und nach der Form der Galaxie und der Anordnung ihrer Sterne unterschieden.

- **Irreguläre** Galaxien enthalten viel Gas, Staub und heiße blaue Sterne, besitzen aber keine besondere Form. Sie entstehen häufig nach der Kollision zweier Galaxien.
- **Elliptische** Galaxien sind runde, ovale oder zigarrenförmige Ansammlungen von Sternen. Sie enthalten sehr alte rote und gelbe Sterne und nur wenig Gas und Staub.
- **Spiral**galaxien sind große flache Scheiben aus Gas und Staub mit Spiralarmen.

▲ **IRREGULÄR** *Diese Galaxien zeigen manchmal Ansätze von Spiralarmen.*

▲ **ELLIPTISCH** *Ohne Gas entstehen in diesen Galaxien kaum noch Sterne.*

▲ **SPIRALEN** *Sie rotieren einmal in wenigen Hundert Millionen Jahren.*

EIN SOMBRERO IM UNIVERSUM
Ungefähr 28 Millionen Lichtjahre entfernt liegt im Sternbild Jungfrau (Virgo) eine Spiralgalaxie mit sehr hellem Kern (hier in der Seitenansicht). Sie besitzt ein gewölbtes Zentrum und wird von einem dunklen Staubband umgeben. Den Namen Sombrero-Galaxie verdankt sie ihrem Aussehen.

GEWALTIGES UNIVERSUM

Die Milchstraße

Wir leben auf einem kleinen Planeten, der in einer riesigen Spiralgalaxie, der Milchstraße, um einen kleinen Stern kreist. Sie entstand vor mehr als 10 Milliarden Jahren und wird vermutlich noch viele Milliarden Jahre existieren.

Norma-Arm

Carina-Sagittarius-Arm

Crux-Scutum-Arm

Zentrum

Zentralbalken

Perseus-Arm

Orion-Arm

Sonne

Der Laser zeigt genau auf das Zentrum der Milchstraße.

Keine verschüttete Milch

Wer weit genug entfernt von den Lichtern einer Stadt wohnt, kann an manchen Tagen ein schwaches Lichtband am Nachthimmel sehen. Frühere Beobachter nannten es Milchstraße, weil es aussah, als hätte jemand Milch am Himmel verschüttet. Erst als Galilei 1610 mit seinem neuen Teleskop die Milchstraße beobachtete, entdeckte er, dass dieses Band aus Tausenden Sternen besteht.

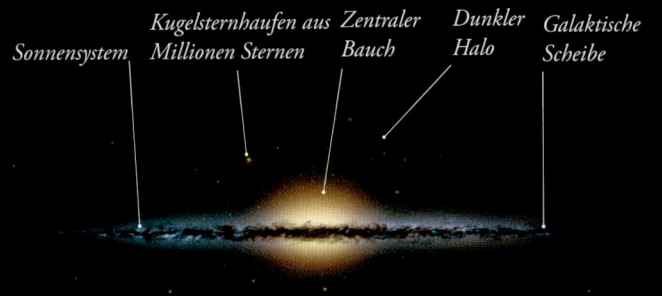

Sonnensystem   *Kugelsternhaufen aus Millionen Sternen*   *Zentraler Bauch*   *Dunkler Halo*   *Galaktische Scheibe*

▲ WIE GROSS IST UNSERE GALAXIE? *Die Milchstraße hat einen Durchmesser von etwa 100 000 Lichtjahren und ist an ihrem Rand nur 2000 Lichtjahre dick. Der größte Teil ihrer Masse besteht vermutlich aus dunkler Materie (◉ S. 62–63).*

EINE SPIRALGALAXIE

Die Milchstraße ist eine Balkenspiralgalaxie. Sie gleicht einem riesigen Feuerrad mit gekrümmten Armen, die von dem Balken ausgehen. Ihre Sterne kreisen um das Zentrum, während sich die Galaxie dreht. Unsere Sonne, die ungefähr 28 000 Lichtjahre vom Zentrum entfernt ist, kreist einmal alle 220 Mio. Jahre um das Zentrum. Sterne in der Nähe des Zentrums brauchen dazu weniger Zeit.

GEWALTIGES UNIVERSUM

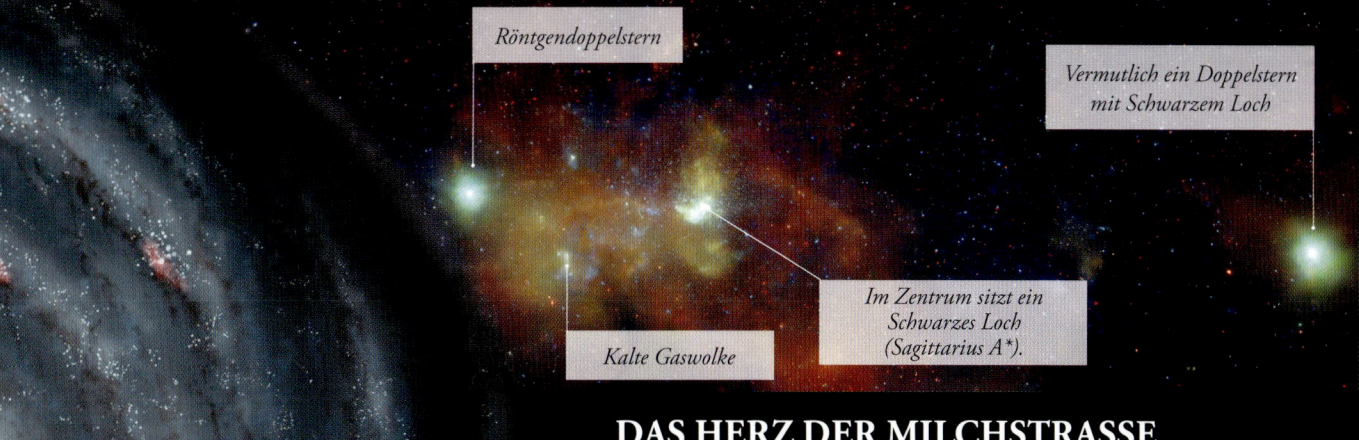

Röntgendoppelstern

Vermutlich ein Doppelstern mit Schwarzem Loch

Kalte Gaswolke

Im Zentrum sitzt ein Schwarzes Loch (Sagittarius A).*

GEWALTIGES UNIVERSUM

DAS HERZ DER MILCHSTRASSE

Das Zentrum der Milchstraße, das etwa 600 Lichtjahre groß ist, ist ein geheimnisvoller Ort. Obwohl es nur einen kleinen Teil der Galaxie ausmacht, enthält der Kern ein Zehntel des Gases der Galaxie und Milliarden Sterne. Zu ihnen gehören Supernovaüberreste, helle Röntgenquellen und Doppelsterne (Sternpaare) sowie vermutlich auch ein Schwarzes Loch.

Die Sonne ist nur einer von etwa 200 Mrd. Sternen der Milchstraße. Die meisten befinden sich im zentralen Bauch, während die Spiralarme jüngere Sterne enthalten. Im Zentrum befindet sich auch ein supermassives Schwarzes Loch.

Verstecktes Monster

Im Zentrum der Galaxie liegt ein riesiges Schwarzes Loch. Es besitzt mehr als 4 Mio. Mal mehr Material als die Sonne und wird Sagittarius A* (oder SGR A*) nach dem Sternbild Schütze (Sagittarius) genannt. Der schlafende Riese erzeugt zurzeit Milliarden Mal weniger Energie als Schwarze Löcher in anderen Galaxien.

*SGR A**

▲ AKTIVE VERGANGENHEIT
SGR A war vermutlich früher aktiv. Lichtechos eines Röntgenstrahlenausbruchs vor 300 Jahren kann man in benachbarten Staubwolken noch nachweisen.*

Junge Sterne

Im Herz unserer Galaxie umgeben Sterne, Gas und Staub ein Schwarzes Loch. Die Bedingungen sind durch gefährliche Sternwinde hart – kräftige Druckwellen erschweren die Entstehung neuer Sterne. Bis vor Kurzem wusste man nicht, wie dort Sterne entstehen, weil man nicht durch die Staubwolken hindurchsehen konnte. Doch nun entdeckte das Spitzer-Infrarotobservatorium in dichten Gas- und Staubwolken drei junge Sterne, die weniger als 1 Mio. Jahre alt sind.

Alte Sternströme

Nicht das gesamte Material der Milchstraße befindet sich in der Scheibe. Drei schmale Sternströme erheben sich bogenförmig über die Galaxie. Sie sind zwischen 13 000 und 130 000 Lichtjahre von der Erde entfernt und erstrecken sich über den nördlichen Himmel. Der größte Strom ist vermutlich der Überrest einer Zwerggalaxie, die mit der Milchstraße kollidierte.

Magellansche Wolken

Die Milchstraße ist nicht die einzige sichtbare Galaxie. Auf der Südhalbkugel erkennt man die beiden Magellanschen Wolken. Man glaubte, die Schwerkraft der Milchstraße ziehe diese Satellitengalaxien an. Nach jüngsten Forschungen kreisen sie jedoch nur in unserer Nachbarschaft.

▶ **IN DEN WOLKEN**
Die Große Magellansche Wolke ist etwa 170 000 Lichtjahre von uns entfernt, die Kleine Magellansche Wolke etwa 200 000 Lichtjahre.

MILCHSTRASSE

GROSSE MAGELLANSCHE WOLKE

KLEINE MAGELLANSCHE WOLKE

◀ **NAHAUFNAHME** *Nahezu 1 Mio. Objekte zeigt diese Aufnahme des Spitzer-Infrarotobservatoriums, die ein Drittel der Großen Magellanschen Wolke ablichtet. Das Sternlicht von älteren Sternen ist blau und erwärmter Staub rot dargestellt.*

GROSSE MAGELLANSCHE WOLKE

Die Große Magellansche Wolke (GMW) liegt in den Sternbildern Goldfisch (Dorado) und Tafelberg (Mensa). Sie ist etwa 25 000–30 000 Lichtjahre groß und enthält etwa 100 Mrd. Sonnenmassen. Die irreguläre Galaxie besitzt im Zentrum einen Balken und zeigt Ansätze von Spiralarmen. Vermutlich war sie früher eine Spiralgalaxie, deren Form von der Schwerkraft der Milchstraße verändert wurde.

Farbenprächtige Wolken

Die Magellanschen Wolken enthalten viele Supernovaüberreste. Das sind die Reste massiver Sterne, die vor Jahrtausenden explodierten und farbige Wolken aus heißen Gasen abstießen.

MAGELLANSCHE WOLKEN

▼ **NAMENSGEBER** *Die Magellanschen Wolken wurden nach dem Seefahrer und Entdecker Ferdinand Magellan (16. Jh.) benannt. Er war einer der ersten Europäer, der sie am südlichen Himmel sah.*

▶ **STERNENTSTEHUNG** *Diese Falschfarbendarstellung zeigt einen Teil des Tarantelnebels neben dem Sternhaufen NGC 2074. In dem Nebel entstehen viele neue Sterne. Das Gebiet durchziehen Staubwolken und Gasströme, die im ultravioletten Licht glühen.*

GEWALTIGES UNIVERSUM

Kleine Magellansche Wolke

Die Kleine Magellansche Wolke (KMW) zählt zu den entferntesten Objekten, die man mit bloßem Auge sehen kann. Diese irreguläre Zwerggalaxie ist kleiner als GMW. Sie besitzt weniger Gas und Staub, aber sie enthält viele Sternentstehungsgebiete (die roten Bereiche oben). Die KMW hat einen sichtbaren Durchmesser von etwa 15 000 Lichtjahren und besitzt mehrere Hundert Millionen Sterne. Ihre Masse ist etwa 7 Mrd. Mal größer als die der Sonne.

Tarantelnebel

Das riesige Sternentstehungsgebiet 30 Doradus liegt in der KMW. Wegen des spinnenartigen Aussehens nennt man es Tarantelnebel. Der Nebel ist etwa 1000 Lichtjahre groß und 170 000 Lichtjahre entfernt. Läge dieses Sternentstehungsgebiet so nah an der Erde wie der Orionnebel (nur 1500 Lichtjahre entfernt), würde es ein Viertel des Himmels bedecken und am Tag sichtbar sein. Der Nebel enthält viele heiße Sterne, die zu den massivsten zählen.

🔍 IM BLICKPUNKT: WASSERSTOFFWOLKE

Die Magellanschen Wolken und die Milchstraße sind durch eine ungewöhnliche Wasserstoffwolke miteinander verbunden – den Magellanschen Strom. Dieser Strom, der nur mit Radiowellen sichtbar wird, erstreckt sich um mehr als die Hälfte der Milchstraße. Er entstand vermutlich, als sich die Magellanschen Wolken durch den Halo der Milchstraße bewegten und dabei Material von ihnen abgezogen wurde. Einer anderen Theorie zufolge kamen sich die Wolken zu nahe und lösten dadurch massive Sternentstehungsausbrüche aus. Die starken Sternwinde und Supernova-Explosionen dieser Ausbrüche haben das Gas abgestoßen, das anschließend zur Milchstraße strömte.

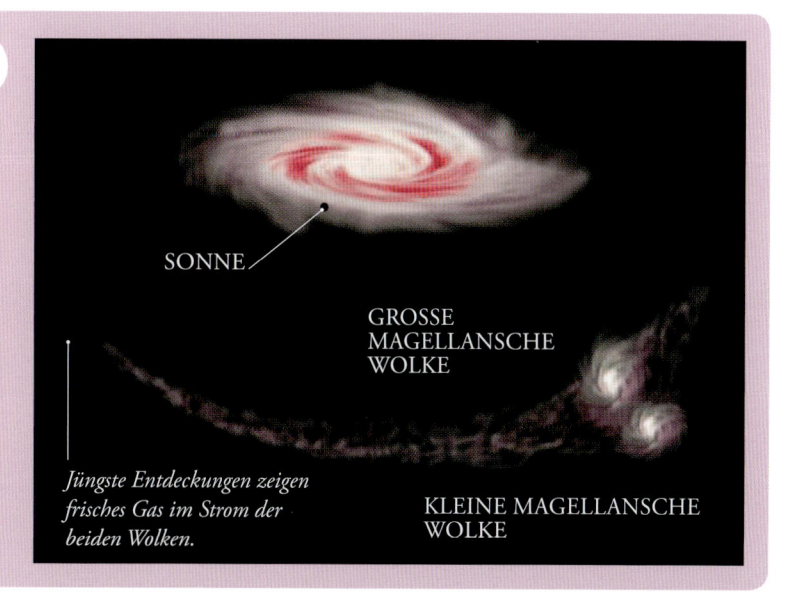

SONNE

GROSSE MAGELLANSCHE WOLKE

KLEINE MAGELLANSCHE WOLKE

Jüngste Entdeckungen zeigen frisches Gas im Strom der beiden Wolken.

Die Lokale Gruppe

Die Milchstraße gehört zu einem Galaxienhaufen, den man Lokale Gruppe nennt. Zu ihr zählen wenigstens 45 Galaxien sowie weitere an den Grenzen der Lokalen Gruppe.

ANDROMEDA

Der Andromedanebel (M31), unser größter galaktischer Nachbar, ist mehr als 2,5-mal größer als die Milchstraße. Die Scheibe dieser Spiralgalaxie spannt sich über etwa 260 000 Lichtjahre. Ein Lichtstrahl braucht also 260 000 Jahre, um von einem Ende der Galaxie zum anderen zu gelangen.

NACHBARSCHAFT

Die Galaxien der Lokalen Gruppe liegen etwa 3 Mio. Lichtjahre auseinander. Sie bilden zwei kleinere Gruppen um die beiden größten Galaxien, die Milchstraße und den Andromedanebel. Vermutlich werden in einigen Milliarden Jahren die Milchstraße und der Andromedanebel kollidieren und verschmelzen.

▶ GRUPPENBILDUNG
Dies sind einige der größten Galaxien der Lokalen Gruppe.

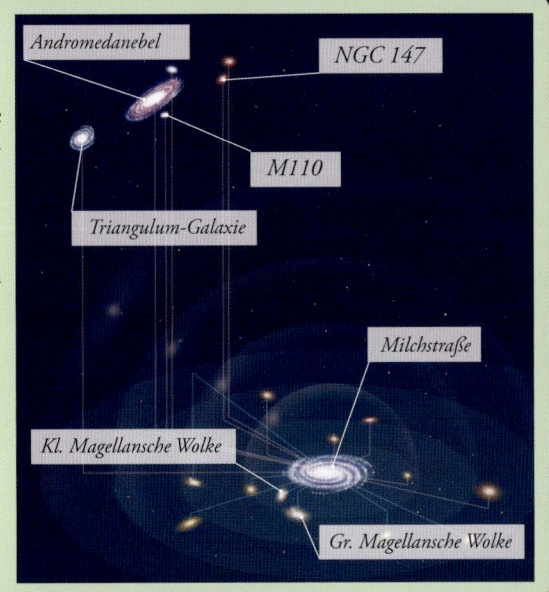

DIE LOKALE GRUPPE

Warmherzige Andromeda

In der Mitte des Andromedanebels befindet sich eine heiße Gaswolke, die Röntgenstrahlen abgibt. Diese stammen vermutlich von einem Doppelstern, zu dem ein Neutronenstern oder ein Schwarzes Loch gehört. Dieser(s) zieht Material von seinem Begleiter ab, das sich durch Reibung auf bis zu mehrere Millionen Grad erwärmt und Röntgenstrahlen abgibt.

▶ **CHANDRAS SICHT**
Chandras *Aufnahme zeigt das Zentrum des Andromedanebels. Röntgenstrahlen mit wenig Energie sind rot, solche mit mittlerer Energie grün und die mit hoher Energie blau dargestellt.*

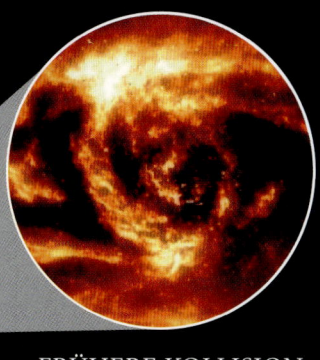

▲ **FRÜHERE KOLLISION**
Staubringe innerhalb des Andromedanebels zeugen davon, dass die Galaxie vor mehr als 200 Mio. Jahren mit der Zwerggalaxie Messier 32 (M32) zusammenstieß.

GEWALTIGES UNIVERSUM

Zwerggalaxien

Die Lokale Gruppe enthält mehrere Dutzend Zwerggalaxien und wahrscheinlich weitere bislang unentdeckte. Die meisten Zwerggalaxien sind klein und dunkel und bestehen aus nur wenigen Hundert Millionen Sternen. Versteckt hinter Staub und Sternen in der Ebene der Milchstraße liegt die nächste Sternentstehungsgalaxie – die irreguläre Zwerggalaxie IC 10. Obwohl ihr Licht durch Staub gedämpft wird, sieht man das rote Glühen.

SCHNAPPSCHUSS

Diese Aufnahme ultravioletten und infraroten Lichts von M33 zeigt Staub und junge Sterne der Galaxie. In einigen äußeren Bereichen gibt es viele junge Sterne (blau glühend) und nur sehr wenig Staub.

Triangulum-Galaxie

M33 oder Triangulum-Galaxie ist die drittgrößte Galaxie der Lokalen Gruppe. Sie ist auch unter dem Namen Pinwheel-Galaxie bekannt, weil man diese Spiralgalaxie von oben sieht. Ihr Durchmesser beträgt mehr als 50 000 Lichtjahre. M33 ist vermutlich eine Satellitengalaxie des Andromedanebels und dient wie dieser als kosmisches Lineal zur Entfernungsbestimmung im Universum.

DAS HERZ DER MILCHSTRASSE
Im Zentrum unserer Galaxie befinden sich in einem Gebiet von der Größe des Vollmonds Hunderttausende Sterne. Nahes Infrarot (gelb) zeigt Sternentstehungsgebiete, Infrarot (rot) Staubwolken, und Röntgenaufnahmen (blau) zeigen sehr heiße Gase und Emissionen Schwarzer Löcher.

GEWALTIGES UNIVERSUM

▼ **HELLER DOPPELSTERN**
Dieser Doppelstern emittiert Röntgenstrahlen. Um den massiven Stern kreist ein Neutronenstern oder ein Schwarzes Loch.

▲ PISTOLENSTERN
Der hellste Stern der Milchstraße ist vermutlich 1,7 Mio. Mal heller als die Sonne.

GEWALTIGES UNIVERSUM

▲ **SAGITTARIUS A***
Dieses supermassive Schwarze Loch bildet das galaktische Zentrum. Seine Eruptionen vertrieben die Gaswolken der Umgebung.

Galaxienkollisionen

Wie Inseln in einem riesigen Meer liegen die Galaxien meist Millionen Lichtjahre voneinander entfernt. Doch manche sind so eng zusammen, dass sie Galaxienhaufen bilden. Diese Galaxien können sich so stark anziehen, dass sie kollidieren.

STEPHANS QUINTETT

Stephans Quintett ist eine Galaxiengruppe, deren Galaxien offenbar kollidieren. Vier Galaxien sind etwa 280 Mio. Lichtjahre von der Erde entfernt, die fünfte weniger weit. NGC 7318b bewegt sich mit fast 320 Mio. km/h durch die Hauptgruppe. Dadurch entsteht eine Druckwelle, die das Gas zwischen den Galaxien erwärmt, sodass es Röntgenstrahlen (hellblau, Bildmitte) emittiert.

NGC 7319 enthält einen Quasar (S. 60–61).

NGC 7318a (rechts) befindet sich vor NGC 7318b (links).

NGC 7320 liegt viel näher zur Erde als die anderen Galaxien.

GEWALTIGES UNIVERSUM

AUF KOLLISIONSKURS

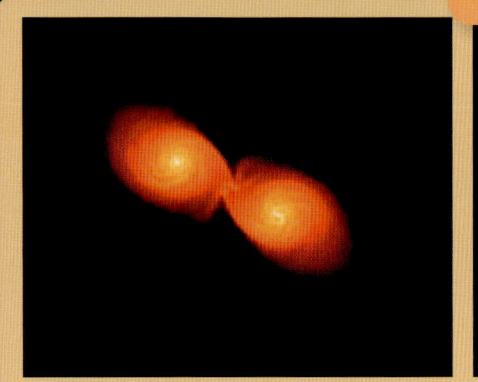

▲ VIRTUELL *Galaxienkollisionen dauern Milliarden Jahre, sodass nur Computersimulationen Vorhersagen treffen können.*

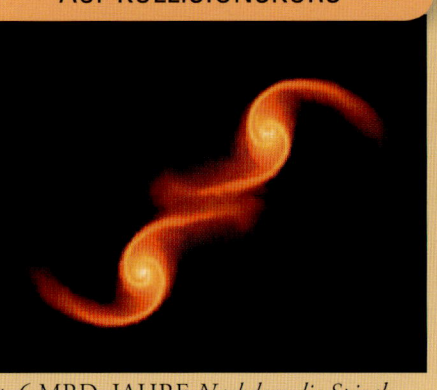

▲ 6 MRD. JAHRE *Nachdem die Spiralgalaxien kollidierten, erzeugt die Schwerkraft lange Schweife der Galaxien.*

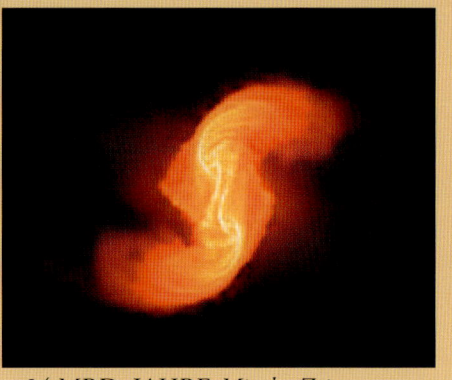

▲ 24 MRD. JAHRE *Mit der Zeit trennen sich die Galaxien wieder ... bis sie wieder aufeinandertreffen.*

GALAXIENKOLLISIONEN

Temperatur der Gase: Rot ist die niedrigste, Blau die höchste Temperatur.

Kollision von Galaxienhaufen
Die größte Kollision, die bisher beobachtet wurde, ist eine Zusammenballung von vier Galaxienhaufen, die man MACS J0717 nennt. Auslöser der Kollision ist ein 13 Mio. Lichtjahre langer Strom von Galaxien, Gas und dunkler Materie – ein Filament. Es bewegt sich auf ein Gebiet mit sehr viel Materie zu, sodass weitere Kollisionen folgen.

Ein verzerrter Anblick
Einige Galaxienhaufen wirken wie ein Vergrößerungsglas am Himmel. Ihre starke Schwerkraft verzerrt den Raum um sie herum. Dadurch wird sogar Licht entfernter Galaxien oder Quasare auf dem Weg zu uns gebeugt. In Aufnahmen erscheinen Bögen und verzerrte Abbilder der entfernten Objekte.

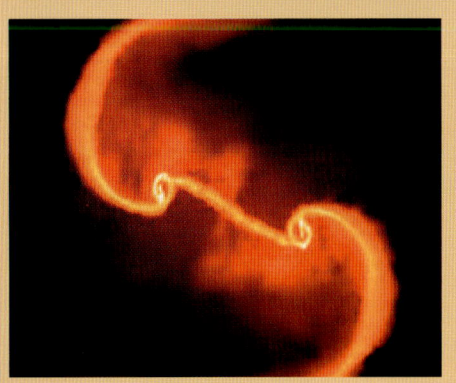

▲ **26 MRD. JAHRE** *Die Zentralgebiete fallen zusammen und die beiden Galaxien vereinigen sich anschließend.*

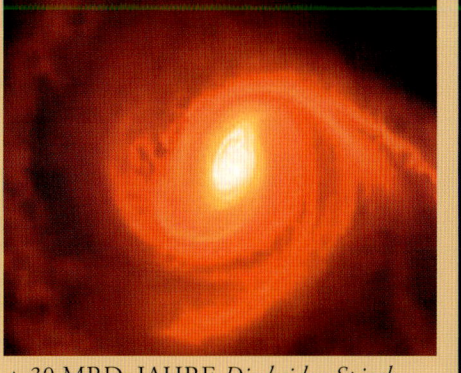

▲ **30 MRD. JAHRE** *Die beiden Spiralgalaxien verschmelzen schließlich und bilden eine massive, elliptische Galaxie.*

▲ **ARP 194** *Im oberen Bereich der Gruppe ARP 194 verschmelzen zwei Galaxien (oben links in der Aufnahme). Der blaue Strom scheint diese beiden mit einer dritten Galaxie zu verbinden, doch diese Galaxie ist viel weiter entfernt. Der Strom enthält Sterne, Gas und Staub.*

▲ **THE MICE** *Die beiden Galaxien, die nach ihrem langen Schweif aus Sternen und Gas The Mice (engl.: Mäuse) getauft wurden (offiziell NGC 4676), verschmelzen zu einer riesigen Galaxie. Sie liegen 300 Mio. Lichtjahre von der Erde entfernt im Sternbild Haar der Berenike (Coma Berenices).*

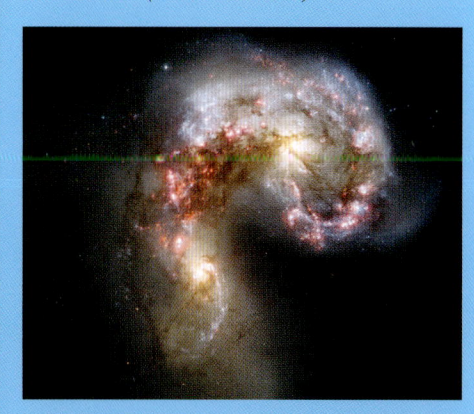

▲ **ANTENNEN** *Das nächste und jüngste Paar kollidierender Galaxien glich auf älteren Aufnahmen den langen Fühlern von Insekten. Diese Schweife entstanden, nachdem die beiden Spiralgalaxien vor 200–300 Mio. Jahren kollidierten. Milliarden neuer Sterne entstehen während der Kollision.*

GEWALTIGES UNIVERSUM

GEWALTIGES UNIVERSUM

Aktive Galaxien

Im Universum existieren viele aktive Galaxien. Während unsere Galaxie sehr ruhig ist, erzeugen andere gewaltige Energiemengen. Im Zentrum jeder aktiven Galaxie sitzt ein supermassives Schwarzes Loch mit starker Anziehungskraft.

Starke Magnetfelder stoßen Jets mit hoher Geschwindigkeit ab.

Die Scheibe aus heißem Gas gibt Strahlen ab, z. B. Röntgenstrahlen.

DREHENDES RAD
Eine aktive Galaxie gleicht einem Rad, in dessen Nabe ein Schwarzes Loch sitzt. Seine Schwerkraft zieht Gas, Sterne und Staub an, die eine Scheibe formen. Ein starkes Magnetfeld sendet Jets aus, welche die Achse des Rads bilden.

Aktive Galaxienarten
Es gibt vier Arten von aktiven Galaxien: Radiogalaxien, Seyfert-Galaxien, Blazare und Quasare. Radiogalaxien wie Cygnus A (oben) bilden die stärksten Quellen von Radiowellen im Universum. Radiogalaxien sind über das ganze Universum verstreut, während Blazare und Quasare Milliarden Lichtjahre entfernt sind.

Staubige Radiogalaxie
Die erdnächste Radiogalaxie ist Centaurus A. Das Zentralgebiet der elliptischen Galaxie ist hinter einer ungewöhnlich dunklen, dicken Staubfahne versteckt. Die Galaxie zählt zu den ersten Objekten außerhalb der Milchstraße, die als Quelle von Radiowellen, Röntgen- und Gammastrahlen erkannt wurde. Die beiden großen Radiosignale (hellblau) sind 200 Mio. Lichtjahre lang. Sie entstanden nach einer Galaxienkollision.

SCHNAPPSCHUSS
Diese Aufnahme der elliptischen Radiogalaxie M87 des *Hubble*-Weltraumteleskops zeigt einen hellen Jet schneller Elektronen aus ihrem Kern. Den Jet erzeugt ein Schwarzes Loch mit der Masse von 3 Mrd. Sonnen.

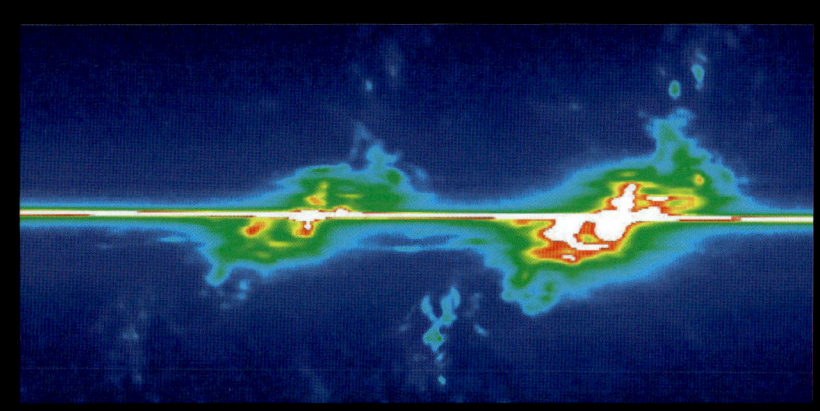

AKTIVE GALAXIEN

Seyfert-Galaxien
Eine Seyfert-Galaxie besitzt ein zentrales Schwarzes Loch, das 100 Mio. Sonnenmassen groß ist. Eingefangenes Material wird spiralförmig in das Loch gezogen. Jets (gebündelte Materieauswürfe) entstehen, wenn ein Teil des Materials abgestoßen wird. Auf dieser Seitenansicht von NGC 4151 kann man das sehen.

Seyfert-Spiralgalaxien
M106 erscheint wie eine typische Spiralgalaxie mit zwei hellen Spiralarmen und dunkler Staubfahne. Doch Radio- und Röntgenaufnahmen zeigen zwei zusätzliche Spiralarme aus Gas zwischen den Hauptarmen. Diese „Geisterarme" sind die gasförmigen, strahlenden Schatten zweier Jets, die aus dem hell glühenden Kern schießen. M106 ist eine der erdnächsten Seyfert-Galaxien.

▲ FARBCODIERT
Auf diesem Foto von M106 ist das sichtbare Licht goldfarben und infrarotes Licht rot dargestellt; Röntgenstrahlen sind blau und Radiowellen violett.

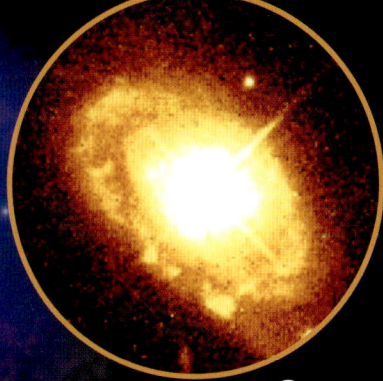

IM BLICKPUNKT: BLAZARE

Ein Blazar entsteht um ein supermassives Schwarzes Loch einer Galaxie. Die Energiemenge, die er emittiert, ändert sich im Lauf der Zeit. Im Gegensatz zu anderen aktiven Galaxien sieht man von der Erde aus auf seine Scheibe, sodass er wie ein Donut erscheint.

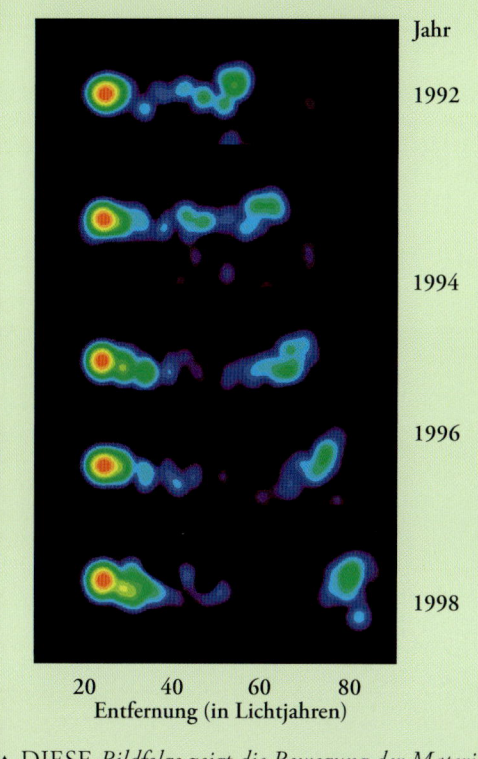

▲ DIESE *Bildfolge zeigt die Bewegung der Materie des Blazars 3C 279. Sie scheint sich schneller als Licht zu bewegen, aber das ist eine Täuschung.*

Quasare
Quasare sind die hellen Kerne weit entfernter Galaxien. Sie gleichen Seyfert-Galaxien, sind aber viel heller, sodass ihr Licht dunklere Galaxien in der Nähe überstrahlt. Quasare besitzen supermassive Schwarze Löcher, die interstellares Gas anziehen. Sie können so viel Energie erzeugen, dass sie Billionen Mal heller als die Sonne sind.

GEWALTIGES UNIVERSUM

Dunkle Materie

Die dunkle Materie bildet das größte Geheimnis des Universums. Die Schwerkraft von etwas Unsichtbarem im All beugt sogar das Licht der Sterne. Doch bis heute weiß niemand, wie dunkle Materie aussieht oder woraus sie besteht.

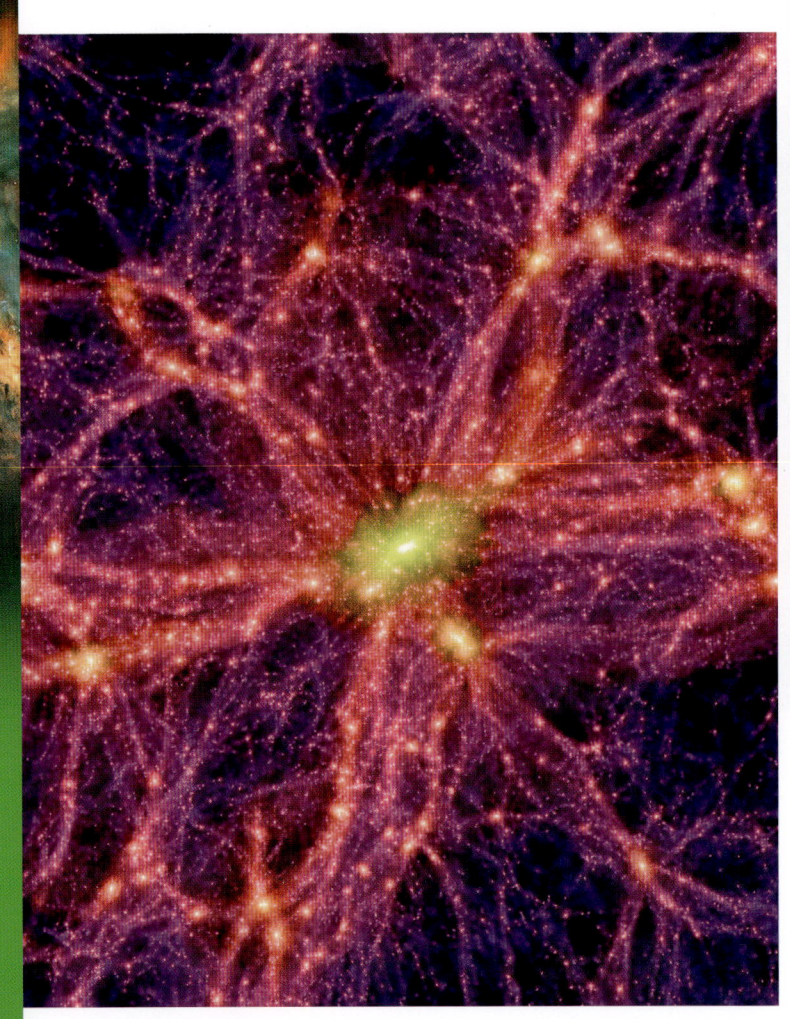

▲ **FEHLENDE TEILE**
Zurzeit weiß man fast nichts über die dunkle Materie. Forscher suchen nach subatomaren Teilchen, um ihre Modelle über das Universum zu vervollständigen.

VERTEILUNG
Das Computermodell zeigt, wie dunkle Materie im Universum verteilt ist. Die gelben Flächen stellen die höchste Konzentration der dunklen Materie dar. Diese Gebiete besitzen ausreichend Schwerkraft, um sichtbare Materie zu Galaxien zusammenzuziehen.

GEHEIMNISVOLL
Nur 5 % des Universums bestehen aus gewöhnlicher Materie, wie wir sie kennen. Sie besitzt nicht genügend Schwerkraft, um Galaxien zusammenzuhalten. Deshalb muss noch eine andere Art der Materie existieren, auch wenn sie unsichtbar ist. Dunkle Materie besteht nicht aus Atomen und reflektiert kein Licht oder andere Strahlung. Sie macht aber ein Viertel der Materie des Universums aus.

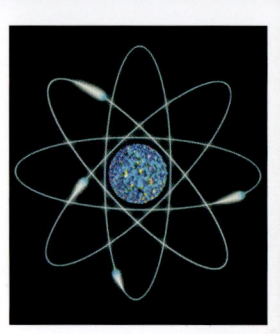

ATOM

DUNKLE MATERIE

GEWALTIGES UNIVERSUM

Dunkle Energie
Neben der dunklen Materie enthält das Universum auch dunkle Energie. Das Universum besteht sogar zu etwa 70 % aus ihr und auch sie ist unsichtbar. Die dunkle Energie ist vermutlich dafür verantwortlich, dass sich das Universum immer schneller ausdehnt. Aber niemand weiß, was diese Energie ist oder woher sie kommt.

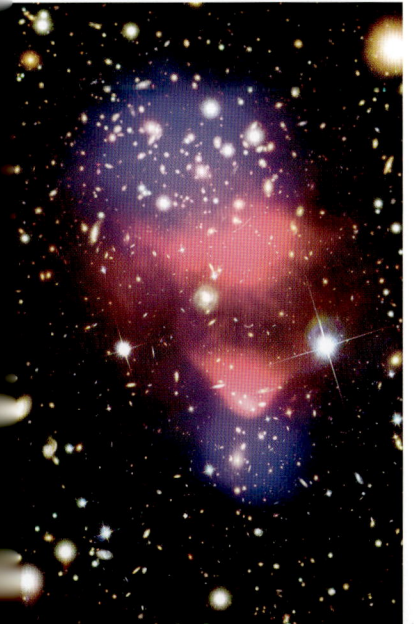

Bullet-Galaxienhaufen
Der Bullet-Galaxienhaufen entstand durch die Kollision zweier Galaxienhaufen, bei der ein Galaxienhaufen den anderen wie ein Geschoss durchquerte. Seine normale Materie (pink) wurde bei der Kollision durch eine Kraft abgebremst. Die dunkle Materie bewegte sich jedoch mit unveränderter Geschwindigkeit weiter hindurch und schuf einen lichtbrechenden Hof (blau).

Ein Ring aus dunkler Materie
Diese Aufnahme eines entfernten Galaxienhaufens zeigt einen Ring aus dunkler Materie. Der Ring wurde entdeckt, weil die Schwerkraft der dunklen Materie das Licht der Galaxien verformt, die hinter dem Ring liegen.

◄ Dieser Ring aus dunkler Materie entstand vermutlich nach der Kollision zweier Galaxienhaufen.

ABHEBEN!

ABHEBEN!

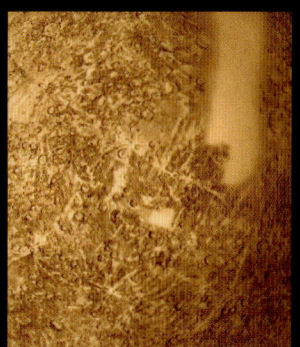

Der erste erfolgreiche Raumflug gelang 1942 einer *V2*-Rakete. Aber wie gelangen die schweren Flugkörper ins All und was haben wir alles mit ihnen dorthin geschickt?

ABHEBEN!

Die dritte Stufe bringt die Besatzung oder Nutzlast auf eine Umlaufbahn.

Die zweite Stufe wird gezündet, nachdem die erste abgesprengt wurde.

Die erste Stufe enthält Triebwerke und Treibstoff für den Start.

Raketenantrieb

Astronauten oder Nutzlasten (wie Satelliten) werden mit Raketen von der Erde ins All gebracht. Sie müssen eine Geschwindigkeit von etwa 28 000 km/h erreichen, um die Erdanziehungskraft zu überwinden. Ihren Schub erzeugen sie durch Verbrennung von Treibstoff.

ABHEBEN

Alle Objekte auf der Erde werden von der Schwerkraft der Erde angezogen. Wie können schwere Raketen dann abheben? Heiße Gase strömen aus den Triebwerken und erzeugen eine nach unten gerichtete Kraft, die die Rakete nach oben drückt. Diese Kraft nennt man Schub. Nach Isaac Newton ruft eine Aktion (strömende Gase) eine entgegengesetzte Reaktion (abheben) hervor.

▲ ISAAC NEWTONS drittes Bewegungsgesetz: „Jede Aktion ruft eine gleich große und entgegengesetzte Reaktion hervor."

SCHUB / **SCHWERKRAFT**

◄ MEHRSTUFIG
Jede Stufe einer mehrstufigen Rakete besitzt eigene Triebwerke. Sobald der Treibstoff verbraucht ist, wird sie abgesprengt.

RAKETENREGISTER

- *R-7 Semjorka* (UdSSR) Die Rakete wurde für *Sputnik 1*, den ersten künstlichen Satelliten, umgebaut.
- *Wostok* (UdSSR) Brachte 1961 den Kosmonauten Juri Gagarin als ersten Menschen in den Weltraum.
- *Saturn V* (USA) Die größte und stärkste Trägerrakete brachte 1969 die ersten Menschen zum Mond.
- *Titan* (USA) Für bemannte Raumflüge und Raumsonden zu fünf Planeten wurden 368 *Titan*-Raketen genutzt.
- *Sojus* (UdSSR) Diese Serie wird seit 1966 eingesetzt und versorgt jetzt die Internationale Raumstation.
- *Ariane* (Europa) Fünf Versionen der *Ariane* haben schon Satelliten und Raumsonden transportiert.

RAKETENANTRIEB

TRIEBWERKE UND TREIBSTOFF

- **Es gibt zwei Arten** von Triebwerken, die unterschiedlichen Treibstoff nutzen: Feststoff- und Flüssigkeitstriebwerke. Viele kleine Raketen verwenden festen Treibstoff, während größere beide Triebwerke in verschiedenen Stufen einsetzen.
- **Booster** sind Zusatztriebwerke. Sie erzeugen beim Start zusätzlichen Schub und werden abgesprengt, wenn ihr Treibstoff verbraucht ist.
- **Feststofftriebwerke** (unten) werden gezündet und können nicht mehr abgestellt werden, bis der Treibstoff vollständig verbraucht ist.

Treibstoff — *Gehäuse* — *Verbrennungsfläche* — *Düse*

Flüssiger Sauerstoff dient zur Verbrennung.

Flüssiger Wasserstoff

- **Triebwerke**, die flüssigen Treibstoff verwenden (links), sind komplizierter als Feststofftriebwerke, weil beide Flüssigkeiten in getrennten Tanks gespeichert werden müssen. Erst in der Verbrennungskammer werden sie zusammengeführt, um durch die Verbrennung heiße Abgase zu erzeugen.

Verbrennungskammer

Eigene Sauerstoffversorgung

Für Flüge ins All müssen Raketen nicht nur Treibstoff mit sich führen, sondern auch Sauerstoff. Diesen benötigen sie, um den Treibstoff zu zünden. Auf der Erde ist ausreichend Sauerstoff in der Luft enthalten, doch im All gibt es keinen Sauerstoff. Durch die Verbrennung entstehen heiße Gase, die mit hoher Geschwindigkeit und hohem Druck aus den Düsen strömen und dadurch den Schub erzeugen.

▲ PROBELAUF *Die Rakete RS-68 besitzt ein Flüssigkeitstriebwerk. Ihre Abgase sind fast durchsichtig.*

ABHEBEN!

Die Düsen sind verstellbar, um die Flugrichtung zu ändern.

Zusatztriebwerke

▲ RÜCKANSICHT
Die Sojus besitzt vier Zusatztriebwerke. Je stärker die Abgase ausströmen, umso schneller fliegt die Rakete.

ABHEBEN!

3, 2, 1 ...

... und die *Sojus TMA-16* hebt zur Internationalen Raumstation ab. Ihre vier Zusatztriebwerke brennen 118 Sekunden lang und erzeugen einen blendenden Feuerstrahl sowie ohrenbetäubenden Lärm. Die drei Besatzungsmitglieder hören jedoch nur ein dumpfes Grollen. Nach 8,5 Minuten werden alle Stufen abgetrennt und die *Sojus*-Raumfähre erreicht ihre Umlaufbahn in 200 km Höhe.

ABHEBEN!

Der Spaceshuttle

Der Spaceshuttle ist die erste wiederverwendbare Raumfähre. Er startet mit einer Trägerrakete und landet als Gleiter. 1981 absolvierte er seinen ersten Flug und war seither an mehr als 130 Missionen beteiligt. Der Shuttle transportiert Astronauten und Bauteile zu Raumstationen und bringt Satelliten auf eine Umlaufbahn.

ABHEBEN!

TEILE DES SHUTTLES

Der Spaceshuttle besteht aus drei Teilen. Ein Orbiter mit Flügeln beherbergt die Besatzung und die Ladung. Zwei weiße Zusatztriebwerke und der große orangefarbene Treibstofftank dienen zum Abheben. Der Tank und die Zusatztriebwerke werden abgesprengt – der Orbiter fliegt allein ins All. Nur der Tank wird nicht wiederverwertet.

Mit dem Roboterarm werden im Weltraum Lasten in die Ladebucht gehoben oder aus ihr geholt.

Ladebuchttüren

Der Orbiter nimmt bis zu 25 000 kg Nutzlast in dieser großen Ladebucht auf. Ihre Türen öffnen sich nach oben, damit große Satelliten wie das Hubble-Weltraumteleskop im All ausgesetzt werden können.

Diese Klappen an den Tragflächen hinten sind die Höhenruder, die bei der Landung benutzt werden.

◀ **TRIEBWERKE**
Die drei Haupttriebwerke am Orbiter sind nach allen Seiten verstellbar, um den Orbiter zu steuern.

DER SPACESHUTTLE

Die Besatzung

Meist nehmen fünf bis sieben Besatzungsmitglieder an einer Mission teil: der Kommandant, ein Pilot, mehrere Wissenschaftler und gelegentlich ein Flugingenieur. Sie halten sich im Flug- und Mitteldeck auf, in dem sich auch die Mannschaftsräume befinden.

KATASTROPHEN

Zweimal waren Spaceshuttles von großen Katastrophen betroffen:

▲ DIE CHALLENGER *explodierte 1986 nur 73 Sekunden nach dem Start. Heißes Gas, das von einem Zusatztriebwerk ausströmte, löste die Explosion aus.*

▲ DIE COLUMBIA *brach 2003 beim Wiedereintritt in die Erdatmosphäre auseinander, weil ein Hitzeschild beschädigt war. Bei beiden Unglücken verloren alle Besatzungsmitglieder ihr Leben.*

ABHEBEN!

Start der Reise

Ein Spaceshuttle startet vom Kennedy Space Center in Florida (USA). Den Schub erzeugen die beiden Zusatz- und die drei Haupttriebwerke mit flüssigem Wasserstoff und flüssigem Sauerstoff aus dem Tank. Nach etwa 2 Minuten werden die Zusatztriebwerke abgesprengt und fallen zur Erde zurück. Wenn der Spaceshuttle seine Umlaufbahn erreicht hat, werden die Haupttriebwerke abgeschaltet. Der leere Tank wird abgesprengt und verglüht in der Atmosphäre.

▼ WIEDER ZURÜCK *Die Atlantis landet mit Bremsfallschirm.*

▲ WASSERN
Die beiden Zusatztriebwerke landen im Atlantik vor der Küste Floridas. Sie werden von Schiffen geborgen, um sie wieder zu verwenden.

FAKTEN

- Der Orbiter ist 37 m lang und hat eine Flügelspanne von 24 m.
- Nur fünf Orbiter wurden gebaut: *Columbia, Challenger, Discovery, Atlantis* und *Endeavour*.
- Eine typische Mission dauert 12–16 Tage.
- Der Tank eines Spaceshuttles fasst etwa 2 Mio. l Treibstoff.
- Beim Wiedereintritt in die Erdatmosphäre erwärmt sich die Außenseite des Orbiters auf mehr als 1500 °C.
- Der Spaceshuttle beschleunigt von 0 auf 27 500 km/h in weniger als 8 Minuten.

Zurück auf der Erde

Um die Umlaufbahn zu verlassen, zündet der Orbiter die OMS-Triebwerke und bremst seine Überschallgeschwindigkeit ab. Er fällt mit der Unterseite voran durch die Erdatmosphäre und erzeugt dabei eine enorme Wärme durch Reibung. Der Spaceshuttle landet auf einer langen Landebahn mit einem Bremsfallschirm.

Raumfahrtzentren

Die ersten Raumfahrtzentren entstanden an militärischen Standorten in den USA und der UdSSR, wo sich die Abschussbasen auch heute noch befinden. Doch auch in anderen Ländern wie China, Französisch-Guayana, Indien und Südkorea entstanden inzwischen Raumfahrtzentren.

▲ DIE ERSTE *Startrampe entstand in Baikonur in der UdSSR. Von dort flog* Sputnik 1 *und auch Juri Gagarin (oben) in den Weltraum.*

▼ DIESE TRÄGERRAKETE *ist eine* Saturn V. *Sie steht in der Montagehalle des Kennedy Space Centers. Eine* Saturn V *startete erstmals mit* Apollo 4 *ins All.*

EIN IDEALER ORT

Trägerraketen dürfen nicht über dicht besiedelten Gebieten starten, sodass Raketenstartplätze immer an abgelegenen Plätzen entstehen. Ein Ort in Küstennähe wie Cape Canaveral an Floridas Küste ist dafür gut geeignet. Die Trägerraketen fliegen in Richtung Osten über den Atlantik.

Cape Canaveral (USA)

Das Startgelände auf einer alten Militärbasis wurde früher zum Testen ballistischer Raketen genutzt. Die erste Rakete wurde 1950 gestartet. Seit 1958 befindet sich auf dem Gelände das wichtigste Zentrum für amerikanische Raketenstarts und das einzige für bemannte Weltraummissionen. Der Startkomplex 39, der auf einer Insel nördlich von Cape Canaveral liegt und zum Kennedy Space Center gehört, wurde um 1960 für die Starts der *Saturn-V*-Raketen errichtet.

RAUMFAHRTZENTREN

Plessezk (Russland)
Plessezk ist seit 1957 ein bedeutendes Raketentest- und Startzentrum für die Raumfahrt. Plessezk liegt etwa 800 km nordöstlich von Moskau in der Nähe des Nordpolarkreises. Über viele Jahre war es ein streng geheimer Platz. Erst 1983 wurde seine Existenz bekannt. Von Plessezk starteten bislang etwa 1500 Trägerraketen – mehr als von jedem anderen Raketenstartplatz.

ABHEBEN!

▲ DAS PLESSEZK-KOSMODROM liegt in einem Gebiet mit Wäldern und Seen. Ungefähr 40 000 Angestellte leben mit ihren Familien in der nahen Stadt Mirny.

Baikonur (Russland)
Alle bemannten Raumflüge und die Planetenmissionen Russlands starten in Baikonur. Das Zentrum liegt in einer flachen, wüstenartigen Ebene des Nachbarlands Kasachstan. Zum Kosmodrom gehören Dutzende Startrampen, neun Bodenstationen und ein 1500 km langes Raketentestgelände. Bereits seit 1955 werden hier Raketen erprobt.

▶ IN KOUROU starten Ariane-5-Raketen und transportieren Nutzlasten der Europäischen Weltraumagentur.

Kourou (Europäische Weltraumagentur)
Die Lage dieses Startzentrums in Französisch-Guayana zählt zu den weltweit besten, weil Kourou in Äquatornähe liegt. Hier erhalten die Trägerraketen durch die Erdrotation beim Start in äquatoriale Umlaufbahnen zusätzlichen Schub. Auch das Wetter ist ganzjährig gut. Das Zentrum wird seit Juli 1966 als europäischer Hauptstartplatz genutzt. Für die russische Trägerrakete *Sojus* wurde eine neue Startrampe gebaut.

Jiuquan (China)
Das Startzentrum liegt 1600 km westlich von Beijing in der Wüste Gobi und wird seit 1960 genutzt. Die Rakete *Langer Marsch 1* brachte 1970 den Satelliten *Mao-1* von Jiuquan ins All. China war damit die fünfte Nation, die künstliche Satelliten startete. Heute ist Jiuquan der Startplatz für die bemannte Raumfähre *Shenzhou*. Sie kann nur nach Südosten starten, um nicht Russland und die Mongolei zu überfliegen.

Die Odyssey (Sea-Launch-Konsortium)
Der ungewöhnlichste Raketenstartplatz war bisher die Bohrplattform Odyssey, von der Raketen mitten im Pazifik starteten. Ein Satellit wurde an Land in einer Zenit-Trägerrakete verstaut und diese auf die Plattform Odyssey gebracht. Die Plattform fuhr in elf bis zwölf Tagen in die Nähe des Äquators im Pazifik, wo die Trägerrakete dann startete.

Start einer *Ariane 5*

Die Trägerrakete *Ariane 5* startet vom Weltraumbahnhof Kourou in Französisch-Guayana. Sie kann zwei Satelliten ins All bringen, die fast 9 Tonnen wiegen. Die Trägerrakete und ihre Satelliten werden in besonderen Einrichtungen des Startzentrums für den Start vorbereitet.

DER STARTKOMPLEX

Der ELA-3-Startkomplex wurde seit 1990 hauptsächlich für die europäische *Ariane-5*-Trägerrakete errichtet. Jährlich können bis zu zehn Trägerraketen starten. Der gesamte Startvorgang dauert 20 Tage. Das Kontrollzentrum befindet sich in einem Gebäude, das dem Einschlag von Raketentrümmern widersteht und zwei voneinander unabhängige Kontrollräume besitzt.

▼ EIN *Feststoffzusatztriebwerk steht für den Anbau an eine* Ariane-5-*Trägerrakete in der Montagehalle bereit.*

▼ INGENIEURE *bereiten die Raumsonde* Rosetta *für ihren Flug zu dem Kometen Tschwjumow-Gerasimenko vor (👁 S. 157).*

Raketenstufen

In der 58 m hohen Montagehalle werden die Stufen der *Ariane-5*-Trägerrakete zusammengesetzt. Die Hauptstufe wird auf einen mobilen Starttisch gehoben und die beiden Zusatztriebwerke angebracht. Auf die Hauptstufe wird eine Oberstufe gesetzt. Der Starttisch mit der Trägerrakete wird dann zur Endmontage in die Montagehalle gerollt.

▲ DIE HAUPTSTUFE, *die den flüssigen Treibstoff aufnimmt, wird in ihre Position gehoben und die Düse angebracht.*

Vorbereitung der Nutzlast

Satelliten werden für den Start in einem besonderen Gebäude vorbereitet, das so groß ist, dass es mehrere Satelliten gleichzeitig aufnehmen kann. Es besitzt auch zwei Hallen für gefährliche Arbeiten wie das Betanken mit leicht entzündlichem Treibstoff. Die vorbereitete Nutzlast wird dann zur Montagehalle gebracht, wo sie in die Oberstufe der Trägerrakete eingesetzt wird.

START EINER ARIANE 5

◀ **EINE ARIANE 5** besteht aus der Hauptstufe, zwei Zusatztriebwerken und einer Oberstufe. Sie ist fast 52 m hoch.

▶ **WASSERTURM**
Mit dem Wasser aus dem Wasserturm werden die Flammengräben und die Startrampe gekühlt. Der Turm speichert ungefähr 1,5 Mio. l Wasser.

ABHEBEN!

Endmontage
In der Montagehalle wird der Satellit in die Oberstufe der Trägerrakete eingesetzt. Die Nutzlast umgibt eine besondere Verkleidung, die man Fairing nennt und die den Satelliten während des Starts schützt. Anschließend werden die Oberstufe und die Steuerungssysteme betankt. Etwa zwölf Stunden vor dem Start wird die Trägerrakete mit dem Starttisch zur Startrampe transportiert.

▲ **DIE NUTZLAST** *wird mit einem Spezialkran angehoben und in die Oberstufe eingesetzt.*

▶ **DIE RAKETE** *rollt auf einer Transportraupe zum Startplatz.*

Startrampe
Auf der Startrampe werden die gefährlichsten Arbeiten ausgeführt. Sie liegt deshalb 2,8 km von den anderen Gebäuden entfernt. Die Hauptstufe wird mit flüssigem Wasserstoff und Sauerstoff befüllt. Dann werden die Haupt- und Zusatztriebwerke gezündet und die Trägerrakete hebt ab. Die Startrampe besitzt ein Betonfundament mit drei Flammengräben. Während des Starts wird die Fläche mit Wasser besprüht, um Geräusche und Hitze zu reduzieren.

Künstliche Satelliten

Ein Satellit ist ein Objekt, das um einen Planeten kreist. Neben natürlichen Satelliten wie Monde kreisen auch künstliche wie Raumstationen und Wettersatelliten im All. Der erste künstliche Satellit war noch sehr einfach gebaut, die modernen heute sind viel komplizierter.

Vier Antennen an Sputnik übertrugen Radiosignale.

GUTE UNTERHALTUNG

Viele künstliche Satelliten dienen der Kommunikation – sie senden Fernsehprogramme, Handysignale, Bilder von Wolken, der Landnutzung oder wissenschaftliche Informationen. Satelliten werden über Signale gesteuert, die mit Parabolantennen auf der Erde und an den Satelliten übermittelt werden.

Sputnik 1

Am 4. Oktober 1957 schoss die UdSSR *Sputnik 1*, den ersten künstlichen Satelliten, auf eine Erdumlaufbahn. Die Kugel aus Aluminium mit 58 cm Durchmesser besaß vier Stabantennen, die bis zu 3 m lang waren. *Sputnik* sandte 21 Tage lang piepsende Signale aus. Der Satellit kreiste 92 Tage auf seiner Umlaufbahn, bevor er am 4. Januar 1958 in der Atmosphäre verglühte.

◀ **LASERORTUNG**
Die genauen Umlaufbahnen einiger Satelliten werden mit Laserpulsen überprüft.

STROMVERSORGUNG

- Satelliten müssen sich selbst antreiben. Normalerweise nutzen sie dazu Sonnenpaddel mit lichtempfindlichen Solarzellen. Die Paddel sind mehrere Meter lang und während des Starts zusammengefaltet.
- Die Solarzellen erzeugen mehrere Kilowatt Strom, aber ihre Leistung nimmt mit der Zeit ab.
- Die Paddel sind drehbar, sodass sie immer so viel Licht wie möglich einfangen. Wenn sich der Satellit im Schatten befindet, wird er mit wiederaufladbaren Batterien versorgt.

ABHEBEN!

SATELLITENBUS

Die meisten Satelliten werden nach einem bewährten Basismodell gebaut, damit sie robust und leicht sind. Eine Grundstruktur, die man Satellitenbus nennt, enthält alle Hauptsysteme wie Batterien, Computer und Steuerdüsen. An dem Bus sind Antennen, Sonnenpaddel und die Nutzlastinstrumente (wie Kameras und Teleskope) angebracht, die der Satellit für seine Aufgabe benötigt.

Ein Sensor ortet die Erde oder die Sonne.
Antenne zur Kommunikation mit der Erde
Antenne zur Übertragung von Mikrowellen
Gasdüsen
Tank
Sonnenpaddel
C-Band-Antenne
Batteriemodul
Satellitenbus

ABHEBEN!

▲ MANÖVRIEREN
Ein Satellit besitzt gewöhnlich einen großen Motor und Düsen, mit denen er auf seine genaue Position gebracht wird, nachdem ihn die Trägerrakete freigesetzt hat.

Oldtimer
Vanguard 1 ist der älteste künstliche Satellit, der sich noch im All befindet. Er wurde 1958 gestartet und war der vierte künstliche Satellit, der eine Umlaufbahn erreichte, und der erste mit Sonnenpaddel. Die Verbindung zu *Vanguard* brach 1964 ab, aber der Satellit kreist immer noch um die Erde.

Satelliten unterliegen vielen Einflüssen. Kleine Meteoriteneinschläge, der Sonnenwind, Strahlungen und geringe Schwankungen der Schwerkraft können ihre Position verändern oder sie sogar beschädigen.

◀ AUSRICHTEN
Viele Satelliten müssen ihre Antenne ausrichten, um mit der Erde zu kommunizieren. Die genaue Position einzunehmen, kann eine schwere Aufgabe sein!

Heiß und kalt
Die Sonnenseite eines Satelliten wird sehr heiß, während die Schattenseite sehr kalt wird. Doch die Ausrüstung der meisten Satelliten reagiert auf Wärme oder Kälte empfindlich. Zum Schutz der Ausrüstung dienen Isolierdecken, die wie eine Folie Wärme speichern, und Kühlgeräte, die die Wärme der elektrischen Ausrüstung abführen.

Der Lunar Reconnaissance Orbiter (LRO) der NASA ist eine Raumsonde, die die Mondoberfläche aus 50 km Höhe untersucht.

Satellitenbahnen

Tausende Satelliten wurden seit *Sputnik 1* ins All gebracht. Abhängig von ihren Aufgaben gibt es verschiedene Bauarten und Größen. Die meisten Satelliten kreisen auf einer niedrigen Erdumlaufbahn zwischen 200 und 2000 km Höhe. Sie benötigen etwa 90 Minuten für einen Erdumlauf.

WETTERBEOBACHTUNG

Einige Wettersatelliten wie *Meteosat* der Europäischen Weltraumagentur sind auf einer geostationären Bahn – sie bleiben immer über demselben Ort. In 36 000 km Höhe brauchen sie 24 Stunden, um einmal um die Erde zu kreisen. Sie beobachten Wetteränderungen über einem bestimmten Gebiet.

Wettervorhersage

Satelliten auf niedrigen Polarbahnen nehmen erstaunlich genaue Bilder des Wetters auf. Sie dienen zur Wettervorhersage – die jedoch nicht immer eintrifft! Die Aufnahme des *Terra*-Satelliten (unten) zeigt den Zyklon Gonu über dem Golf von Oman. Nach der Vorhersage sollte der Wirbelsturm über Land ziehen, was er aber nicht tat.

▲ STANDHAFT *Dieser Meteosat steht über dem Äquator in Westafrika. Während sich die Erde dreht, folgt ihr der Satellit.*

ABHEBEN!

SATELLITENBAHNEN

Niedrige Erdumlaufbahn

Elliptische Umlaufbahn mit großem Winkel

Polarbahn

Geostationäre Bahn

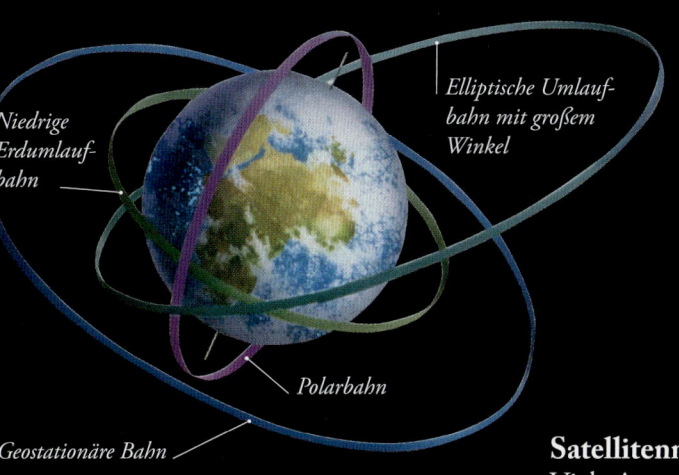

SATELLITENSERIEN ZUR NAVIGATION

- Mehrere Serien von Satelliten dienen zur Navigation. Das bekannteste und am stärksten genutzte System ist das amerikanische Global Positioning System (GPS).
- GPS besteht aus 24 Satelliten auf sechs Bahnen, die sich in 24 000 km Höhe kreuzen. Über einem bestimmten Gebiet sind fast immer drei oder vier Satelliten gleichzeitig.
- Das russische Glonass-System ähnelt dem GPS.
- Die europäischen *Galileo*-Satelliten sollen 2014 starten.

ABHEBEN!

Verschiedene Umlaufbahnen

Verschiedene Umlaufbahnen dienen unterschiedlichen Aufgaben. Viele Kommunikations- und Wettersatelliten befinden sich über dem Äquator auf einer niedrigen Erdumlaufbahn oder auf der höheren geostationären Bahn. Andere Satelliten vermessen den Planeten detailliert auf niedrigen Polarbahnen, während sich die Erde unter ihnen dreht. Erdbeobachtungs- und astronomische Satelliten findet man eher auf hohen elliptischen Bahnen.

Satellitennavigation

Viele Autos, Lastwagen und Flugzeuge sind mit einer Satellitennavigation ausgerüstet, die als elektronische Karte und Routenfinder arbeitet. Sie empfängt Signale von vier Satelliten gleichzeitig, die ihre genaue Position auf der Erde berechnen.

▶ GALILEO *Das europäische Satellitennavigationssystem* Galileo *soll aus 30 Satelliten bestehen, die auf drei geneigten, kreisrunden Umlaufbahnen kreisen.*

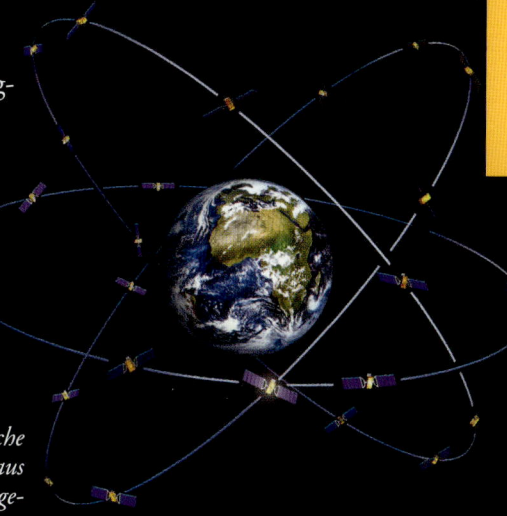

Erdbeobachtung

Viele Satelliten untersuchen die Erdoberfläche. Aus ihren Aufnahmen kann man beurteilen, wie sich die Landnutzung, Meeresströme und Luftverschmutzung entwickeln. Durch Aufnahmen desselben Orts aus verschiedenen Winkeln entstehen 3-D-Bilder. Einige Satelliten erkennen Objekte, die kleiner als 50 cm sind, und sogar die Schlagzeile einer Zeitung. Radarsatelliten überwachen den Boden auch nachts oder durch dicke Wolkendecken hindurch.

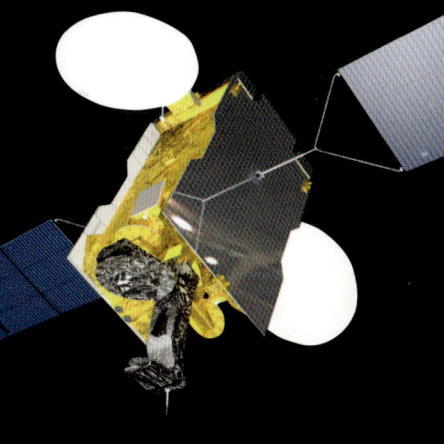

Telekommunikationssatelliten

Radio-, Fernsehen- und Telefonkommunikation haben sich mit der Satellitentechnologie verändert. Die ersten Livesendungen wurden 1962 von den USA nach Großbritannien gesendet. Heute übertragen Satelliten Hunderte digitale Fernsehkanäle zu Satellitenschüsseln. Aktuelle Ereignisse werden weltweit übertragen und mit Satellitentelefonen erreicht man Menschen, die sich in der Wüste oder auf einem Berggipfel befinden.

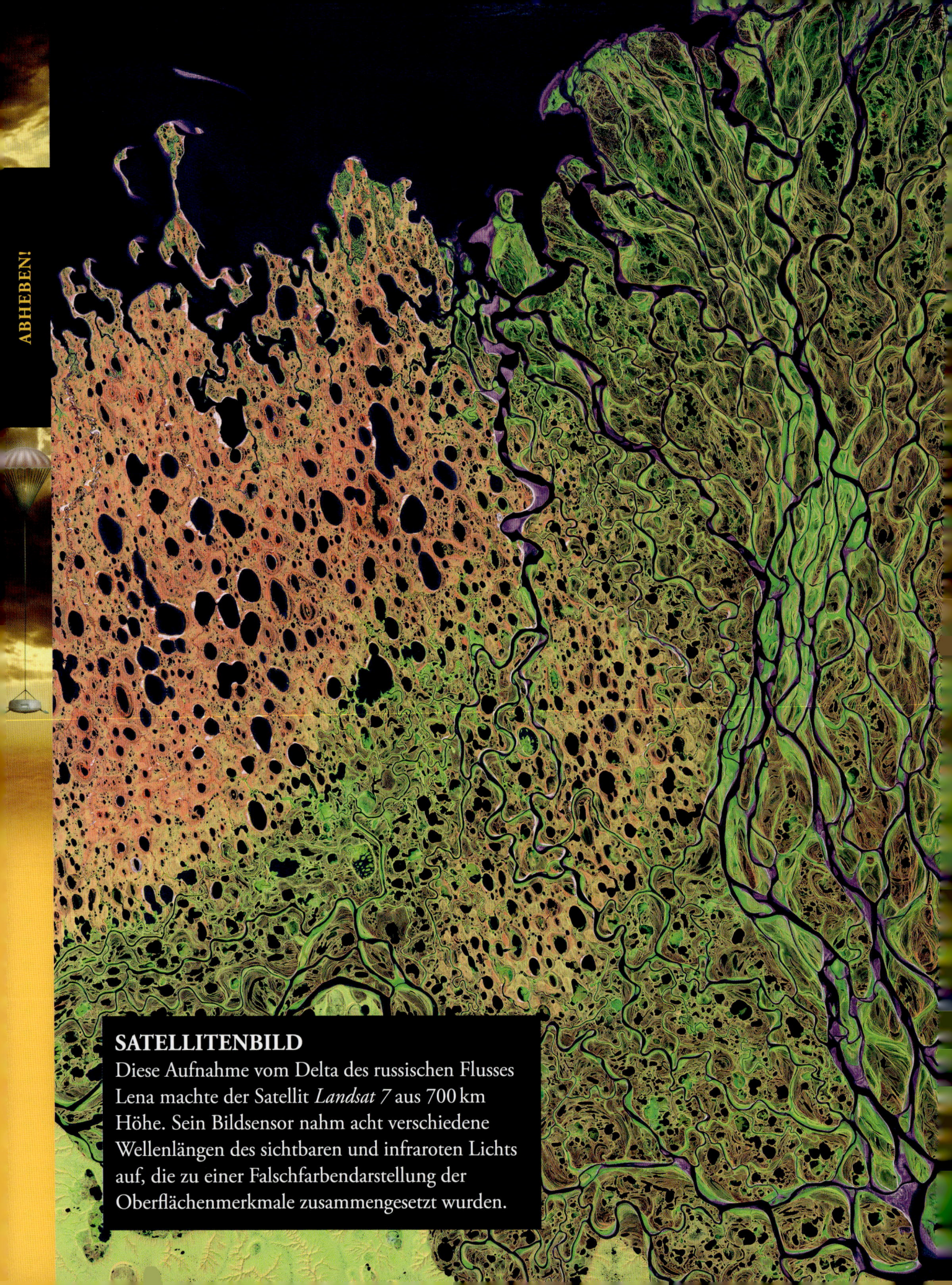

ABHEBEN!

SATELLITENBILD
Diese Aufnahme vom Delta des russischen Flusses Lena machte der Satellit *Landsat 7* aus 700 km Höhe. Sein Bildsensor nahm acht verschiedene Wellenlängen des sichtbaren und infraroten Lichts auf, die zu einer Falschfarbendarstellung der Oberflächenmerkmale zusammengesetzt wurden.

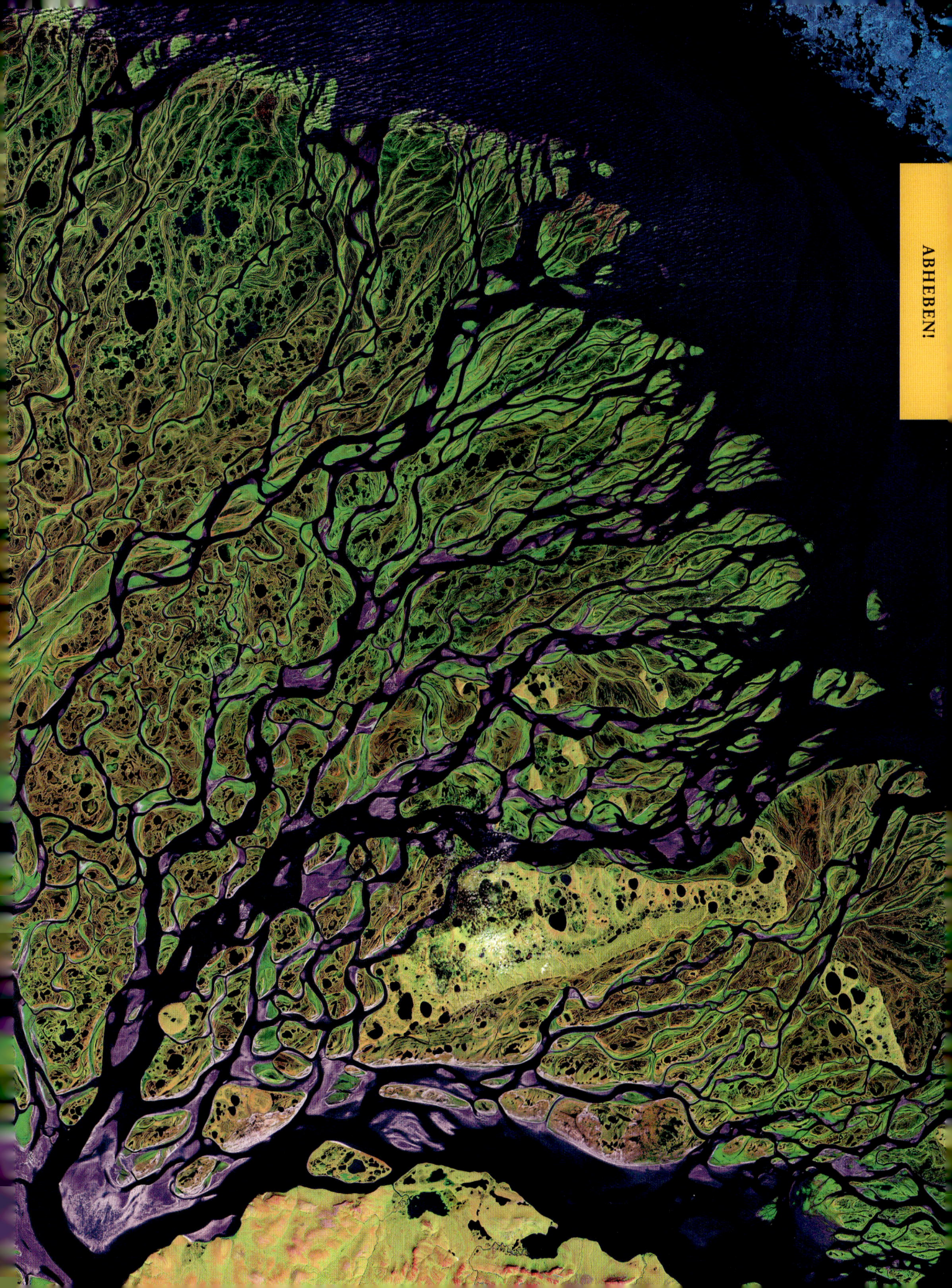

ABHEBEN!

Raumsonden

LUNA 3 *nahm in 40 Minuten 29 Fotos auf und kartierte 70 % der zuvor nie gesehenen erdabgewandten Mondseite.*

Die UdSSR und die USA starteten in den 1950er-Jahren die ersten Raumsonden, um den Mond, die Venus und den Mars zu erforschen. Seither haben Raumsonden die Sonne, alle anderen Planeten des Sonnensystems, viele Monde, Planetoiden und Kometen besucht.

Die erdabgewandte Mondseite
Im Januar 1959 flog die sowjetische *Luna 1* als erste Raumsonde am Mond vorbei. Ihr folgte im Oktober 1959 *Luna 3*, welche die ersten Aufnahmen der erdabgewandten Seite des Monds machte. *Luna 3* wurde auf eine elliptische Erdumlaufbahn gebracht, die sie in nur 6200 km Höhe über der Mondoberfläche hinter den Mond führte. Die Aufnahmen der erdabgewandten Seite zeigten, dass sich dort nur sehr wenige Maria (Tiefebenen) befinden.

ÜBERTRAGUNG
Raumsonden übertragen Fotos und andere Daten als Radiowellen auf extrem hochfrequenten Bändern zur Erde. Diese Informationen empfangen Antennen der Bodenstationen.

▲ DIE MILCHSTRASSE *am Nachthimmel über einer Parabolschüssel*

Mars

Phobos, einer der beiden Marsmonde

DER ERSTE PLANETENORBITER
Die US-Raumsonde Mariner 9 *startete im Mai 1971 zum Planeten Mars. Sie nahm Bilder von großen Vulkanen, einem riesigen Grabensystem sowie trockenen Flussbetten auf und machte Nahaufnahmen seiner Monde.*

▲ MARINER 2 *Die Raumsonde besaß ein konisches Gerüst aus Magnesium und Aluminium, zwei Sonnenpaddel und eine Antenne.*

von 34 838 km an der Venus vorbei. Die Raumsonde kartierte den Planeten 42 Minuten lang und zeigte, dass die Venus dichte Wolken und eine sehr heiße Oberfläche mit Temperaturen von mindestens 425 °C besitzt.

Reise zu Jupiter

Pioneer 10 startete im März 1972, flog als erste Raumsonde durch den Planetoidengürtel (zwischen Juli 1972 und Februar 1973) und erreichte auch als erste den Planeten Jupiter. Sie sandte Nahaufnahmen von Jupiter und setzte ihre Reise aus dem Sonnensystem fort. Dabei kreuzte sie im Mai 1983 die Umlaufbahn des Neptun. Das letzte Signal sandte die Raumsonde 2003. *Pioneer 10* fliegt weiter zum Stern Aldebaran im Sternbild Stier (Taurus), den sie aber erst in mehr als 2 Mio. Jahren erreichen wird!

▶ EINE LÜCKE *Diesen Teil der Oberfläche konnte* Mariner 10 *nicht aufnehmen.*

Mission zum Merkur

Mariner 10 besuchte als erste Raumsonde 1974 Merkur. Als sie am 5. Februar 1974 an der Venus vorbeiflog, nutzte sie auch als erste Raumsonde die Schwerkraft eines anderen Planeten, um ihren Kurs zu ändern. Der erste Vorbeiflug an Merkur fand am 29. März 1974 statt. Die Raumsonde sandte 12 000 Bilder des Merkurs, die eine mit Kratern übersäte Oberfläche wie die unseres Mondes zeigten.

Die ersten planetarischen Ballons

Die sowjetischen Raumsonden *Vega 1* und *2* brachen im Dezember 1984 zur Venus auf. Sie setzten zwei Landefahrzeuge und zwei Instrumentenpakete ab, die an Ballons mit Teflonhülle in die Planetenatmosphäre sanken. Beide Ballons funktionierten ungefähr 46 Stunden lang und sandten Daten der Wolken und Winde, während die Landefahrzeuge die Oberfläche erforschten.

WISSENSWERTES

■ *Pioneer 10* war die schnellste Raumsonde, die je ins All startete. Sie verließ die Erde mit einer Rekordgeschwindigkeit von 51 670 km/h.

■ Viele Jahre lang war *Pioneer 10* das entfernteste, von Menschen gebaute Objekt im Sonnensystem. Am 17. Februar 1998 wurde *Pioneer 10* von der Raumsonde *Voyager 1* abgelöst.

■ *Vega 1* und *2* flogen im März 1986 von der Venus weiter zum Halleyschen Kometen.

Die Vega-*Raumsonden besaßen Sonnenpaddel, Parabolantennen, Kameras und ein Infrarotspektrometer.*

ABHEBEN!

Weltraumschrott

Ungefähr 900 Satelliten, die auf einer Erdumlaufbahn kreisen, sind im All. Doch diese Satelliten fliegen durch ein zunehmend größeres Meer aus Weltraumschrott. Die Trümmer sind so groß wie ein Auto oder so winzig wie Staubkörnchen.

▼ **DER ÄUSSERE RING** *besteht vorwiegend aus Teilen von Kommunikationssatelliten.*

▶ **NIEDRIGE ERDBAHN** *Etwa 70 % der Trümmer befinden sich auf einer niedrigen Erdumlaufbahn, die sich bis zu 2000 km über der Erdoberfläche erstreckt. Die Objekte fliegen dicht gedrängt in hohen Breitengraden über den Polargebieten.*

WO KREISEN DIE TRÜMMER?

Heute kreisen etwa 19 000 Trümmerteile, die größer als 10 cm sind, sowie Millionen kleinerer Teile um die Erde. Die meisten fliegen auf einer niedrigen Erdumlaufbahn, doch in 36 000 km Höhe existiert ein zweiter Trümmerring. Diese Höhe nutzen hauptsächlich Kommunikationssatelliten. Der Ring füllt sich zunehmend, sodass die meisten älteren Satelliten heute auf eine höhere „Friedhofsbahn" gebracht werden, bevor man sie abschaltet.

Auf die Erde gefallen
Trümmerteile verglühen normalerweise in der Erdatmosphäre wie künstliche Sternschnuppen. Doch gelegentlich erreicht ein Objekt nahezu intakt den Boden. Dieser Treibstofftank einer *Delta-2*-Trägerrakete landete 1997 in Texas.

WELTRAUMSCHROTT

EXPLOSIONEN
Bis heute ereigneten sich im All mehr als 200 Explosionen und weitere sind nicht auszuschließen. Explosionen werden z. B. durch den Druckanstieg in einem Treibstofftank, explodierende Batterien oder die Entzündung des Treibstoffs ausgelöst. Bei jeder Explosion entstehen Tausende Bruchstücke.

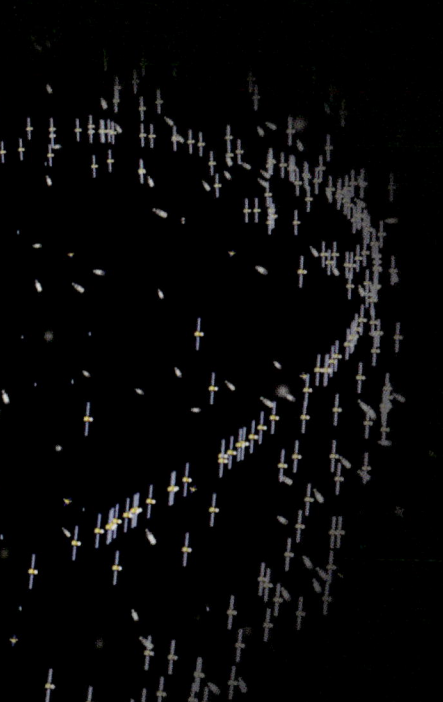

Kollisionen
Die erste bekannte Kollision zwischen zwei großen Objekten fand 1996 statt, als der französische Satellit *Cerise* von dem Bruchstück einer *Ariane*-Rakete getroffen wurde. Die beiden Satelliten *Cosmos 2251* und *Iridium 33* (oben) stießen 2009 zusammen. Diese Explosion schuf eine massive Trümmerwolke – es entstanden vermutlich 100 000 Bruchstücke.

Der Satellit Cerise *kollidierte mit dem Bruchstück einer* Ariane-*Rakete. Dadurch wurde ein Teil des Auslegers abgerissen und der Satellit schwer beschädigt.*

Schaden an Spaceshuttles
Bemannte Raumfähren wie der Spaceshuttle fliegen auf einer niedrigen Umlaufbahn, auf der sehr viele Trümmer kreisen. Das US-Militär verfolgt große Trümmerteile und gibt Warnungen heraus, damit der Spaceshuttle aus der Gefahrenzone fliegt. Aber Treffer kleinerer Trümmer sind unvermeidlich. Bei den 54 Missionen bis 2005 trafen Trümmer und Meteoriten die Fenster der Spaceshuttles 1634-mal.

▲ TRÜMMERTEILE
Dieses Bruchstück misst etwa 5 cm – es ist groß genug, um eine Raumfähre schwer zu beschädigen.

◀ FENSTERSCHADEN
Die Fenster der Spaceshuttles werden häufig ersetzt, weil Trümmer sie beschädigen.

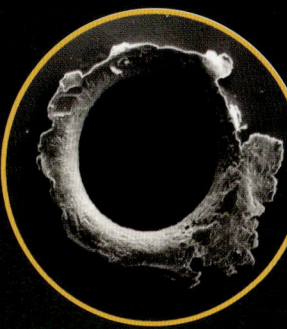

▶ TRÜMMERLOCH
Dieses Loch stammt von dem Satelliten SolarMax, *der Sonneneruptionen überwacht.*

ABHEBEN!

FAKTEN
- Auch winzige Trümmerteile können großen Schaden anrichten, weil sie mit Geschwindigkeiten von etwa 27 000 km/h fliegen. Dadurch wirkt ein Lacksplitter wie eine Pistolenkugel.
- Die Internationale Raumstation ist mit Spezialschilden ausgerüstet, um die Außenhaut vor Trümmern zu schützen. Besonders großen Trümmern kann sie auch ausweichen.
- Mit optischen Teleskopen und Radar werden große Trümmerteile von der Erde aus verfolgt.
- Die Menge der Trümmer im Weltraum wird künftig wohl auch ohne neue Explosionen größer werden, weil Kollisionen zwischen Trümmerteilen zusätzlich Dutzende oder Hunderte kleinerer Bruchstücke hervorbringen.

Nationen im All

Viele Jahre beherrschten zwei Länder die Raumfahrt – die UdSSR und die USA. Erst später entwickelten auch Europa und Japan Satelliten und starteten eigene Trägerraketen. Heute bilden Nationen wie China, Indien, Brasilien, Südkorea und Israel eine neue Generation von Raumfahrtnationen und bauen eine eigene Raumfahrtindustrie auf.

FAKTEN

- Eine Trägerrakete bringt einen Satelliten in nur 10–30 Minuten auf seine Bahn.
- Chinesisch-brasilianische Satelliten liefern sehr genaue Fotos von Städten aus 700 km Höhe.
- Das amerkanische Space Surveillance Network verfolgt mit 900 Satelliten Objekte im All.
- Satelliten, die sich am Himmel scheinbar nicht bewegen, kreisen mit der gleichen Geschwindigkeit wie die Erde.

RAKETENFLOTTEN

Um ihre Satelliten auf eine Umlaufbahn zu bringen, erledigen kleinere Länder den Transport mit europäischen, russischen oder japanischen Trägerraketen. Aber auch Indien und China besitzen Startplätze und zuverlässige Raketen. Vom indischen Polar Satellite Launch Vehicle (PSLV) starteten bisher mehr als 40 Satelliten. Israel besitzt nur eine geringe Startkapazität, während Brasilien, Iran sowie Nord- und Südkorea eigene Raketen und Startrampen entwickeln.

IM BLICKPUNKT: ÜBER DEM MOND

Die indische Sonde *Chandrayaan-1* sandte 2009 mit einer NASA-Ausrüstung an Bord Daten, die Wasser im Mondgestein nachwiesen. Die Entdeckung wurde durch Daten gestützt, die die beiden US-Raumsonden *Cassini* und *Deep Impact* früher gesammelt hatten.

▲ DIE INFRAROTAUFNAHME *zeigt einen trockenen Krater auf der abgewandten Seite des Monds.*

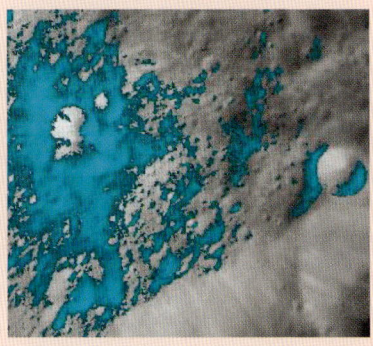

▲ DOCH *eine Falschfarbendarstellung beweist, dass Wasser im Gestein und Boden des Kraters weit verteilt ist.*

NATIONEN IM ALL

BEMANNTE MISSIONEN

China ist erst das dritte Land, das Menschen ins All beförderte. 2003 schickten die Chinesen den Taikonauten (Astronauten) Yang Liwei und 2005 zwei weitere Raumfahrer ins All. Bei der dritten Mission 2008 war Zhai Zhigang der erste Chinese, der einen Weltraumspaziergang unternahm. Er verbrachte bei einem Experiment 20 Minuten außerhalb der Raumfähre im All.

▲ DIE DREIKÖPFIGE *Besatzung der Raumfähre* Shenzhou-7 *für die dritte chinesische Mission wurde vor und nach ihrem Flug in den Weltraum gefeiert.*

AUF EINER UMLAUFBAHN

Satelliten erfüllen viele verschiedene Aufgaben. Länder wie Indien, Brasilien, China und Südkorea brachten Erdbeobachtungssatelliten auf eine Umlaufbahn, die das Wetter und die Luftverschmutzung überwachen, nach Mineralien und Quellen forschen oder landwirtschaftliche und städtische Flächen untersuchen. Andere Satelliten dienen der Telekommunikation.

▲ DURCH DIE ÜBERWACHUNG *mit einem chinesisch-brasilianischen Umweltsatelliten (CERBS-1) konnten Rodungen (pink) im Regenwald des Amazonas lokalisiert werden.*

Chinas Chang'e-1

China startete seine erste Mondmission im Oktober 2007. Die nach der chinesischen Mondgöttin benannte unbemannte Raumsonde *Chang'e-1* erreichte den Mond nach 15 Tagen. Sie kartierte 16 Monate lang seine Oberfläche, bevor sie auf ihr zerschellte.

▼ DIE JAPANISCHE *Aerospace Exploration Agency (JAXA) spielt eine bedeutende Rolle in der Weltraumforschung. Sie bringt Satelliten wie SELENE und Raumfähren mit ihrer eigenen Trägerrakete H-IIA ins All.*

ABHEBEN!

HOCHAUFGELÖSTER MOND

Im September 2007 startete Japan mit der Raumsonde SELENE, nach einer sagenhaften Prinzessin auch *Kaguya* genannt, die größte Mondmission seit *Apollo*. Sie sollte den Ursprung und die Entwicklung des Monds erforschen. *Kaguya* besaß aber auch eine hochauflösende Videokamera, die einen spektakulären Film der aufgehenden Erde aufnahm.

SCHNAPPSCHUSS

Japanische Raumsonden kartierten die Oberfläche des Monds dreidimensional und erforschten sein Magnetfeld. Ein Jahr und acht Monate nach der erfolgreichen Mission ließ man die Raumsonde 2009 auf der Mondoberfläche aufschlagen.

◀ DAS *erstaunliche Video der aufgehenden Erde sahen auf YouTube schon mehr als 1 Mio. Menschen.*

Alternative Antriebe

Reisen durch das All können sehr lange dauern. Unbemannte Raumsonden haben gewaltige Entfernungen überwunden, um das Sonnensystem zu erforschen. Aber die Schwierigkeiten, Menschen zum Mars und noch weiter zu schicken, sind bisher ungelöst. Neue Antriebe könnten die Reisezeit verkürzen und Treibstoff sparen. Werden in Zukunft Astronauten weit entfernte Welten besuchen?

VON ELEKTRIZITÄT ANGETRIEBEN

Normale Triebwerke verbrennen große Mengen Treibstoff. Daher sind sie groß, schwer und sehr teuer. Ein elektrischer Antrieb – den man auch Ionenantrieb nennt – ist leichter und wirksamer. Er stößt einen Strom elektrisch geladener Teilchen (Ionen) aus. Die Ionen passieren ein elektrisch geladenes Gitter und werden dadurch schneller. Aber auch ein schwacher Schub kann eine Raumsonde auf hohe Geschwindigkeiten bringen.

Die europäische Mondsonde SMART-1 fliegt mit einem Ionenantrieb.

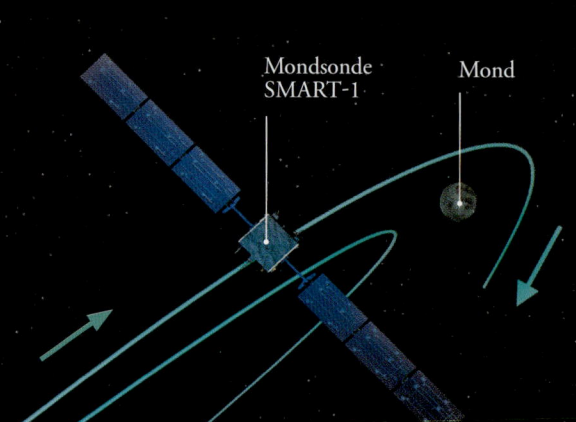

Genau an dieser Stelle entkam SMART-1 der Erdanziehungskraft und wurde von der Schwerkraft des Monds angezogen.

RAFFINIERTE FLUGMANÖVER

SMART-1 startete 2003 und wurde als erste europäische Raumsonde durch die Anziehungskraft des Monds auf eine Mondumlaufbahn gebracht. Sie flog zunächst in immer größeren Kreisen um die Erde und zündete ihren Ionenantrieb, um auf eine elliptische Bahn zu kommen. Als sie das Gravitationsfeld des Monds erreichte, schwenkte sie in eine Mondumlaufbahn.

ALTERNATIVE ANTRIEBE

Das Projekt Orion sollte den Saturn erforschen und sogar die nächsten Sterne erreichen. Es wurde aber nie verwirklicht.

ATMOSPHÄRENBREMSUNG

Raumsonden verbrauchen viel Treibstoff, wenn sie auf eine Umlaufbahn einschwenken und abbremsen. Besitzt der Planet eine Atmosphäre, können sie ohne Triebwerke abbremsen. Dazu tauchen sie in die obere Atmosphäre ein und wieder hinaus – das nennt man Atmosphärenbremsung. Die Raumsonde wird dabei durch Reibung langsamer. So kann man auch eine andere Umlaufbahn erreichen.

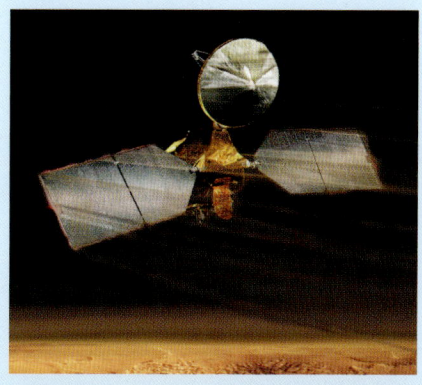

GEHT AB WIE EINE BOMBE!

Als Alternative zu schwerem Treibstoff war das Projekt Orion der NASA in den 1950er- und 1960er-Jahren gedacht. Kontrollierte Atombombenexplosionen sollten Raketen antreiben. Die Explosionen sollten gegen ein dickes Stahlschild drücken und den Schub erzeugen, mit dem die Rakete hätte abheben können.

Das Risiko einer Verstrahlung durch die Nuklearexplosionen wäre sehr groß gewesen.

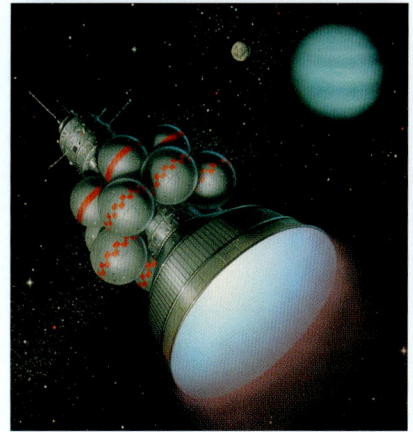

Mars Reconnaissance Orbiter bremst ab.

Das Segel von IKAROS ist 20 m groß, aber nur 0,0075 mm dick.

PROJEKT DAEDALUS

Das britische Projekt Daedalus beschrieb in den 1970er-Jahren die Idee für eine zweistufige, unbemannte Raumsonde. Ihr Antrieb sollte die Kernfusion nutzen, um hohe Geschwindigkeiten zu erreichen. Der Treibstoff hätte fast ihr gesamtes Gewicht von 54 000 t ausgemacht. Damit sollte sie Barnards Stern (fast sechs Lichtjahre entfernt) in 50 Jahren erreichen. Sie hätte aber die gleiche Menge Treibstoff zum Abbremsen gebraucht, um nicht an dem Stern vorbeizufliegen.

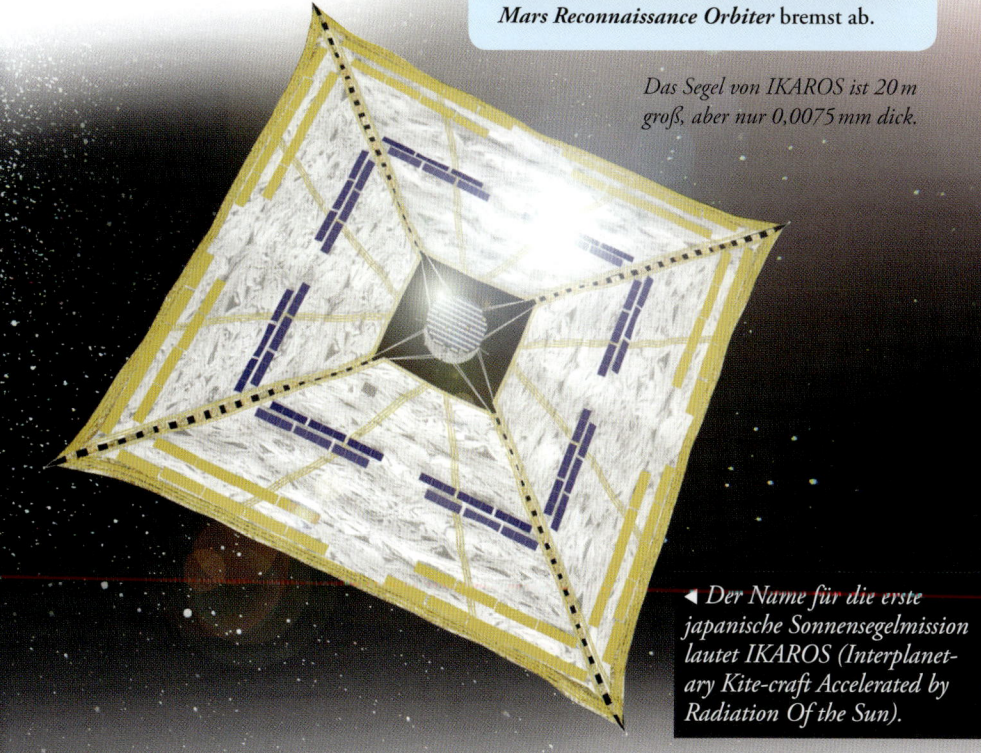

◀ *Der Name für die erste japanische Sonnensegelmission lautet IKAROS (Interplanetary Kite-craft Accelerated by Radiation Of the Sun).*

SONNENSEGEL

Segelschiffe fahren seit Jahrtausenden auf den Weltmeeren und vermutlich bald auch im All. Dazu muss nur das Licht der Sonne auf die Oberfläche eines Sonnensegels drücken. Wenn ausreichend Licht von einem großen, leichten Segel abprallt, kann es eine Raumsonde antreiben. Der Schub ist gering, aber gleichbleibend, sodass die Raumsonde mit der Zeit auch hohe Geschwindigkeiten erreicht.

ABHEBEN!

MENSCHEN IM WELTALL

MENSCHEN IM WELTALL

Das Leben im Weltall ist nicht einfach. Ob Training oder Aufbau einer Raumstation, Astronauten haben immer viel Arbeit – in der Schwerelosigkeit und weit entfernt von zu Hause.

MENSCHEN IM WELTALL

Pioniere der Raumfahrt

Die Menschen auf diesen Seiten lieferten bedeutende Beiträge zur Entwicklung der Raumfahrt und Erforschungs des Alls.

Tiere im All
Seit 1957 wurden Tiere ins Weltall geschickt, um die Auswirkungen der Schwerelosigkeit zu erforschen. Die beiden Affen Able und Miss Baker erreichten 1959 eine Höhe von 483 km und schwebten 9 Minuten in der Schwerelosigkeit, bevor sie sicher zur Erde zurückkehrten.

Konstantin Ziolkowski
„Die Erde ist die Wiege der Menschheit – aber man kann nicht ewig in der Wiege bleiben." Konstantin Ziolkowski war ein russischer Raketenforscher und Pionier der bemannten Raumfahrt. Er interessierte sich bereits 1874 für die Raumfahrt, als er erst 17 Jahre alt war. Später entwickelte er Theorien für mehrstufige Raketen, Flüssiggasantriebe, Raumanzüge mit Druckluft und Raumstationen. Seine Theorien bildeten die Grundlage der Raumfahrt.

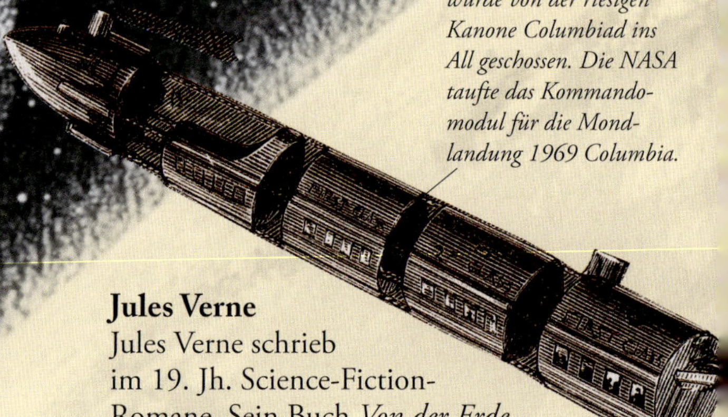

Das Raumschiff Vernes wurde von der riesigen Kanone Columbiad ins All geschossen. Die NASA taufte das Kommandomodul für die Mondlandung 1969 Columbia.

Jules Verne
Jules Verne schrieb im 19. Jh. Science-Fiction-Romane. Sein Buch *Von der Erde zum Mond* und dessen Fortsetzung inspirierte viele Pioniere der Raumfahrt wie Konstantin Ziolkowski, Robert Goddard und Wernher von Braun.

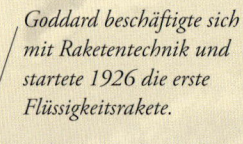

Goddard beschäftigte sich mit Raketentechnik und startete 1926 die erste Flüssigkeitsrakete.

Robert Goddard
Man hielt den amerikanischen Physiker Robert Goddard für verrückt, als er seine Theorien zum Raketenantrieb und zu Raumflügen entwickelte. Seine erste Flüssigkeitsrakete startete er 1926 erfolgreich auf der Farm seiner Tante Effie. Die 3 m hohe Rakete stieg 12,5 m hoch und flog in nur 2,4 Sekunden 56 m weit. Heute zählt Goddard zu den Vätern der modernen Raketentechnik.

PIONIERE DER RAUMFAHRT

Ich könnte ewig durch den Weltraum fliegen.

MENSCHEN IM WELTALL

Gagarin musste die Raumkapsel kurz vor der Landung am Fallschirm verlassen – das blieb viele Jahre lang streng geheim.

Juri Gagarin – der erste Mensch im All
Der Kampfflieger Juri Gagarin wurde 1959 zum Kosmonauten ausgebildet. Am 12. April 1961 startete er in seiner Raumkapsel *Wostok* auf eine Erdumlaufbahn in 327 km Höhe. Mit 28 000 km/h flog er in 108 Minuten einmal um die Erde. Sein Flug im Weltraum war eine Sensation und machte ihn weltweit berühmt.

▼ NUR EIN DUTZEND *Menschen haben nach Neil Armstrongs Landung am 20. Juli 1969 den Mond noch betreten.*

Wernher von Braun steht vor den Triebwerken einer Saturn-V-Rakete.

Neil Armstrong – der erste Mensch auf dem Mond
Armstrong flog im Alter von nur sechs Jahren das erste Mal und baute als Kind Hunderte Modellflugzeuge. Er erwarb seine Pilotenlizenz sogar noch vor dem Führerschein. Seit 1962 Astronaut, flog er 1966 mit *Gemini 8*. Mit *Apollo 11* landete er 1969 auf dem Mond.

Wernher von Braun
Der deutsche Physiker Wernher von Braun entwickelte die *V-2*-Rakete, die im Zweiten Weltkrieg als Waffe eingesetzt wurde. Nach dem Krieg baute er in den USA die *Saturn V*, mit der die Amerikaner den Wettlauf zum Mond gewannen. Sie war die einzige Trägerrakete, die immer funktionierte und nie explodierte!

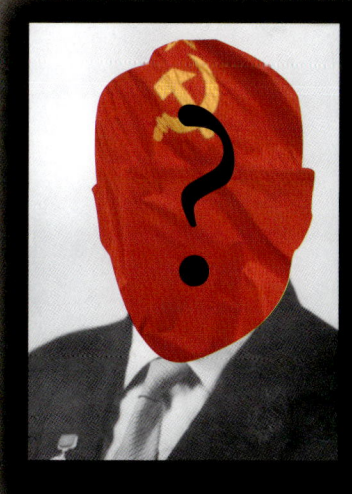

Sergej Koroljow
Der begeisterte Raumfahrttechniker Sergej Koroljow gewann das Vertrauen der sowjetischen Militärs und stieg 1933 zum führenden Wissenschaftler bei der Entwicklung des Raumfahrtprogramms und des ersten künstlichen Satelliten *Sputnik* auf. Seine Identität blieb streng geheim. Bis kurz nach seinem Tod 1966 war er nur als „Chefentwickler" bekannt.

MENSCHEN IM WELTALL

Astronautenausbildung

Ein Astronaut zu werden, ist nicht einfach. Von Tausenden Bewerbern werden nur wenige ausgewählt. Sie müssen viele Monate studieren und trainieren, bevor sie ins All fliegen dürfen. Manche Astronauten sagen, das Training sei härter als die Mission.

ASTRONAUTEN GESUCHT!

Besitzt du die notwendigen Qualifikationen, um eine Raumfähre zu fliegen?
- **Militärpilot:** auf modernen Düsenjets
- **Universitätsabschluss:** Ingenieur, Naturwissenschaften oder Mathematik
- **Physische Fitness und Gesundheit**
- **Gute Sozialkompetenz**
- **Fähigkeit, in einem Team zu arbeiten**

Als Missionsspezialist braucht man:
- **Einen erweiterten Abschluss**
- **Berufserfahrung:** als Ingenieur oder in einem mit der Raumfahrt verbundenen Beruf

STRENGE AUSWAHL

Zu Beginn des Raumfahrtzeitalters wurden nur junge Militärpiloten, die physisch und psychisch vollkommen gesund waren, als Astronauten ausgewählt. Heute hat die Besatzung bei Start und Landung sehr viel weniger Stress, doch ihre Gesundheit wird immer noch intensiv überprüft.

GEISTESBLITZ!

US-Senator John Glenn hat zwei Rekorde der Raumfahrt aufgestellt. Mit der Mission Friendship 7 kreiste er 1962 als erster Amerikaner um die Erde. Und mit 77 Jahren flog er 1998 als ältester Astronaut noch einmal ins All.

ASTRONAUTENAUSBILDUNG

Was muss man lernen?

Jede Nation besitzt eigene Trainingspläne, aber sie folgen meist den gleichen Richtlinien. Das Training dauert rund zwei Jahre, in denen etwa 230 Fächer wie Tauchen, Raumfahrttechnik, Sprachkenntnisse (Englisch und Russisch), Außenbordeinsätze und Leben und Arbeiten in der Schwerelosigkeit behandelt werden – ungefähr 1600 Lehrstunden insgesamt. Die Arbeit ist sehr anstrengend und man muss außergewöhnlichen Einsatz zeigen. Aber welche Belohnung wartet auf die künftigen Astronauten!

MENSCHEN IM WELTALL

ASTRONAUTENTRAINING LOGBUCH:

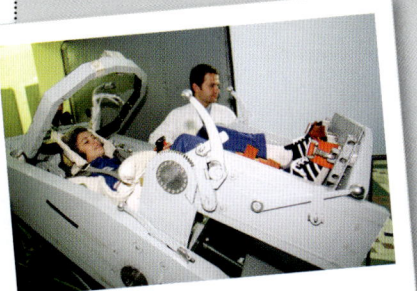

FEBRUAR
In einem Flugsimulator lerne ich, wie man eine Raumfähre fliegt: Start, Landung, Wiedereintritt in die Erdatmosphäre … immer und immer wieder. Übung macht den Meister!

MÄRZ
Ich muss regelmäßig Sport treiben – ein Astronaut zu sein, ist körperlich sehr anstrengend.

APRIL
Ich lerne den Überschalljet *T-38* zu fliegen. Dazu gehört auch, wie man sich aus einem gesunkenen Jet befreit und wie man den Schleudersitz und den Fallschirm benutzt.

5, 4, 3, 2, 1 … abheben!

In einem riesigen Wasserbecken steht der Nachbau einer Raumfähre! Unter Wasser wirkt die Schwerkraft nicht so stark und ich lerne jeden Meter der Raumfähre kennen und übe Außenbordeinsätze.

Heute verlief alles glänzend!

JULI
Um uns an die Schwerelosigkeit zu gewöhnen, nahmen wir an einem Parabelflug teil. Der Pilot flog wie auf einer Achterbahn – fast wurde mir schlecht, aber ich hatte Spaß, Superman zu spielen!

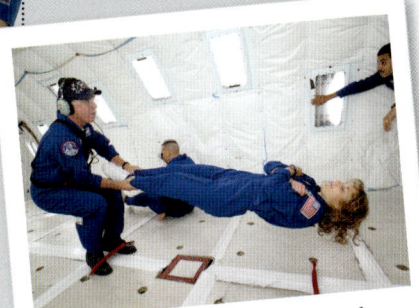

In dem Flieger wird es einem schnell schlecht.

OKTOBER
Wir lernen Überlebenstechniken, falls wir nach dem Wiedereintritt im Dschungel oder in Schneegebieten notlanden. Dazu zählt auch Erste Hilfe und Teamarbeit.

NOVEMBER

DEZEMBER
Wir wurden für Missionen eingeteilt und studieren deren Ziele jetzt im Klassenraum.

Überlebenstraining im Dschungel

Wintertraining! Kalt und hungrig

ALLES ÜBUNGSSACHE!
Michael Lopez-Alegria, Astronaut am Johnson Space Center (USA), meinte nach dem Astronautentraining, das Erlernen der richtigen Zahnputztechnik, um in der Schwerelosigkeit kein Wasser zu verspritzen, sei härter gewesen als das Überlebenstraining im Meer.

MENSCHEN IM WELTALL

Weltraum-spaziergänge

Zu den gefährlichsten Aufgaben der Astronauten gehören Weltraumspaziergänge, weil sie im All Strahlungen und extremen Temperaturen ausgesetzt sind. Außenbordeinsätze sind nötig, um Satelliten instand zu halten oder neue Bauteile zu installieren.

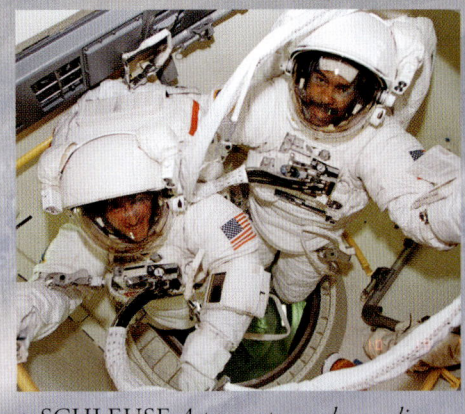

▲ SCHLEUSE *Astronauten verlassen die Raumfähre durch eine Schleuse. Sie ist von der restlichen Raumfähre abgetrennt.*

NUR EIN SPAZIERGANG?

Zu Beginn des Weltraumzeitalters waren die UdSSR und die USA erbitterte Rivalen. Als die NASA ankündigte, dass Ed White bald einen Weltraumspaziergang unternehmen werde, kam ihr die UdSSR zuvor und ließ 1965 den Kosmonauten Alexej Leonow einen Weltraumspaziergang machen. Die Mission endete fast in einer Katastrophe, weil sich Leonows Raumanzug aufblähte und er nicht mehr durch die Schleuse passte. Erst als er den Druck in dem Raumanzug reduzierte, gelangte er zurück in die Raumfähre.

▲ ED WHITE *benutzte als erster Astronaut einen Düsenantrieb im All.*

▲ WELTRAUM-SPAZIERGANG *Die Astronauten Carl J. Meade und Mark C. Lee testeten 1994 ein SAFER-Rucksacksystem in 240 km Höhe über der Erde.*

▲ ROBOTERARM *Mark C. Lee ist am Roboterarm des Remote Manipulator System (RMS) vom Spaceshuttle Discovery gesichert.*

WELTRAUMSPAZIERGÄNGE

Handschuhe zählen zu den wichtigsten Bestandteilen eines Raumanzugs.

Das SAFER-Rucksacksystem wird mit einem Joystick gesteuert.

Das Lebenserhaltungssystem ist ein Rucksack, der z. B. Sauerstoff zum Atmen enthält.

An Details wie den roten Streifen sind die einzelnen Astronauten unterscheidbar.

◄ **EVA** *(engl.: extravehicular activity = Außenbordaktivität) ist die offizielle Bezeichnung für Weltraumspaziergänge. Astronauten im All tragen SAFER-Einheiten (Simplified Aid for EVA Rescue), um im Notfall sicher zurückzukommen.*

Der Oberkörper ist durch eine steife Weste aus Glasfaser geschützt.

Die Ärmel des Raumanzugs bestehen aus mehreren Abschnitten.

Die Goldbeschichtung der Visiere schützt vor gefährlichen Strahlen.

Anzeige- und Kontrollmodul

MENSCHEN IM WELTALL

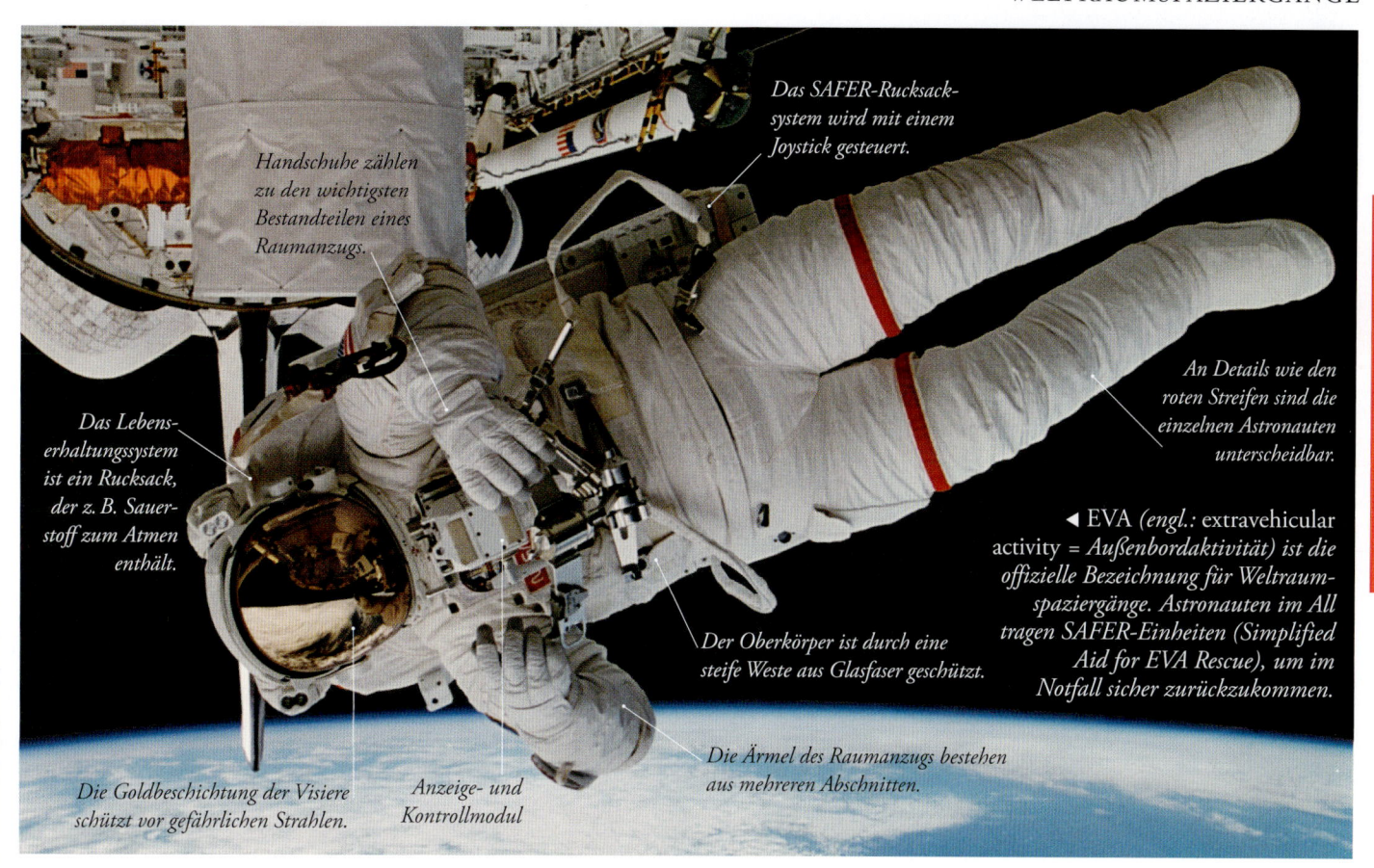

Frei schweben

Zu den größten Bedrohungen eines Weltraumspaziergangs zählt die Gefahr, dass Astronauten von der Raumfähre abdriften und nicht mehr zurückkehren können. Deshalb sind alle Astronauten über eine Leine gesichert, obwohl sie sich manchmal auch mit „fliegenden Stühlen" oder Rucksacksystemen frei bewegen.

► **RUCKSACKSYSTEM** *Die Manned Manoeuvring Unit (MMU) wurde 1984 auf drei NASA-Missionen eingesetzt.*

Wartung und Zusammenbau

An der Außenseite einer Raumfähre sind Handgriffe angebracht, an denen sich die Astronauten festhalten. Sie können an einem Roboterarm, den ein anderer Astronaut bedient, an bestimmte Stellen gehoben werden. Lampen am Helm ermöglichen es, auch im Dunkeln zu arbeiten.

► **HUBBLE-WARTUNG** *Die Astronautin Kathryn C. Thornton reparierte 1993 das defekte Hubble-Weltraumteleskop (👁 S. 28–29).*

Satellitenbergung

Die Manned Manoeuvring Unit (MMU) wurde 1984 eingesetzt, um zwei defekte Satelliten zu bergen, die sich auf falschen Umlaufbahnen befanden. Die Astronauten Joe Allen und Dale Gardner fingen die Satelliten ein und manövrierten sie zum Spaceshuttle, um sie zur Reparatur zur Erde zurückzubringen. Bei diesem Einsatz wurde die MMU zum letzten Mal benutzt, weil Zweifel an ihrer Sicherheit bestanden.

▲ **ANNÄHERUNG** *Dale Gardner schwebt zum Satelliten Westar VI.*

▲ **MANÖVER** *Gardner und Allen bringen Westar zum Spaceshuttle.*

Leben im All

Damit Menschen im All leben können, müssen sie geeignete Bedingungen vorfinden. Zwischen drei und sechs Astronauten leben bis zu sechs Monate lang auf der Internationalen Raumstation (ISS). Sie ist so ausgestattet, dass die Besatzung ihre Aufgaben angenehm und erfolgreich ausführen kann.

FAKTEN

- Die bemannte Raumfahrt ist teurer als die unbemannte, weil die Bedingungen für das Überleben der Astronauten geschaffen werden müssen.
- Schmutzige Kleidung kann man nicht reinigen – sie muss entsorgt werden.
- Leere Verpackungen nimmt ein Transporter auf, der beim Wiedereintritt in die Erdatmosphäre verglüht.
- Eine Toilette der ISS kostet 18 Mio. Euro!

▲ **HINAUSSCHAUEN** *Zum beliebtesten Zeitvertreib auf der ISS zählt die Beobachtung der Erde aus einem der Fenster.*

FREIZEIT

Astronauten haben auf der ISS viele Möglichkeiten zur Entspannung. Dazu zählt die Kommunikation mit der Erde per Video, Funk oder E-Mail. Außer mit der Familie und Freunden unterhalten sich Astronauten auch mit Amateurfunkern oder Schulklassen, während sie über diese hinwegfliegen.

▶ **SPIELZEIT** *Viele Astronauten lesen, hören Musik oder sehen sich Videos an. Einige spielen auch Musikinstrumente: Keyboard, Gitarre und sogar Trompete wurden schon im All gespielt.*

Sich auf der ISS waschen

Die Besatzung der ISS kann sich die Hände nicht wie auf der Erde waschen. In der Schwerelosigkeit fließt das Wasser nicht, sodass es keine Waschbecken oder Duschen gibt. Zum Reinigen reiben sich die Astronauten mit Alkohol oder einem nassen Tuch ab. Sie waschen sich täglich mit feuchten Schwämmen. Zum Haarewaschen nehmen sie Trockenshampoo und sie verschlucken die essbare Zahnpasta, wenn sie sich die Zähne geputzt haben.

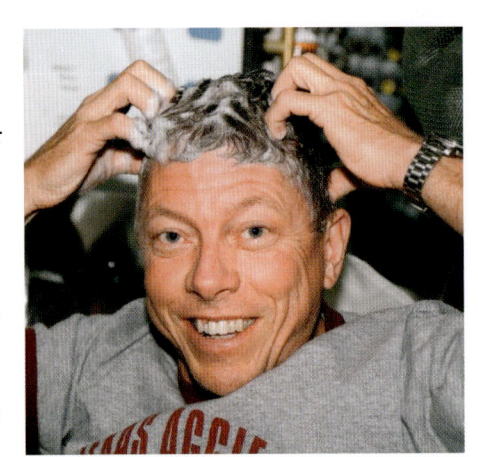

▲ **BEQUEM SITZEN** *Astronauten schnallen sich an der Toilette fest, die ihre Ausscheidungen absaugt. Auf früheren Missionen wurden diese noch in Schläuchen und Tüten gesammelt.*

LEBEN IM ALL

🔍 IM BLICKPUNKT: DER FITNESSRAUM

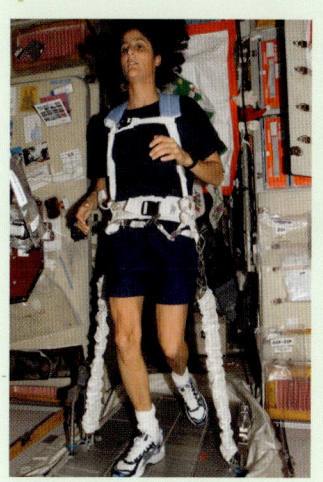

Der menschliche Körper baut in der Schwerelosigkeit Muskeln und Knochen ab. Astronauten der ISS müssen deshalb zweimal täglich eine Stunde lang Sport treiben, um zu verhindern, dass sie nach der Rückkehr in die Schwerkraft kollabieren. Die ISS besitzt verschiedene Sportgeräte wie ein Laufband, einen Heimtrainer und eine Apparatur, um Gewichte zu heben. Die Astronauten müssen sich an den Geräten anschnallen, damit sie nicht davonschweben. Mit der neuesten Ausrüstung kann die Besatzung Widerstandsübungen (wie Bankdrücken, Kniebeugen und Hocken) auch trotz der Schwerelosigkeit in der Station durchführen.

▶ „WELTRAUMSCHNUPFEN"
Im All wirkt die Schwerkraft nicht mehr auf das Kreislaufsystem des Menschen, in dem das Blut normalerweise nach unten fließt. Im ganzen Körper herrscht ein gleichmäßiger Blutdruck, sodass vermehrt Blut zum Kopf steigt und Hals und Mimik anschwellen. Sport verhindert diesen „Weltraumschnupfen".

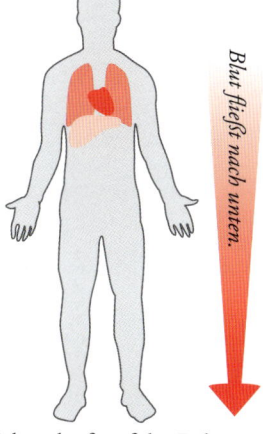

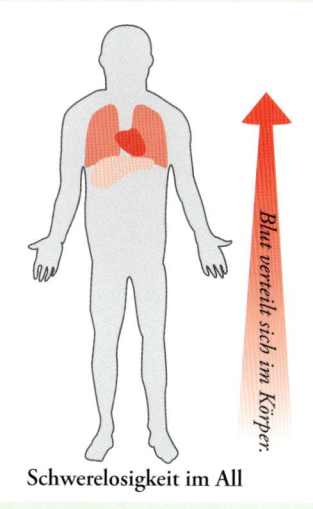

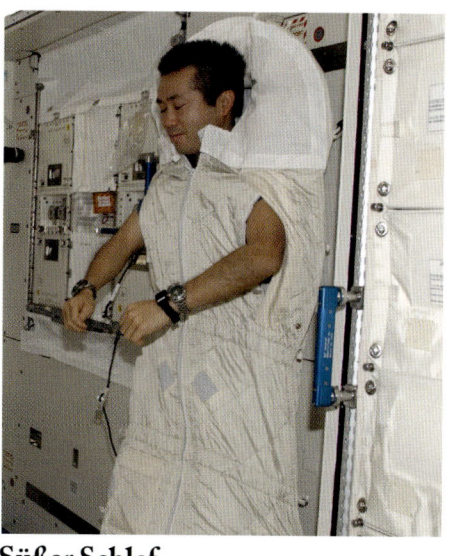

Blut fließt nach unten. | Blut verteilt sich im Körper.

Schwerkraft auf der Erde | Schwerelosigkeit im All

Süßer Schlaf
Angeschnallt können Astronauten überall schlafen – sogar an der Wand oder der Decke –, aber sie brauchen dafür Ventilatoren. Ohne sie würde sich das ausgeatmete Kohlendioxid wie eine Blase um ihren Kopf herum ansammeln.

MENSCHEN IM WELTALL

Wann ist es Zeit zum Schlafen?
Bei 16 Sonnenaufgängen und Sonnenuntergängen täglich auf der ISS und im Spaceshuttle verlieren die Astronauten ihr Zeitgefühl. Arbeitspläne und Schlafenszeiten richten sich nach der Uhrzeit des Kontrollzentrums in Houston (USA).

ESSEN UND TRINKEN

- Die ersten Astronauten erhielten mundgerechte Würfel, gefriergetrocknete Pulver und Soßen, die sie aus einer Tube in den Mund pressten!
- Zum Menü der ISS gehören mehr als 100 verschiedene Mahlzeiten, Imbisse sowie heiße und kalte Getränke. Alle Nahrungsmittel sind getrocknet und luftdicht eingeschweißt, sodass man sie nicht im Kühlschrank aufbewahren muss.

▲ **ESSEN AUS DER TUBE**
Die ersten Mahlzeiten waren weich wie Babynahrung.

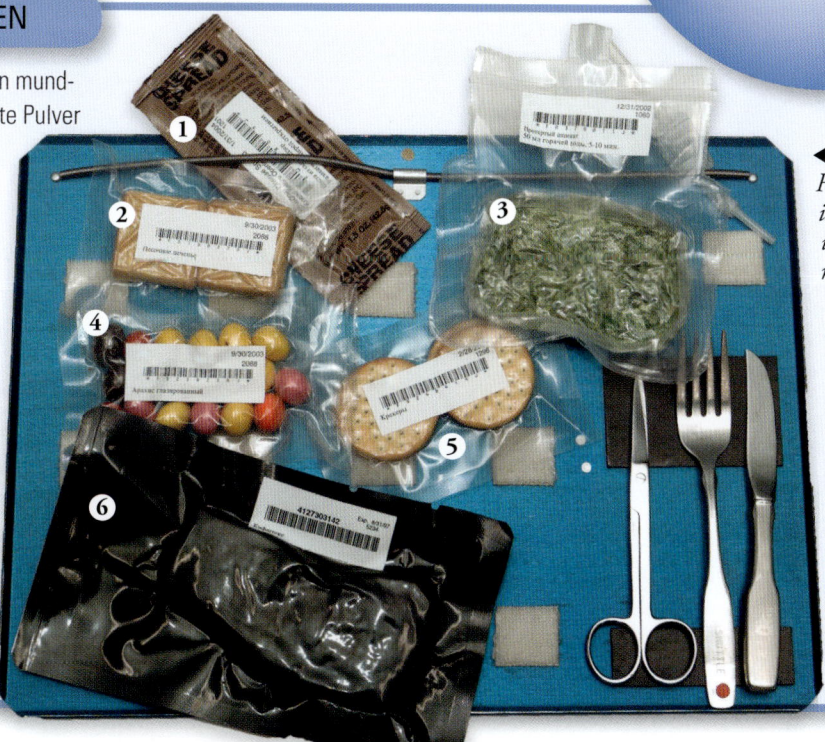

◀ **FESTES ESSEN**
Feste Mahlzeiten isst man mit Messer und Gabel, die mit Magneten am Tablett haften, damit sie nicht in der Station herumschweben.

1 *Käsescheiben*
2 *Butterteigkekse*
3 *Spinat*
4 *Erdnüsse mit Zuckerguss*
5 *Cracker*
6 *Beefsteak*

Tiere im Weltraum

Bevor die ersten Menschen in den Weltraum flogen, wurden die Auswirkungen der Schwerelosigkeit mit Tieren getestet. Wenn Tiere einen Flug ins All überlebten, sollte das auch für Menschen gelten.

▲ HUNDE IM ALL *Strelka und Belka (links) kamen 1960 als erste Tiere lebend von einem Raumflug zurück. Weterok und Ugoljok (oben) verbrachten 22 Tage im Weltraum. Ihr Rekord hielt bis 1973.*

HUNDE IM WELTRAUM
Fliegt nach den Tieren auch der Mensch ins All?

Laika, die Kosmonautin
Laika war das erste Tier auf einer Erdumlaufbahn. Sie überlebte ihren Flug nicht, sondern starb etwa fünf Stunden nach dem Start. Hunde wurden für Raumflüge gern ausgewählt, weil sie ausdauernd sitzen können.

Schimpanse als Champion
Schimpansen sind unsere nächsten tierischen Verwandten und eigneten sich daher besonders gut, um Menschen bei Testflügen ins All zu ersetzen. Ham flog 1961 als erster Schimpanse ins All. Als der Luftdruck in der Kapsel während des Flugs abnahm, schützte ihn sein Raumanzug. Er holte sich während des 16-minütigen Flugs nur eine gequetschte Nase.

▲ LAIKA *Die streunende Hündin von den Straßen Moskaus flog im November 1957 an Bord von* Sputnik II *ins All. Für die UdSSR war dies ein großer Erfolg im Wettlauf mit den USA zum Mond.*

CHRONIK TIERE IM ALL

1940

1947 Fruchtfliegen in amerikanischen V-2-Raketen erreichten nicht die Umlaufbahn.

1948–1950 Fünf suborbitale Flüge mit drei Affen und zwei Mäusen erreichten 130 km Höhe. Die Mäuse überlebten den Flug.

1950

1951 Am 20. September erreichten der Affe Yorick und elf Mäuse an Bord einer amerikanischen *Aerobee*-Rakete eine Höhe von 72 km. Yorick überlebte als erster Affe einen suborbitalen Flug.

1957 Die Hündin Laika flog als erstes Tier auf eine Erdumlaufbahn.

1959 Der Rhesusaffe Able und das Totenkopfäffchen Miss Baker kehrten als erste Lebewesen von einem Flug auf einer Erdumlaufbahn lebendig zur Erde zurück.

TIERE IM WELTRAUM

◀ **TIERTRANSPORTER**
Mit Cosmos 1514 *flogen 1983 zwei Affen und zehn schwangere Ratten ins All. Der Flug dauerte fünf Tage.*

Affentheater
Wenn man Tiere ins All schickt, müssen einige Probleme gelöst werden. Wie ernähren sie sich? Wie steuert man ihr Verhalten? Affen wurden zu ihrem Schutz auf ihren Sitzen festgeschnallt. Man brachte ihnen bei, zum Essen und Trinken auf Tuben zu beißen und beim Aufleuchten einer Lampe auf einen Hebel zu drücken, damit sie wach blieben.

MENSCHEN IM WELTALL

IM BLICKPUNKT: EIER

Mit Eiern wurden mehrere Experimente im All durchgeführt. Aus auf der Erde befruchteten Wachteleiern schlüpften 1990 auf der Raumstation *Mir* Küken. Es waren jedoch weniger, als auf der Erde geschlüpft wären.

▶ **RAUMKÜKEN** *Die Wachteln, die auf der Mir geschlüpft waren, überlebten leider nicht sehr lange.*

Mission TARDIS
Bärtierchen sind widerstandsfähige, wirbellose Tiere, die auf der Erde offenbar unverwüstlich sind. Aber wie ergeht es ihnen im Weltraum? Ein Experiment der Mission TARDIS der ESA zeigte, dass sie als erste Tiere die Schwerelosigkeit und Kälte des Weltraums überlebten. Sie überlebten nicht nur gefroren, sondern verkrafteten auch UV-Licht, das 1000-mal stärker als auf der Erde war.

Schwerelose Netze
Auf der Erde bauen Spinnen mithilfe des Winds und der Schwerkraft ihre Netze. Aber können sie auch im Weltraum, wo beides fehlt, ein Netz bauen? Zwei Spinnen, Anita und Arabella, flogen 1973 mit *Skylab 3* ins All. Nachdem sie sich an die Schwerelosigkeit gewöhnt hatten, bauten sie nahezu fehlerfreie Spinnennetze.

Die Dicke des Netzfadens richtet sich nach dem Gewicht der Spinne.

Das Experiment dachte sich die amerikanische Schülerin Judith Miles aus.

Mit dem Experiment wollten die Forscher auch herausfinden, wie das zentrale Nervensystem der Spinnen funktioniert.

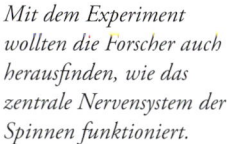

1960
1960
Die Hunde Strelka und Belka kehrten nach einem Tag im Weltraum sicher zur Erde zurück.

1961
Ham war der erste Schimpanse im Weltraum.

1970
1973
Die Kreuzspinnen Arabella und Anita flogen an Bord von *Skylab 3*.

1990
1990
Der Journalist Toyohiro Akiyama brachte japanische Baumfrösche mit auf die Raumstation *Mir*.

2000
2008
Die ESA-Mission TARDIS sandte Bärtierchen 270 km hoch in den Weltraum.

2009
4000 Rundwürmer starteten 2009 mit dem Spaceshuttle *Atlantis*. Sie verbrachten elf Tage im Weltraum.

MENSCHEN IM WELTALL

ERWEITERUNG DER ISS
Stell dir vor, du müsstest dein Haus von außen reparieren – während du auf einer niedrigen Erdumlaufbahn in 340 km Höhe über Neuseeland kreist! Zwei Astronauten, die mit Seilen gesichert sind, bringen ein neues Modul an der Internationalen Raumstation an.

MENSCHEN IM WELTALL

Die ersten Raumstationen

Ein Spaceshuttle ist ungeeignet, wenn Astronauten monatelang im All leben und arbeiten sollen. Dann brauchen sie viel mehr Platz – wie er auf einer Raumstation zur Verfügung steht.

◀ SALJUT 1 *wurde von Sonnenpaddeln versorgt und kreiste 2800-mal um die Erde.*

SALJUT 1

Die erste Raumstation war die sowjetische *Saljut 1*, die am 19. April 1971 gestartet wurde. Der größte der drei Abschnitte war das Servicemodul am Heck, das Treibstoff, Sauerstoff und Wassertanks sowie den Hauptantrieb enthielt. Im mittleren Abschnitt arbeitete und lebte die Besatzung. Am vorderen Modul befand sich die Andockstelle. Die Station war nur 24 Tage lang besetzt und verglühte 175 Tage später in der Erdatmosphäre.

FAKTEN

- Der Name *Saljut* (Gruß) war eine Ehrenbezeugung für Juri Gagarin, den ersten Menschen im All, der 1968 gestorben war.
- Zwei *Saljut*-Stationen (3 und 5) dienten der Spionage. Eine Kamera nahm Details der Erdoberfläche auf. Der Film wurde in einer besonderen Kapsel zur Erde zurückgebracht.
- *Saljut 3* besaß ein Maschinengewehr, um Angriffe abzuwehren. Die Waffe funktionierte auch im Vakuum.

FANTASTISCHE STATIONEN

In der Kurzgeschichte „The Brick Moon", die 1869 in einer Zeitschrift veröffentlicht wurde, tauchte erstmals eine Raumstation auf. Im frühen 20. Jh. kamen radartige Raumstationen in Science-Fiction-Romanen vor. In der Realität bestanden bis heute alle Raumstationen aus Modulen, die einzeln gestartet und im All zusammengesetzt wurden. Weil die Leistungskraft der Trägerraketen begrenzt ist, müssen Raumstationen mit riesigen „Bausteinen" Stück für Stück zusammengebaut werden.

▲ IN DER STORY *startete Brick Moon versehentlich mit Menschen an Bord.*

▲ DIESE RADARTIGE RAUMSTATION *wurde 1968 durch den Film* 2001: Odyssee im Weltraum *berühmt. Raumforscher zogen um 1950 radartige Raumstationen ernsthaft in Betracht.*

DIE ERSTEN RAUMSTATIONEN

Skylab verglühte 1979 in der Atmosphäre.

Skylab
Skylab war die erste Raumstation der USA und die größte Raumfähre auf einer Umlaufbahn. Sie wurde von 1973 – 1974 genutzt. Bereits beim Start wurden zwei Sonnenpaddel beschädigt. Drei Besatzungen verbrachten 28, 59 und 84 Tage auf der Station. Sie führten astronomische Experimente, Röntgenuntersuchungen der Sonne, Erdüberwachungen und medizinische Studien aus.

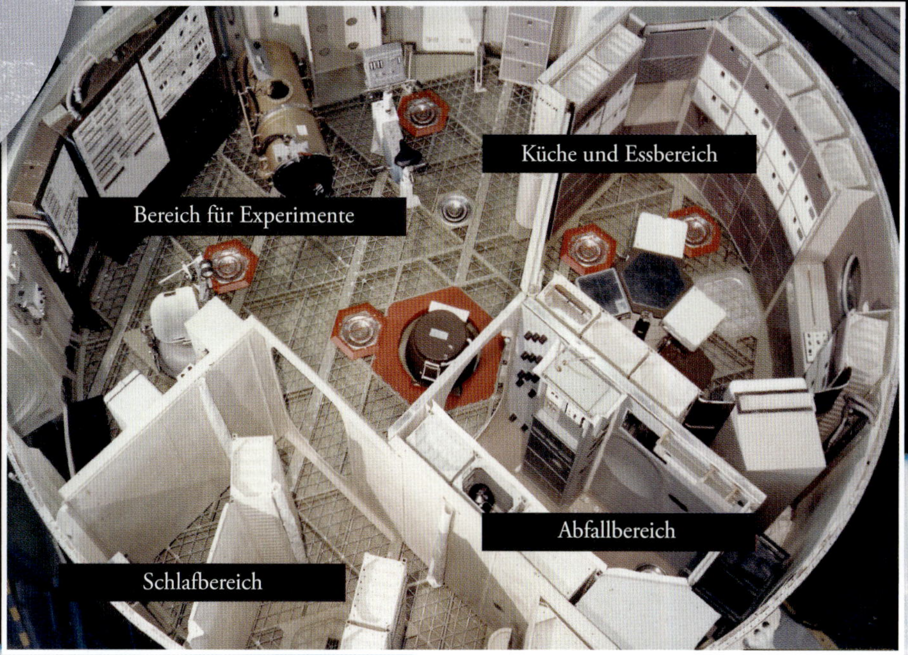

MENSCHEN IM WELTALL

MIR
Die Station war der Nachfolger der sowjetischen *Saljut*-Raumstationen. Das erste Modul wurde 1986 gestartet und bald darauf von zwei Kosmonauten besetzt. In den folgenden zehn Jahren wurde die *Mir* um sechs weitere Module ergänzt, z. B. ein Andockmodul für den Spaceshuttle.

Bereich für Experimente

Küche und Essbereich

Abfallbereich

Schlafbereich

▲ WOHN- UND ARBEITSBEREICH
Im größten Abschnitt der Raumstation Skylab *waren der Wohnbereich mit Toilette, eine Dusche und Küche sowie ein Laborbereich und ein großer Tank für Abfälle untergebracht.*

▶ MIR IM ALL *Die Besatzung lebte im mittleren Modul. Das Servicemodul enthielt den Hauptantrieb, während das dritte Modul fünf Andockstellen besaß. An ihnen koppelten insgesamt 95-mal Raumschiffe an.*

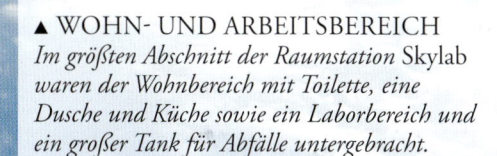

Mir

Beinahekatastrophen
1997 brach auf der *Mir* ein Feuer aus. Vier Monate später beschädigte eine *Progress*-Transportfähre beim Andocken das *Spektr*-Modul, sodass durch ein Leck Luft entwich. Die Besatzung schloss das Leck, war aber gezwungen, die Station zu verlassen.

Die Internationale Raumstation

Die Internationale Raumstation (International Space Station) ist die größte Raumstation, die jemals gebaut wurde. Auf der ISS, die 16 Länder gemeinsam betreiben, werden auch in den nächsten Jahren ständig sechs Astronauten leben und arbeiten.

Die ISS in Zahlen

- **Breite (Gerüst):** 109 m
- **Länge (Module):** 88 m
- **Gewicht:** 419,6 t
- **Betriebshöhe:** 385 km über der Erde
- **Betriebsgeschwindigkeit:** 8 km/s
- **Atmosphärendruck innen:** 1013 Millibar – der gleiche Druck, der auch auf der Erde herrscht
- **Belüfteter Raum:** 935 m³ – entspricht etwa der Größe eines Hauses mit fünf Schlafzimmern
- **Besatzung:** 3–6 Astronauten

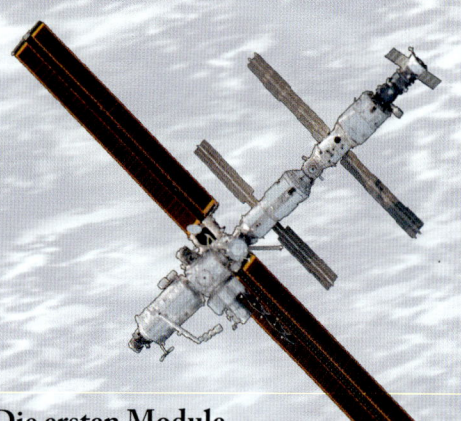

Die ersten Module
Den Kern der ISS bilden die russischen Module *Swesda* und *Sarja*. *Sarja* war das erste Modul; es wurde 1998 gestartet und dient heute vorwiegend als Lager und zur Navigation. Die Wohnbereiche folgten im Juli 2000. Das amerikanische Modul *Destiny*, das erste Labor, wurde im Februar 2001 an die ISS angebaut.

SONNENKRAFT
Die größten Bauteile der ISS sind ihre acht Sonnenpaddelpaare. Jedes Paddel ist 73 m lang – länger als die Flügelspanne einer Boeing 777. Die Sonnenpaddel erzeugen Strom aus Sonnenlicht und sind drehbar, sodass sie so viel Licht wie möglich einfangen. Sie enthalten mehr als 262 000 Solarzellen, die bis zu 110 kW Strom erzeugen.

Arbeiten im Labor
Die Besatzung der ISS führt täglich Experimente in den Labors aus, die Hunderte Wissenschaftler am Boden begleiten. Die Experimente betreffen Fachgebiete der Biologie, Medizin, Physik und Erdbeobachtung. Zu den Forschungsschwerpunkten zählen das Züchten von Proteinkristallen und neue Legierungen.

DIE ISS

Roboterarm
Die ISS besitzt einen großen Roboterarm, um Astronauten und Bauteile im Weltraum an die richtige Position zu bringen. Er wird als Canadarm 2 bezeichnet, weil er in Kanada gebaut wurde, und von Astronauten in der Station gesteuert. Der Roboterarm ist 16,7 m lang und kann Objekte bis zu 116 t heben – das Gewicht eines Spaceshuttles. Er hat sieben Gelenke und vier handartige Greifer.

Canadarm 2

Sonnenpaddel

Swesda *Sarja*

Canadarm 2

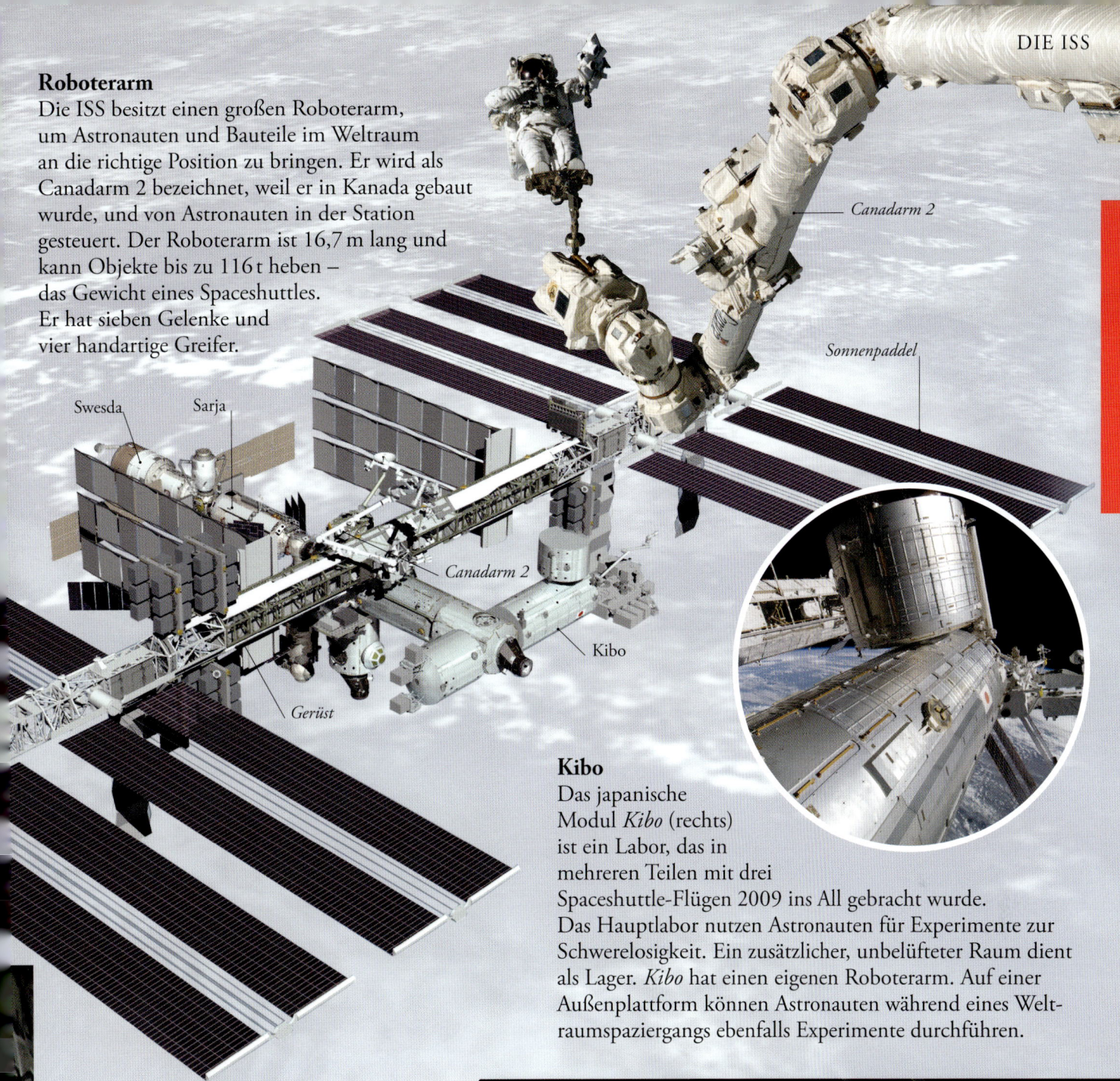

Kibo

Gerüst

MENSCHEN IM WELTALL

Kibo
Das japanische Modul *Kibo* (rechts) ist ein Labor, das in mehreren Teilen mit drei Spaceshuttle-Flügen 2009 ins All gebracht wurde. Das Hauptlabor nutzen Astronauten für Experimente zur Schwerelosigkeit. Ein zusätzlicher, unbelüfteter Raum dient als Lager. *Kibo* hat einen eigenen Roboterarm. Auf einer Außenplattform können Astronauten während eines Weltraumspaziergangs ebenfalls Experimente durchführen.

Frischer Nachschub
Verschiedene Raumfähren versorgen die ISS mit Nahrungsmitteln, Wasser und Ausrüstung. Außer den Spaceshuttles besucht die russische Raumfähre *Progress* regelmäßig die ISS. Andere unbemannte Raumfähren wurden in den letzten Jahren ebenfalls genutzt. Das erste europäische Automated Transfer Vehicle (ATV) dockte im April 2008 an die ISS an. Rechts ist das japanische H-II Transfer Vehicle (HTV) zu sehen, wie es am Canadarm-2-Roboterarm ankoppelt. Alle unbemannten Raumtransporter verglühen beim Wiedereintritt in der Erdatmosphäre.

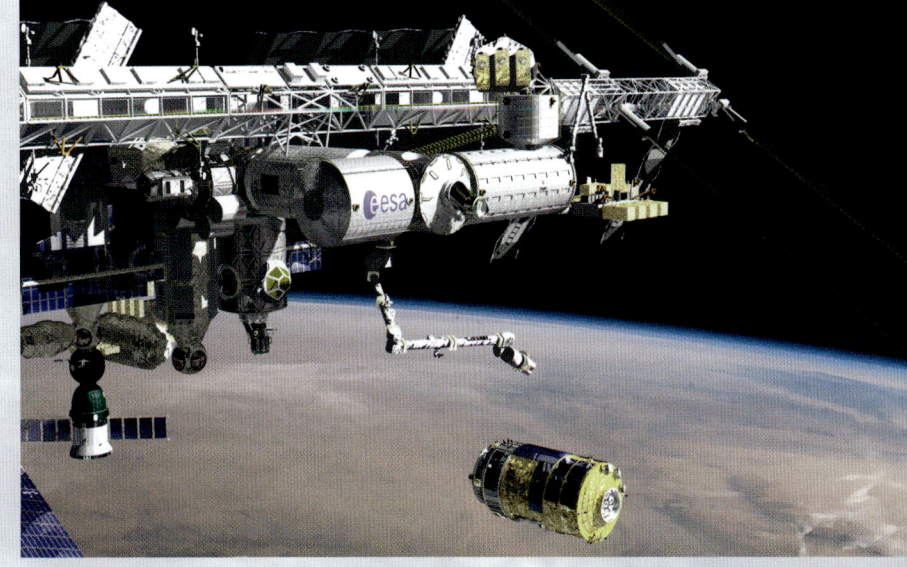

Weltraumforschung

Die Bedingungen der Schwerelosigkeit bieten ein besonderes Umfeld für die Forschung. Kurze Perioden der Schwerelosigkeit kann man in sehr hohen Falltürmen oder in Flugzeugen erreichen. Doch nur auf einer Raumstation erlebt man die Schwerelosigkeit über Wochen oder sogar Monate.

▶ MATROSCHKA *ist ein Dummy der Europäischen Weltraumagentur, mit dem die Auswirkungen der Strahlung auf Menschen gemessen werden. Matroschka enthält Strahlungssensoren, Knochen- und Blutproben sowie Materialien, die menschlichem Gewebe und menschlichen Organen ähneln.*

▲ EXPERIMENTE *Astronauten untersuchen die Auswirkung der Schwerelosigkeit in einem sicheren, abgeschlossenen Handschuhkasten des Destiny-Labors auf der ISS.*

BESSERE GESUNDHEIT

Ohne die Schwerkraft werden menschliche Muskeln und Knochen schwächer. Astronauten der Internationalen Raumstation testen Wege, diesen Schädigungen vorzubeugen. Dazu benutzen sie Heimtrainer, nehmen Medikamente ein und wenden kleine Elektroschocks an.

Matroschka ist nach der berühmten russischen Puppe benannt, die auch aus vielen Schichten besteht.

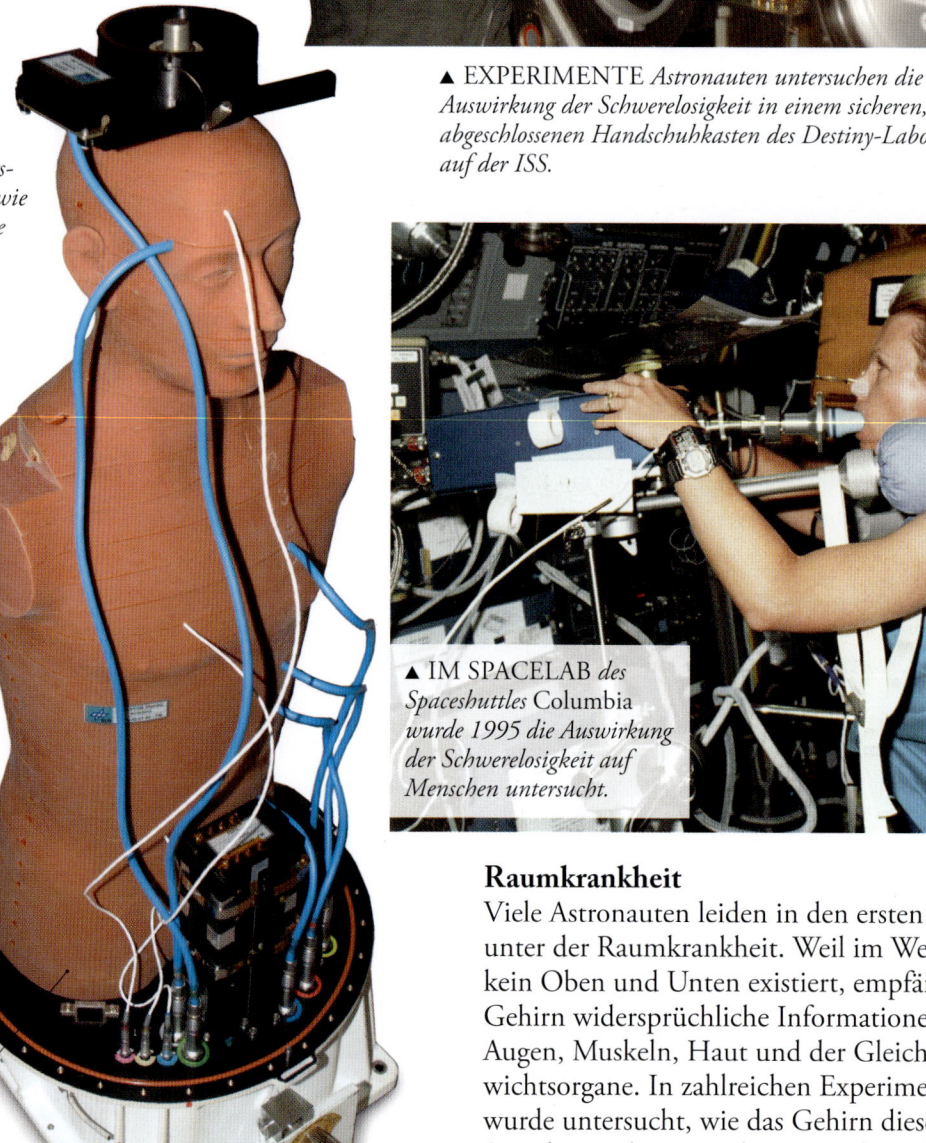

▲ IM SPACELAB *des Spaceshuttles* Columbia *wurde 1995 die Auswirkung der Schwerelosigkeit auf Menschen untersucht.*

Raumkrankheit

Viele Astronauten leiden in den ersten Tagen unter der Raumkrankheit. Weil im Weltraum kein Oben und Unten existiert, empfängt das Gehirn widersprüchliche Informationen der Augen, Muskeln, Haut und der Gleichgewichtsorgane. In zahlreichen Experimenten wurde untersucht, wie das Gehirn diese Signale verarbeitet und wie es sich an diese Bedingungen anpasst.

WELTRAUMFORSCHUNG

LEBEN IM WELTRAUM

Experimente mit unterschiedlichen Lebewesen wie Spinnen, Fruchtfliegen, Tomaten, Fischen oder Wachteln wurden bereits durchgeführt. Gefährliche Bakterien vermehren sich in der Schwerelosigkeit, während das menschliche Immunsystem schwächer wird. Weil man eine Raumfähre nicht vollständig desinfizieren kann, können Bakterien auf langen Missionen zum Problem werden.

Kristalle

Im Weltraum werden Kristalle sehr viel größer als auf der Erde und weisen weniger Fehler auf. Von besonderem Interesse ist die Züchtung von Proteinkristallen. Der Mensch besitzt mehr als 300 000 Proteine und von den meisten ist nur wenig bekannt. An Proteinkristallen von hoher Qualität erkennt man Form und Aufbau besser – und erfährt mehr darüber, wie sie im Körper funktionieren.

MENSCHEN IM WELTALL

Durch die Untersuchung von Proteinkristallen können neue Medikamente entwickelt werden.

Diese Proteinkristalle wuchsen im Weltall.

PFLANZEN IM WELTRAUM

Pflanzen wurden bereits 1960 an Bord der *Sputnik-4*-Kapsel in den Weltraum gebracht. Seitdem wurde untersucht, wie Pflanzen im All gedeihen und wie viele Pflanzen mit hohem Nutzwert auf kleinen Flächen wachsen. Diese Ergebnisse sind für zukünftige Raumflüge wichtig, auf denen Astronauten sich selbst versorgen müssen, und auch für die Landwirtschaft auf der Erde.

▶ PFLANZEN *wachsen im All aeroponisch – in der Luft und ohne Erde.*

Flammen, Flüssigkeiten und Metalle im All

Durch Konvektion steigen auf der Erde heiße Flüssigkeiten und Gase auf, während kalte Flüssigkeiten und Gase sinken. Weil die Konvektion in der Schwerelosigkeit nicht funktioniert, brennen Flammen mit einer runden Form und nicht länglich wie auf der Erde. Flüssigkeiten, die sich auf der Erde in Schichten unterschiedlicher Dichte trennen, vermischen sich in der Schwerelosigkeit sehr schnell. Flüssige Metalle kann man im Weltall zu sehr harten Legierungen mischen, die härter sind als jene, die man auf der Erde herstellt.

IM BLICKPUNKT: SPIN-OFF

Den Technologietransfer aus dem Weltraum in den Alltag nennt man „Spin-off". Viele Techniken der Raumfahrt werden auch auf der Erde genutzt.

■ **Golfball-Aerodynamik**
Mit einer NASA-Technologie wurde ein Golfball entwickelt, der schneller und weiter fliegt.

■ **Dämpfender Sturzhelm**
Die stoßdämpfende Füllung von Sturzhelmen wurde von der NASA zunächst für Pilotensitze entwickelt.

■ **Skibrillen**
Eine von der NASA entwickelte Beschichtung verhindert, dass Ski- und Taucherbrillen sowie Feuerschutzhelme beschlagen.

■ **Quarzkristalle**
Die NASA entwickelte Quarzkristalle für sehr genau gehende Armbanduhren.

▲ AUF DER ERDE
Flammen sind länglich, weil heiße Luft eine geringere Dichte als die Luft ihrer Umgebung hat und aufsteigt.

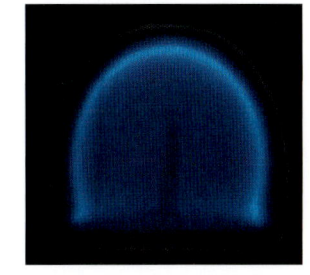

◀ IM WELTALL
In der Schwerelosigkeit wirkt die Konvektion nicht und Flammen verbrennen rundlich.

Weltraumtourismus

Nicht jeder, der heute in den Weltraum fliegt, ist ein Astronaut. Forscher, Politiker, ein japanischer Journalist, zwei amerikanische Lehrer und mehrere Geschäftsmänner waren schon im All. Seit der Weltraumtourismus Wirklichkeit wurde, bieten immer mehr Firmen suborbitale Flüge von neuen Weltraumbahnhöfen an.

SPACESHIPONE

Den Wettlauf um den Weltraumtourismus eröffnete 2004 die X-Prize-Foundation mit einem Preisgeld in Höhe von 10 Mio. Dollar. Das Geld sollte das private und bemannte Raumfahrzeug erhalten, das als erstes zweimal in zwei Wochen eine Höhe von 100 km erreichen würde.

Trägerflugzeug White Knight

SpaceShipOne

▲ DEN PREIS *gewann das dreisitzige, flugzeugähnliche SpaceShipOne, entstanden aus einer umgebauten Forschungsrakete.*

Der Urlaub deines Lebens

Hat jemand 20–25 Mio. Dollar übrig und Lust auf einen Trip ins Weltall? So viel verlangt die russische Raumfahrtagentur für einen Flug zur Internationalen Raumstation (ISS) samt einwöchigem Aufenthalt.

▲ DAS COCKPIT *von SpaceShipOne*

▲ FREIGESETZT *vom Trägerflugzeug* White Knight *flog SpaceShipOne 24 Minuten lang.*

WELTRAUMTOURISMUS

SpaceShipTwo

Eine größere und modernere Version des *SpaceShipOne* wird für suborbitale Touristenflüge entwickelt. Das *SpaceShipTwo* wird mit dem neuen Trägerflugzeug *White Knight Two*, das eine Flügelspanne von 43 m hat, in eine Höhe von 15 km gebracht. *SpaceShipTwo* wird in dieser Höhe freigesetzt und steigt mit seinem Raketentriebwerk auf eine Höhe von 110 km. Danach landet *SpaceShipTwo* als Gleiter auf einer Landebahn.

SpaceShipTwo wird freigesetzt.

▶ TICKETS *für eine Reise mit SpaceShipTwo kosten 200 000 Dollar. Die Raumfähre fliegt mit Mach 3 schneller als jeder Kampfjet.*

◀ DIE KABINE *ist 18 m lang und 2,3 m hoch. Sie nimmt sechs Passagiere und zwei Piloten auf. Jeder Passagier sitzt an einem großen Fenster und kann wenige Minuten vor der Rückkehr zur Erde frei in der Kabine umherschweben.*

MENSCHEN IM WELTALL

DER ERSTE TOURIST

- Der erste Weltraumtourist war der 60-jährige Amerikaner Dennis Tito. Der Millionär nahm vorher an einem Trainingsprogramm in der russischen Stadt Swjosdny Gorodok („Sternenstädtchen") teil.
- Er flog mit einer *Sojus*-Raumfähre zur ISS und kam dort am 30. April 2001 an. Tito verbrachte sechs Tage auf der Station und kehrte mit einer anderen *Sojus* zurück.
- Während seines Aufenthalts hörte Tito Opern, nahm Videos und Fotos auf, bereitete Mahlzeiten vor und verbrachte viel Zeit damit, den Anblick der Erde aus dem Weltall zu bewundern.

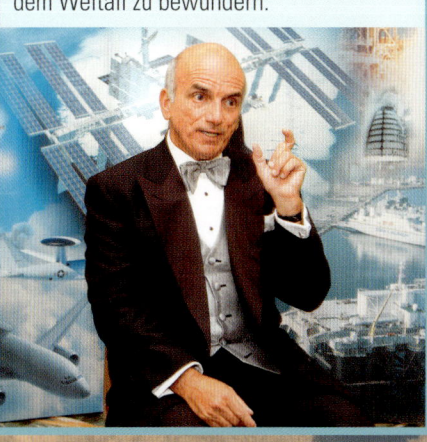

Weltraumhotels

Wenn es einmal günstigere Möglichkeiten geben wird, um in den Weltraum zu gelangen, wird man wohl bald auch Weltraumhotels entwickeln. Dann könnten mehr Menschen die Erde umkreisen und die Schwerelosigkeit erleben. Es wurden bereits Pläne für große, aufblasbare Module ausgearbeitet, in denen sich die Gäste aufhalten sollen. Daran könnte man eine Antriebseinheit und ein Andockmodul ankoppeln, um das Hotel nach und nach zu erweitern.

▲ DIESES HOTEL *erscheint utopisch, aber die sich drehende Einheit entwarf vor über 40 Jahren der Science-Fiction-Autor Arthur C. Clarke.*

▲ COMPUTERMODELL *der Firma Bigelow Aerospace für aufblasbare Module, die sich zu einer Station verbinden lassen*

Raumfahrzeuge der Zukunft

Trägerraketen haben sich seit Beginn des Weltraumzeitalters vor mehr als 50 Jahren kaum verändert – ihre Triebwerke verbrauchen immer noch viel Treibstoff. Günstigere und wiederverwendbare Fähren erfordern neue Technologien, vor allem bei den Triebwerken.

▼ **SKYLON** *Dieses automatische, wiederverwendbare Raumflugzeug wird in Großbritannien entwickelt. Seine Triebwerke arbeiten nach dem Start wie die eines Jets und schalten in größerer Höhe auf Raketenantrieb um.*

WELTRAUMLIFT

In Zukunft sollen Raumfähren ihre Umlaufbahn mit einem Aufzug erreichen. Verschiedene Entwürfe wurden bereits vorgestellt, bei denen ein Kabel mit einem Gegengewicht am oberen Ende zwischen der Erde und einer geostationären Umlaufbahn verläuft. Durch die Erdrotation bleibt es straff, sodass eine Gondel an ihm hochgleiten kann. Das Kabel müsste aus neuem, stärkeren und leichteren Material sein.

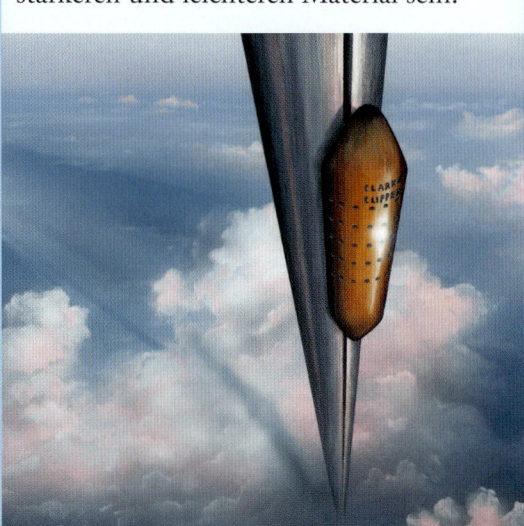

RAUM-FLUGZEUGE

Dieses wiederverwendbare Flugzeug ist bereits entwickelt. Ein Raumflugzeug besitzt eigene Triebwerke und soll Menschen oder Frachten ins All bringen. Es startet von einer Startbahn oder wird in große Höhe gebracht und freigesetzt. Es landet wie ein Flugzeug auf einer Landebahn.

Private Raumfähren

Bis heute wurden nahezu alle Raumfähren, die Material oder Astronauten in den Weltraum brachten, von nationalen Weltraumagenturen entwickelt. Inzwischen unterstützt die NASA private Firmen, die Raumfähren zur Versorgung der Internationalen Raumstation entwickeln. Sie starten mit Trägerraketen, die ebenfalls private Firmen bauen. Die Raumfähre *Dragon* (rechts) wird zunächst Fracht transportieren. Später könnte sie Besatzungen aufnehmen oder als Labor dienen.

Raumstation

Weltraumgurt

Die Dragon *soll Nachschub und andere Fracht transportieren.*

MENSCHEN IM WELTALL

Weltraumgurt

Mit einem Weltraumgurt kann man eine Raumfähre an einem anderen Objekt, z. B. an einer anderen Raumfähre oder Raumstation, befestigen. Die Weltraumgurte bestehen aus dünnen Strängen hochfester Fasern oder Drähte und dienen dazu, Objekte zu bewegen, ohne dass diese Treibstoff verbrauchen. Dabei werden Energie und Bewegung von einem Objekt auf das andere übertragen.

Hyperschall-Flugzeuge

In mehreren Ländern werden neue Triebwerke entwickelt, um die Menge des mitzuführenden flüssigen Sauerstoffs zu verringern. Die Flugzeuge werden mit Raketen auf hohe Geschwindigkeiten beschleunigt. Ein Scramjet-Staustrahltriebwerk, das keine beweglichen Teile besitzt, saugt im Flug Sauerstoff an, mischt ihn mit Brennstoff und zündet die Mischung.

IM BLICKPUNKT: STROM AUS DEM ALL

Wir verbrauchen immer mehr Energie. Mit der drohenden globalen Erwärmung, die durch zunehmende Treibhausgase entsteht, wird sauberer Strom aus erneuerbaren Quellen immer bedeutender. Mit großen Sonnenpaddeln, die auf einer Umlaufbahn kreisen, kann man Strom im Weltraum erzeugen. Dieser Strom wird dann mit Lasern oder Mikrowellen zur Erde geleitet und dort von riesigen Parabolantennen aufgefangen. Der erste japanische Test des Weltraumstroms soll 2030 beginnen.

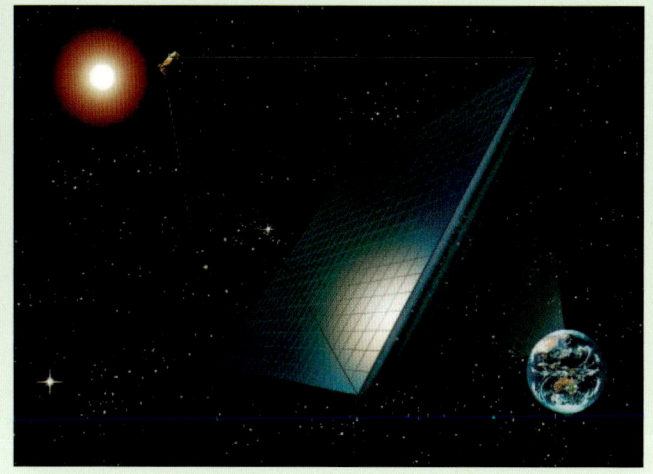

▲ RIESIGE SONNENPADDEL *kreisen über dem Äquator, sammeln 24 Stunden täglich Licht und leiten die Energie zur Erde.*

Die X-43 aus dem Hyperschallforschungsprojekt Hyper-X der NASA

Galaktische Fernreisen

Bis heute waren zwölf Menschen auf dem Mond und viele mehr an Bord der Internationalen Raumstation. Eines Tages wird ein Mensch den Mars betreten, vielleicht sogar einen Planeten, der um einen anderen Stern kreist. Doch wie kann man eine so lange Reise überleben? Es gibt viele Probleme zu lösen.

EINE LANGE REISE

Die größte Herausforderung einer Reise zum Mars ist die Reisezeit, die sechs Monate beträgt. Hinzu käme ein längerer Aufenthalt und die Rückkehr. Die sechsköpfige Besatzung müsste auf engstem Raum leben. Nachrichten zur Erde benötigen bis zu 20 Minuten – Antworten genauso lang. Teamarbeit wäre angesagt und Problemlösungen auch ohne Hilfe von der Erde.

ALLEIN MIT ALGEN

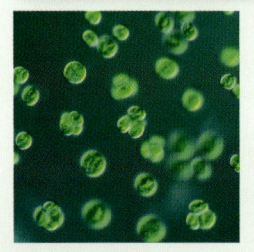

In der sowjetischen BIOS-3-Station in Sibirien wurde in den 1970ern getestet, wie Menschen mit Isolation umgehen. In den Gebäuden wurden Chlorella-Algen gezüchtet, um die Luft zu reinigen und sicherzustellen, dass die Bewohner nicht ersticken.

Chlorella-Algen

Leben in der Isolation

In zahlreichen Experimenten wurde getestet, wie Menschen damit umgehen, auf engstem Raum isoliert zu sein. Zwischen 1991 und 1993 lebten acht Menschen abgeschlossen in einer künstlichen Welt des Projekts Biosphäre 2. Zu den größten Problemen zählte das Belüftungssystem und Auseinandersetzungen in der Gruppe.

SCHNAPPSCHUSS

Das Projekt Biosphäre 2 entstand in Arizona (USA) und besaß verschiedene Umgebungen, z. B. das Ozean-Biom (oben). Andere Biome bildeten Steppen, Regenwälder und Wüsten nach.

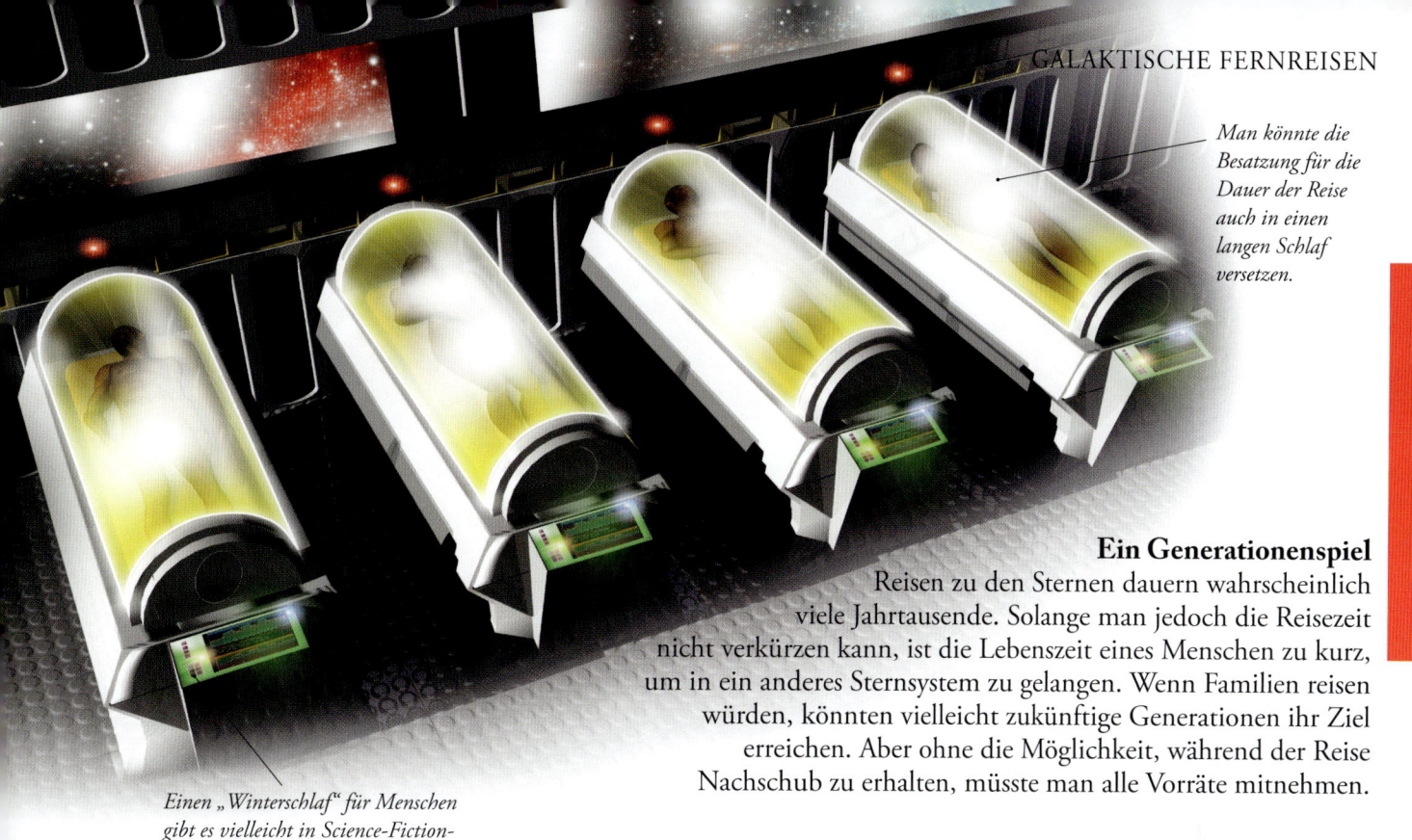

GALAKTISCHE FERNREISEN

MENSCHEN IM WELTALL

Man könnte die Besatzung für die Dauer der Reise auch in einen langen Schlaf versetzen.

Ein Generationenspiel

Reisen zu den Sternen dauern wahrscheinlich viele Jahrtausende. Solange man jedoch die Reisezeit nicht verkürzen kann, ist die Lebenszeit eines Menschen zu kurz, um in ein anderes Sternsystem zu gelangen. Wenn Familien reisen würden, könnten vielleicht zukünftige Generationen ihr Ziel erreichen. Aber ohne die Möglichkeit, während der Reise Nachschub zu erhalten, müsste man alle Vorräte mitnehmen.

Einen „Winterschlaf" für Menschen gibt es vielleicht in Science-Fiction-Filmen, in der Realität müsste man ihn erst noch erfinden.

FIKTION UND WIRKLICHKEIT

Im Gegensatz zur Wirklichkeit reist man in Science-Fiction-Filmen schnell durch unsere Galaxie. Die USS *Enterprise* aus *Star Trek* taucht durch Wurmlöcher – diese Tunnel im Universum verkürzen die Reisezeit enorm. Das Raumschiff besitzt einen Warp-Antrieb, um schneller als Licht zu reisen. Doch die Existenz der Wurmlöcher ist noch nicht bewiesen und nach physikalischen Gesetzen ist kein Objekt schneller als das Licht.

Die USS Enterprise *nimmt Abkürzungen durch Wurmlöcher, deren Existenz nicht bewiesen ist.*

LANDBAU IM ALL

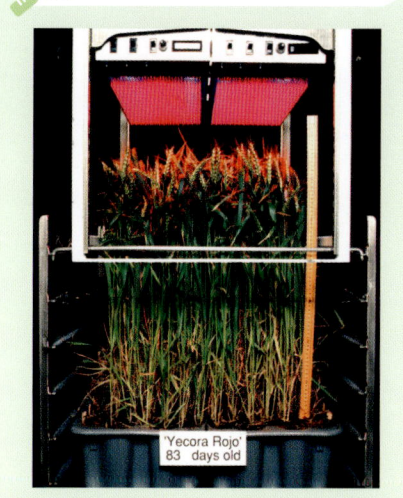

Alle drei Monate versorgt ein Raumfrachter die Besatzung der Station ISS mit Nahrungsmitteln. Diese Vorräte sind sperrig, schwer und teuer zu transportieren – die Versorgung einer Besatzung auf dem Mars wäre so nicht möglich. Eine sechsköpfige Crew bräuchte für eine dreijährige Reise 33 000 t Nahrungsmittel, Wasser und Sauerstoff! Deshalb laufen bereits Experimente für kleine Weltraumtreibhäuser, in denen Nutzpflanzen gezogen werden sollen.

RECYCLING

In Raumfahrzeugen muss so viel Abfall wie möglich recycelt werden. Es gibt bereits Maschinen, die Urin zu Trink- und Waschwasser aufbereiten. Sauerstoff für die Atmung erhält man durch Spaltung von Wassermolekülen. In anderen Systemen recyceln Bakterien menschliche Abfälle zum Anbau von Pflanzen und zur Gewinnung von Wasser.

115

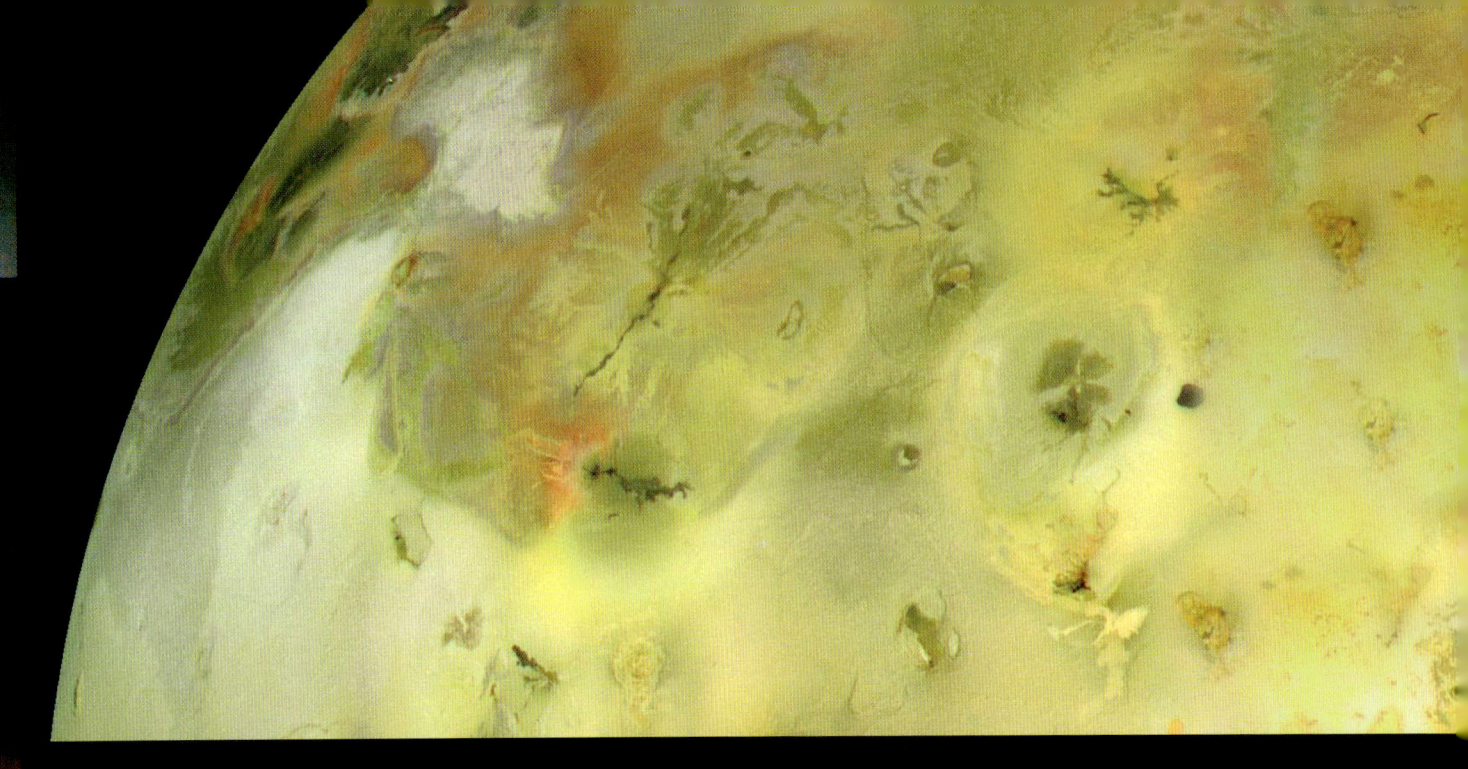

DAS SONNEN-SYSTEM

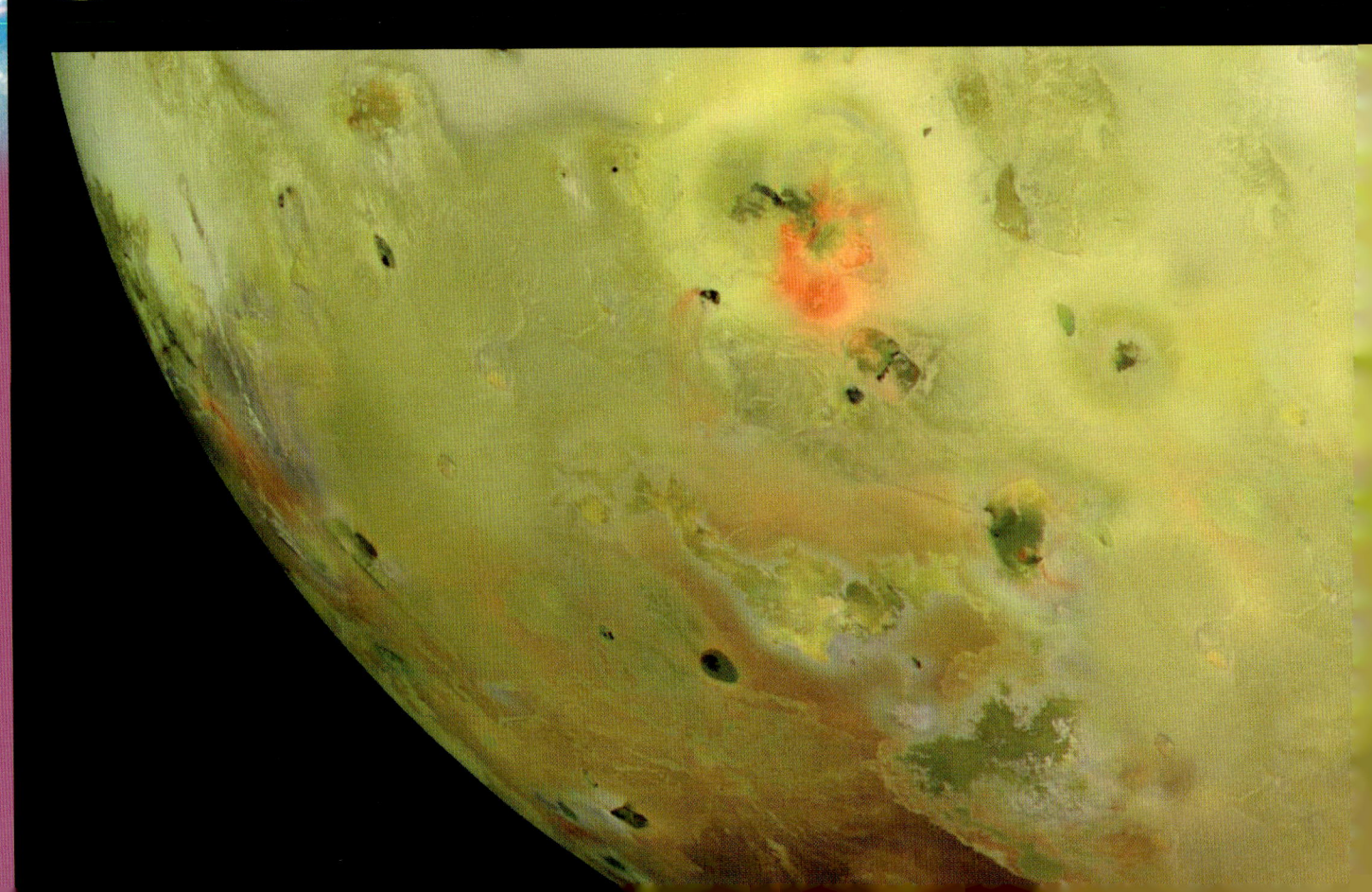

DAS SONNENSYSTEM

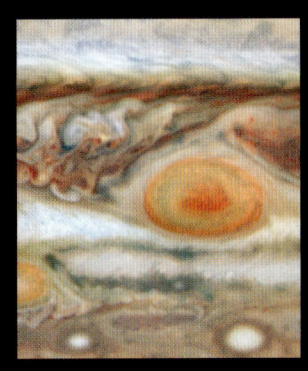

Unser Sonnensystem ist der Bereich des Alls, der unter dem Einfluss der Schwerkraft der Sonne steht. Es erstreckt sich über zwei Lichtjahre und enthält Planeten, Monde, Planetoiden und Kometen.

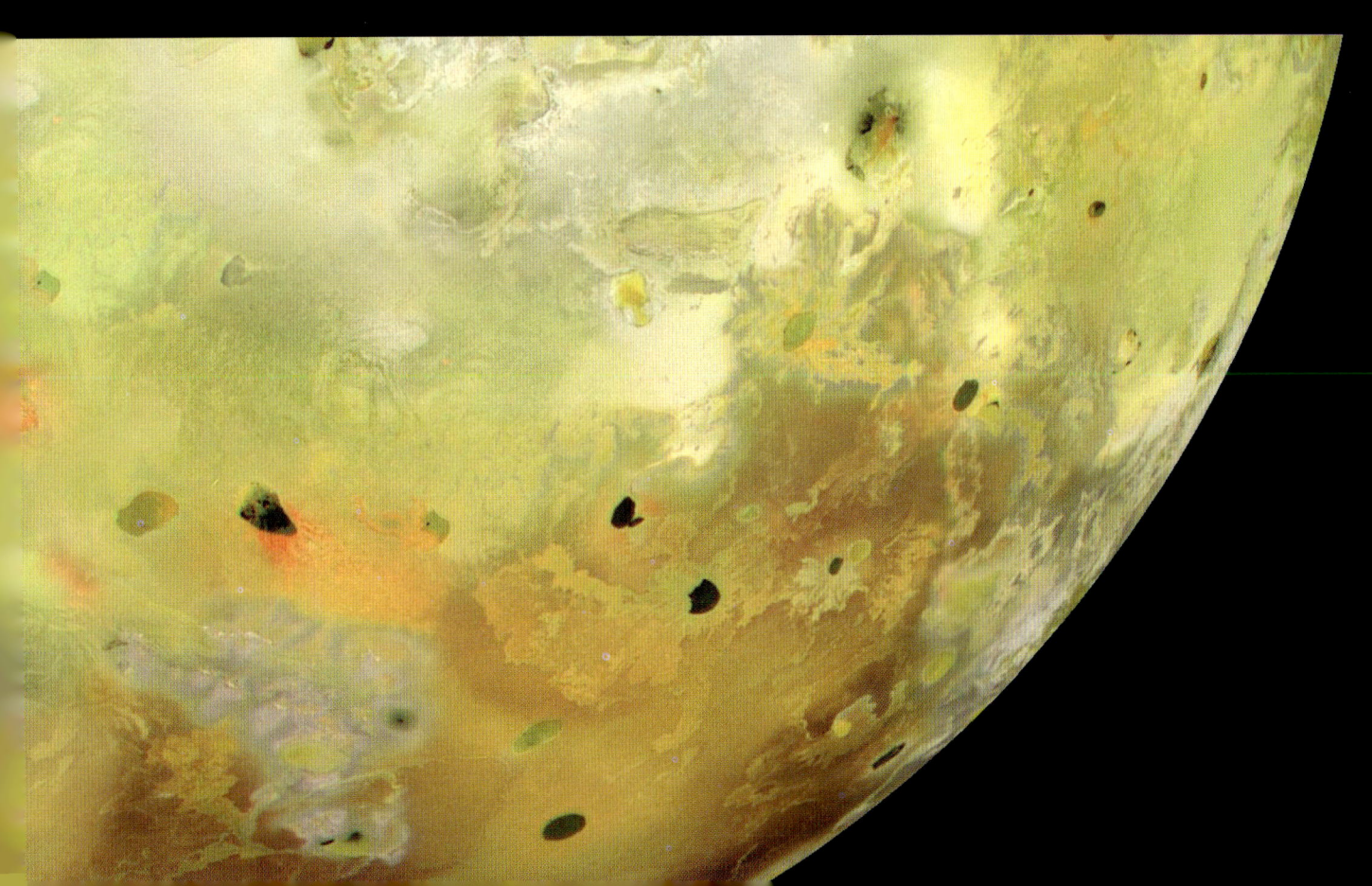

Die Geburt der Sonne

Alles, was das Sonnensystem enthält – die Sonne, Planeten, Monde und kleinere Objekte –, entstand in einer gewaltigen, sich drehenden Wolke, dem Sonnennebel. Vor etwa 5 Milliarden Jahren begann diese Wolke aus Staub und Wasserstoff zu schrumpfen und sich zusammenzuziehen. Ihr Kern verdichtete sich, wurde heißer und begann hell zu leuchten. Der Rest der Wolke bildete eine rotierende Scheibe aus Materie.

◄ **DRUCKREAKTION**
Niemand weiß, warum die Wolke schrumpfte. Vielleicht hat das die Druckwelle eines Sterns ausgelöst, der als Supernova explodierte.

KOLLISIONEN UND FUSIONEN

Da die Planetesimale immer größer wurden, zog ihre Schwerkraft mehr Material an, was zu weiteren Kollisionen führte. Schließlich wurden einige Bereiche des Nebels von wenigen großen Himmelskörpern beherrscht. Im äußeren Sonnensystem zogen sie große Mengen Gas an. Dadurch entstanden die Gasriesen – Jupiter, Saturn, Uranus und Neptun.

DER SONNENNEBEL

Im Sonnennebel stießen Staub- und Eisteilchen zusammen und verschmolzen. Dadurch wuchsen die winzigen Teilchen zu Objekten von einigen Kilometern Durchmesser an. Im inneren, heißeren Bereich des Sonnennebels bestanden diese Planetenbausteine (die man Planetesimale nennt) vorwiegend aus Gestein und Metall. Weiter außerhalb des Zentrums war der Nebel viel kälter, sodass sie hauptsächlich aus Eis bestanden.

DIE GEBURT DER SONNE

IM BLICKPUNKT: DIE ENTSTEHUNG DES MONDES

Der Mond entstand vermutlich durch einen Zusammenstoß der jungen Erde mit einem Objekt von der Größe des Mars. Nur wenige Hundert Jahre nach der Kollision bildete sich der Mond. Der Abstand zur Erde war zunächst viel kleiner als heute und er kreiste in nur wenigen Tagen um sie. Heute braucht er etwas über 27 Tage für einen Umlauf.

▲ **AUF KOLLISIONSKURS** *Ein großes Objekt, so groß wie der Mars, stieß mit der jungen Erde zusammen.*

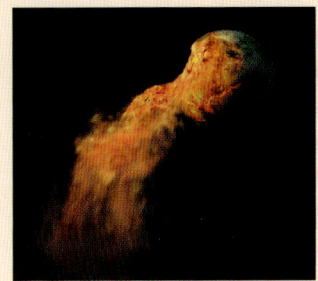

▲ **UNORDNUNG** *Durch den Einschlag wurden Teile der Erdkruste und des Objekts in den Weltraum geschleudert.*

▲ **AUFGERÄUMT** *Die Trümmer der Kollision bildeten einen Ring um die Erde.*

▲ **NEUER MOND** *Material aus dem Ring verklumpte und bildete schließlich den Mond.*

DAS SONNENSYSTEM

ANDERE PLANETENSYSTEME

Es gibt vermutlich viele Planetensysteme im All. Die meisten jungen Sterne unserer Galaxie sind von Scheiben aus Staub und Wasserstoff umgeben – wie die junge Sonne. Durch die Untersuchung dieser stellaren Scheiben erfährt man viel über die frühe Geschichte des Sonnensystems. Über 400 Planeten wurden inzwischen in der Nähe anderer Sterne entdeckt, die alle etwa die Größe Jupiters besitzen. Mit stärkeren Instrumenten wird man künftig auch Planeten entdecken, die nur so groß wie die Erde sind (👁 S. 226–227).

Diese Computergrafik zeigt einen Mond, der in einem anderen Sonnensystem um einen Planeten kreist.

FAKTEN

■ Die Erde und die anderen Planeten entstanden vor etwa 4,5 Mrd. Jahren.

■ Restmaterial ihrer Entstehung existiert auch heute noch. Es bildet die Planetoiden und eisige Kometen.

■ Die Kollisionen erzeugten so viel Wärme, dass die erdartigen Planeten (Merkur, Venus, Erde und Mars) anfangs glutflüssig waren und erst später erstarrten.

Der Planet hat etwa die gleiche Masse wie Jupiter und kreist um den Stern Tau1 Gruis.

▲ **SCHWERES BOMBARDEMENT** *Auch nachdem sich die Planeten gebildet hatten, war noch viel Material übrig. Kleinere Teilchen blies der starke Sonnenwind weg. Größere Brocken aber schlugen bis vor etwa 4 Mrd. Jahren auf der Erde und den anderen Planeten ein.*

Die Sonnenfamilie

Der Einfluss der Sonne erstreckt sich weit ins All. Ihre Schwerkraft und Strahlung reichen über Milliarden Kilometer. Zum Sonnensystem gehören acht Planeten, fünf Zwergplaneten, etwa 180 Monde, Millionen Planetoiden und Milliarden Kometen.

DAS SONNENSYSTEM

MERKUR *Der sonnennächste Planet ist eine kleine, mit Kratern übersäte Welt. Er besitzt keine Atmosphäre und keinen Mond. Ein Jahr auf Merkur dauert 88 Erdtage.*

PLUTO *Clyde Tombaugh entdeckte Pluto 1930 als neunten Planeten des Sonnensystems. Seit 2006 wird Pluto als Zwergplanet eingestuft.*

MARS *Der vierte Planet besitzt viele Krater und Vulkane, weite Ebenen und tiefe Grabensysteme. Um ihn kreisen zwei Monde. Sein Jahr dauert 687 Erdtage.*

URANUS *Der siebte Planet wurde 1781 von Friedrich Wilhelm Herschel entdeckt. Er besitzt ein dunkles Ringsystem und 27 Monde. Sein Jahr dauert 84 Erdjahre.*

JUPITER *Der fünfte Planet ist auch der größte. Er besitzt dünne Ringe, 69 Monde und den Großen Roten Fleck, einen riesigen Sturmwirbel. Sein Jahr dauert fast 12 Erdjahre.*

Sonne — Merkur — Venus — Erde — Mars — *Planetoidengürtel* — Jupiter — Saturn — Uranus

Entfernung von der Sonne in Mio. km: 0 — 250 — 1000 — 1500 — 2000 — 2500

Die inneren Planeten
Die vier inneren, erdartigen Planeten (Merkur, Venus, Erde und Mars), die Planetoiden und viele Monde bestehen aus Gestein. Die erdartigen Planeten sind sehr viel kleiner als die äußeren Planeten. Sie besitzen auch weniger Monde und keine Ringe.

UMLAUFBAHNEN
Die meisten Planeten kreisen auf großen elliptischen (ovalen) Bahnen in einer Richtung (von Westen nach Osten) um die Sonne. Die vier inneren Planeten sind enger benachbart als die vier äußeren Planeten. Betrachtet man das Sonnensystem von der Seite, liegen alle Umlaufbahnen bis auf diejenigen von Merkur und Pluto in einer Ebene.

DIE SONNENFAMILIE

DAS SONNENSYSTEM

Umlaufbahnen und Rotationen
Die Umlaufzeit ist die Zeit, in der ein Objekt einmal um ein anderes wandert. Die Umlaufzeit eines Planeten um die Sonne nennt man Jahr. Die Rotationszeit eines Planeten ist die Zeit, in der er sich einmal um seine Achse dreht. Man bezeichnet sie als Tag.

PLANETOIDEN *Zwischen Mars und Jupiter liegt mit einem Durchmesser von etwa 180 Mio. km der Planetoidengürtel, wo Tausende kleiner Himmelskörper kreisen.*

NEPTUN *Johann Galle entdeckte den achten Planeten 1846. Er besitzt ein dünnes Ringsystem und 14 Monde. Ein Jahr auf Neptun dauert fast 165 Erdjahre.*

VENUS *Sie ist der zweite Planet und etwa so groß wie die Erde, aber ihr Luftdruck ist 90-mal größer als der auf der Erde. Sie besitzt keinen Mond. Ihr Jahr dauert 224 Erdtage.*

SATURN *Der sechste Planet ist nach Jupiter der zweitgrößte, aber er ist so leicht, dass er sogar schwimmen würde. Er hat 62 Monde und sein Jahr dauert 29,5 Erdjahre.*

DIE ERDE *Der dritte Planet von der Sonne aus ist der größte der erdartigen und der einzige Planet mit flüssigem Wasser. Sein Jahr dauert 365 Tage.*

Die Reihenfolge der Planeten
Wer Probleme hat, sich die Reihenfolge der acht Planeten des Sonnensystems zu merken, sollte diesen Merkspruch lernen: **M**ein **V**ater **e**rklärt **m**ir **j**eden **S**onntag **u**nseren **N**achthimmel. (**M**erkur, **V**enus, **E**rde, **M**ars, **J**upiter, **S**aturn, **U**ranus, **N**eptun)

HALLEYSCHER KOMET

Neptun

3000   3500   4000   4500

ZWERGPLANETEN

Ein Zwergplanet verhält sich wie andere Planeten – er kreist um die Sonne und reflektiert ihr Licht. Doch während ein Planet alle Objekte aus seiner Umlaufbahn räumt, befinden sich auf den Bahnen der Zwergplaneten noch zahlreiche andere Objekte. Es gibt fünf Zwergplaneten: Pluto, Eris (der größte), Ceres, Haumea und Makemake. Sie bilden eisige Reste der Planetenentstehung vor 4,5 Mrd. Jahren.

Die äußeren Planeten
Die vier großen äußeren Planeten (Jupiter, Saturn, Uranus und Neptun) nennt man auch Gasriesen. Sie bestehen hauptsächlich aus Gasen und einem festen Kern aus Gestein und Eis. Noch weiter entfernte Himmelskörper wie Pluto und die Kometen bestehen vorwiegend aus Eis.

◄ PLUTO *Der bekannteste Zwergplanet ist eine dunkle, eisige Welt mit drei Monden und ohne Atmosphäre. Er ist kleiner als Merkur und sein Jahr dauert 248 Erdjahre.*

DAS SONNENSYSTEM

Merkur

Merkur ist der kleinste und sonnennächste Planet. Am Himmel findet man ihn immer in der Nähe der Sonne, kann ihn jedoch außer bei Sonnenaufgang oder -untergang nur schwer beobachten, weil er von der Sonne überstrahlt wird. Merkur hat keinen Mond und auch keine Atmosphäre.

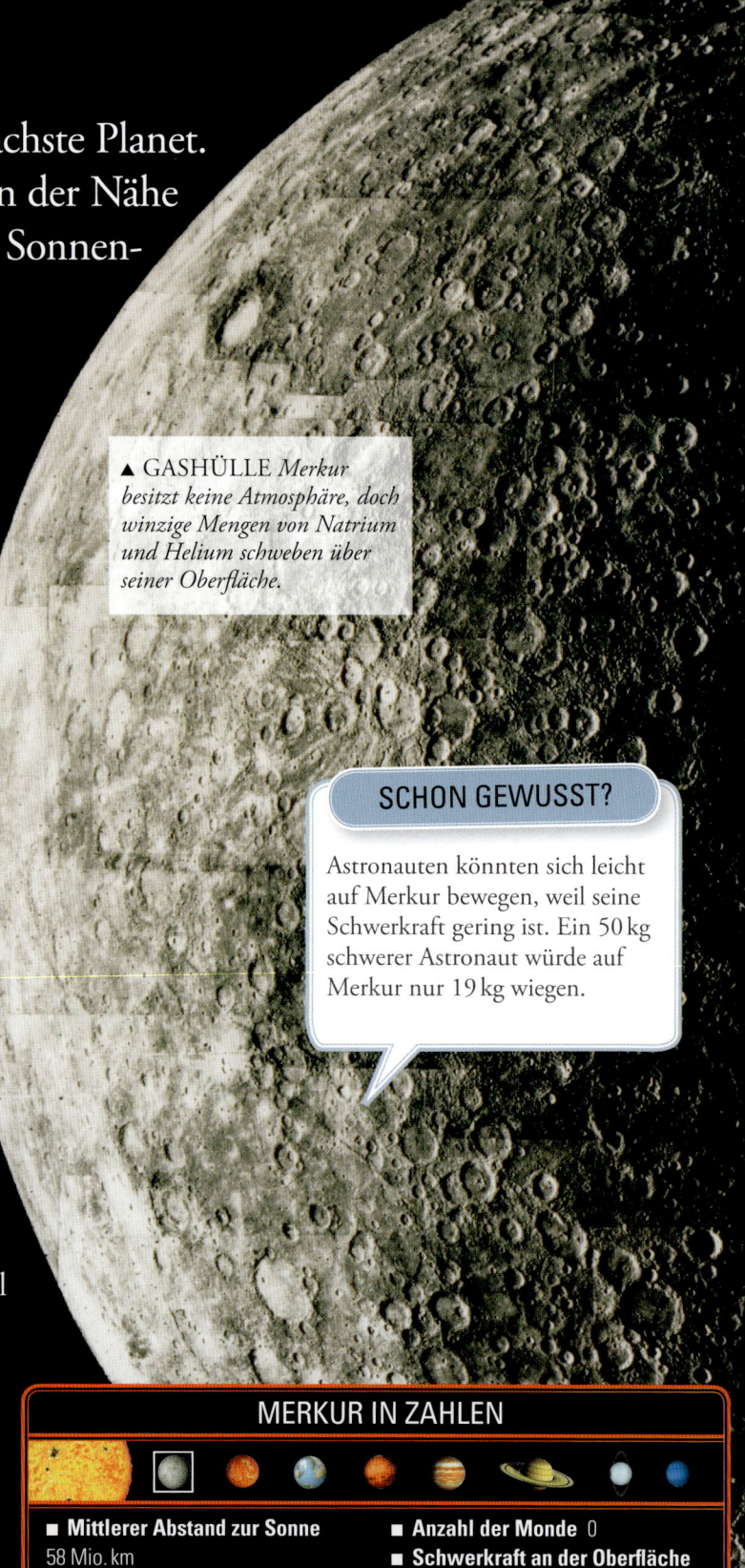

Silikatgesteinskruste

Silikatgesteinsmantel

Eisenkern

▲ GASHÜLLE *Merkur besitzt keine Atmosphäre, doch winzige Mengen von Natrium und Helium schweben über seiner Oberfläche.*

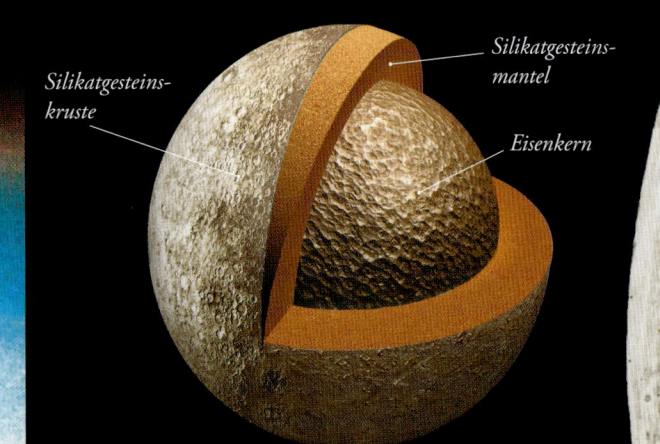

SCHON GEWUSST?

Astronauten könnten sich leicht auf Merkur bewegen, weil seine Schwerkraft gering ist. Ein 50 kg schwerer Astronaut würde auf Merkur nur 19 kg wiegen.

EINE KLEINE WELT

Merkur ist sehr klein – er würde 18-mal in die Erde hineinpassen. Seine Dichte ist höher als die aller anderen Planeten außer der Erde. Er besitzt vermutlich einen sehr großen Kern aus Eisen und Nickel unter einer Kruste und einem Mantel aus Gestein. Sein Magnetfeld ist 100-mal schwächer als das der Erde, wohl weil sich Merkur langsamer um seine Achse dreht.

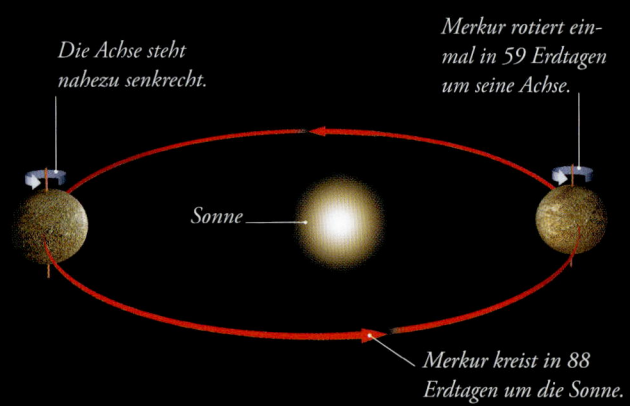

Die Achse steht nahezu senkrecht.

Merkur rotiert einmal in 59 Erdtagen um seine Achse.

Sonne

Merkur kreist in 88 Erdtagen um die Sonne.

MERKUR IN ZAHLEN

- **Mittlerer Abstand zur Sonne** 58 Mio. km
- **Oberflächentemperatur** –180 °C bis 430 °C
- **Durchmesser** 4876 km
- **Länge eines Tags** 59 Erdtage
- **Länge eines Jahrs** 88 Erdtage
- **Anzahl der Monde** 0
- **Schwerkraft an der Oberfläche (Erde = 1)** 0,38
- **Größenvergleich**

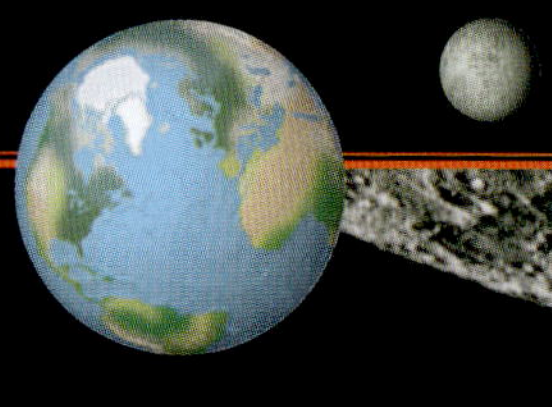

122

MERKUR

Meteore schlagen in das Caloris-Becken ein und bilden große Krater.

Druckwellen breiten sich durch den Kern ...

... und über die Oberfläche aus.

Die Druckwellen verformen die Oberfläche auf der gegenüberliegenden Seite des Einschlags.

Riesiges Einschlagbecken

Merkur ist wie der Erdmond mit Kratern übersät. Seit seiner Entstehung schlugen Millionen Planetoiden und Meteore ein. Durch einige Einschläge entstanden riesige Senken auf seiner Oberfläche. Die bekannteste ist das runde Caloris-Becken mit einem Durchmesser von etwa 1300 km. Seinen Boden durchziehen Kämme und Risse, und Gebirge säumen seinen Rand. Der gewaltige Einschlag, der das Caloris-Becken schuf, verursachte Druckwellen, die durch den Planeten liefen und auf der entgegengesetzten Seite Merkurs die Oberfläche verformten.

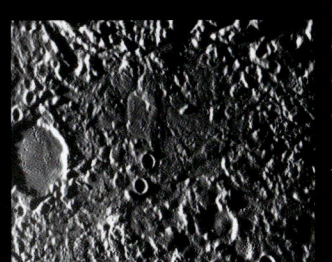

◀ CHAOTISCHES GELÄNDE *Das Gebiet auf der dem Caloris-Becken gegenüberliegenden Seite ist von Bruchlinien, kleinen Rissen und Tiefebenen geprägt.*

DAS SONNENSYSTEM

🔍 IM BLICKPUNKT: TRANSIT VOR DER SONNE

Merkur ist der sonnennächste Planet. Auf seiner elliptischen Umlaufbahn ist er zwischen 46 Mio. km (weniger als einem Drittel des Erdabstands) und 70 Mio. km (etwa der Hälfte des Erdabstands) von der Sonne entfernt. Manchmal befindet sich Merkur auf einer Linie mit der Erde und der Sonne. Dann sieht man den Planeten als winzigen Punkt, der langsam über die Sonnenscheibe wandert. Dieser Durchgang oder Transit erfolgt nur im Mai oder November. Der nächste Transit des Merkurs findet am 9. Mai 2016 statt.

▶ MERKURS REISE *Am Abend des 8. November 2006 befand sich Merkur vor der Sonne. Der Durchgang endete kurz nach Mitternacht. Die drei winzigen schwarzen Punkte zeigen, wie klein Merkur im Vergleich zur Sonne ist.*

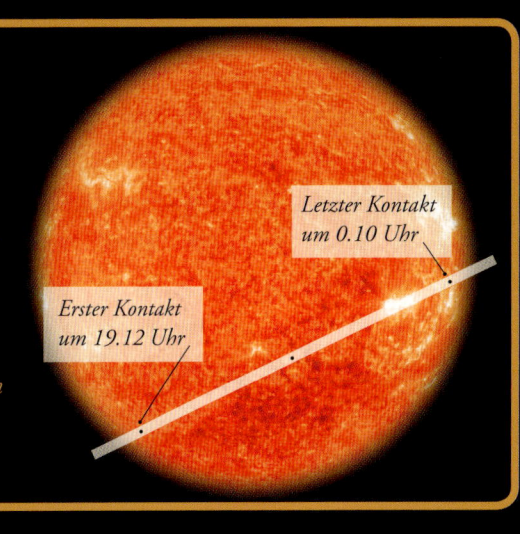

Letzter Kontakt um 0.10 Uhr

Erster Kontakt um 19.12 Uhr

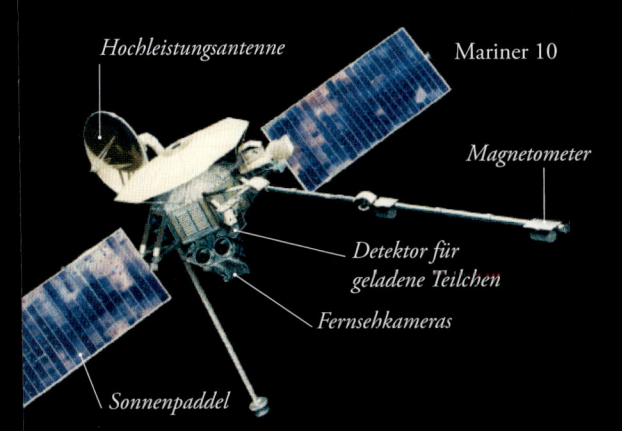

Hochleistungsantenne

Mariner 10

Magnetometer

Detektor für geladene Teilchen

Fernsehkameras

Sonnenpaddel

Besuch von Raumsonden

Bis 2010 hatte erst eine Raumsonde Merkur besucht. *Mariner 10* war zwischen 1974 und 1975 dreimal an ihm vorbeigeflogen und hatte 12 000 Bilder gmacht – immer nur von derselben Seite. Die Raumsonde *Messenger* hat nun fast die gesamte Oberfläche fotografiert und wird 2011 in eine Umlaufbahn um Merkur einschwenken.

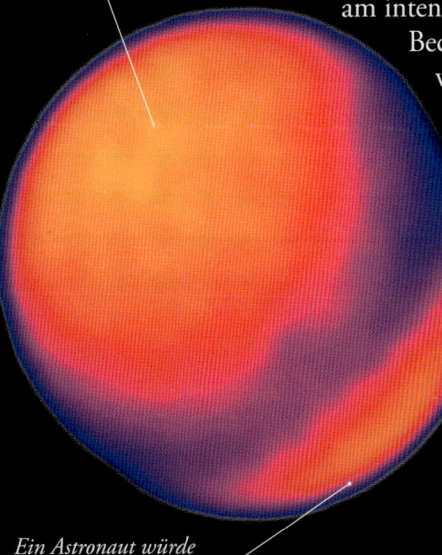

Das der Sonne zugewandte Äquatorgebiet ist am wärmsten.

Ein Astronaut würde in der Hitze geröstet.

Warme und kalte Stellen

Die Sonnenseite des Merkurs wird besonders am Äquator sehr warm, weil dort die Sonne am intensivsten scheint. Das Caloris-Becken liegt in einer dieser warmen Gegenden – *Calor* ist das lateinische Wort für „Wärme". Die Temperaturen erreichen hier 430 °C – heiß genug, um sogar Blei zu schmelzen. Dennoch gibt es Hinweise, dass wässriges Eis in den Böden tiefer Krater in der Nähe der Pole vorhanden ist.

Die Nächte sind sehr kalt, weil die Hitze nicht durch eine Atmosphäre gespeichert wird.

123

Venus

Die Venus ähnelt sehr der Erde. Beide Planeten besitzen etwa die gleiche Größe, Masse und Zusammensetzung. Da sie näher zur Sonne liegt, ist es dort viel wärmer. Es gibt kein Wasser oder Leben und die Venus ist unter einer dicken Atmosphäre verborgen.

SCHON GEWUSST?
Astronauten könnten auf der Venus nicht überleben. Aber auch alle Raumsonden, die bisher dort landeten, funktionierten nur wenige Stunden, bevor sie von der unwirtlichen Umgebung zerstört wurden.

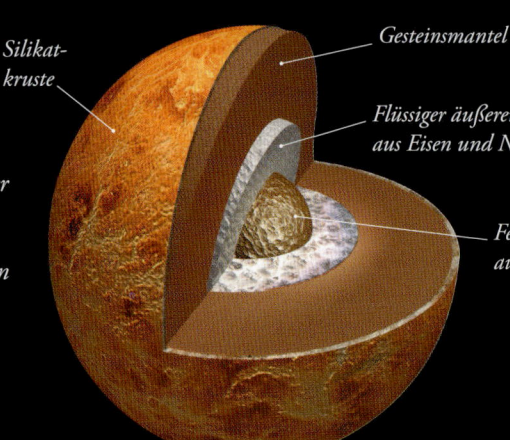

Silikatkruste

Gesteinsmantel

Flüssiger äußerer Kern aus Eisen und Nickel

Fester innerer Kern aus Eisen und Nickel

▶ **GEBIRGE**
Die höchsten Berge auf der Venus sind die Maxwell Montes. Sie erheben sich fast 12 km über den Boden und sind höher als der Mount Everest.

NICHT BETRETEN!
Venus ist der erdnächste Planet, den aber niemand besuchen kann. Dicke Wolken aus Schwefelsäure und eine erstickende Decke aus Kohlendioxid fangen die Sonnenwärme wie in einem Treibhaus ein. Astronauten könnten auf der Venus nicht überleben, weil sie durch Säure verätzt, geröstet und erstickt würden.

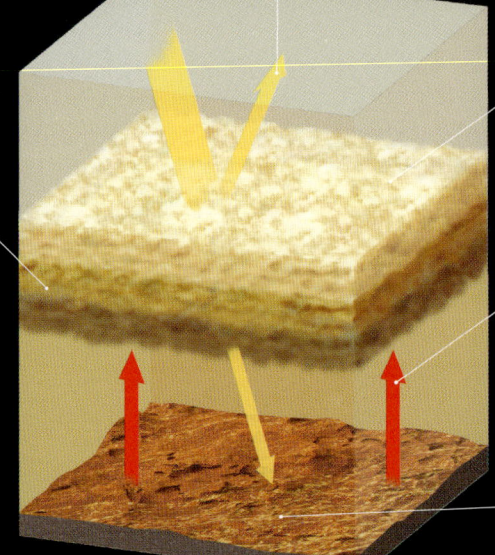

Dicke Wolken aus Schwefelsäure reflektieren den größten Teil des Sonnenlichts.

Ungefähr 80 % des Sonnenlichts werden reflektiert.

Das reflektierte Licht macht die Wolkendecke hell und leicht erkennbar.

Kohlendioxid in der Atmosphäre verhindert, dass Wärme entweichen kann.

Nur 20 % des Sonnenlichts erreichen die Oberfläche.

VENUS IN ZAHLEN

- **Mittlerer Abstand zur Sonne** 108 Mio. km
- **Obere Wolkentemperatur** 460 °C
- **Durchmesser** 12 104 km
- **Länge eines Tags** 243 Erdtage
- **Länge eines Jahrs** 224,7 Erdtage
- **Anzahl der Monde** 0
- **Schwerkraft an der Oberfläche** (Erde = 1) 0,91
- **Größenvergleich**

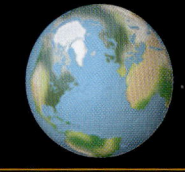

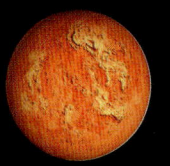

Von Wolken verhangen
Die Oberfläche der Venus ist unter einer dichten Schicht blassgelber Wolken versteckt, die aus Schwefel und Schwefelsäure bestehen. Winde treiben die Wolken mit etwa 350 km/h in nur vier Tagen von Osten nach Westen um den Planeten.

VENUS

Langsame Rotation

Im Gegensatz zu allen anderen Planeten dreht sich die Venus sehr langsam im Uhrzeigersinn. Ein Besucher könnte erleben, wie die Sonne im Westen aufgeht und im Osten untergeht. Sie braucht 243 Erdtage für eine Umdrehung, sodass ihr Tag länger dauert als ihr Jahr (224,7 Erdtage).

DAS SONNENSYSTEM

Die Venus dreht sich einmal in 243 Erdtagen.

Südpol

Sonne

In 224,7 Erdtagen kreist sie einmal um die Sonne.

Die Achse ist um 177,4 Grad geneigt, sodass der Nordpol nach unten zeigt.

Die Venus dreht sich im Uhrzeigersinn.

📷 SCHNAPPSCHUSS

Die Venus besitzt mehr als 1600 Vulkane. Zu den ungewöhnlichsten Oberflächenmerkmalen zählen flache Lavakuppeln von 25 km Durchmesser und 750 m Höhe. Sie sind vermutlich durch kleine Ausbrüche sehr dicker, klebriger Lava entstanden, die sich auf eine Ebene ergoss und abkühlte, bevor sie sich verteilen konnte.

🔍 IM BLICKPUNKT: DER WIRBELNDE SÜDEN

Die erste Aufnahme vom Südpol der Venus machte 2006 die Raumsonde *Venus Express* der Europäischen Weltraumagentur aus mehr als 200 000 km Entfernung. Sie zeigt die Nachtseite der Venus (die Halbkugel, die nicht in der Sonne liegt). Das Bild entstand mit einem VIRTIS-Spektrometer, das aus Wärme und sichtbarem Licht Bilder erzeugt. In der Falschfarbendarstellung erkennt man Wolken, die um den Südpol wirbeln.

Dunkelrote Flächen stellen die dicksten Wolken dar.

Hellrote Flächen stellen dünnere Wolken dar, durch die VIRTIS Wärme messen konnte.

Über dem Südpol befindet sich ein doppelter Wirbel. Er ist das Zentrum der sich drehenden Wolken.

Landung

Im März 1982 sandten *Venera 13* und *14* die bislang einzigen Farbaufnahmen von der Venusoberfläche. Sie zeigen einen orangefarbenen Himmel und eine Wüste aus Steinen verschiedener Größe. Viele flache Steine sind vermutlich dünne Lavaschichten. Mindestens 85 % der Oberfläche bestehen aus vulkanischem Gestein.

▶ **VENERA AUF DER VENUS**
Venera 13 und 14 untersuchten die Oberfläche der Venus.

Bilder von der Venus

Unser nächster Nachbar im Weltraum ist die Venus. Erst 1970 landete dort erfolgreich eine Raumsonde, alle früheren waren durch die extremen Bedingungen zerstört worden. Seit 1978 wird die Oberfläche der Venus mit Radar untersucht, das durch die dicke Wolkendecke dringt.

▲ COMPUTERGRAFIK *Dieses Bild von Maat Mons wurde aus Radardaten der Raumsonde* Magellan *erstellt. Die Farben beruhen auf den Aufnahmen, welche die Landefahrzeuge* Venera 13 *und* 14 *zur Erde sandten.*

VULKANE AUF DER VENUS

Die auffälligsten Merkmale der Venusoberfläche sind ihre mindestens 1600 Vulkane. Der größte Vulkan ist Maat Mons, der ungefähr 5 km hoch ist. Seine Lavaströme erstrecken sich über Hunderte Kilometer in die Ebenen seiner Umgebung.

Maat Mons ist vermutlich zurzeit nicht aktiv. Diese Annahme ist aber nicht gesichert.

▲ DOPPELGIPFEL *Auf dieser Radaraufnahme der Raumsonde* Magellan *sind die beiden Gipfel des Sapas Mons als dunkle Punkte von oben erkennbar.*

Sapas Mons

Atla Regio ist ein Gebiet auf der Nordhalbkugel der Venus, das vermutlich durch große Mengen geschmolzener Gesteine entstand, die aus dem Inneren des Planeten aufstiegen. Die helle Fläche im Vordergrund gehört zu Sapas Mons, einem Schildvulkan von 217 km Durchmesser, der sich sanft bis auf eine Höhe von 1,6 km über seine Umgebung erhebt.

▶ LINIEN *Ovda Regio, Teil der Hochebene Aphrodite Terra, ist von langen Graten durchzogen. Die dunklen Flecken bestehen aus Lava oder Staub.*

Aphrodite Terra

Die Venus besitzt wie die Erde Gebirge, Hoch- und Tiefebenen. Die größte Hochebene ist Aphrodite Terra, die sich entlang des Äquators erstreckt. Die riesige Ebene umspannt die Venus zu zwei Dritteln und ist in zwei Hauptgebiete unterteilt: Ovda Regio im Westen und Thetis Regio im Osten.

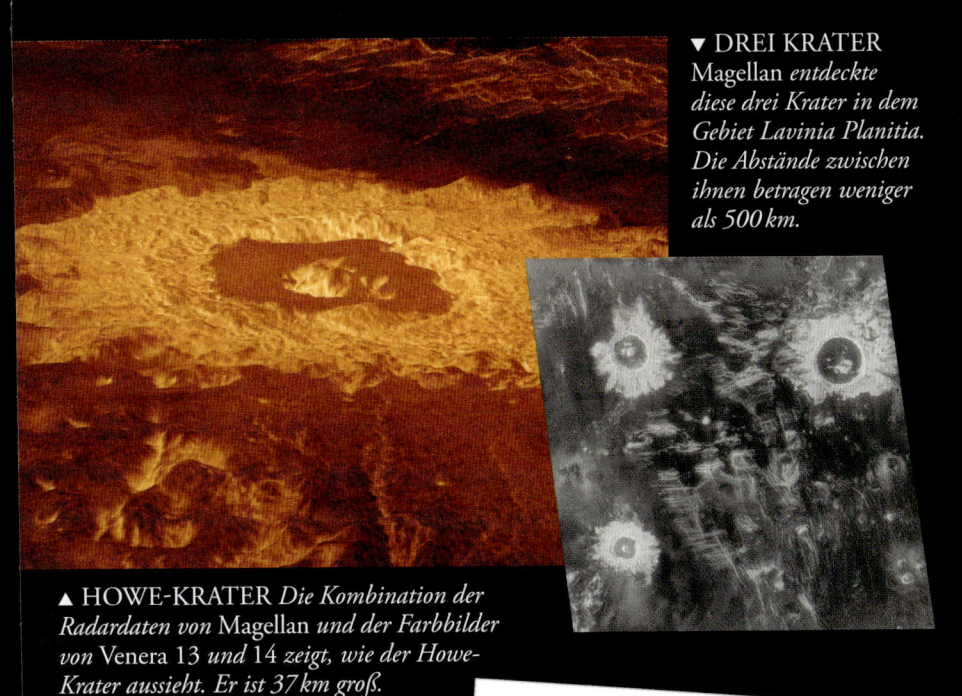

▼ DREI KRATER *Magellan entdeckte diese drei Krater in dem Gebiet Lavinia Planitia. Die Abstände zwischen ihnen betragen weniger als 500 km.*

▲ HOWE-KRATER *Die Kombination der Radardaten von Magellan und der Farbbilder von Venera 13 und 14 zeigt, wie der Howe-Krater aussieht. Er ist 37 km groß.*

Einschlagkrater

Im Gegensatz zu anderen Planeten zeigt die Venus nicht sehr viele Einschlagkrater. Vermutlich sind viele Meteoriten in der Atmosphäre verglüht, bevor sie auf die Oberfläche treffen konnten. Nach einer anderen These ist die Oberfläche der Venus zu jung, um mehr Kollisionen mit großen Meteoriten aufweisen zu können. Die meisten Krater sind weniger als 500 Mio. Jahre alt.

📷 **SCHNAPPSCHUSS**

Die Maxwell-Berge sind 10 km hoch und das höchste Gebirge der Venus. Aufgrund seiner Farbe enthält das Gestein vermutlich Eisen.

BILDER VON DER VENUS

Pioneer Venus
Pioneer Venus 1 startete im Mai 1978 und untersuchte als erste Raumsonde die Oberfläche mit Radar. Sie verglühte nach 14 Jahren. *Pioneer Venus 2* startete im August 1978 und setzte vier Sonden ab, um die Atmosphäre zu untersuchen.

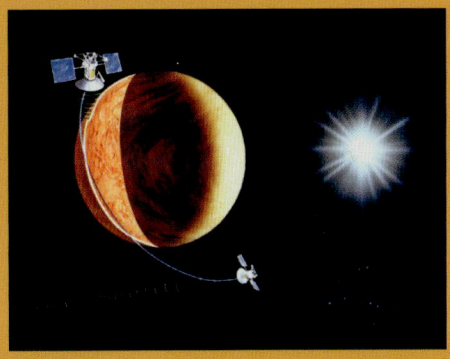

Magellan
Die Raumsonde *Magellan* startete im Mai 1989 und erreichte die Venus im August 1990. Sie flog mehr als vier Jahre auf einer Umlaufbahn und erstellte die genauesten Radarkarten der Oberfläche. Man ließ sie 1994 in der Venusatmosphäre verglühen.

Venus Express
Europas erste Mission zur Venus startete im November 2005 und erreichte sie im April 2006. Während ihres Flugs über die Polargebiete erforschte die Sonde die Wolkenschichten und die Atmosphäre. Eine Spezialkamera erstellte die erste Infrarotkarte der Oberfläche.

DAS SONNENSYSTEM

Mars

Der Mars ist der Planet, auf dem Menschen nach der Erde am ehesten überleben könnten. Seine Tage sind etwas länger als 24 Stunden und es gibt Jahreszeiten. Wegen seiner roten Farbe wurde er nach dem römischen Kriegsgott Mars benannt.

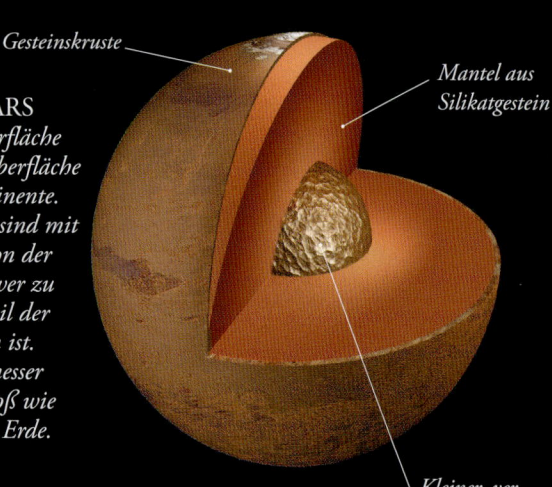

SCHON GEWUSST?

Besucher des Mars müssen Raumanzüge tragen, um zu atmen. Die Luft ist sehr dünn und besteht vorwiegend aus Kohlendioxid.

Roter Nachthimmel
Der Himmel des Mars enthält viel feinen Staub, durch den er orangerot erscheint. Auch nach Sonnenuntergang bleibt der Himmel noch eine Stunde lang hell, weil so viel Staub in der Luft ist. Im Sommer erreichen die Temperaturen tagsüber angenehme 25 °C, die aber nach Sonnenuntergang in Winternächten auf bittere −125 °C fallen können.

▶ MINI-MARS *Die Marsoberfläche ähnelt der Oberfläche unserer Kontinente. Einzelheiten sind mit Teleskopen von der Erde aus schwer zu erkennen, weil der Mars so klein ist. Sein Durchmesser ist halb so groß wie derjenige der Erde.*

Gesteinskruste
Mantel aus Silikatgestein
Kleiner, vermutlich fester Eisenkern

POLARE EISKAPPEN

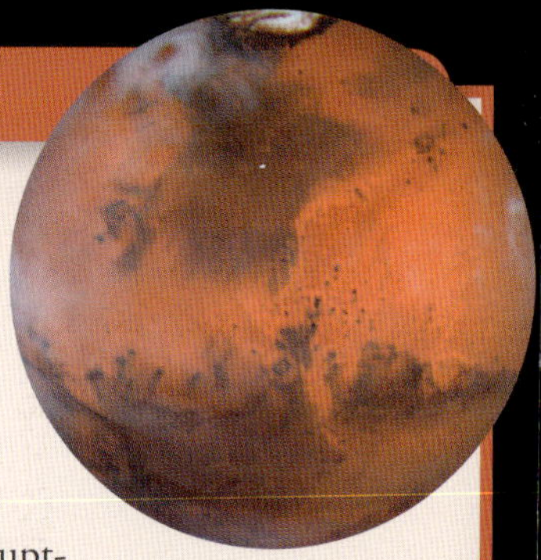

Die Pole des Planeten liegen ständig unter Eisdecken, die sich aber sehr unterscheiden. Die nördliche Eisdecke ist 3 km dick und besteht vorwiegend aus Wassereis. Die südliche Polarkappe ist dicker, kälter (−110 °C, sogar im Sommer) und enthält hauptsächlich gefrorenes Kohlendioxid.

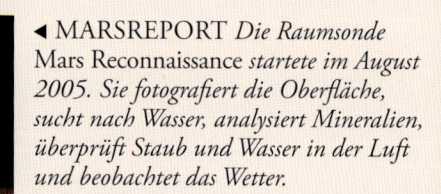

MARSMONDE

Der Mars besitzt zwei kleine, kartoffelförmige Monde: Phobos und Deimos. Sie sind vermutlich Planetoiden, die der Mars früher einfing. Phobos ist etwas größer als Deimos und besitzt den großen Einschlagkrater Stickney. Beide Monde sind von Kratern übersät und liegen unter einer 1 m dicken Staubschicht.

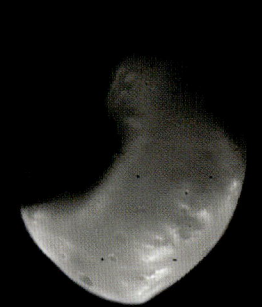

◀ MARSREPORT *Die Raumsonde* Mars Reconnaissance *startete im August 2005. Sie fotografiert die Oberfläche, sucht nach Wasser, analysiert Mineralien, überprüft Staub und Wasser in der Luft und beobachtet das Wetter.*

Deimos kreist einmal alle 30 Stunden um den Mars.

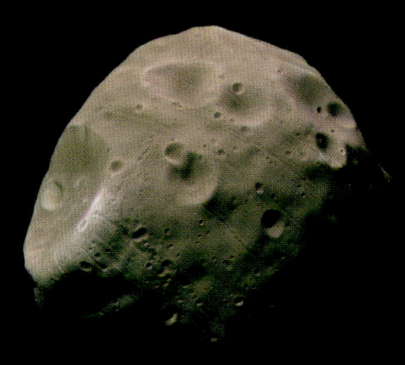

Phobos, näher am Mars, benötigt für einen Umlauf 7 Stunden und 40 Minuten.

▲ FROST IM GEBIRGE *Ein großer Teil der Marsoberfläche ist vermutlich Permafrostboden, also dauerhaft gefroren wie dieser Boden des Gebirges Charitum Montes.*

MARS

IM BLICKPUNKT: STAUBSTÜRME

Der Mars ist ein trockener Planet, obwohl früher einmal Wasser auf seiner Oberfläche floss. Heute ist dagegen die Temperatur zu niedrig und die Luft zu dünn, sodass es kein flüssiges Wasser mehr gibt.

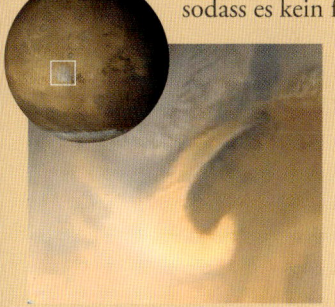

Auf dem Planeten wehen viele Winde, die in großer Höhe bis zu 400 km/h erreichen. Gewaltige Staubwolken steigen bis zu 1000 m hoch. Die Staubstürme können weite Gebiete des Planeten bedecken und viele Monate lang wüten.

▲ **ZUSAMMENBRAUEN**
Am 30. Juni 1999 beginnt ein Sturm sich langsam zu entwickeln.

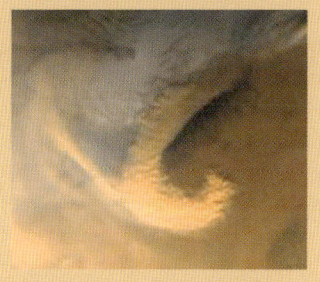

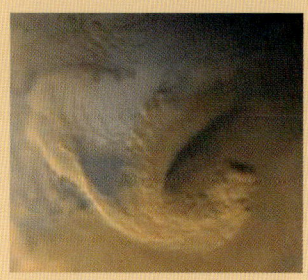

▲ **FORM ANNEHMEN**
Eine orangebraune Staubwolke steigt bei starken Winden auf.

▲ **GRÖSSER WERDEN**
Staub weht über die nördliche Polarkappe (die weiße Fläche in der Mitte oben).

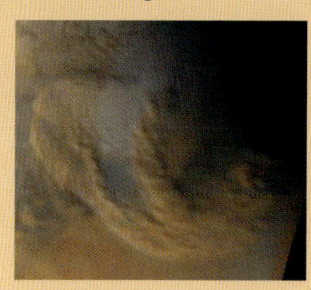

▲ **... UND ZUNEHMEN**
Diese Aufnahme entstand sechs Stunden nach der ersten. Der Sturm baut sich weiter auf.

DAS SONNENSYSTEM

Die Rekorde des Olympus Mons

Der Mars besitzt die größten Vulkane des Sonnensystems. Der beeindruckendste ist der Olympus Mons. Sein Durchmesser von 600 km würde den größten Teil Süddeutschlands bedecken und mit 26 km Höhe ist er dreimal höher als der Mount Everest. Sein tiefer Krater auf dem Gipfel ist 90 km breit.

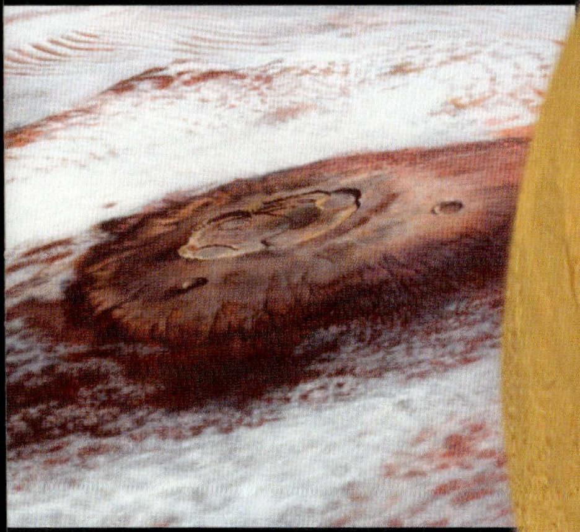

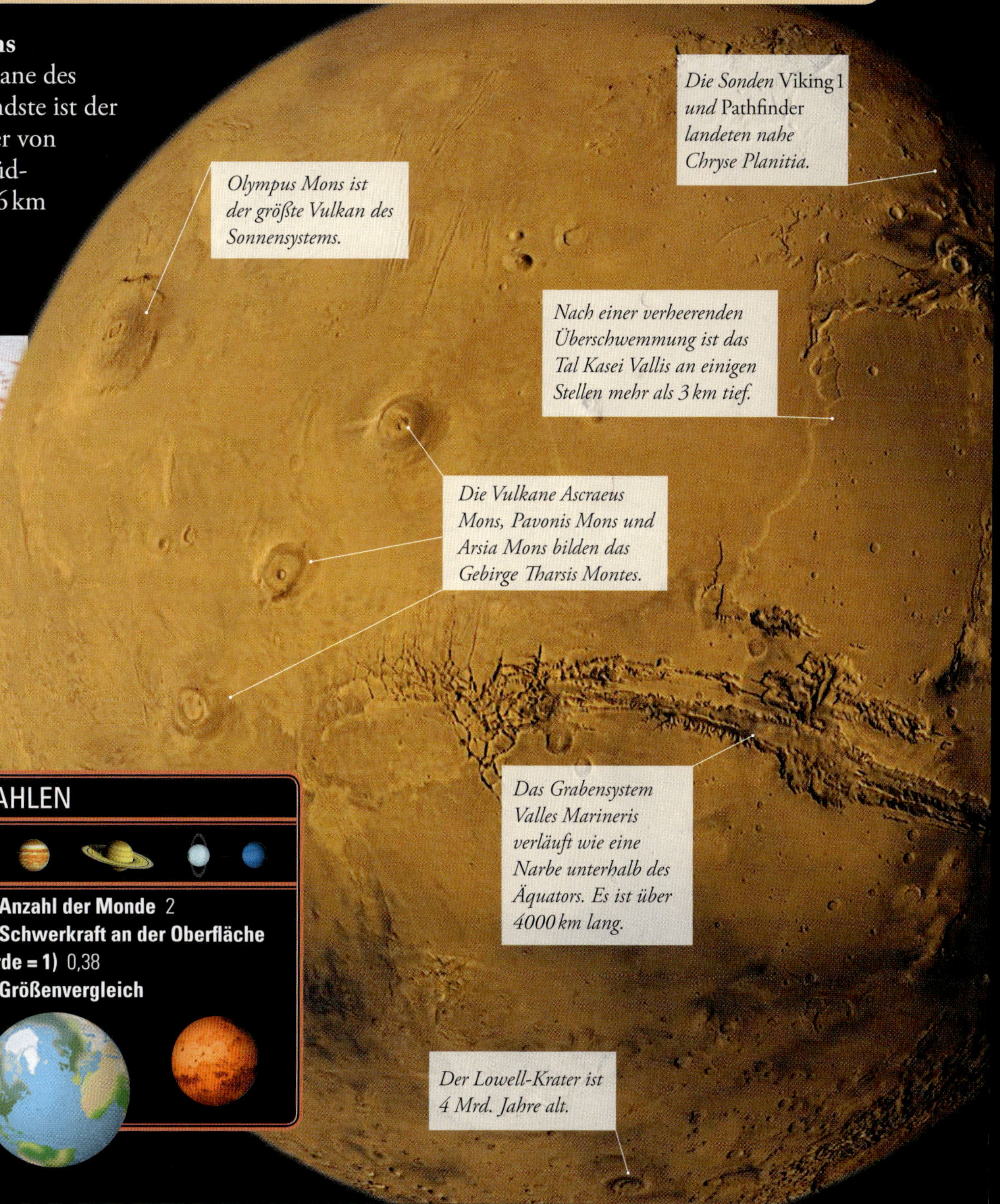

Die Sonden Viking 1 und Pathfinder landeten nahe Chryse Planitia.

Olympus Mons ist der größte Vulkan des Sonnensystems.

Nach einer verheerenden Überschwemmung ist das Tal Kasei Vallis an einigen Stellen mehr als 3 km tief.

Die Vulkane Ascraeus Mons, Pavonis Mons und Arsia Mons bilden das Gebirge Tharsis Montes.

Das Grabensystem Valles Marineris verläuft wie eine Narbe unterhalb des Äquators. Es ist über 4000 km lang.

Der Lowell-Krater ist 4 Mrd. Jahre alt.

MARS IN ZAHLEN

- **Mittlerer Abstand zur Sonne** 228 Mio. km
- **Oberflächentemperatur** −125 °C bis 25 °C
- **Durchmesser** 6774 km
- **Länge eines Tags** 24,5 Stunden (1 Erdtag)
- **Länge eines Jahrs** 687 Erdtage
- **Anzahl der Monde** 2
- **Schwerkraft an der Oberfläche (Erde = 1)** 0,38
- **Größenvergleich**

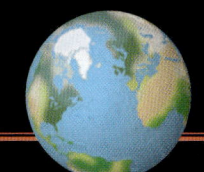

Marsmissionen

Wir wissen über den Mars mehr als über jeden anderen Planeten (außer der Erde). Mehr als 20 Raumsonden haben ihn seit 1965 erforscht und ihre Anzahl wird weiter steigen. Diese Missionen könnten den Weg für eine künftige Kolonisation des Planeten durch Menschen vorbereiten.

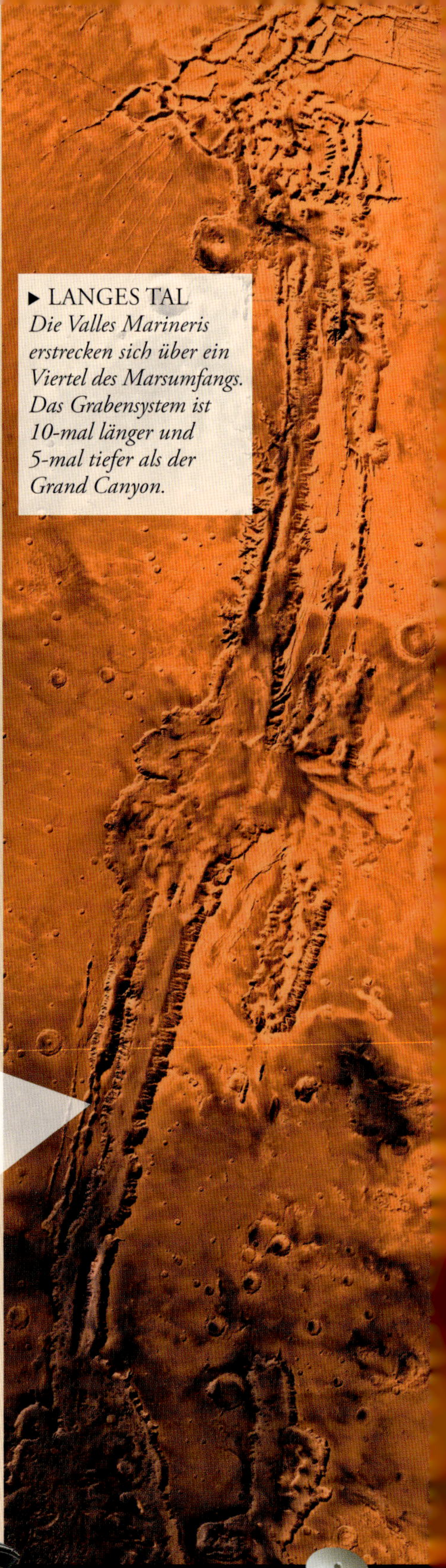

▶ **LANGES TAL**
Die Valles Marineris erstrecken sich über ein Viertel des Marsumfangs. Das Grabensystem ist 10-mal länger und 5-mal tiefer als der Grand Canyon.

WARUM ERFORSCHEN WIR DEN MARS?

Im Sonnensystem ähnelt der Mars der Erde am meisten und er ist ein erdnaher Planet. Marsmissionen entdeckten auf seiner Oberfläche Beweise, dass es früher flüssiges Wasser auf dem Planeten gab. Heute sucht man nach Leben auf dem Mars.

SCHNAPPSCHUSS
Diese Rinnen laufen vom Klippenrand (oben links) in einen Krater. Sie sehen aus wie Rinnen auf der Erde, die durch fließendes Wasser ausgewaschen wurden.

Geografie und Geologie

Täler, Vulkane und andere Oberflächenmerkmale des Mars entstanden durch Wasser, Eis, Wind oder Meteoriteneinschläge. Das größte tektonische Merkmal bilden die Valles Marineris, ein Grabensystem, das sich wie eine Narbe über den Planeten zieht. Es entstand vor Milliarden Jahren, als die Kruste des jungen Planeten durch innere Bewegungen gedehnt wurde und riss.

▲ **VIELE SCHICHTEN**
Die Aufnahme (oben) zeigt den Boden im Grabensystem der Valles Marineris. Er besteht aus bis zu 100 Schichten Gestein.

ERFOLGREICHE MARSMISSIONEN

1960

1964
Mariner 4 (USA) nimmt auf dem ersten Vorbeiflug 21 Bilder auf.

1969
Mariner 7 (USA) sandte 126 Bilder vom Vorbeiflug.

1970

1971
Mariner 9 (USA) umkreiste als erste Raumsonde den Mars.

1973
Orbiter *Mars 5* (UdSSR) nahm 22 Tage Daten auf.

1976
Viking 1 (USA) landete als erste Raumsonde auf dem Mars.

▶ **ROTER PLANET**
Diese Echtfarbenaufnahme des Endurance-Kraters machte Rover Opportunity vom westlichen Kraterrand aus.

DAS SONNENSYSTEM

Endurance-Krater

Wenn Meteoriten einschlagen, entsteht ein Krater (👁 S. 160–161). Der Endurance-Krater ist nur klein – etwa 130 m breit und nicht mehr als 30 m tief. Um den Krater fand man kleine, dunkelgraue Kieselsteine, die „Blaubeeren" genannt werden. Sie enthalten das Eisenmineral Hämatit. Auf der Erde kommen Hämatite in Seen und Quellen vor – ein Hinweis darauf, dass es Wasser auf dem Mars gab.

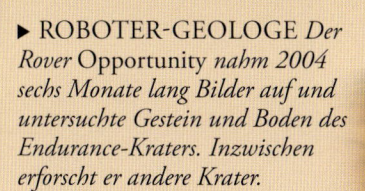

▲ **STAUBDÜNEN** *Die Mitte des Kraterbodens gleicht einer Wüste. Roter Staub ist zu kleinen Sanddünen verweht, die bis zu 1 m hoch sind.*

▶ **ROBOTER-GEOLOGE** *Der Rover Opportunity nahm 2004 sechs Monate lang Bilder auf und untersuchte Gestein und Boden des Endurance-Kraters. Inzwischen erforscht er andere Krater.*

Polare Eiskappen

Der Nordpol und der Südpol des Mars liegen unter Eisdecken, die man von der Erde aus sieht. Aber erst Marsmissionen könnten sie genauer erforschen. Im Winter ist das Eis mit gefrorenem Kohlendioxid bedeckt. Im Sommer verdunstet dieses, sodass nur das Wassereis zurückbleibt.

▼ **EISFELSEN** *Viking 2 landete 1979 in der Ebene Utopia Planitia. Im Winter sind ihre Vulkangesteine mit Wassereis überzogen.*

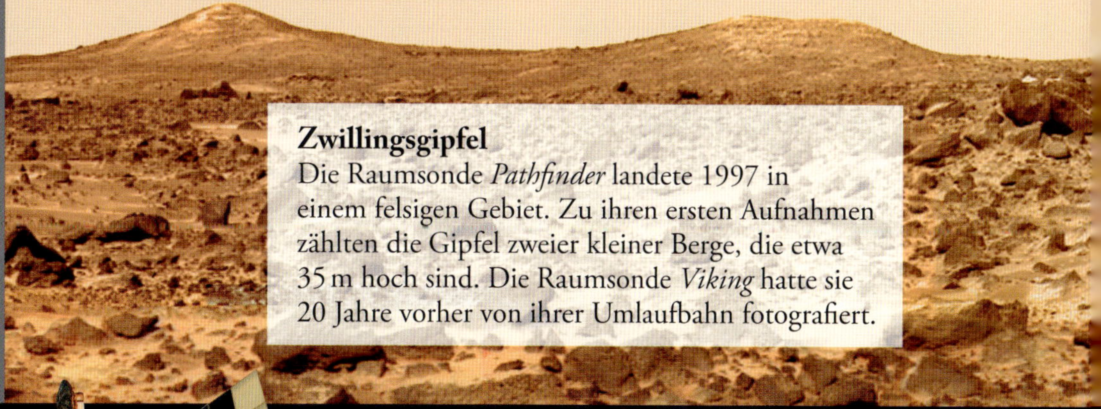

Zwillingsgipfel

Die Raumsonde *Pathfinder* landete 1997 in einem felsigen Gebiet. Zu ihren ersten Aufnahmen zählten die Gipfel zweier kleiner Berge, die etwa 35 m hoch sind. Die Raumsonde *Viking* hatte sie 20 Jahre vorher von ihrer Umlaufbahn fotografiert.

1990

1997
Mars Pathfinder (USA) setzte den ersten Rover auf dem Mars ab.

1997
Mars Global Surveyor (USA) kartierte den gesamten Planeten und zeigte, dass es früher fließendes Wasser auf dem Mars gab.

2000

2003
Der *Mars Express* Orbiter (Europa) machte genaue Aufnahmen der Marsoberfläche.

2008
Die Raumsonde *Phoenix* (USA) landete in der Mars-Arktis und untersuchte den Boden.

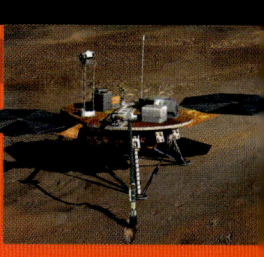

DAS SONNENSYSTEM

SANDKUNST AUF DEM MARS
Diese Aufnahme des *Mars Reconnaissance Orbiter* erinnert an ein ausgefallenes Tattoo, aber sie zeigt tatsächlich nur Sand auf der Oberfläche des Planeten. Die Muster entstanden durch Staubhosen – das sind bis zu 8 km hohe Luftsäulen. Sie wirbeln auf der Marsoberfläche losen roten Staub auf, sodass der schwerere, dunklere Sand darunter sichtbar wird.

DAS SONNENSYSTEM

Planetoiden

Jahrtausendelang kannten wir nur sechs Planeten (einschließlich der Erde) in unserem Sonnensystem. Niemand ahnte, dass hinter Saturn weitere Welten existierten. Aber man vermutete schon damals, dass es etwas zwischen Mars und Jupiter geben müsse. Später wurden dort Tausende erdartiger Kleinkörper entdeckt, die man Planetoiden (Asteroiden) nennt.

GEISTESBLITZ!

Johann Bode berechnete 1772 mit einer neuen Formel die Abstände der Planeten von der Sonne. Diese Formel schien mit der Entdeckung des Uranus und von Ceres in der „Lücke" zwischen Mars und Jupiter bestätigt, aber sie versagte für Neptun und Pluto.

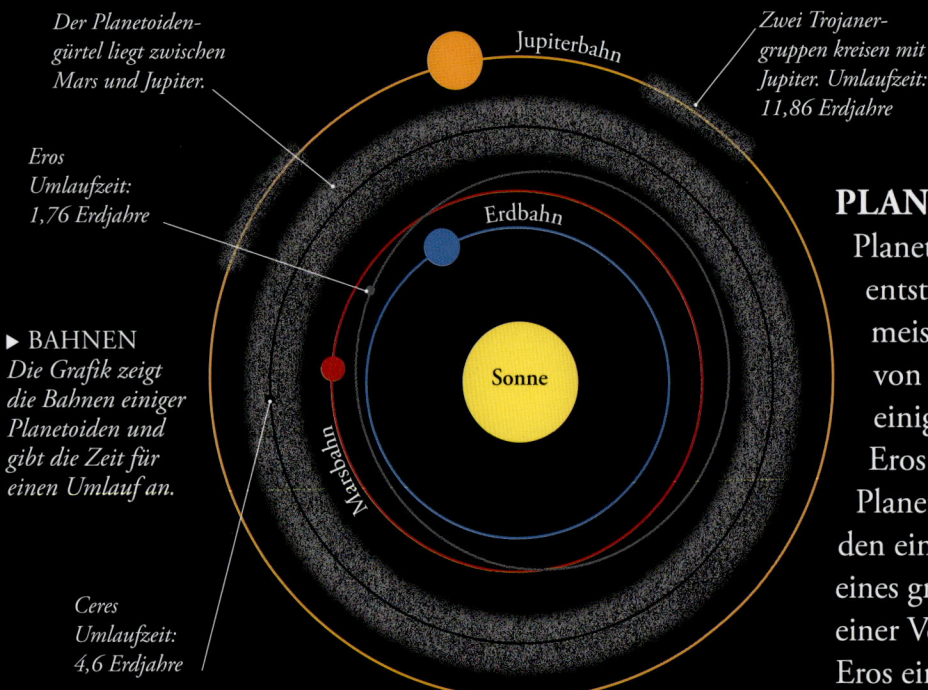

Der Planetoidengürtel liegt zwischen Mars und Jupiter.

Zwei Trojanergruppen kreisen mit Jupiter. Umlaufzeit: 11,86 Erdjahre

Eros Umlaufzeit: 1,76 Erdjahre

Jupiterbahn
Erdbahn
Marsbahn
Sonne

▶ **BAHNEN**
Die Grafik zeigt die Bahnen einiger Planetoiden und gibt die Zeit für einen Umlauf an.

Ceres Umlaufzeit: 4,6 Erdjahre

PLANETOIDEN

Planetoiden sind die Reste der Planetenentstehung vor 4,5 Mrd. Jahren. Die meisten kreisen zwischen den Bahnen von Mars und Jupiter, während sich einige Gruppen der Erde annähern. Eros zählt zu den größten der erdnahen Planetoiden. Er war der erste Planetoid, den eine Raumsonde umkreiste. Wegen eines großen Kraters auf einer Seite und einer Vertiefung auf der anderen gleicht Eros einer kosmischen Kartoffel.

Ceres

Am 1.1.1801 entdeckte Giuseppe Piazzi, Direktor des Observatoriums in Palermo, ein geheimnisvolles Objekt im Sternbild Stier (Taurus). Es folgte einer nahezu kreisförmigen, planetenähnlichen Bahn zwischen Mars und Jupiter – aber es war zu klein für einen Planeten. Heute zählt man das Objekt, das Piazzi Ceres nannte, zu den Zwergplaneten. Ceres ist der größte Planetoid.

▼ **WIE GROSS?** *Diese Grafik vergleicht die vier größten Planetoiden mit den USA.*

Ceres Pallas Vesta Hygiea

Vesta

Vesta ist der hellste Körper des Planetoidengürtels, den man manchmal sogar mit bloßem Auge sieht. Vesta besitzt einen riesigen Einschlagkrater – fast so groß wie der Planetoid selbst. Vesta überstand den gewaltigen Einschlag, aber einige Trümmer fallen immer noch als Meteoriten auf die Erde.

PLANETOIDEN

NAHAUFNAHMEN

Nur wenige Planetoiden wurden bisher aus der Nähe untersucht. Ida kreist im Planetoidengürtel und wurde 1993 von der Raumsonde *Galileo* fotografiert. Ida ist 52 km lang und dreht sich alle vier Stunden und 38 Minuten. *Galileo* entdeckte auch den ersten Mond eines Planetoiden. Der winzige Mond Dactyl umkreist Ida in weniger als 100 km Abstand.

▼ **ABGEBROCHEN?** *Dactyl ist nur 1,6 km lang und vermutlich ein Teil von Ida, das nach einem Einschlag abbrach.*

Dactyl

Ida

DAS SONNENSYSTEM

ZU NAH, UM SICHER ZU SEIN!

Es gibt wesentlich mehr kleine Planetoiden als große. Nahezu wöchentlich nähert sich ein kleiner Planetoid der Erde. Ungefähr 1100 erdnahe Planetoiden haben einen Durchmesser von mehr als 1 km, während mehr als 1 Mio. nur größer als 40 m sind. Einige erdnahe Planetoiden schlugen früher auf der Erde ein.

DER CHICXULUB-KRATER *in Mexiko entstand vor 65 Mio. Jahren, als ein Planetoid einschlug.*

Wer tauft sie?

Der Astronom, der einen neuen Planetoiden entdeckt, darf einen Namen vorschlagen. Oft stammen sie aus der Götter- und Sagenwelt. Aber es gibt auch so ungewöhnliche Namen wie Dizzy, Dodo, Brontosaurus, Humptydumpty und Wombat.

Krater, Bruch oder Trümmer?

Planetoiden stoßen oft zusammen. Was bei der Kollision geschieht, hängt von ihrer Größe ab. Wenn ein kleiner Planetoid einen größeren trifft, hinterlässt er auf ihm einen Krater. Kollisionen mit etwas größeren Planetoiden führen zu Brüchen, die aber wieder verklumpen. Doch wenn ein Planetoid groß oder schnell genug ist, zertrümmert er einen größeren und hinterlässt eine Spur kleiner Planetoiden.

▶ **ALS PLANETOIDEN KOLLIDIERTEN**
Bei der Entstehung des Sonnensystems stießen Planetoiden ständig zusammen. Sie verschmolzen zu immer größeren Himmelskörpern, bis schließlich die Planeten entstanden waren. (◉ S. 120–121)

Jupiter

Jupiter ist der König der Planeten. Diese riesige Welt besitzt mehr als 2,5-mal so viel Masse wie alle anderen Planeten zusammen. Ungefähr 1300 Erden könnte diese gewaltige Kugel aufnehmen, aber weil Jupiter überwiegend aus Gasen besteht, wiegt er nur 318-mal so viel wie die Erde.

▼ POLARGLÜHEN *Die Polarlichter über Jupiters Polen sind Hunderte Male kräftiger als die der Erde.*

Eindrucksvolle Polarlichter

Jupiter besitzt wie die Erde ein Magnetfeld. Dieses Magnetfeld erzeugt die Polarlichter über dem Nordpol (Aurora Borealis) und dem Südpol (Aurora Australis). Wenn Teilchen des Sonnenwinds auf Gasmoleküle in der Atmosphäre treffen, glühen die Gasmoleküle und erzeugen eindrucksvolle „Vorhänge" aus Polarlichtern in mehreren Hundert Kilometern Höhe oberhalb der Wolkendecke Jupiters.

Wasserstoff und Helium
Äußere Schicht aus flüssigem Wasserstoff und Helium
Innere Schicht aus metallischem Wasserstoff
Kern aus Gestein, Metall und Wasserstoffverbindungen

▶ AUFBAU
Jupiter hat einen relativ kleinen, festen Kern. Der Planet besteht vor allem aus Wasserstoff und Helium. An der Oberfläche sind die Gase kalt, sie werden aber zum Kern hin wärmer und verhalten sich wie flüssiges Metall.

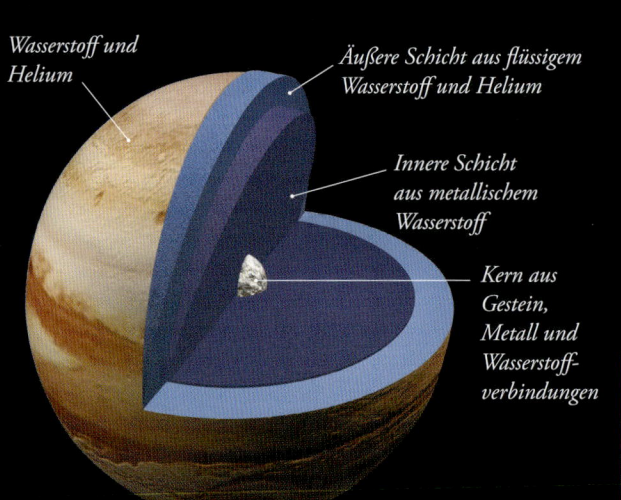

FARBENPRÄCHTIGE WOLKEN

Die Jupiteratmosphäre besteht zu 90 % aus Wasserstoff. Den Rest bilden zum größten Teil Helium und Wasserstoffverbindungen wie Methan, Ammoniak, Wasser und Ethan. Diese kondensieren (werden flüssig) bei verschiedenen Temperaturen und bilden Wolken in unterschiedlichen Farben.

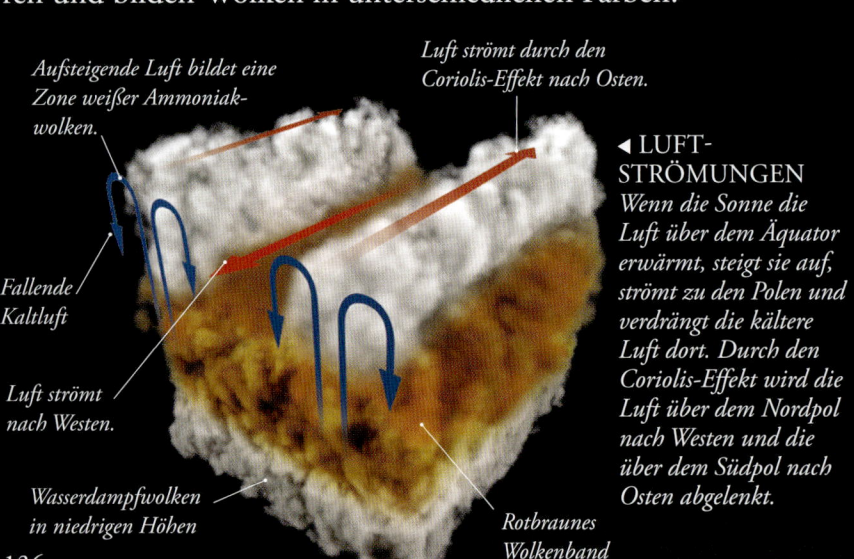

IM BLICKPUNKT: STÜRME

Das bekannteste Merkmal des Jupiters ist der Große Rote Fleck. Dieser gewaltige Sturm wurde zuerst 1664 beobachtet und wütet seit dieser Zeit in der Atmosphäre. Der Sturm dreht sich alle sechs Tage einmal im Uhrzeigersinn. Die Verbindungen, die dem Fleck seine orangerote Farbe geben, sind nicht bekannt, aber er ist kälter als die Wolken dort. Vor wenigen Jahren erschienen in seiner Nähe zwei weitere rote Flecke.

▲ DIE AUFNAHME *von Hubble im Mai 2008 zeigt einen neuen roten Fleck neben dem Großen Roten Fleck und dem Roten Fleck Junior.*

Aufsteigende Luft bildet eine Zone weißer Ammoniakwolken.
Luft strömt durch den Coriolis-Effekt nach Osten.
Fallende Kaltluft
Luft strömt nach Westen.
Wasserdampfwolken in niedrigen Höhen
Rotbraunes Wolkenband

◀ LUFTSTRÖMUNGEN
Wenn die Sonne die Luft über dem Äquator erwärmt, steigt sie auf, strömt zu den Polen und verdrängt die kältere Luft dort. Durch den Coriolis-Effekt wird die Luft über dem Nordpol nach Westen und die über dem Südpol nach Osten abgelenkt.

JUPITER

Bänder und Auswölbungen
Die weißen Wolkenstreifen um Jupiter nennt man Zonen, die rotbraunen nennt man Bänder. Trotz seiner enormen Größe dreht sich Jupiter alle 9 Stunden und 55 Minuten um seine Achse – schneller als jeder andere Planet. Dadurch bewegen sich die Wolken am Äquator mit mehr als 45 000 km/h, sodass der Äquator nach außen gewölbt wird.

SCHNAPPSCHUSS
Jupiter besitzt dünne, dunkle Ringe, die *Voyager 1* auf ihrem Vorbeiflug am Planeten 1979 entdeckte. Die Hauptringe sind ungefähr 6000 km breit und 30 km dick. Die Ringe bestehen aus winzigen Staubkörnchen und großen Brocken von mehreren Metern Durchmesser.

Ein warmes Inneres
Die obersten Wolkenschichten sind mit −143 °C sehr kalt. Doch trotz seiner großen Entfernung zur Sonne ist Jupiter im Inneren sehr warm.

▲ *Im infraroten Licht erscheinen kalte Gebiete dunkel – z. B. die orangeroten und weißen Wolken in der oberen Atmosphäre.*

▲ *Im sichtbaren Licht stellen blassere Farben wärmere, helle Wolken dar, die aus dem Inneren aufgestiegen sind.*

SCHON GEWUSST?
Dieses Bild wurde aus mehreren Aufnahmen der Raumsonde *Cassini* zusammengesetzt. Sie entstanden, als *Cassini* in einem Abstand von 10 Mio. km am Planeten vorbeiflog.

Nordpolargebiet
Sturmsystem
Nördliche gemäßigte Zone
Nördliches gemäßigtes Band
Nördliche tropische Zone
Nördliches Äquatorband
Äquatorzone
Südliches Äquatorband
Südliche tropische Zone
Südliches gemäßigtes Band
Großer Roter Fleck
Südliches Polargebiet

DAS SONNENSYSTEM

JUPITER IN ZAHLEN

- **Mittlerer Abstand zur Sonne** 780 Mio. km
- **Obere Wolkentemperatur** −143 °C
- **Durchmesser** 138 482 km
- **Länge eines Tags** 9,93 Stunden
- **Länge eines Jahrs** 11,86 Erdjahre
- **Anzahl der Monde** 69
- **Schwerkraft an der oberen Wolkendecke (Erde = 1)** 2,53
- **Größenvergleich**

Jupitermonde

Jupiter besitzt 69 Monde: die vier galileischen Monde, vier innere Monde und 55 kleine äußere Monde. Die galileischen Monde (Io, Europa, Callisto und Ganymed) wurden schon 1610 entdeckt und 1979 von den beiden Raumsonden *Voyager 1* und *2* erforscht.

GEISTESBLITZ!

Am 7. Januar 1610 beobachtete der italienische Forscher Galileo Galilei mit seinem neuen Teleskop drei kleine, helle „Sterne" auf einer geraden Linie neben Jupiter. Nach weiteren Beobachtungen entdeckte er noch einen hellen Punkt – vier große Satelliten, die man heute als die galileischen Monde bezeichnet.

Io mit käseartiger Oberfläche

Io ist ungefähr so groß wie der Erdmond, aber er erscheint wie eine Riesenpizza, weil er von gelbem Schwefel bedeckt ist. Wenn Schwefel erhitzt wird, ändert er seine Farbe über Rot in Schwarz. Die Temperaturen einiger Hotspot-Vulkane auf Io erreichen 1500 °C. Io besitzt die größte vulkanische Aktivität im Sonnensystem. Häufig stoßen Dutzende Vulkane Wolken aus Gas und Schwefelverbindungen ins All aus.

Schwefeldioxid lagert sich als Ring um den Vulkan ab.

Die schwarzen Punkte auf der Oberfläche sind aktive Vulkane.

Gasschwaden steigen aus dem Vulkan Pele auf.

Schwaden aus Pele

Pele gehört zu den größten Vulkanen auf Io. Als *Voyager 1* vorbeiflog, stieg eine Wolke aus Gas und Staub 300 km über die Oberfläche auf und breitete sich auf einer Fläche von der Größe Alaskas aus. Gasschwaden können sehr hoch aufsteigen, weil die Schwerkraft des Monds gering ist. Pele wird umgeben von einer Schicht aus dem Material früherer Ausbrüche, das aufstieg und wieder zurückfiel.

JUPITERMONDE

Krater auf Callisto

Callisto ist der entfernteste galileische Mond. Seine Oberfläche ist ungefähr 4 Mrd. Jahre alt. Sie zeigt keine größeren Gebirgszüge, gehört aber zu den Oberflächen, die am stärksten mit Kratern übersät sind. Unter ihr liegt eine Eisschicht, die bis zu 200 km dick sein könnte. Darunter befindet sich wohl ein 10 km tiefer Ozean aus flüssigem Salzwasser. Im Inneren besteht der Mond aus Eis und Gestein. Callisto ist etwas kleiner als Merkur und hat ein sehr schwaches Magnetfeld.

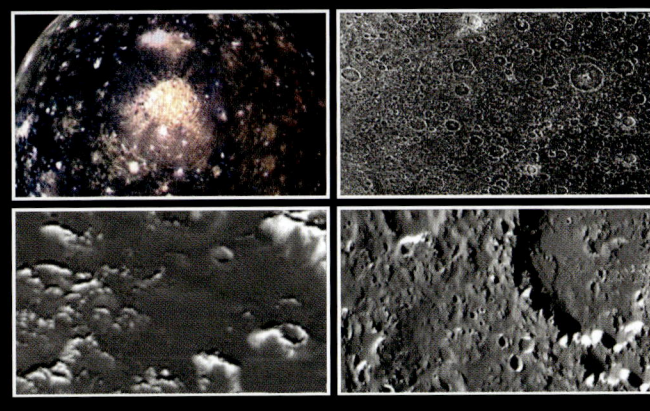

▲ NAHAUFNAHMEN *Diese Bilder vom zweitgrößten Jupitermond zeigen: Was wie Lichter aussieht, sind tatsächlich Krater.*

DAS SONNENSYSTEM

IM BLICKPUNKT: EUROPA

Europa ist etwa so groß wie Io (und der Erdmond). Eine Eisdecke bildet die glatte Oberfläche – ohne Täler oder Gebirgszüge und mit nur sehr wenigen Einschlagkratern, weil sie sehr jung ist. Die Eisdecke wird ständig erneuert. Einige Bereiche ihrer Oberfläche erinnern an Eisschollen, wie sie in der Arktis auf der Erde vorkommen. Vermutlich besitzt Europa einen Ozean mit flüssigem Wasser unter der Eisdecke, der nur 10–20 km unter der Oberfläche liegt. Der Ozean ist wohl durch Gezeitenkräfte entstanden.

◀ 👁 LIES MEHR *über das Innere Europas auf S. 163.*

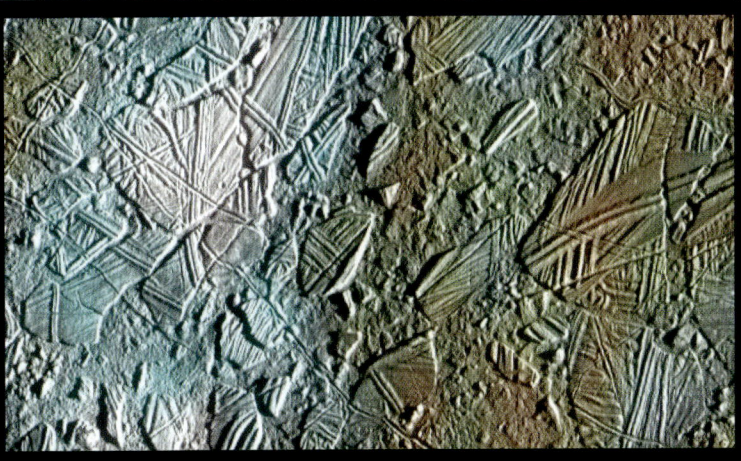

▲ EISOBERFLÄCHE *Die weißen und blauen Flächen sind Teil der Eisschicht auf der Kruste Europas. Der Staub stammt vermutlich von der Entstehung eines großen Kraters 1000 km weiter südlich.*

Gigantischer Ganymed

Mit einem Durchmesser von 5260 km ist Ganymed der größte Satellit des Sonnensystems und größer als Merkur. Er besitzt aber nur halb so viel Masse wie dieser, weil Ganymed aus Eis und Gestein besteht. Der Mond ist vermutlich aus drei Schichten aufgebaut: Einen kleinen Eisenkern umgibt ein Gesteinsmantel mit einer Eisdecke darüber. Die dunklen, mit vielen Kratern übersäten Gebiete der Oberfläche sind sehr alt, während die jüngeren Bereiche helle Kerben, Grate und Krater zeigen. Ganymed hat ein schwaches Magnetfeld und besitzt vermutlich in 200 km Tiefe einen Ozean aus flüssigem Salzwasser.

Wusstest du, dass man Jupiter von der Erde aus sieht? Wenn er sich der Erde nähert, ist er sehr hell und den größten Teil der Nacht sichtbar. Jupiter zählt zu den hellsten Planeten – nur der Mond und die Venus leuchten heller. Die vier galileischen Monde sieht man mit einem kleinen Teleskop, guten Ferngläsern oder manchmal sogar auch mit bloßem Auge.

Arbela Sulcus ist ein helles, 24 km breites Gebiet, das von Furchen und Kämmen durchzogen ist.

Die dunklen Gebiete auf Ganymed sind alt und mit Kratern übersät.

Die hellen Bereiche sind jünger und zeigen ungewöhnliche Muster.

Voyager 1 & 2

Am 20. August 1977 hob *Voyager 2* von Cape Canaveral in Florida (USA) ab. *Voyager 1* folgte am 5. September. Sie sind zwei von nur vier Raumsonden, die auf dem Weg sind, das Sonnensystem zu verlassen. Während *Pioneer 10* und *11* keinen Kontakt mehr zur Erde haben, senden die *Voyager*-Raumsonden noch immer regelmäßig Daten – sogar vom Rand des Sonnensystems.

FAKTEN

- *Voyager 2* startete zwar zwei Wochen vor *Voyager 1*, nutzte aber eine langsamere Flugbahn, sodass *Voyager 1* Jupiter zuerst erreichte.
- *Voyager 1* hat ihre Hauptaufgabe im November 1980 mit dem Vorbeiflug am Saturnmond Titan erfüllt.
- Obwohl ihre Mission nur einen vierjährigen Flug zu Jupiter und Saturn vorsah, erlaubten die Flugdaten von *Voyager 2* eine zusätzliche Reise zu Uranus und Neptun.
- Die beiden Raumsonden lieferten wertvolle Erkenntnisse über die vier Planeten und 48 ihrer Monde.

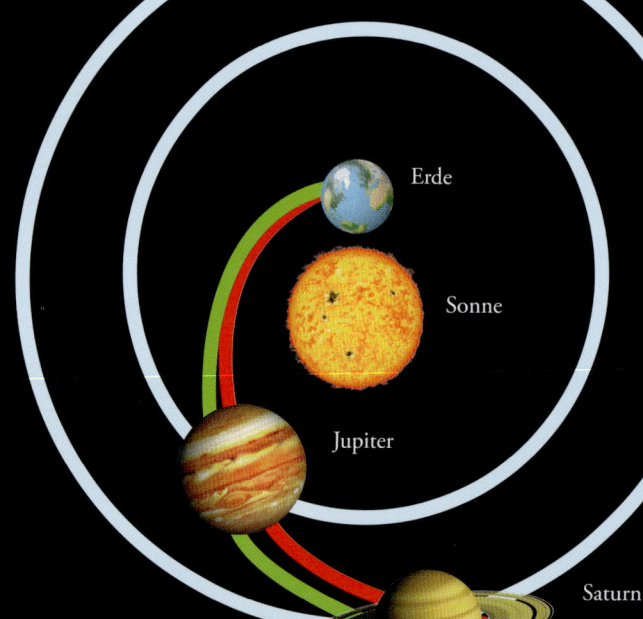

▶ **VOYAGER 1** *wurde von einer Titan-III/Centaur-Trägerrakete ins All gebracht.*

Kühne Reise
Voyager 1 ist das entfernteste von Menschen gebaute Objekt im All. Im Dezember 2009 war die Sonde 112 AE (astronomische Einheiten) von der Sonne entfernt. 1 AE entspricht 150 Mio. km. Ihr Signal braucht 15 Stunden und 37 Minuten bis zur Erde.

WELTRAUMHOPPING

Als die beiden *Voyager*-Raumsonden starteten, befanden sich Jupiter, Saturn, Uranus und Neptun in einer seltenen Konstellation, die sich nur alle 175 Jahre ergibt. Die Raumsonden nutzten die Schwerkraft der Planeten, um zu beschleunigen und ihre Richtung zu ändern. *Voyager 1* erreichte Jupiter im März 1979 und *Voyager 2* im Juli. Am Saturn schwenkte *Voyager 1* ab, während *Voyager 2* zu Uranus und Neptun flog.

Beim Vorbeiflug an Saturns Südpol schwenkte die Raumsonde Voyager 1 *auf ihren endgültigen Kurs in den interstellaren Raum ein.*

VOYAGER 1 & 2

Wir haben Strom – noch!

Jede *Voyager*-Raumsonde erforschte mit zehn Instrumenten die Planeten und ihre Monde. Die Instrumente werden mit Strom aus Nuklearkraft angetrieben. Im Lauf der Zeit wurden die Aggregate immer schwächer und liefern jetzt nur noch Strom, der gerade für zwei 150-Watt-Glühlampen reichen würde.

Auf Sternkurs

Die beiden *Voyager*-Raumsonden sind dabei, das Sonnensystem zu verlassen, und fliegen in verschiedene Gegenden der Milchstraße. In ungefähr 40 000 Jahren wäre jede Raumsonde in der Nähe anderer Sterne und etwa 2 Lichtjahre von der Sonne entfernt. Im Moment haben die Raumsonden aber erst die äußere Grenze des Sonnensystems erreicht. Diese Region nennt man Heliosheath. In ihr trifft der Sonnenwind auf Teilchen des interstellaren Raums. Beide Raumsonden können etwa bis zum Jahr 2025 weiterfliegen.

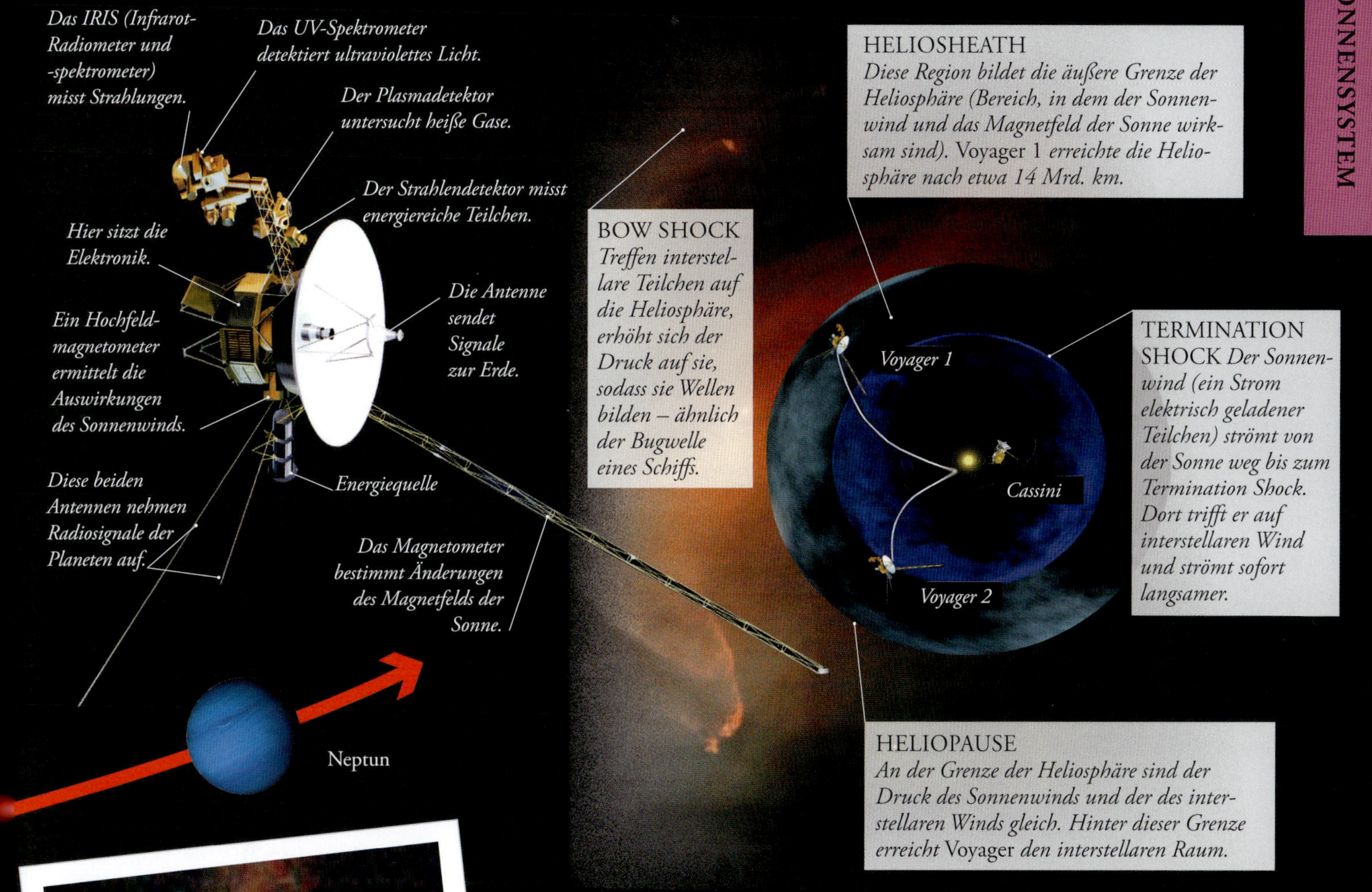

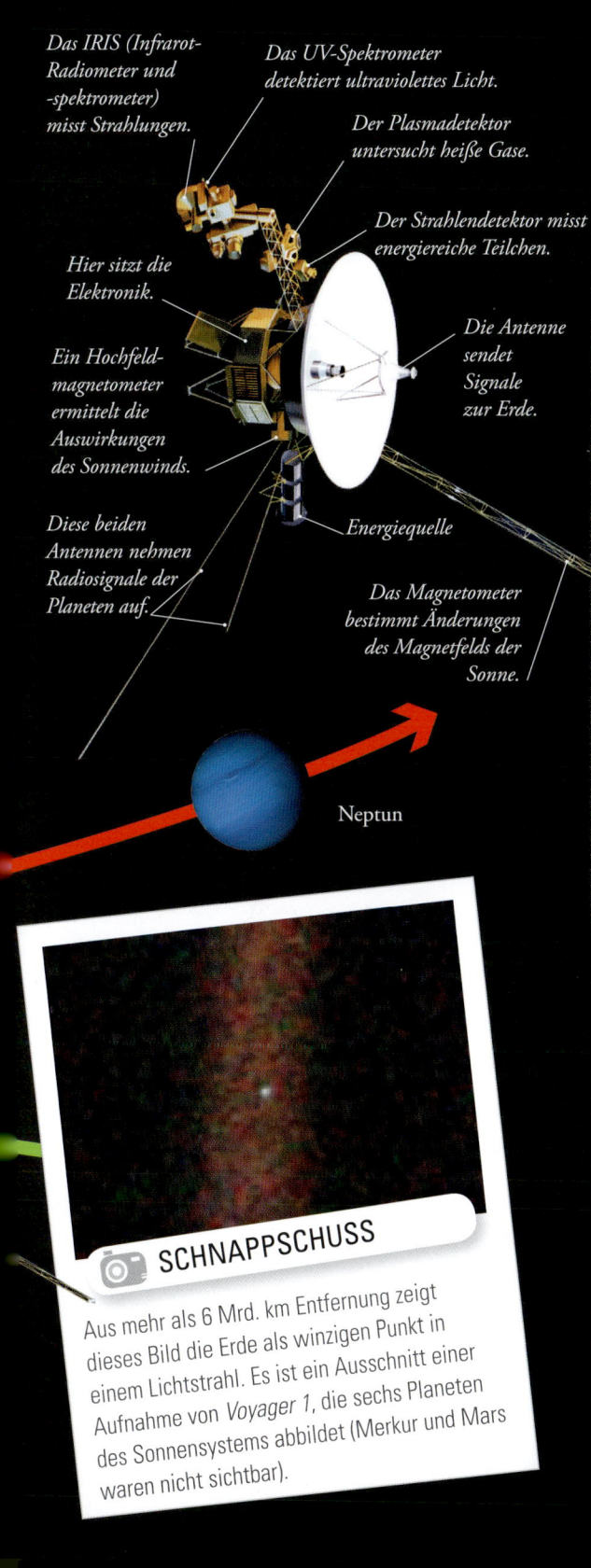

DAS SONNENSYSTEM

Das IRIS (Infrarot-Radiometer und -spektrometer) misst Strahlungen.

Das UV-Spektrometer detektiert ultraviolettes Licht.

Der Plasmadetektor untersucht heiße Gase.

Der Strahlendetektor misst energiereiche Teilchen.

Hier sitzt die Elektronik.

Die Antenne sendet Signale zur Erde.

Ein Hochfeldmagnetometer ermittelt die Auswirkungen des Sonnenwinds.

Diese beiden Antennen nehmen Radiosignale der Planeten auf.

Energiequelle

Das Magnetometer bestimmt Änderungen des Magnetfelds der Sonne.

Neptun

HELIOSHEATH
Diese Region bildet die äußere Grenze der Heliosphäre (Bereich, in dem der Sonnenwind und das Magnetfeld der Sonne wirksam sind). Voyager 1 erreichte die Heliosphäre nach etwa 14 Mrd. km.

BOW SHOCK
Treffen interstellare Teilchen auf die Heliosphäre, erhöht sich der Druck auf sie, sodass sie Wellen bilden – ähnlich der Bugwelle eines Schiffs.

Voyager 1

Cassini

Voyager 2

TERMINATION SHOCK
Der Sonnenwind (ein Strom elektrisch geladener Teilchen) strömt von der Sonne weg bis zum Termination Shock. Dort trifft er auf interstellaren Wind und strömt sofort langsamer.

HELIOPAUSE
An der Grenze der Heliosphäre sind der Druck des Sonnenwinds und der des interstellaren Winds gleich. Hinter dieser Grenze erreicht Voyager den interstellaren Raum.

SCHNAPPSCHUSS

Aus mehr als 6 Mrd. km Entfernung zeigt dieses Bild die Erde als winzigen Punkt in einem Lichtstrahl. Es ist ein Ausschnitt einer Aufnahme von *Voyager 1*, die sechs Planeten des Sonnensystems abbildet (Merkur und Mars waren nicht sichtbar).

Botschaft für Außerirdische

Beide Raumsonden führen eine Botschaft für außerirdische Lebewesen mit. Die Botschaft ist auf eine Datenplatte gepresst – eine 30 cm große, vergoldete Kupferscheibe mit Tönen und Bildern über die Vielfalt des Lebens und der Kultur auf der Erde. Auf der Hülle sind die Position der Erde und Anweisungen zu finden, wie man die Platte abspielt. Die Platte enthält Bilder, eine Vielzahl natürlicher Töne, Musik verschiedener Kulturen und Zeitalter und Grüße in 55 Sprachen.

Saturn

Saturn ist der sechste Planet von der Sonne aus, der zweitgrößte und der entfernteste, den man mit bloßem Auge sehen kann. Er bleibt ungefähr zehn Monate im Jahr am Himmel sichtbar und ist von einem erstaunlichen Ringsystem umgeben, das man mit einem Teleskop erkennt.

DAS SONNENSYSTEM

▲ RINGANSICHTEN *Weil die Umlaufbahnen der Erde und des Saturns nicht in einer Ebene liegen, sieht man die Saturnringe manchmal von oben und manchmal von der Seite.*

Dünne Atmosphäre

▶ GROSS, ABER LEICHT
Mehr als 750 Erdkugeln würden in den Saturn passen, aber er ist nur 95-mal schwerer als die Erde, weil er vorwiegend aus Wasserstoff und Helium besteht. Als einziger Planet ist er so leicht, dass er auf Wasser schwimmen würde!

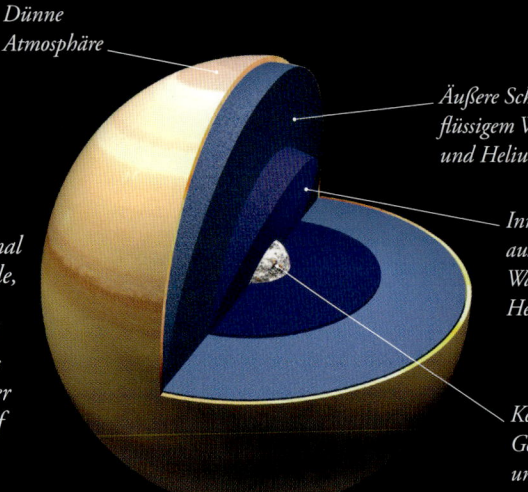

Äußere Schicht aus flüssigem Wasserstoff und Helium

Innere Schicht aus metallischem Wasserstoff und Helium

Kern aus Gestein und Eis

SCHON GEWUSST?

Galilei sah die Saturnringe 1610 als Erster, aber durch sein einfaches Teleskop sahen sie aus wie die Henkel einer Tasse!

RINGE ÜBERALL

Seine Ringe sind so beeindruckend, dass Saturn oft als Ringplanet bezeichnet wird (obwohl auch Jupiter, Uranus und Neptun Ringe besitzen). Die drei Hauptringe sind so groß und hell, dass man sie bereits mit kleinen Teleskopen erkennt. Die Ringe werden vom Planeten weg mit C, B und A bezeichnet. Danach kommen noch die sehr dunklen F-, G- und E-Ringe.

▲ SATURNGESTEIN *Die Saturnringe bestehen aus Staub, Gestein und Eisbrocken. Sie erstrecken sich über eine Breite von 280 000 km, aber sie sind nur ungefähr 1 km dick.*

▲ C-RING *Innerhalb des C-Rings liegt ohne erkennbare Lücke der dünne D-Ring.*

▲ B-RING *Der größte Hauptring hat eine Breite von 25 500 km. Er ist 5–15 m dick und gleichzeitig der hellste Hauptring.*

▲ A-RING *Die Ringe sind nach ihrer Entdeckung benannt. Der A-Ring wurde zuerst entdeckt.*

◀ ACHTE AUF DIE LÜCKE *Durch die Schwerkraft der Saturnmonde bildeten sich Lücken zwischen den Ringen. Die größte ist die Cassinische Teilung zwischen dem A- und B-Ring.*

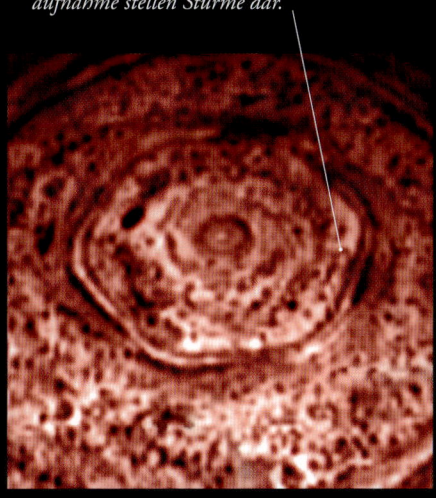

SATURN

Die dunklen Flecke auf dieser Ultraviolettaufnahme stellen Stürme dar.

Die grauen Bänder sind hohe Wolken.

Der „Drachensturm" ist vermutlich ein Gewitter.

Stürmischer Saturn

Im Teleskop erscheint Saturn blassgelb mit dunklen Wolkenbändern. Manchmal bilden sich große weiße Flecke. Das sind gewaltige Stürme, die man von der Erde aus sieht. Starke Winde verteilen die Sturmwolken um den Äquator. Die Windgeschwindigkeiten am Äquator erreichen bis zu 1800 km/h, sechsmal so viel wie auf der Erde. Auch an den Polen findet man große Stürme mit einem „Auge" wie ein Wirbelsturm. Ähnliche Polarstürme herrschen auch auf Venus und Jupiter.

▲ **DEM STURM INS AUGE SEHEN**
Große Wirbelstürme liegen über den Saturnpolen. Kleine Sturmwolken (dunkle Flecke, oben) kreisen um diese riesigen „Whirlpools" in der Saturnatmosphäre.

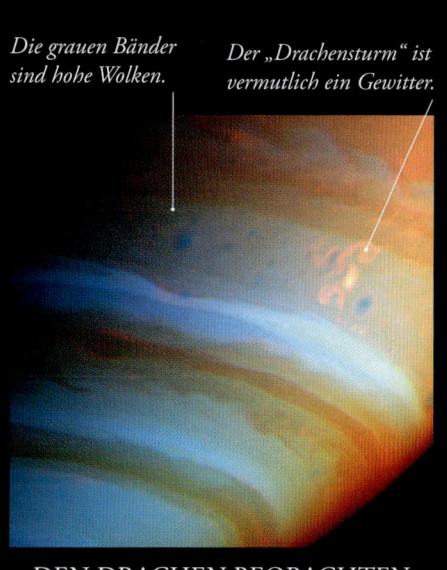

▲ **DEN DRACHEN BEOBACHTEN**
Auf der Südhalbkugel des Saturns gibt es ein Wolkenband, das man „Sturmallee" nennt, weil dort sehr viele Stürme vorkommen – wie der große, helle „Drachensturm".

DAS SONNENSYSTEM

IM BLICKPUNKT: POLARLICHTER

Das starke Magnetfeld des Saturns bildet eine unsichtbare Kugel um den Planeten. Es schützt ihn vor elektrisch geladenen Teilchen, die mit dem Sonnenwind an ihm vorbeifliegen. Doch einige Teilchen werden von dem Magnetfeld abgelenkt und strömen entlang der Magnetfeldlinien zu den Polen. Wenn sie dort auf die obere Atmosphäre treffen, bilden sie Lichtringe, die man Polarlichter nennt.

▶ SÜDLICHTER *Diese Polarlichter entstanden im Januar 2005 am Südpol des Saturns.*

SATURN IN ZAHLEN

- **Mittlerer Abstand zur Sonne** 1400 Mio. km
- **Obere Wolkentemperatur** −180 °C
- **Durchmesser** 113 968 km
- **Länge eines Tags** 10,6 Stunden
- **Länge eines Jahrs** 29,4 Erdjahre
- **Anzahl der Monde** 62
- **Schwerkraft an der oberen Wolkendecke (Erde = 1)** 1,07
- **Größenvergleich**

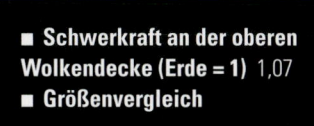

Saturnmonde

Bislang sind 62 Saturnmonde bekannt. Zu ihnen zählen große, runde Hauptmonde, kleine irreguläre innere und winzige irreguläre äußere Monde, die außerhalb der Ringe kreisen. Einige der kleinen Monde liegen innerhalb der Saturnringe. Die äußeren Monde waren wohl Kometen, die von der Schwerkraft des Planeten angezogen wurden. Sieben mittelgroße Monde kreisen sehr eng um ihn.

GEISTESBLITZ!
Der niederländische Astronom Christiaan Huygens entdeckte 1655 den ersten Saturnmond Titan. Eine Raumsonde der ESA zum Saturn wurde nach ihm benannt.

SCHON GEWUSST?
Die Saturnmonde sind so kalt, dass ihre Eisoberfläche hart wie Gestein ist. Alle Monde besitzen Krater von Kometeneinschlägen.

▶ PHOEBE *Die meisten Saturnmonde wie Phoebe kreisen auf einer elliptischen Bahn. Phoebe besitzt einen eigenen Ring aus Eis und Staub, der sich in einem Abstand von 6–12 Mio. km vom Saturn um die Bahn des Monds erstreckt.*

▲ VIELE MONDE *Die Monde innerhalb oder in der Nähe der Saturnhauptringe sind: Pan, Atlas, Prometheus, Pandora, Janus und Epimetheus. Mimas, Enceladus, Tethys, Dione und Rhea liegen außerhalb der Hauptringe, aber innerhalb oder nahe des schmalen E-Rings.*

▲ HYPERION *Die meisten Saturnmonde zeigen immer die gleiche Seite zum Planeten. Nur Hyperion dreht sich auf seiner Bahn, vermutlich weil er einst von Kometen getroffen wurde.*

▲ TITAN *Der zweitgrößte Mond des Sonnensystems (nach dem Jupitermond Ganymed) ist größer als der Planet Merkur. Titan kreist in 1,2 Mio. km Abstand um Saturn.*

◀ IAPETUS *Der 22. Saturnmond ist der entfernteste Hauptmond. Seine Vorderseite liegt unter einer Staubdecke, die Mond Phoebe nach einem Einschlag freigesetzt haben soll. Im Gegensatz zu fast allen anderen Monden kreist Iapetus in der gleichen Richtung wie Saturn.*

SCHRECKLICHER TITAN

Der größte Saturnmond ist einzigartig, denn er besitzt eine Atmosphäre. Die Titanatmosphäre ist stickstoffreich und so dicht wie die der Erde, aber sie ist zu kalt, um Leben zu ermöglichen. Mit Radar und Infrarot wurde seine Oberfläche untersucht, die unter dichtem Dunst liegt. Sie ist mit Eis bedeckt und besitzt Gebirge, große Dünen sowie Flüsse und Seen aus flüssigem Methan.

▲ **CASSINI-HUYGENS** *Die Landekapsel* Huygens *erforscht seit 2005 die Oberfläche des Titans, während der Orbiter* Cassini *den Saturn und seine Hauptmonde untersucht.*

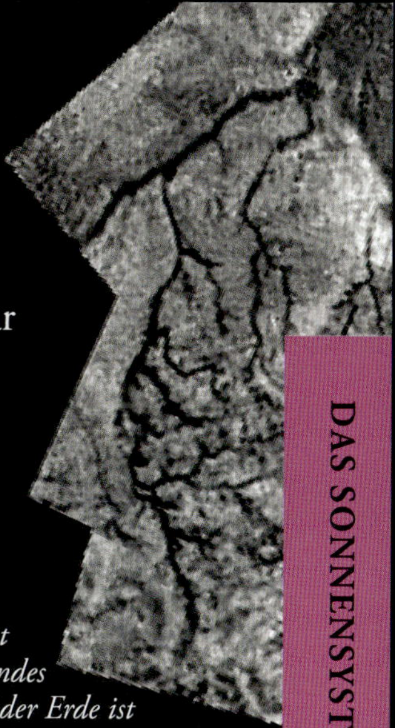

▶ TITANS *Oberfläche besitzt Kanäle, die wohl durch fließendes Methan entstanden sind. Auf der Erde ist Methan gasförmig, aber auf dem Titan ist es so kalt (−179 °C), dass Methan flüssig ist und als Regen aus den Wolken fällt.*

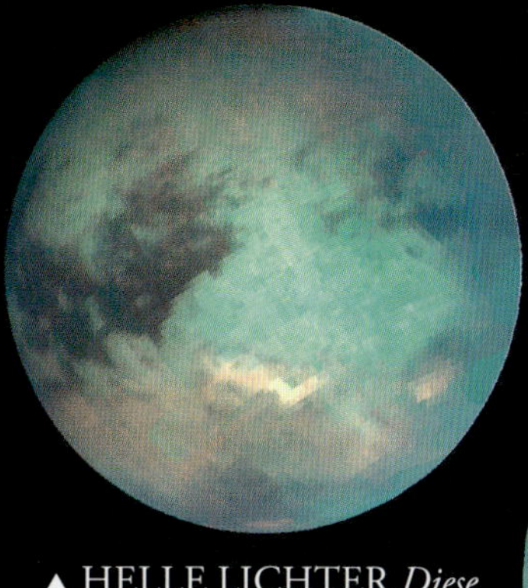

▲ HELLE LICHTER *Diese Falschfarbendarstellung nahm die Raumsonde* Cassini *auf. Das sehr helle Gebiet ist Tui Reggio, das vermutlich aus gefrorenem Wasser oder Kohlendioxid besteht.*

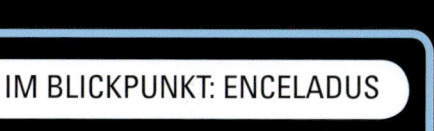

◀ GETRENNTE POLE *Zwei Monate später, im Dezember 2005, zeigt dieses Bild die entgegengesetzte Seite des Titans mit den nördlichen und südlichen Polargebieten.*

DAS SONNENSYSTEM

IM BLICKPUNKT: ENCELADUS

Die größte Überraschung bot der Saturnmond Enceladus. Den nur 500 km großen Mond hielt man für eine kalte, tote Welt. Doch die Raumsonde *Cassini* entdeckte starke Geysire in der Nähe seines Südpols. Die Gezeitenkräfte in seinem Inneren erzeugen Wärme, durch die Wassereis verdampft. Dieser Dampf entweicht durch Risse oder Verwerfungen der Eishülle des Monds und wird ins All ausgestoßen.

Wassereismoleküle der Geysire füllen den E-Ring um Saturn auf.

Das Wasser wird direkt unterhalb der Oberfläche erwärmt.

▲ AUSSTOSS *Die Gasschwaden und Eismoleküle entweichen durch große Verwerfungen in der Oberfläche, die man Tigerstreifenbrüche nennt.*

Landung auf Titan

Nach einer 4 Mrd. km langen Reise über fast sieben Jahre wurde die Raumsonde *Huygens* der Europäischen Weltraumagentur am 25. Dezember 2004 von *Cassini* freigesetzt. Sie erreichte Titan am 14. Januar 2005 und war die erste Raumsonde, die auf einem Himmelskörper des äußeren Sonnensystems landete. Ihre Instrumente untersuchen die Atmosphäre des Saturmonds und machen Bilder von seiner Oberfläche.

(1) Landeplatz der Raumsonde Huygens.
(2) Ansicht des Titans während der Landung aus einer Höhe von 6 km. (3) Die höchsten Berge des Titans sind vermutlich nur wenige Hundert Meter hoch. (4) Computergrafik von Huygens.

SATURN IM SONNENLICHT

Dieses Bild des Saturns, der sich direkt vor der Sonne befindet, wurde aus 165 Aufnahmen des Orbiters *Cassini* zusammengesetzt. Im Gegenlicht der Sonne erschienen bisher nicht entdeckte Ringe – und in Milliarden Kilometern Entfernung war die Erde zu sehen.

DAS SONNENSYSTEM

DAS SONNENSYSTEM

Uranus

Uranus ist der drittgrößte Planet und der siebte von der Sonne aus. Er ist so weit von ihr entfernt, dass er nur wenig Licht und Wärme erhält und die obere Wolkenschicht daher extrem kalt ist. Jeder Umlauf um die Sonne dauert 84 Erdjahre, sodass Geburtstage auf Uranus sehr selten sind!

GAS UND EIS

Etwa 67 Erdkugeln würden in Uranus hineinpassen, aber weil er hauptsächlich aus Gas besteht, ist er nur 14-mal schwerer als die Erde. Uranus und Neptun nennt man auch Eisriesen, weil sie wohl zum größten Teil aus gefrorenen Verbindungen wie Wasser, Methan und Ammoniak bestehen.

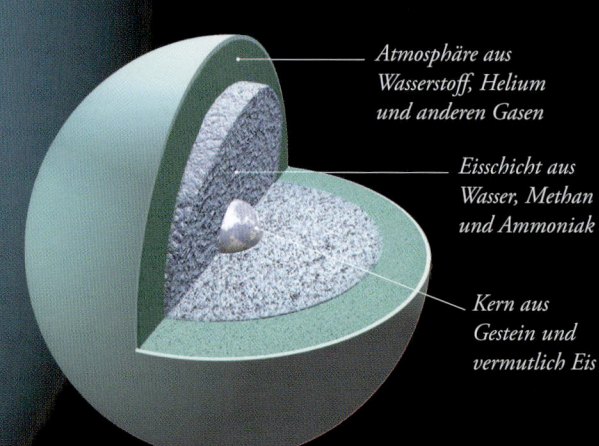

Atmosphäre aus Wasserstoff, Helium und anderen Gasen

Eisschicht aus Wasser, Methan und Ammoniak

Kern aus Gestein und vermutlich Eis

GEISTESBLITZ!

Friedrich Wilhelm Herschel entdeckte Uranus 1781. Er beobachtete ein grünliches Objekt im Sternbild Zwillinge (Gemini), das nicht in seinem Atlas aufgeführt war. Herschel hielt es zunächst für einen Kometen. Ein Jahr später wurde es als neuer Planet anerkannt.

IM BLICKPUNKT: RINGE

Uranus besitzt 13 dunkle, dünne Ringe um den Äquator. Sie sind tiefschwarz, extrem schmal – weniger als 10 km breit – und bestehen aus Staubbrocken, die bis zu 1 m groß sind. Die Ringe sind zu dunkel, um sie von der Erde aus zu sehen. Sie wurden erst 1977 entdeckt, als sich der Planet vor einem Stern befand und dessen Licht abgeschwächt wurde, als es durch die Ringe schien.

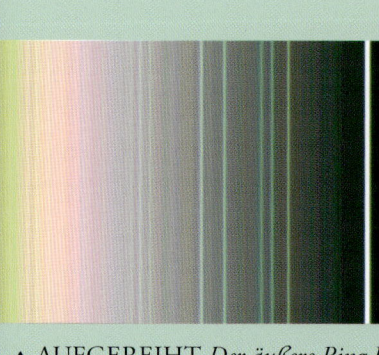

Wolken auf Uranus

Auch durch die größten Teleskope der Erde erscheint Uranus als strukturlose Scheibe. Als *Voyager 2* jedoch 1986 an dem Planeten vorbeiflog, sandte die Sonde Bilder, die eine hellblaue Kugel und einige Wolken oder Stürme in der Atmosphäre zeigten. Das *Hubble*-Weltraumteleskop hat später große Wolken entdeckt, die doppelt so schnell um den Planeten ziehen wie Wirbelstürme auf der Erde.

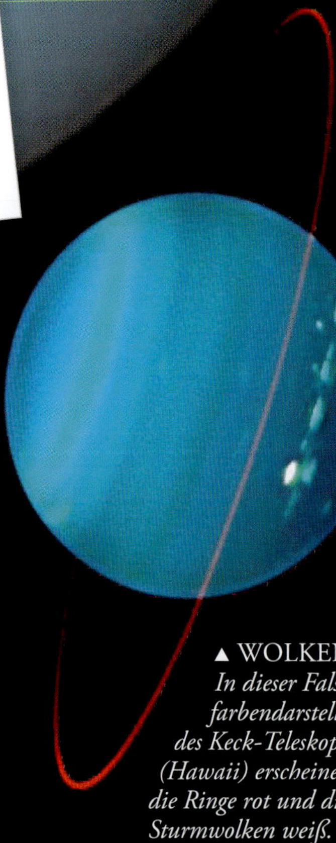

▲ WOLKEN *In dieser Falschfarbendarstellung des Keck-Teleskops (Hawaii) erscheinen die Ringe rot und die Sturmwolken weiß.*

▲ AUFGEREIHT *Der äußere Ring Epsilon ist in diesem Falschfarbenbild weiß dargestellt.*

DAS SONNENSYSTEM

URANUS

Uranusmonde
Uranus hat eine Familie aus 27 Monden, die nach Figuren Shakespeares benannt sind. Die meisten Monde sind klein, weniger als 200 km groß und kreisen nahe an den Ringen um den Planeten. Zu ihnen gehören die beiden Schäferhundmonde Cordelia und Ophelia – sie halten die Teilchen des dünnen Epsilonrings in ihren Positionen.

URANUS IN ZAHLEN
- **Mittlerer Abstand zur Sonne** 2,87 Mrd. km
- **Obere Wolkentemperatur** −216 °C
- **Durchmesser** 50 558 km
- **Länge eines Tags** 17,25 Stunden
- **Länge eines Jahrs** 84 Erdjahre
- **Anzahl der Monde** 27
- **Schwerkraft an der oberen Wolkendecke (Erde = 1)** 0,89
- **Größenvergleich**

DAS SONNENSYSTEM

Oberon
Umbriel
Titania
Uranus
Miranda
Ariel

Hauptmonde
Die fünf Hauptmonde des Uranus sind kalte, eisige Welten. Miranda ist der kleinste und Ariel der hellste Mond. Letzterer wurde 1851 zur selben Zeit wie der mit Kratern übersäte Umbriel entdeckt. Titania und Oberon sind die beiden größten Monde und waren vermutlich früher wärmer.

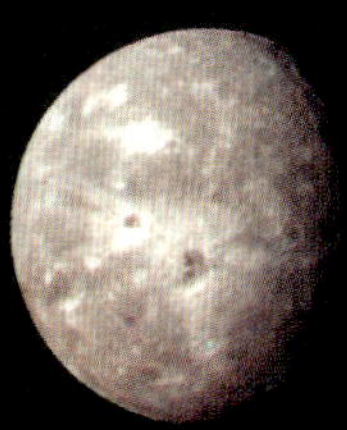

Miranda
Miranda besitzt einzigartige Merkmale wie tiefe Gräben, terrassenförmige und jüngere glatte Schichten, die von einer turbulenten Vergangenheit zeugen. Vermutlich stieß Miranda mit einem Himmelskörper zusammen und verklumpte so ungeordnet, wie man es heute sieht. Oder es gab eine Entwicklungsstufe, bei der schwereres Material nach innen sank und leichteres zur Oberfläche aufstieg. Dieser Prozess wurde wohl unterbrochen, bevor er vollendet war.

▲ OBERON *wurde als erster Uranusmond 1787 von Friedrich Wilhelm Herschel entdeckt.*

▲ ARIEL *besitzt tiefe Rillen und einige kleine Krater. Vermutlich hat sich seine Oberfläche mit der Zeit verändert.*

Der gekippte Planet
Uranus besitzt eine ungewöhnliche Eigenschaft: Er liegt auf der Seite. Seine Äquatorebene bildet beinahe einen rechten Winkel mit seiner Umlaufbahn und seine Pole zeigen zur Sonne. An jedem Pol herrscht 21 Jahre lang Sommer mit ununterbrochenem Sonnenschein und 21 Jahre ständige Dunkelheit im Winter. Vermutlich hat eine Kollision mit einem planetengroßen Himmelskörper Uranus umgeworfen.

▶ AUFRECHTE BAHN *Diese Aufnahme des* Hubble-Weltraumteleskops *zeigt, dass die Uranusmonde fast senkrecht um den Planeten kreisen.*

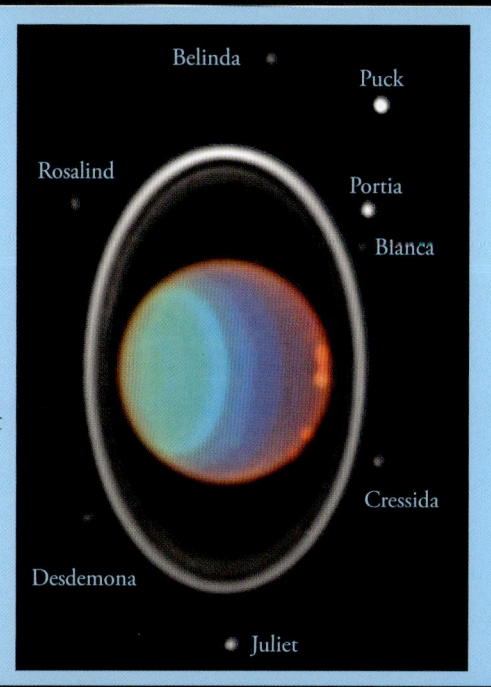

Belinda
Puck
Rosalind
Portia
Blanca
Cressida
Desdemona
Juliet

▲ AUS TURBULENTER ZEIT
Manche Gräben auf Miranda sind 12-mal tiefer als der Grand Canyon.

149

Neptun

Der achte Planet von der Sonne aus ist ein eisiger Gasriese, der 54-mal so groß wie die Erde ist, aber nur 17-mal schwerer. Er ist eine extrem kalte, dunkle Welt – die 30-mal weiter von der Sonne entfernt ist als die Erde und 900-mal weniger Licht empfängt.

▼ GASRIESE *Neptun besteht hauptsächlich aus Gas, Wasser und Eis. Daher ist er verhältnismäßig leicht, obwohl er 54-mal größer als die Erde ist.*

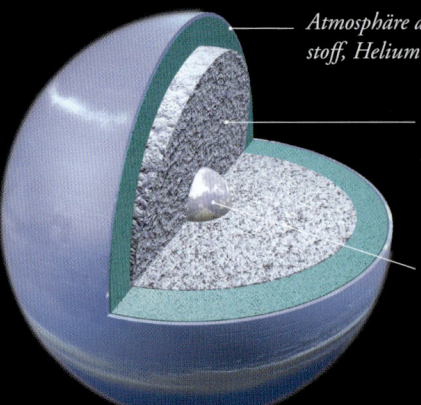

Atmosphäre aus Wasserstoff, Helium und Methan

Schicht aus gefrorenem Wasser, Methan und Ammoniak

Fester Kern aus Gestein und vermutlich Eis

EIN BLAUER PLANET

Neptun erscheint wie Uranus blau – nicht weil er mit Meeren bedeckt wäre, sondern weil seine Atmosphäre Methan enthält. Dieses Gas absorbiert rotes Licht der Sonne. Wenn man rotes Licht aus dem sichtbaren Spektrum entfernt, erscheint die Atmosphäre blau.

Aktive Atmosphäre

Durch Wärme, die aus dem Inneren aufsteigt, ist die Neptunatmosphäre sehr aktiv – sie verursacht große Stürme und die schnellsten Winde des Sonnensystems. Wolken ziehen mit ungefähr 2000 km/h um den Planeten und sind 10-mal schneller als Wirbelstürme auf der Erde. Manchmal zeigen sich diese Winde durch lange Wolkenstreifen in großer Höhe.

◀ SCHATTEN *Wolken aus Methaneis werfen Schatten auf die blaue Wolkendecke 50 km unterhalb. Die Wolkenstreifen sind nur 50–200 km breit, aber sie erstrecken sich über Tausende Kilometer um den Planeten.*

DER GROSSE DUNKLE FLECK

Neptuns Atmosphäre ändert sich sehr schnell, wenn große Stürme und Wolken entgegen seiner Rotationsrichtung um Neptun ziehen. Eine weiße Wolkenstruktur, die man Scooter nennt, braucht nur 16,8 Tage für eine Umrundung. Die größte Wolkenstruktur ist der Große Dunkle Fleck. Dieser Sturm ist etwa so groß wie die Erde.

SCHON GEWUSST?

Nahezu all unser Wissen über Neptun stammt aus Daten der Raumsonde *Voyager 2*, die 1989 am Planeten vorbeiflog. Neptun war der vierte und letzte Planet, den die Sonde auf ihrer Reise vom Sonnensystem in den interstellaren Raum besuchte.

NEPTUNMONDE

■ **Von Neptun sind 14 Monde bekannt.** Der größte ist Triton. Er ist kleiner als der Erdmond, aber größer als der Zwergplanet Pluto. Triton kreist in entgegengesetzter Richtung zu den anderen Monden um Neptun und wird nach und nach von ihm angezogen. Mit einer Oberflächentemperatur von −235 °C und von gefrorenem Stickstoff überzogen, zählt Triton zu den kältesten Welten. Trotz dieser extremen Kälte besitzt Triton wohl einen warmen Kern.

◀ KLEIN, ABER SCHNELL *Proteus ist der größte der sechs inneren Monde. Er braucht 27 Stunden für einen Umlauf.*

◀ GEYSIRE *Dunkle Spuren auf Tritons Oberfläche zeigen, wo Eisgeysire schwarzen Staub in die dünne Atmosphäre ausstießen. Der Staub wird durch den Wind auf der Oberfläche verteilt.*

■ **Die meisten äußeren Monde** sind klein – Nereide ist 340 km groß, die anderen weniger als 200 km. Sieben Monde kreisen innerhalb von 120 000 km nahe um Neptun. Fünf Monde besitzen Bahnen, die mehr als 15 Mio. km entfernt sind. Sie sind wahrscheinlich eingefangene Kometen.

Neptunringe
Neptun hat sechs sehr schmale, dunkle Ringe. Vier kleine Monde liegen innerhalb des Ringsystems. Zwei von ihnen – Galatea und Despina – stabilisieren als Schäferhundmonde zwei der sechs Ringe. Galatea ist vermutlich auch für eine ungewöhnliche Verdickung des Adam-Rings verantwortlich. Dieser Ring ist an einigen Stellen dicker als an anderen.

Eigenartige Bahn
Neptun ist zwar der achte Planet von der Sonne aus, aber seine elliptische Bahn ist so gestreckt, dass er während etwa 20 Jahren seiner 165-jährigen Reise um die Sonne sogar weiter von ihr entfernt ist als Pluto. Das war zwischen 1979 und 1999 letztmals der Fall.

◀ RINGE *Dieses Bild von Voyager 2 zeigt den hellen Adam-Ring (außen) und den hellen Le Verrier-Ring (innen).*

Johann Galle

GEISTESBLITZ!
Die Suche nach Neptun begann, als man bemerkte, dass sich Uranus entgegen der Berechnungen manchmal schneller und manchmal langsamer bewegte. Den neuen Planeten entdeckte Johann Galle 1846, nachdem John Couch Adams und Urbain Le Verrier seine Position vorherbestimmt hatten.

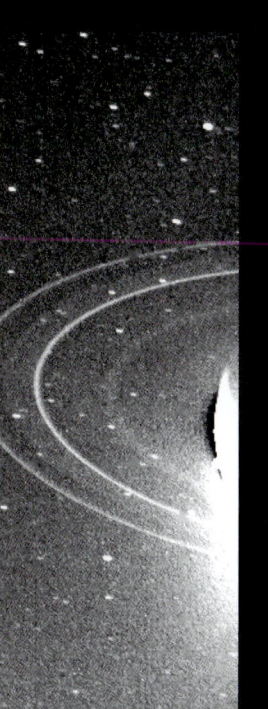

NEPTUN IN ZAHLEN

■ **Mittlerer Abstand zur Sonne**
4,5 Mrd. km
■ **Obere Wolkentemperatur**
−220 °C
■ **Durchmesser** 49 106 km
■ **Länge eines Tags** 16 Stunden
■ **Länge eines Jahrs** 165 Erdjahre
■ **Anzahl der Monde** 14

■ **Schwerkraft an der oberen Wolkendecke (Erde = 1)** 1,13
■ **Größenvergleich**

DAS SONNENSYSTEM

Pluto und danach

Pluto galt seit seiner Entdeckung als kleinster und entferntester Planet. 2006 wurde er als Zwergplanet eingestuft, weil er so klein ist und eine geringe Schwerkraft besitzt. Pluto wurde bislang nur von der Erde oder aus dem nahen All erforscht und birgt noch viele Geheimnisse.

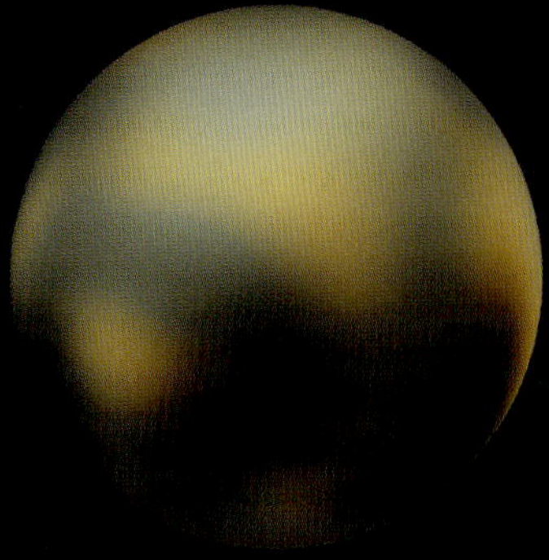

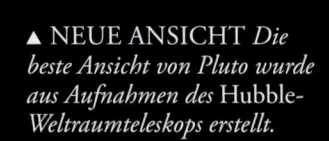

▲ NEUE ANSICHT *Die beste Ansicht von Pluto wurde aus Aufnahmen des Hubble-Weltraumteleskops erstellt.*

▼ HAUPTMOND *Charon ist der größte der drei Plutomonde und kreist in 18 400 km Abstand vom Planeten. Verglichen mit dessen Größe ist er der größte Mond des Sonnensystems.*

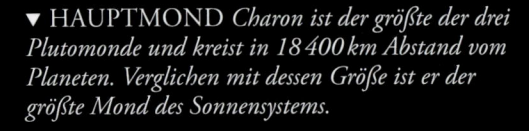

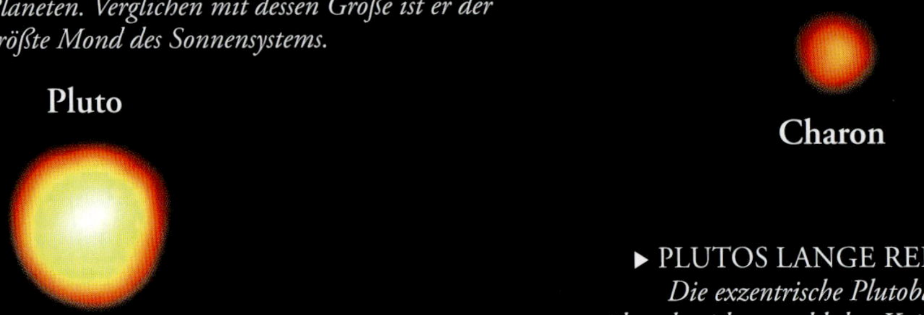

Pluto

Charon

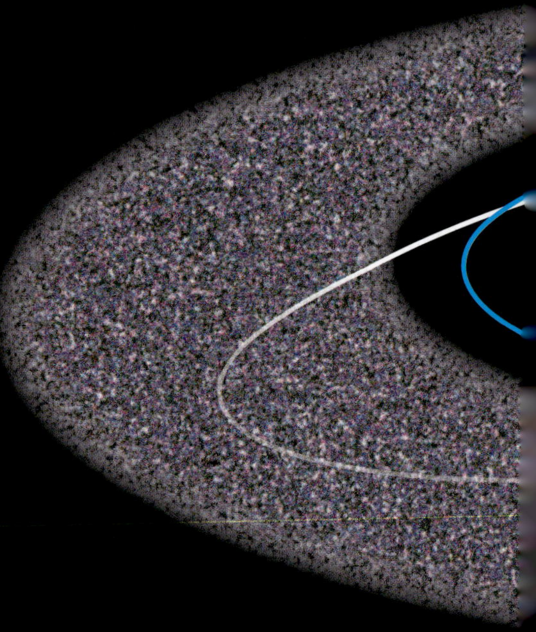

▶ PLUTOS LANGE REISE
Die exzentrische Plutobahn überschneidet sowohl den Kuipergürtel als auch die Neptunbahn. Zeitweise kreist Pluto näher an der Sonne als Neptun.

EINE EXZENTRISCHE BAHN

Plutos Umlaufbahn unterscheidet sich sehr von der anderer Planeten. Seine Bahn bildet einen lang gestreckten Kreis, den man exzentrisch nennt. Dadurch ist Pluto zeitweise näher an der Sonne als Neptun. An seinem sonnennächsten Punkt ist er 30-mal so weit von der Sonne entfernt wie die Erde und an seinem entferntesten Punkt 50-mal. Seit seiner Entdeckung 1930 hat Pluto erst ein Drittel seiner Umlaufbahn um die Sonne vollendet.

Der Mantel besteht vorwiegend aus Wassereis.

Großer Gesteinskern

Dünne Eiskruste

Gefrorener Pluto

Pluto ist sogar im Sommer eine tiefgefrorene Welt mit einer Oberflächentemperatur von etwa –230 °C! Das häufigste Gas in seiner dünnen Atmosphäre ist Stickstoff. Während er sich in seinem 200 Jahre langen Winter von der Sonne entfernt, gefriert seine Atmosphäre und bedeckt die Oberfläche mit Methan- und Stickstoffeis.

PLUTO UND DANACH

PLUTO IN ZAHLEN

- **Mittlerer Abstand zur Sonne** 5,9 Mrd. km
- **Oberflächentemperatur** −230 °C
- **Durchmesser** 2304 km
- **Länge eines Tags** 6,4 Erdtage
- **Länge eines Jahrs** 248 Erdjahre
- **Anzahl der Monde** 5
- **Schwerkraft an der Oberfläche (Erde = 1)** 0,06
- **Größenvergleich**

DER KUIPERGÜRTEL

Pluto zählt zu den größten der viele Millionen Objekte aus einem Gebiet jenseits von Neptun, das man Kuipergürtel nennt. Seine Objekte sind eisige Überreste aus der Entstehungszeit der Planeten vor 4,5 Mrd. Jahren. Wenn sich diese der Sonne nähern, werden sie vermutlich zu kurzperiodischen Kometen, die regelmäßig das innere Sonnensystem besuchen.

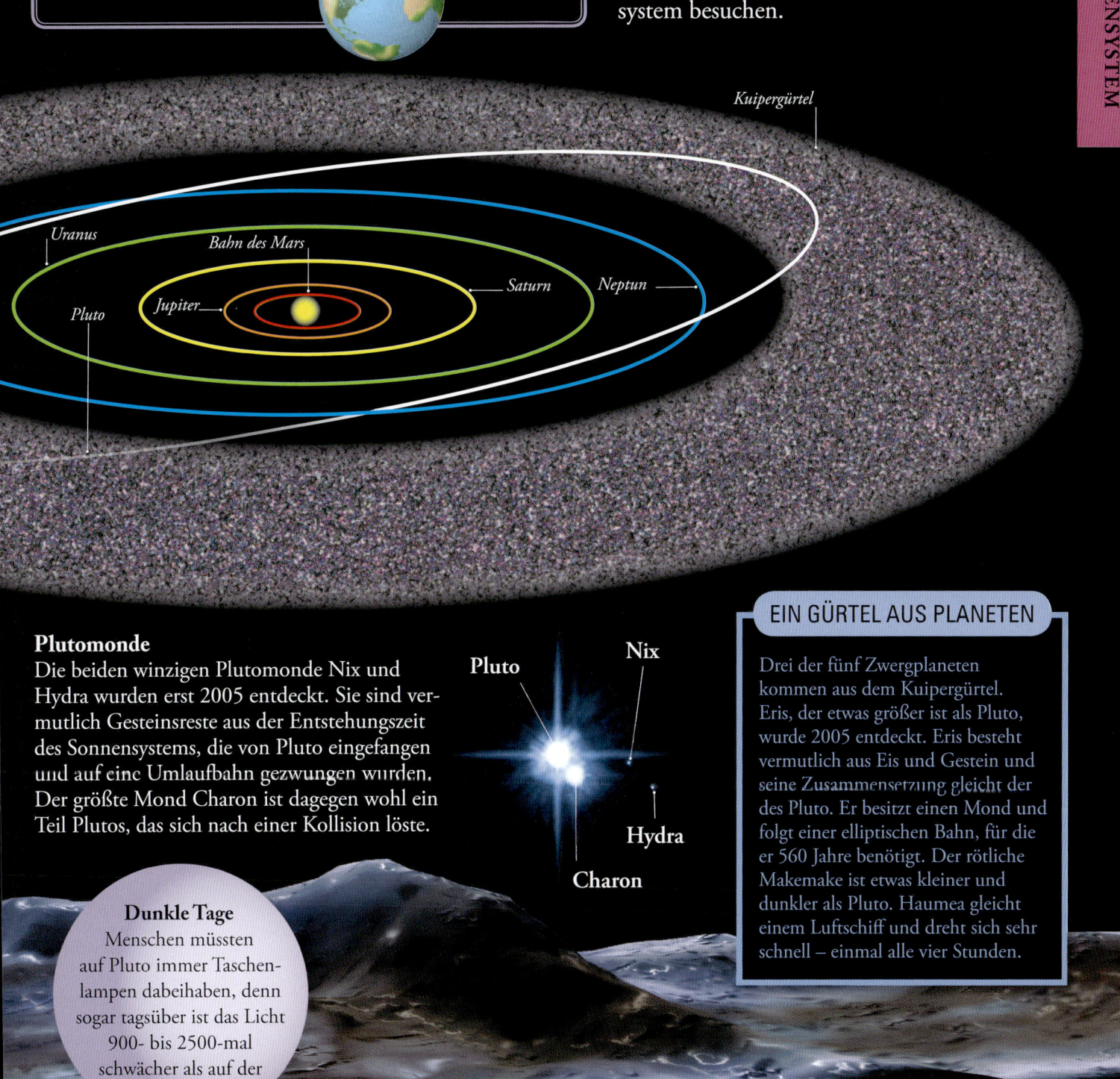

DAS SONNENSYSTEM

Kuipergürtel

Uranus
Bahn des Mars
Saturn
Neptun
Pluto
Jupiter

Plutomonde

Die beiden winzigen Plutomonde Nix und Hydra wurden erst 2005 entdeckt. Sie sind vermutlich Gesteinsreste aus der Entstehungszeit des Sonnensystems, die von Pluto eingefangen und auf eine Umlaufbahn gezwungen wurden. Der größte Mond Charon ist dagegen wohl ein Teil Plutos, das sich nach einer Kollision löste.

Pluto **Nix** **Hydra** **Charon**

EIN GÜRTEL AUS PLANETEN

Drei der fünf Zwergplaneten kommen aus dem Kuipergürtel. Eris, der etwas größer ist als Pluto, wurde 2005 entdeckt. Eris besteht vermutlich aus Eis und Gestein und seine Zusammensetzung gleicht der des Pluto. Er besitzt einen Mond und folgt einer elliptischen Bahn, für die er 560 Jahre benötigt. Der rötliche Makemake ist etwas kleiner und dunkler als Pluto. Haumea gleicht einem Luftschiff und dreht sich sehr schnell – einmal alle vier Stunden.

Dunkle Tage

Menschen müssten auf Pluto immer Taschenlampen dabeihaben, denn sogar tagsüber ist das Licht 900- bis 2500-mal schwächer als auf der Erde.

Kometen

Immer wieder erscheinen seltsame Objekte mit einem Schweif am Nachthimmel. Das sind Kometen, große Brocken aus Eis und Staub auf ihrem Weg zur Sonne. Weit jenseits der Umlaufbahn des Pluto kreisen Milliarden Kometen um die Sonne.

Kollisionskurs
Manchmal wird ein Komet aus seiner Bahn geworfen, sodass er Kurs auf das innere Sonnensystem nimmt. Wenn er die Erde träfe, könnte das große Zerstörungen verursachen. Doch ein Einschlag ist sehr unwahrscheinlich!

SCHMUTZIGE SCHNEEBÄLLE

Der Kern eines Kometen besteht aus zusammengeklumptem Wassereis und Gesteinsstaub. Wenn sich der Komet erwärmt, gibt der Kern Gas und Staub ab. Sie bilden eine Wolke, die man Koma nennt. In Sonnennähe bilden sich auch zwei Schweife, die Millionen Kilometer lang sind. Der bläuliche Gasschweif und der weiße Staubschweif zeigen immer von der Sonne weg.

- Der Kern besteht aus Eis und Staub.
- Schwarze Kruste aus Kohlenstoff
- Die helle Seite zeigt zur Sonne.
- Gekrümmter Staubschweif
- Gasschweif
- Perihel
- Große Schweife in Sonnennähe
- Sonne
- Die Schweife wachsen, wenn sich die Kometen der Sonne nähern.
- Aphel (sonnenfernster Punkt)
- Kometenkern
- Strahlen aus Gas und Staub

LEBENSLAUF

Ein Komet verbringt den größten Teil seines Lebens in gefrorenem Zustand. Erst wenn er sich der Sonne nähert, erwärmt er sich und wird aktiv. Die Koma ist am Perihel (sonnennächster Punkt) am größten, wenn der Kern am meisten Gas und Staub ausströmt. Ein Komet wird bei jedem Sonnenumlauf etwas kleiner, sodass er nach Jahrtausenden vollständig verdampft sein kann.

Komet Hale-Bopp
Jedes Jahr werden neue Kometen entdeckt, doch nur wenige sieht man ohne ein großes Teleskop. Manchmal erscheint aber auch ein sehr heller Komet am Himmel wie 1997 Hale-Bopp, der nach seinen Entdeckern Alan Hale und Tom Bopp benannt wurde. Millionen Menschen beobachteten den Kometen mit bloßem Auge.

Halleyscher Komet

Der Halleysche Komet ist der berühmteste und nach Edmund Halley benannt. Der erkannte als Erster, dass die Kometen der Jahre 1531, 1607 und 1682 dasselbe Objekt waren. Halley berechnete, dass der Komet alle 76 Jahre wiederkehren müsse. Seine erneute Rückkehr sagte er korrekt für die Jahre 1758/1759 vorher. Viele Kometen kreisen wie der Halleysche Komet in entgegengesetzter Richtung zu den Planeten um die Sonne.

▶ **BÖSES OMEN**
Der Teppich von Bayeux zeigt Halley, der 1066 vor der Schlacht von Hastings erschien.

Beeindruckende Schweife

Manche Kometen bilden erstaunliche Schweife, die sich wie Fächer ausbreiten. Der Komet McNaught war der hellste Komet seit mehr als 40 Jahren und bot im Frühjahr 2007 ein beeindruckendes Schauspiel über der Südhalbkugel. Der verdampfte Staub bildete einen breiten, fächerartigen Schweif, der sogar tagsüber sichtbar war. Viele hielten ihn für eine Explosion oder eine geheimnisvolle Wolke.

DAS SONNENSYSTEM

LEICHT ZERSTÖRBAR

Ein Kometenkern ist nicht sehr stabil und bricht manchmal in kleinere Stücke. Der Komet Shoemaker-Levy 9 zerbrach 1994 durch die Schwerkraft des Jupiters in 21 Teile. Bruchstücke stürzten in den Planeten und hinterließen Krater auf seiner Oberfläche. Andere Kometen zerbrachen in Sonnennähe. Der Komet Schwassmann-Wachmann 3 zerfiel 1995 in fünf große Stücke. Diese teilen sich in immer kleinere Trümmer auf, sodass er sich bald ganz aufgelöst haben wird.

Kometenbruchstücke hinterließen auf der Jupiteroberfläche Narben.

▶ **IN VIELE TEILE** *zerbrach der Komet Shoemaker-Levy.*

Oortsche Wolke

Vermutlich Milliarden Kometen existieren in der nach Jan Oort benannten Oortschen Wolke. Diese riesige kugelförmige Wolke befindet sich weit jenseits von Pluto und mehr als 1 Lichtjahr von der Sonne entfernt. Die Kometen hier verbringen den größten Teil ihres Lebens in gefrorenem Zustand. Gelegentlich wird ein Komet durch einen vorbeiziehenden Stern auf eine neue Bahn zur Sonne geworfen. Dort bildet er seine Schweife und wird sichtbar. Der Komet Hyakutake, einer der hellsten des späten 20. Jh., wird erst in 14 000 Jahren zu uns zurückkehren.

Professor Jan H. Oort

▶ **STERNSCHLAG**
Ein Stern nähert sich der Oortschen Wolke und wirft einen Kometen auf eine neue Bahn.

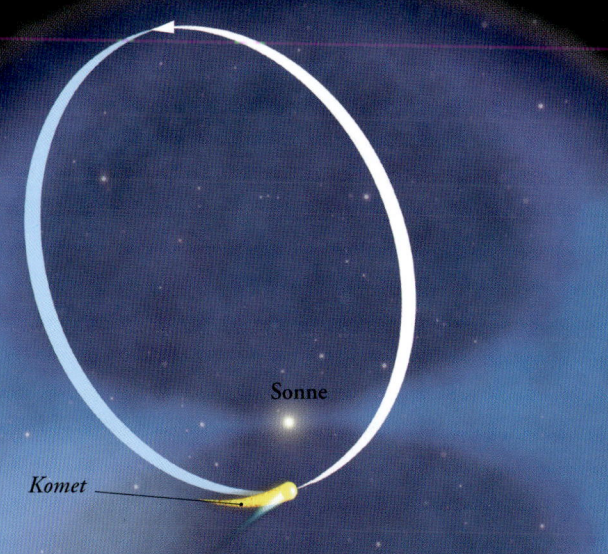

Sonne

Komet

Kometenmissionen

Einst hielt man Kometen für geheimnisvolle Besucher des Sonnensystems. Doch seit 1986 erforschen Raumsonden auch Kometen. Sie fliegen an ihnen vorbei, sammeln Staubproben, landen auf Kometenkernen und zerschellen gezielt auf ihnen.

Reserveantenne

Parabol-Hauptantenne

Modell der Raumsonde *Giotto*

Giotto

Die erste Nahaufnahme eines Kometenkerns machte die Raumsonde *Giotto* (ESA). Sie flog 1986 in einem Abstand von weniger als 600 km am Halleyschen Kometen vorbei. Ihre Bilder zeigten ein schwarzes, kartoffelförmiges Objekt mit Gas- und Staubstrahlen. *Giotto* wurde nach dem Einschlag eines schnell fliegenden, großen Staubkorns beschädigt. Nach der Reparatur wurde sie reaktiviert und besuchte als erste Raumsonde einen zweiten Kometen – sie flog 1992 in nur 200 km Abstand am Kometen Grigg-Skjellerup vorbei.

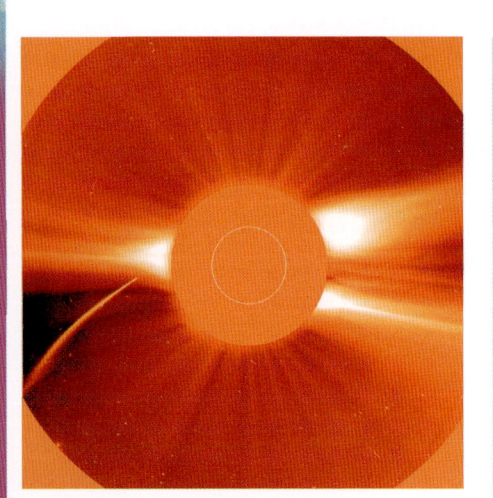

▲ **HALLEYS KERN** *Die Raumsonde* Giotto *sandte am 14. März 1986 auf ihrem Vorbeiflug am Halleyschen Kometen 2333 Bilder zur Erde.*

SOHO spürt Kometen auf

Die Raumsonde SOHO (ESA und NASA) erforscht die Sonne und kann den Sonnenglanz ausblenden. Dabei entdeckte sie viele Kometen, die der Sonne zu nah kamen (und normalerweise in sie fallen). SOHO hat seit 1996 fast 1700 Kometen entdeckt.

STARDUST

- Die Raumsonde *Stardust* der NASA startete im Februar 1999 zum Kometen Wild 2. *Stardust* sammelte Staubproben des Kometen ein. Die Teilchen wurden in Aerogele verpackt und für die Analyse zur Erde zurückgebracht.
- Im Januar 2004 flog *Stardust* in einem Abstand von 236 km an Wild 2 vorbei. Ihre Aufnahmen zeigten, dass sich der Komet deutlich vom Kometen Borrelly und dem Halleyschen Kometen unterschied. Obwohl sein ovaler Kern nur 5 km groß war, besaß seine Oberfläche Klippen und Erhebungen über 100 m Höhe. Die bemerkenswertesten Merkmale aber waren kreisrunde Krater, die Durchmesser von bis zu 1,6 km und Tiefen von 150 m aufwiesen.

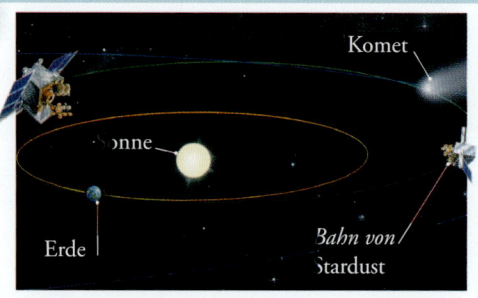

▲ **UNTERWEGS** *Diese Computergrafik zeigt* Stardust *auf seiner Mission zum Kometen Wild 2. Sie fliegt nun zum Kometen Tempel 1.*

◄ **LEICHT WIE LUFT** *Aerogele bestehen zu 99,8 % aus Luft und sind das einzige Material, um schnelle Kometenteilchen aufzufangen, ohne sie zu zerstören.*

KOMETENMISSIONEN

Deep Space 1
Die Raumsonde *Deep Space 1* der NASA startete im Oktober 1998. Sie flog im September 2001 in 2200 km Abstand am Kometen Borrelly vorbei und sandte die bis dahin besten Aufnahmen eines Kometenkerns zur Erde. Der Kern ist etwa 8 km lang und 4 km breit. Er erwies sich als das schwärzeste Objekt des Sonnensystems, das weniger als 3 % des empfangenen Lichts reflektiert.

SCHNAPPSCHUSS
Mehrere Aufnahmen von *Deep Space 1* wurden hier kombiniert und zeigen Koma, Staubstrahlen und Kern (schwarz) des Kometen Borrelly.

▲ AUSBRUCH *Diese Aufnahme (*Hubble*) zeigt den Ausbruch von Eisteilchen am Kometen Tempel 1.*

Komet Tempel 1

Einschlagstelle

Landung auf einem Planetoiden
NEAR-*Shoemaker* landete als erste Raumsonde auf einem Planetoiden. Sie setzte am 12. Februar 2001 auf Eros auf und sandte Daten und Bilder zur Erde. NEAR wurde am 28. Februar 2001 abgeschaltet und bleibt auf Eros.

NEAR-Shoemaker *misst bis zur Spitze seiner Antenne 2,8 m.*

Deep Impact
Die Mission Deep Impact erforschte den Aufbau des Kometen Tempel 1 durch Kollision mit dem Himmelskörper. Ein von der Raumsonde freigesetzter Impaktor schlug auf dem Kern auf und explodierte dabei. Der Aufprall setzte eine gewaltige Wolke aus Eis und Staub frei und schuf einen mittelgroßen Krater. Der Kometenkern ist 5 km lang und 7 km breit.

Rosetta
Rosetta zählt zu den ehrgeizigsten Kometenmissionen. Die Raumsonde der Europäischen Weltraumagentur besteht aus einem Orbiter und dem kleinen Landefahrzeug *Philae*. Es sollen mehr als 20 Experimente durchgeführt werden, um den Kometen Tschurjumow-Gerasimenko genau zu erforschen. Am 2. März 2004 gestartet, kann die Sonde ihr Ziel erst in zehn Jahren erreichen. Aus einer niedrigen Umlaufbahn wird sie 2014 *Philae* zur Landung auf der Kometenoberfläche freisetzen.

▲ PHILAE *Die Computergrafik zeigt das Landefahrzeug* Philae *auf der Oberfläche des Kometen Tschurjumow-Gerasimenko.*

DAS SONNENSYSTEM

Meteore

Fast jede Nacht sieht man am Himmel, wie Lichtschweife kurz aufleuchten. Diese Meteore, die man auch Sternschnuppen nennt, erscheinen plötzlich und leuchten weniger als eine Sekunde lang. Es handelt sich um Staubteilchen aus dem All, die in der oberen Atmosphäre verbrennen – bei etwa 54 000 km/h.

> ### METEORSCHAUER
> Viele Meteorschauer erscheinen jedes Jahr zur gleichen Zeit. Nachfolgend einige Schauer und die Sternbilder, aus denen sie zu kommen scheinen:
> - **Quadrantiden**, früher Januar, Bärenhüter
> - **Lyriden**, Mitte April, Leier
> - **Aquariden**, später Juni, Wassermann
> - **Capricorniden**, später Juni, Steinbock
> - **Perseiden**, Mitte August, Perseus
> - **Orioniden**, später Oktober, Orion
> - **Leoniden**, Mitte November, Löwe
> - **Geminiden**, Mitte Dezember, Zwillinge

METEORSCHAUER

Meteore beobachtet man am besten während der jährlichen Meteorschauer. Sie erscheinen jedes Jahr zum gleichen Zeitpunkt, wenn die Erde die Staubbahn eines Kometen kreuzt. Besonders beeindruckend sind die Schauer, deren Kometen das innere Sonnensystem gerade erreicht haben.

METEORE

IM BLICKPUNKT: METEORE AUF DEM MOND

Meteore kommen auch auf anderen Welten wie Mond und Mars vor. Der Mars besitzt eine dünne Atmosphäre und Meteore erscheinen auch dort als Sternschnuppen. Der Mond hat jedoch keine Atmosphäre, sodass Meteore nicht verglühen. Sie schlagen stattdessen auf der Oberfläche ein und explodieren, sodass man den Lichtblitz in 400 000 km Entfernung auf der Erde sieht. Jede Explosion entspricht 45 kg Dynamit. Wenn der Mond die Staubbahn eines Kometen kreuzt, kann man etwa einen Lichtblitz pro Stunde sehen.

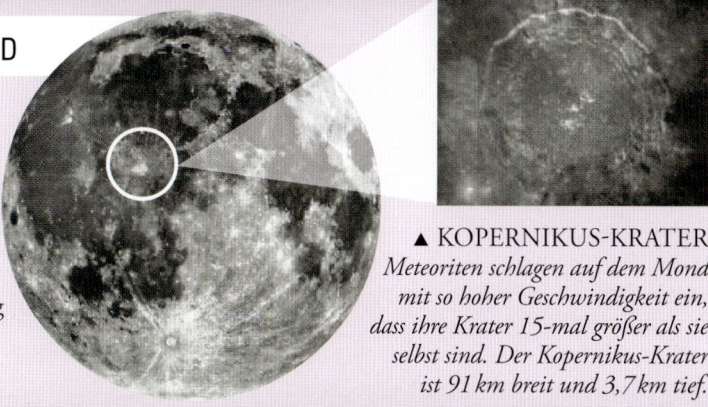

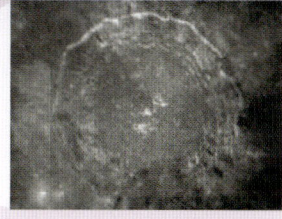

▲ **KOPERNIKUS-KRATER**
Meteoriten schlagen auf dem Mond mit so hoher Geschwindigkeit ein, dass ihre Krater 15-mal größer als sie selbst sind. Der Kopernikus-Krater ist 91 km breit und 3,7 km tief.

DAS SONNENSYSTEM

▲ NAMEN *Meteorschauer sind nach dem Sternbild benannt, aus dem sie zu kommen scheinen. Die Perseiden sind nach dem Sternbild Perseus benannt.*

Die Leoniden

Chinesische Astronomen beschrieben um 902 als Erste die Leoniden, die aus dem Sternbild Löwe (Leo) zu kommen scheinen. Dieser Schauer erscheint jedes Jahr Mitte November. Dann sind manchmal 10–15 Meteore pro Stunde sichtbar. Ungefähr alle 33 Jahre erscheinen sogar Tausende Leoniden stündlich. Obwohl die meisten Meteoroiden nicht größer als ein Sandkorn sind, können manche Schauer so aktiv sein, dass es wie Schneefall aussieht.

Sternspur

Meteor

▲ **ZAHLREICHE LEONIDEN**
Dieser Leonidenschauer erschien im November 2001 über Korea.

Feuerkugeln

Extrem helle Meteore nennt man auch Feuerkugeln. Das sind kleine Gesteinsbrocken, die beim Eintritt in die Erdatmosphäre sehr heiß werden und hell verglühen. Einige Feuerkugeln sind so hell, dass man sie sogar tagsüber sieht, oder sie erzeugen einen Überschallknall (wie ein Flugzeug, das die Schallmauer durchbricht), der Häuser erschüttert. Manchmal explodieren sie und streuen kleine Meteoriten aus.

▲ SCHNELLER FLUG *Diese Leonidenfeuerkugel rast mit 70 km/s zur Erde.*

Meteoriten

Jedes Jahr erreichen etwa 200 000 Tonnen kosmischer Staub als Meteore die Erdatmosphäre. Einige sind zu groß, um in der Atmosphäre zu verglühen, und fallen als Meteoriten auf die Erde. Die meisten Meteoriten sind Bruchstücke von Planetoiden, die im Weltraum kollidierten.

EINSCHLAGKRATER

Wenn ein Meteorit oder Planetoid einschlägt, kann ein Krater entstehen.

▲ DER METEORIT schlägt auf dem Boden ein und verdampft durch Hitze.

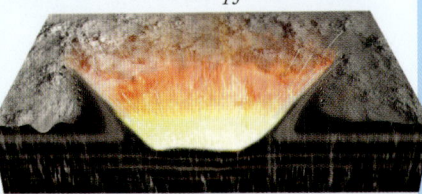

▲ DURCH DIE ENERGIE des Aufpralls wird Gestein hochgeschleudert.

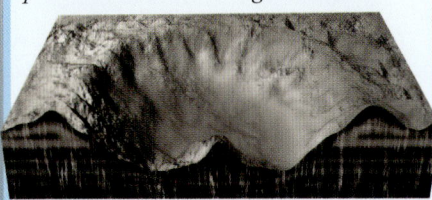

▲ GROSSE EINSCHLÄGE führen zur Bildung eines Zentralbergs.

▲ WO LIEGT HOBA? Meteoriten werden meist nach ihrem Fundort benannt. Hoba heißt eine Farm bei Grootfontein (Namibia).

MÄCHTIGER HOBA

Der Hoba-Meteorit ist der größte Meteorit auf der Erde. Der Eisenmeteorit schlug wohl vor weniger als 80 000 Jahren ein. Er liegt auf der Hoba-Farm, wo er 1920 gefunden wurde. Der 60 000 kg schwere Meteorit erzeugte erstaunlicherweise beim Aufprall keinen Krater. Vermutlich traf er in einem flachen Winkel auf die Atmosphäre und wurde durch den Luftwiderstand abgebremst.

Was ist was?
- *Meteoroid* Ein Bruchstück eines Planetoiden oder Kometen.
- *Meteor* Ein Meteoroid, der in die Erdatmosphäre eintritt und dort verglüht.
- *Meteorit* Ein Meteoroid, der auf der Erde aufschlägt.

Meteorkrater

Mehr als 100 Einschlagkrater wurden auf der Erde entdeckt. Einer der jüngsten Krater liegt in Arizona (USA). Dieser Krater, den man auch Barringer-Krater nennt, entstand vermutlich vor etwa 50 000 Jahren durch einen 270 000 t schweren Eisenmeteoriten. Der Krater ist 1200 m breit, 183 m tief und von einem 45 m hohen Kraterwall aus losem Gestein umgeben.

IM BLICKPUNKT: DIE ARTEN

Meteoriten sind Reste aus der Entstehungszeit des Sonnensystems vor 4,5 Mrd. Jahren. Von den drei verschiedenen Arten kommen Steinmeteoriten am häufigsten vor, sie zerbrechen jedoch häufig beim Aufprall. Eisenmeteoriten sind weniger häufig, aber sie sind sehr hart und brechen nicht. Steineisenmeteoriten sind eine Mischung der ersten beiden Arten. Meteoriten besitzen meist eine schwarze Kruste, die sich durch die Hitze in der Atmosphäre bildet.

Eisenmeteorit   Steineisenmeteorit   Steinmeteorit

Tagish-Lake-Meteorit
Dieser seltene Meteorit fiel 2000 auf die gefrorene Fläche des Tagish Lake (Kanada). Der zerbrechliche, holzkohlenartige Meteorit enthält viel Kohlenstoff und Spuren des ältesten Materials im Sonnensystem.

DAS SONNENSYSTEM

Meteoriten *auf dem* Mars ...
Meteoriten fallen auch auf andere Welten. Der Rover *Opportunity* hat mehrere Meteoriten auf der Marsoberfläche entdeckt. Den größten fand er auf der Hochebene Meridani Planum im Juli 2009. Der Block Island genannte Meteorit besteht aus Eisen und Nickel und liegt wohl seit Millionen Jahren auf dem Mars.

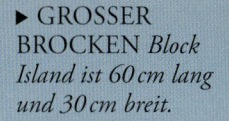

▶ GROSSER BROCKEN *Block Island ist 60 cm lang und 30 cm breit.*

... und Meteoriten *vom* Mars
Von den etwa 24 000 Meteoriten, die man bis heute auf der Erde gefunden hat, stammen 34 vom Mars. Diese Gesteinsbrocken wurden vor langer Zeit nach großen Einschlägen ins All geschleudert und kreisten dort vielleicht Millionen Jahre, bevor sie auf die Erde fielen. Obwohl niemand ihren Einschlag beobachtet hatte, kennt man ihre Herkunft. Sie enthalten nämlich genau die Gase, die man auch auf dem Mars entdeckt hat. Bei über 130 Meteoriten zeigten Gesteinsproben, dass sie vom Mond stammen.

Meteorit NWA 2626

▲ KRISTALLE *Der Meteorit NWA 2626, der im November 2004 in Algerien gefunden wurde, stammt vom Mars. Er enthält große Kristalle und Glasadern.*

Spur einer Feuerkugel

SCHNAPPSCHUSS

Der Meteoroid 2008 TC3 war der erste, der beobachtet wurde, BEVOR er auf die Erde traf. Astronomen konnten vorhersagen, wann und wo er in die Erdatmosphäre eintreten würde: am 7. Oktober 2008 über dem Sudan.

FÜR TENNISSPIELER
Der Barringer-Krater fasst mehr als 2000 Tennisplätze!

Leben auf anderen Welten

Leben findet man erstaunlicherweise sogar im Gestein, in Vulkanschloten oder der Antarktis. Auch auf anderen Welten des Sonnensystems könnten einfache Organismen existieren – sofern dort lebenswichtige Substanzen vorhanden sind.

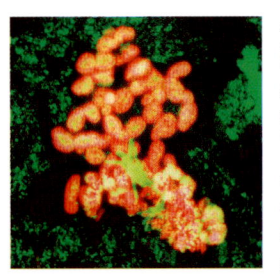

◀ ZUTATEN FÜR DAS LEBEN *Leben scheint an Orten möglich zu sein, die Wasser und eine Energiequelle bieten. Dieser Schleimpilz lebt auf Gestein und ernährt sich davon.*

LEBEN VOM MARS

- Der Mars ist heute eine gefrorene Wüste, aber vor langer Zeit war er vermutlich warm und feucht genug für Lebewesen. Raumsonden orteten Wassereis auf dem Mars, aber keine Anzeichen für Leben. Doch in einem 16 Mio. Jahre alten Meteoriten vom Mars, der 1984 in der Antarktis gefunden wurde, entdeckte man Hinweise auf Leben.

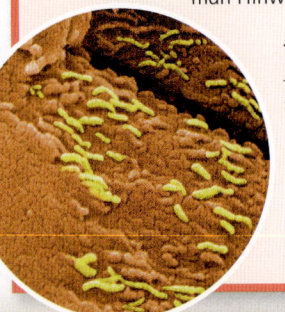

◀ MIKROLEBEN *In dem Meteoriten vom Mars befinden sich Strukturen und Magnetitkristalle, die bestimmten Bakterien zugeordnet werden können.*

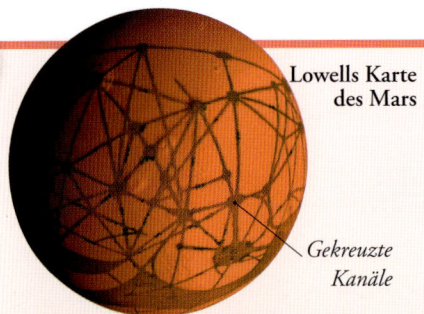

Lowells Karte des Mars

Gekreuzte Kanäle

- Im 19. Jh. glaubten Astronomen, Pflanzenwuchs auf dem Mars zu erkennen. Einige meinten sogar, Kanäle auf seiner Oberfläche zu sehen. Percival Lowell erstellte eine Karte des Mars mit einem Netzwerk aus Kanälen, die Marsbewohner zur Bewässerung ihrer Wüsten gebaut haben sollen. Raumsonden zeigten, dass diese Kanäle nicht existieren.

- Eine Aufnahme der Raumsonde *Viking* zeigte 1976 ein geheimnisvolles menschliches Gesicht auf dem Mars. Einige hielten es für den Beweis einer Zivilisation auf dem Mars. Als der *Mars Reconnaissance Orbiter* 20 Jahre später bessere Bilder desselben Orts aufnahm, entpuppte sich das Gesicht als eine Täuschung.

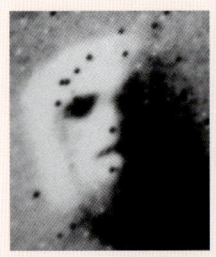

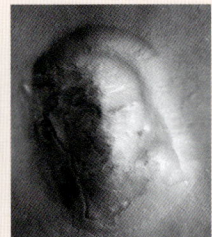

Das Gesicht von 1976 – verschwand 2007.

Leben in den Wolken

Der Gasriese Jupiter besitzt keine feste Oberfläche oder Meere aus Wasser, aber Forscher vermuteten, dass Lebensformen in den Wolken existieren könnten. Diese Lebensformen würden nur in der oberen Atmosphäre überleben, weil Druck und Temperatur in der unteren zu hoch sind. Raumsonden fanden jedoch keine Beweise für Leben.

▲ LEBEN IN LUFT *Würden sich außerirdische Lebensformen auf Gasriesen wie Quallen oder Rochen in den Weltmeeren verhalten?*

LEBEN AUF ANDEREN WELTEN

EUROPA

Der eisbedeckte Jupitermond Europa wäre am ehesten geeignet für außerirdisches Leben. Unter seiner Oberfläche aus Eis befindet sich vermutlich ein Meer, auf dessen Boden sich möglicherweise heiße, hydrothermale Schlote befinden. Solche Schlote beherbergen auf der Erde seltsame Lebewesen. Und sie sind vermutlich die Orte, an denen das Leben auf unserem Planeten einst entstand.

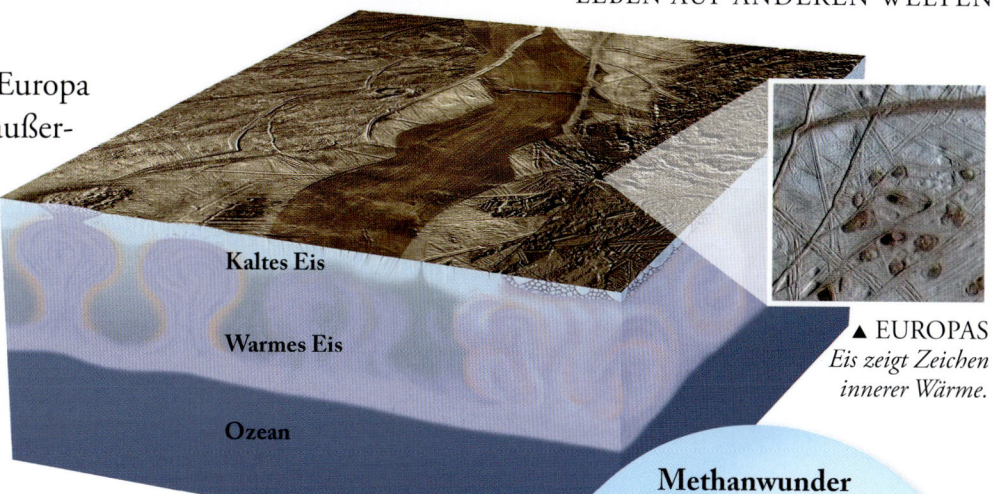

Kaltes Eis

Warmes Eis

Ozean

▲ WAS LIEGT DARUNTER? *Obwohl die Oberfläche bei –170 °C gefroren ist, hat Wärme, die durch die Schwerkraft Jupiters entsteht, vermutlich ein verborgenes Meer geschaffen, in dem es Leben geben könnte.*

▲ EUROPAS *Eis zeigt Zeichen innerer Wärme.*

DAS SONNENSYSTEM

Methanwunder

Eine neue Tausendfüßerart wurde 1997 entdeckt. Sie lebt im Golf von Mexiko am Meeresboden in Säulen aus Methaneis. Wenn dieses Tier auf der Erde in Methan überlebt, könnten vielleicht auch im All Tiere in Methan überleben.

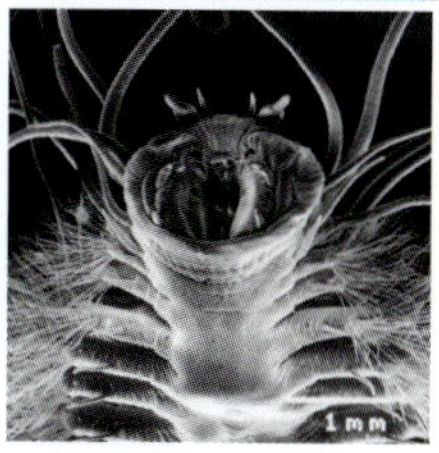

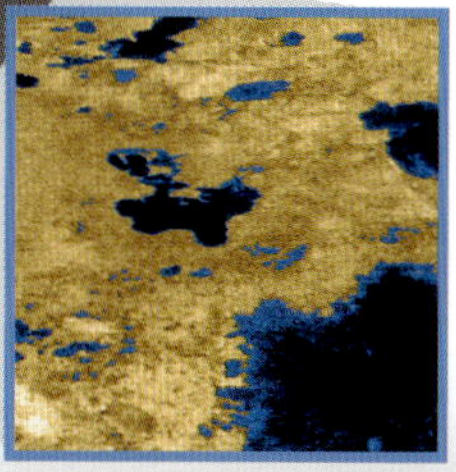

Welch eine Atmosphäre!

Der größte Saturnmond Titan hat eine dichte Atmosphäre – sie gleicht vermutlich jener auf der Erde, als sich das Leben entwickelte. Titan besitzt die notwendigen Substanzen für Leben wie Wassereis und Kohlenstoffverbindungen, die Seen auf Titans Oberfläche bilden. Seine Oberflächentemperatur ist jedoch viel zu kalt für Lebewesen. Aber Vorstufen des Lebens könnten tief in verborgenen Seen aus flüssigem Wasser oder Ammoniak existieren.

▶ WASSER DES LEBENS? *Diese auf Radaraufnahmen basierende Falschfarbenkarte zeigt Seen aus flüssigem Methan auf Titan.*

TERRAFORMING

Die NASA glaubt, dass es möglich ist, leblose Planeten in bewohnbare erdähnliche Himmelskörper umzuwandeln. Diese Umformung bezeichnet man als Terraforming. Den Mars könnte man umwandeln, vielleicht auf folgende Weise:

▶ STUFE 1
Ausreichend Wärme schmilzt das gefrorene Wasser und Kohlendioxid auf dem Mars.

▶ STUFE 2
Gibt es genügend Wasser, kann man Mikroorganismen und Pflanzen von der Erde einsetzen, die Sauerstoff zum Atmen in die Luft abgeben.

Weltraumkolonien

Keine Welt des Sonnensystems außer der Erde ist bewohnt. In der Zukunft sollen aber Kolonien auf anderen Welten errichtet werden. Eine Mondkolonie könnte als Ausgangsstation für die weitere Erforschung des Alls dienen.

▲ BESTER ORT *Das Südpolargebiet des Monds, in dem Wasser vorkommt, ist für eine Station geeignet. Mit Sonnenenergie wird Wasser in Sauerstoff zum Atmen und Wasserstoff für den Raketenantrieb gespalten.*

DIE ERDE

DIE ERDE

Unsere Erde ist unvergleichlich. Sie ist der einzige bekannte Himmelskörper, der die Bedingungen für die Existenz von Leben bietet – und sie erweist sich als ein sehr erstaunlicher Planet.

Einzigartige Erde

Die Erde ist ein unvergleichlicher Planet – die einzige bekannte Welt, auf der Leben existiert. Sie besitzt flüssiges Wasser und ausreichend Sauerstoff. Ihre dicke Atmosphäre schützt sie vor Strahlungen und Meteoriten und ihr Magnetfeld lenkt gefährliche Teilchenströme der Sonne ab.

Die Gesteinskruste der Erde ist unter den Meeren nur etwa 6,5 km und unter den Landmassen ungefähr 35 km dick.

DIE ERDE IN ZAHLEN

- **Mittlerer Abstand zur Sonne** 150 Mio. km
- **Mittlere Oberflächentemperatur** 15 °C
- **Durchmesser** 12 734 km
- **Länge eines Tags** 24 Stunden
- **Länge eines Jahrs** 365,26 Tage
- **Anzahl der Monde** 1
- **Schwerkraft an der Oberfläche** 1

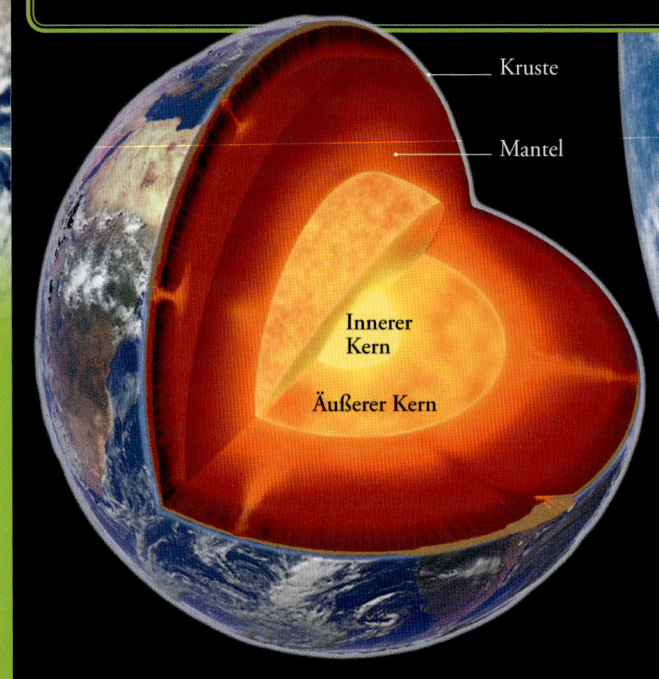

Kruste
Mantel
Innerer Kern
Äußerer Kern

Die Atmosphäre ist eine Gashülle, die die Erde umgibt. Sie besteht hauptsächlich aus Stickstoff (78 %), Sauerstoff (21 %) und Argon (1 %).

Die Antarktis speichert 90 % der weltweiten Eis- und 70 % der Süßwasservorräte. Wenn ihr ganzes Eis schmelzen würde, stiege der Meeresspiegel um mehr als 60 m an.

AUFBAU DER ERDE

Die Erde besitzt die höchste Dichte aller Planeten des Sonnensystems, weil ihr Kern vorwiegend aus Eisen besteht. Durch den sehr hohen Druck ist ihr innerer Kern auch bei 6000 °C fest. Der äußere Kern besteht aus geschmolzenem Metall. Den Mantel um den Kern bildet eine dicke Schicht aus zum Teil geschmolzenem Gestein. Auf dem Mantel schwimmt eine dünne Kruste aus Gesteinen.

EINZIGARTIGE ERDE

Die bewohnbare Zone

Die Erde befindet sich genau in dem Abstand zur Sonne, in dem flüssiges Wasser existiert. Bei kleinerem Abstand würden die Meere verdampfen, während sie bei größerem gefrieren würden. Flüssiges Wasser ist lebensnotwendig – ohne Wasser kein Leben. Der Bereich des Sonnensystems, in dem die Bedingungen für Leben geeignet sind, nennt man die bewohnbare Zone. Die Erde ist der einzige Planet in dieser Zone.

Wasser bedeckt mehr als zwei Drittel der Erdoberfläche. Etwa 97 % dieses Wassers bildet als Salzwasser die Weltmeere.

▲ **GESCHÄTZTE HEIMAT**
Die Erde liegt in dem schmalen Bereich, in dem Wasser flüssig vorkommt. Unsere Nachbarplaneten liegen außerhalb dieser Zone – die heiße Venus ist zu nah an der Sonne, der kalte Mars zu weit entfernt.

DIE ERDE

MAGNETFELD

Die Erde hat ein starkes Magnetfeld, das sich als riesige Hülle um den Planeten ausbreitet. Das Magnetfeld erstreckt sich von der Erdoberfläche über 64 000 km in Richtung Sonne und noch weiter in andere Richtungen. Es schützt normalerweise Satelliten und Astronauten, die sich in ihm aufhalten, vor dem Teilchenstrom der Sonne. Massive Sonneneruptionen schwächen es, sodass heftiges Weltraumwetter Stromversorgung und Kommunikation unterbrechen kann.

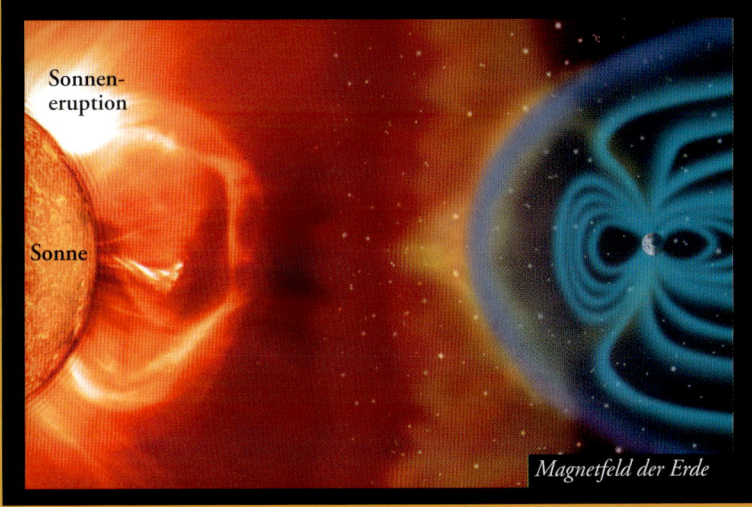

Sonneneruption

Sonne

Magnetfeld der Erde

IM BLICKPUNKT: POLARLICHTER

Die roten und grünen Lichtvorhänge, die am Nachthimmel über dem Nord- und Südpol erscheinen, nennt man Nordlichter (Aurora borealis) und Südlichter (Aurora australis). Polarlichter entstehen durch energiereiche Teilchen der Sonne, die durch das Magnetfeld der Erde strömen, mit Atomen in der oberen Atmosphäre kollidieren und Licht abgeben.

DIE ERDE

DIE ERDE

DER PERFEKTE PLANET

Wir leben auf dem erstaunlichsten Himmelskörper des Weltalls. Trotz aller Anstrengungen, andere bewohnbare Welten zu finden, ist die Erde bis heute der einzige Planet, der geeignete Bedingungen für das Leben bietet. Die Erde hat genau den richtigen Abstand zur Sonne – es ist nicht zu heiß und nicht zu kalt. Der Schlüssel für das Leben ist flüssiges Wasser. Es reguliert das Wetter und lässt Pflanzen wachsen, die Grundlage der Nahrungskette der Tiere. Die Erde besitzt auch als einziger Planet ausreichend Sauerstoff.

Die Jahreszeiten

Wir richten uns nach dem Zeitplan der Erde: Meist stehen wir morgens auf, arbeiten tagsüber und gehen abends schlafen. Es ist die Sonne, die auf der Erde Tag und Nacht erzeugt. Und sie spielt auch eine Rolle bei der Entstehung der Jahreszeiten – von Frühling, Sommer, Herbst und Winter.

ERDE UND MOND

Ein Außerirdischer könnte aus dem All sehen, wie die Erde ihren Umriss ändert. Manchmal erscheint die Erde vollständig beleuchtet als helle, blau-grüne Scheibe, manchmal ist sie nur halb beleuchtet und manchmal liegt sie vollständig im Schatten. Man bezeichnet das als Erdphasen. Von der Erde aus kann man die Phasen des Mondes beobachten.

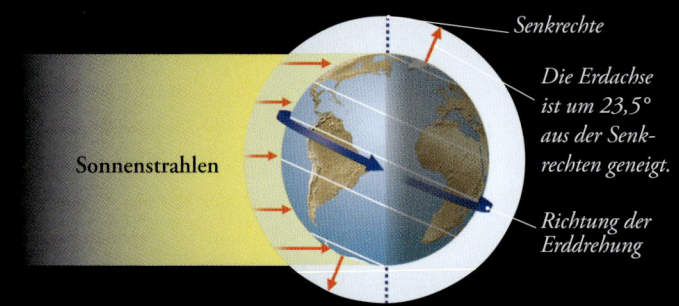

▲ BLICK AUS DEM ALL *Die Erde und der Mond befinden sich im ersten Viertel – halb im Tageslicht und halb im Schatten.*

Sonnenstrahlen

Senkrechte

Die Erdachse ist um 23,5° aus der Senkrechten geneigt.

Richtung der Erddrehung

▲ INTENSITÄT DES SONNENLICHTS *Die Menge des Sonnenlichts, die auf die Erde fällt, wird von der Achsenneigung beeinflusst.*

Tag und Nacht

Weil die Erdachse geneigt ist, ändert sich im Lauf eines Jahrs die Dauer des Tageslichts für alle Menschen, die nicht am Äquator leben. Die Polargebiete erleben extrem lange Tage im Sommer und sehr lange Nächte im Winter. Nördlich und südlich der Polarkreise geht die Sonne im Mittwinter nicht auf oder im Mittsommer nicht unter. Deshalb bezeichnet man bestimmte Gebiete im nördlichen Norwegen und Alaska als „Land der Mitternachtssonne".

▲ MITTERNACHTSSONNE *Diese mehrfach belichtete Aufnahme zeigt, dass sich die Sonne dem Horizont nähert, aber nicht untergeht.*

DIE JAHRESZEITEN

ACHSENNEIGUNG

Die Jahreszeiten auf der Erde entstehen durch die leichte Neigung der Erdachse, durch die eine Halbkugel immer mehr Sonne erhält als die andere. Die Achsen der meisten Planeten sind geneigt. Eine starke Neigung verursacht so seltsame Jahreszeiten wie auf Uranus, wo Sommer und Winter jeweils 21 Jahre dauern.

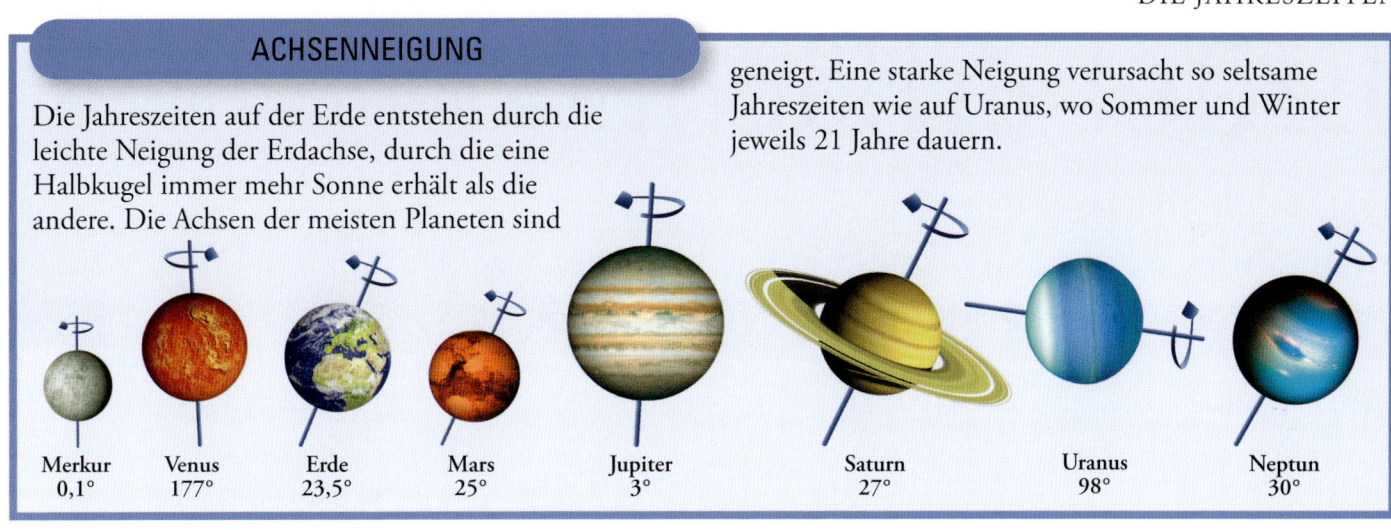

Merkur	Venus	Erde	Mars	Jupiter	Saturn	Uranus	Neptun
0,1°	177°	23,5°	25°	3°	27°	98°	30°

JAHRESZEITEN

Wer nicht am Äquator oder an den Polen lebt, erlebt vier Jahreszeiten – Frühling, Sommer, Herbst und Winter. Am Äquator ändert sich die Dauer des Tageslichts kaum und die Sonne steht hoch am Himmel, sodass es dort immer warm ist. Die Erdachse ist um 23,5° gegenüber der Senkrechten zur Erdumlaufbahn geneigt. Wenn der Nordpol zur Sonne zeigt, herrscht auf der Nordhalbkugel Sommer und Winter auf der Südhalbkugel. Ist der Nordpol von der Sonne weggerichtet, dann ist es Winter auf der Nordhalbkugel und Sommer auf der Südhalbkugel.

▼ DIE VEGETATION *(grün) ändert sich entsprechend der Lichtmenge, die in jeder Jahreszeit auf die Erde fällt.*

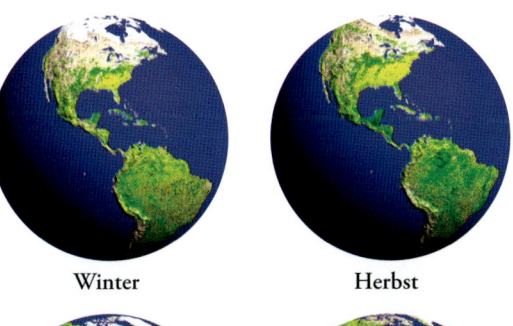

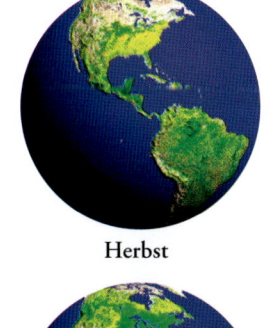

Winter | Herbst
Frühling | Sommer

Auf der Südhalbkugel ist es Sommer, wenn der Südpol zur Sonne zeigt.

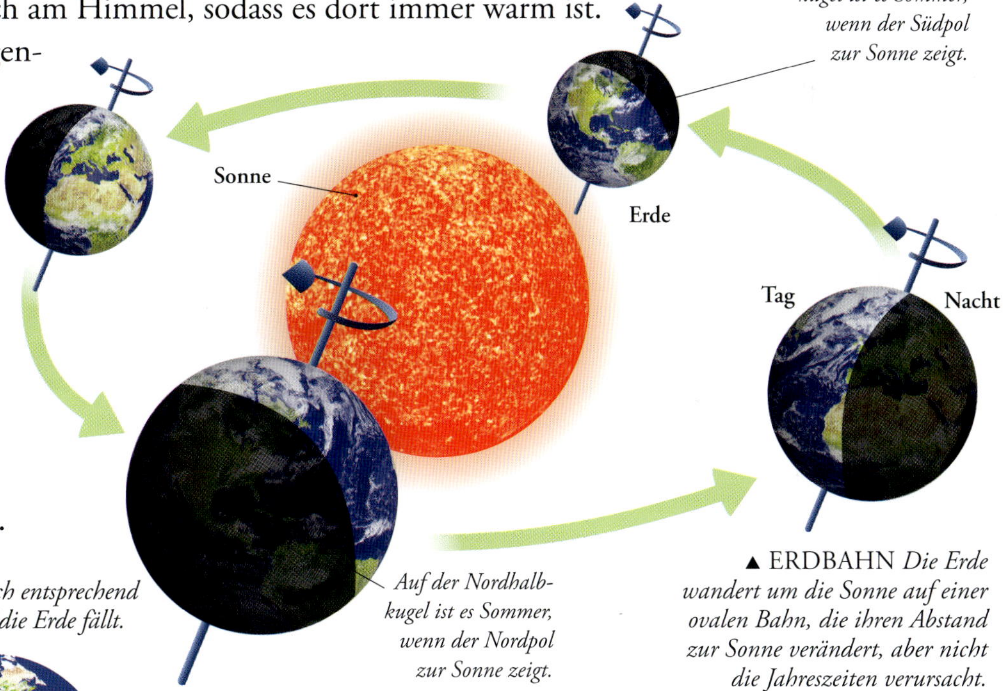

Sonne

Erde

Tag | Nacht

Auf der Nordhalbkugel ist es Sommer, wenn der Nordpol zur Sonne zeigt.

▲ ERDBAHN *Die Erde wandert um die Sonne auf einer ovalen Bahn, die ihren Abstand zur Sonne verändert, aber nicht die Jahreszeiten verursacht.*

Die Sonne und die Jahreszeiten

Die Temperatur auf der Erde wird von der Tageslänge und den Jahreszeiten beeinflusst. Im Sommer steht die Sonne länger und höher am Himmel. Die Atmosphäre absorbiert weniger Wärme, der Boden und die Meere nehmen mehr Wärme auf. Im Winter steht die Sonne niedriger über dem Horizont. In den langen Winternächten entweicht mehr Wärme in den Weltraum, als die Sonne tagsüber abgibt.

▶ MEERESSTRÖMUNGEN *Die Karte zeigt den Einfluss der Sonne auf die Wassertemperatur der Meere. Warmes Wasser (rot) am Äquator kühlt sich (orange, gelb und grün) zu den kalten Polarmeeren (blau) hin ab.*

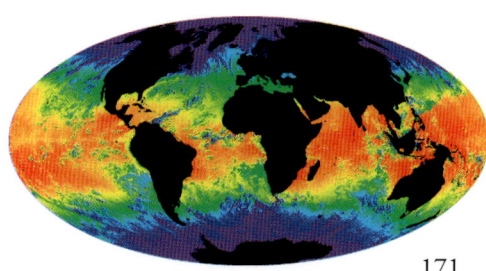

Erdoberfläche

Die Erdoberfläche ändert sich ständig. Obwohl sie aus einer Gesteinskruste besteht, ist sie weder starr noch statisch. Die Kruste ist in große Platten geteilt, die sich sehr langsam bewegen. Auch Flüsse, Gletscher, Winde und Regen, die unsere Landschaften formen, verändern die Erdoberfläche.

FAKTEN

- Im „Feuerring", einem Gürtel, der den Pazifik umgibt, liegen 452 Vulkane. 80 % der weltweit größten Erdbeben ereignen sich hier.
- Jedes Gestein auf der Erde wurde mehrere Male recycelt.
- Die Antarktis, in der jährlich weniger als 15 cm Schnee fällt, ist die trockenste (und kälteste) Wüste des Planeten.
- Die Meere der Erde enthalten 1,36 Mrd. km³ Wasser.

ERDPLATTEN

Die Platten der Erdkruste schwimmen auf dem dichten Erdmantel. Sie bewegen sich zwischen 3 und 15 cm jährlich und verändern dadurch die Positionen der Kontinente. Einige Platten bewegen sich voneinander weg und andere aufeinander zu. Ihre Bewegungen türmen Gebirgszüge auf, verursachen Erdbeben und Vulkanausbrüche.

Erdbeben und Vulkane

Die Plattenränder sind gefährliche Orte. Schwere Erdbeben entstehen, wenn Platten aneinanderstoßen. Städte wie San Francisco und Tokio, die an Plattengrenzen liegen, leiden unter häufigen Erdbeben. An Plattengrenzen, an denen sich eine Platte unter eine andere schiebt, liegen viele besonders explosive Vulkane.

Gebirgszüge

Die meisten Kontinente besitzen Gebirgszüge. Sie entstanden durch die Kollision zweier Platten, bei der die Kruste aufgefaltet wurde. Mit 8848 m ist der Mount Everest der höchste Berg der Erde. Er liegt im Himalaja, der durch den Zusammenstoß der Indischen mit der Eurasischen Platte entstand. Auch vom Meeresboden erheben sich Vulkane. Der größte dieser Vulkane ist der Mauna Kea, ein inaktiver Vulkan auf Hawaii. Vom Meeresboden gemessen ist er sogar höher als der Mount Everest.

ERDOBERFLÄCHE

WASSER

Wasserwelt
Ströme und Flüsse, die ins Tal fließen, reißen Sedimente und kleine Steine mit, die den Boden abschleifen. Mit der Zeit tragen sie so ganze Berghänge ab und höhlen tiefe Gräben aus. Flüsse können auch neue Landschaften aufbauen, indem sie Schlamm und Schlick im Meer ablagern. Auch das Meer ist eine treibende Kraft der Veränderung – die Wellen schleifen Klippen und Strände ab, verändern die Küsten und schaffen beeindruckende Felsformationen.

◀ **WILDE FELSLANDSCHAFT** *aus erodiertem roten Sandstein in Colorado (USA)*

WIND

Vom Wind verweht An trockenen Orten mit wenig Wasser oder Pflanzen ist der Wind die Hauptursache der Erosion. Er bläst mit hoher Geschwindigkeit Sandkörner fort, die Gesteine abschleifen. Mit der Zeit werden dadurch Felsen abgetragen und erstaunliche Formen geschaffen – Bögen, Türme und bizarre Skulpturen.

EIS

Flüsse aus Eis
Gletscher sind große, bewegliche Eisplatten, die an den Polen und im Hochgebirge vorkommen. Einige bewegen sich kaum, während andere mit 20–30 m pro Tag ins Tal fließen. Diese Eisflüsse verändern die Landschaft dramatisch. Sie tragen Gestein ab, schneiden tiefe Täler in die Berge, nehmen Felsen und Trümmer mit und bilden Senken im Talboden. Wenn Gletscher schmelzen, entstehen Seen. Sie hinterlassen in der Landschaft verstreute große Felsbrocken und zahlreiche kleine Steine.

◀ **ERDBEBENGEBIET**
Die San-Andreas-Störung in Kalifornien ist ein Bruch der Erdkruste, an der die Pazifische und die Nordamerikanische Platte aneinander vorbeigleiten. Sie bewegen sich durchschnittlich nur wenige Zentimeter jährlich. Manche Bereiche der Störung verhaken sich jedoch und lösen sich dann ruckartig. Die plötzliche Bewegung setzt Energie frei und verursacht ein Erdbeben.

DIE ERDE

Atmosphäre

Ohne die dicke Gashülle, die Atmosphäre, gäbe es auf der Erde kein Leben. Die Atmosphäre schützt uns vor gefährlicher Strahlung und kleinen Meteoroiden. Sie erzeugt auch das Klima und das Wetter und speichert die Wärme der Erde.

OZONLOCH

Die Atmosphäre enthält Ozon, eine Sauerstoffverbindung. Dieses Gas blockiert gefährliche ultraviolette Strahlen der Sonne. Über der Antarktis wurde 1985 ein Loch in der Ozonschicht entdeckt und einige Jahre später auch über der Arktis. Diese Ozonlöcher entstanden durch die Freisetzung von Fluorchlorkohlenwasserstoffen (FCKW). Obwohl diese Substanzen inzwischen verboten wurden, bleiben die Ozonlöcher noch viele Jahre erhalten. Sie werden durch Satelliten überwacht.

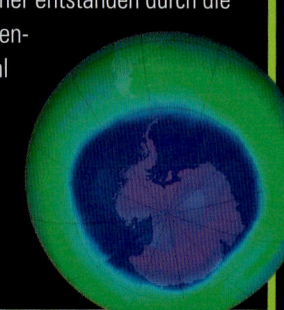

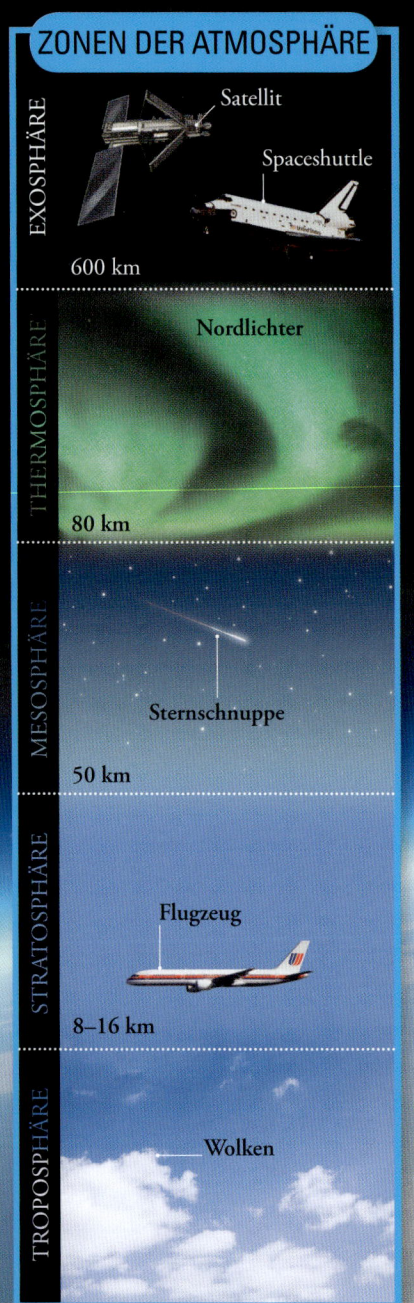

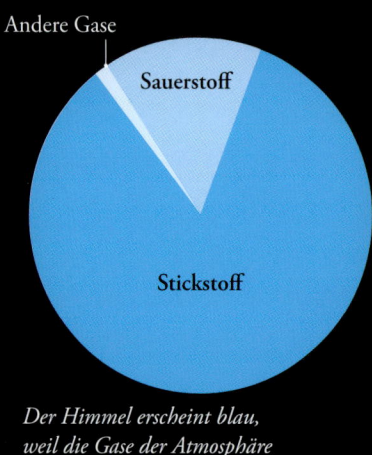

ZONEN DER ATMOSPHÄRE

EXOSPHÄRE — Satellit, Spaceshuttle — 600 km

THERMOSPHÄRE — Nordlichter — 80 km

MESOSPHÄRE — Sternschnuppe — 50 km

STRATOSPHÄRE — Flugzeug — 8–16 km

TROPOSPHÄRE — Wolken

Der Himmel erscheint blau, weil die Gase der Atmosphäre blaues Licht mehr streuen als andere Farben.

Andere Gase · Sauerstoff · Stickstoff

ES SIND NUR GASE

Die Atmosphäre erstreckt sich über 1000 km in den Weltraum. Sie ist direkt über dem Boden am dichtesten und wird mit zunehmender Höhe immer dünner. Die häufigsten Gase der Atmosphäre sind Stickstoff (78 %) und Sauerstoff (21 %). Als weitere Gase sind Argon, Kohlendioxid und Wasserdampf in der Atmosphäre enthalten.

◂ ZONEN *Die Erdatmosphäre setzt sich aus fünf Zonen zusammen. Die Zone über dem Boden ist die Troposphäre, die das Wetter bestimmt. Die Stratosphäre ist stabiler und enthält auch die Ozonschicht. Obwohl die Luft in der Mesosphäre viel dünner ist, verglühen in ihr Meteore. Polarlichter erscheinen in der Thermosphäre. Die Exosphäre bildet die obere Grenze der Atmosphäre, in der die meisten Raumfähren und Satelliten kreisen.*

ATMOSPHÄRE

WASSERKREISLAUF

Der Wasserkreislauf ist eine ständige Bewegung des Wassers zwischen der Erdoberfläche und der Atmosphäre. Er wird durch die Wärme der Sonne angetrieben und versorgt die Erde ständig mit Süßwasser.

Hoch über dem Boden kühlt Wasserdampf ab. Er formt Wassertropfen, die Wolken bilden.

Wenn die Tropfen zu schwer werden, fallen sie als Regen oder Schnee zur Erde.

Wasser der Flüsse und Meere wird durch die Sonne erwärmt und in Dampf umgewandelt.

Ein Teil des Wassers sickert als Grundwasser in den Boden.

Das restliche Wasser fließt über den Boden in Bäche und Flüsse ab.

Etwa 90 % des verdampften Wassers im Wasserkreislauf stammt aus den Meeren.

Flüsse und Ströme bringen das Wasser zurück in die Seen und Meere.

DIE ERDE

IM BLICKPUNKT: WOLKEN UND WETTER

Schichtwolken (Stratuswolken)

Haufenwolken (Kumuluswolken)

Gewitterwolken

Das Wetter spielt sich in der Troposphäre ab, wo unterschiedliche Wolkenarten entstehen. Stratuswolken bilden bei Windstille breite Schichten. Kumuluswolken türmen sich in warmer Luft auf. Schnell aufsteigende Luft trägt Wolken in große Höhen und ballt Kumulonimbuswolken zusammen, die oft Regen und Hagel bringen. Zirruswolken (Federwolken) am oberen Rand der Troposphäre bestehen aus winzigen Eiskristallen.

◀ SUPERSTURM *Die seltenste Gewitterart ist die Superzelle. Sie erzeugt heftige Unwetter mit starken Blitzen, großen Hagelkörnern, Wolkenbrüchen und Windhosen.*

Sturmgewalt

Wirbelstürme sind die stärksten Stürme auf der Erde. Stürme über tropischen Gewässern werden zu Wirbelstürmen, wenn die Windgeschwindigkeit mehr als 120 km/h erreicht. Wirbelstürme auf der südlichen Halbkugel drehen sich im Uhrzeigersinn, während sie sich auf der nördlichen Halbkugel gegen den Uhrzeigersinn drehen.

▲ IM AUGE DES STURMS
Die Luft im Zentrum (Auge) des Wirbelsturms steht still, während die Winde am Rand kräftig wehen.

▼ STAUBSTÜRME *entstehen durch Stürme über Wüsten oder trockenen, staubigen Gebieten. Sie nehmen oft Tausende Tonnen Sand oder Staub auf. Ein ankommender Sturm kann eine „Wand" bilden, die sich bis zu 1,6 km über den Boden erhebt.*

Leben auf der Erde

Die Erde ist der einzige Planet, auf dem Leben existiert. Man findet es fast überall auf der Erde – auf den höchsten Bergen, in den Tiefseegräben der Meere und sogar in Quellen kochenden Wassers.

DER URSPRUNG DES LEBENS

Die ersten einfachen Lebensformen erschienen vermutlich vor 3,8 Mrd. Jahren auf der Erde. Wahrscheinlich begann das Leben in den Meeren, weil das Land noch zu heiß und die Atmosphäre zu giftig war. Nach anderen Theorien brachten Kometen oder Meteore komplexe Substanzen aus dem All zur Erde. Zu Beginn bildeten sich einfache Moleküle, die sich selbst kopierten, sich dann zu Zellen entwickelten und später Zellkolonien bildeten. Mit der Zeit entstanden komplizierte Organismen, die sich an Land ansiedelten.

Das Leben beginnt
Die ersten Lebensformen waren einfache Einzeller, die vermutlich in den Meeren und heißen Quellen lebten. Über Milliarden Jahre entwickelten sich die Einzeller zu mehrzelligen Organismen.
Frühe Zelle

CHRONIK LEBEN AUF DER ERDE

FRÜHE ERDE

Vor 4,5 Mrd. Jahren: Die Erde entsteht.

3,6 Mrd. Jahre: Blaugrüne Algen geben Sauerstoff in die Luft ab.

3,8 Mrd. Jahre: Einfache Bakterien erscheinen im Meer.

1,8 Mrd. Jahre: Erste Vorfahren der Tiere, Pflanzen und Pilze erscheinen.

ERSTES LEBEN

630 Mio. Jahre: Erste Tiere erscheinen im Meer.

430 Mio. Jahre: Die ersten Pflanzen besiedeln das Land.

360 Mio. Jahre: Insekten fliegen am Himmel und Reptilien entwickeln sich aus Amphibien.

490 Mio. Jahre: Die Fische entwickeln sich.

415 Mio. Jahre: Tetrapoden besiedeln das trockene Land.

LEBEN AUF DER ERDE

Vom prähistorischen Elefanten … … zum Asiatischen Elefanten

Evolution
Auf der Erde existieren unterschiedlichste Lebensformen wie Bakterien, Pflanzen oder Tiere. Alle Lebewesen müssen sich an ihre Umgebung anpassen. Diesen Vorgang nennt man Evolution. Er erfolgt über viele Generationen. Lebewesen, die sich zu langsam auf Konkurrenten einstellen oder an die Änderungen ihrer Umwelt anpassen, sterben aus.

Aussterben
Immer wieder in der Erdgeschichte wurden Lebensformen massenhaft ausgelöscht. Einige dieser Massensterben wurden vermutlich durch gewaltige Vulkanausbrüche ausgelöst, die riesige Gas- und Aschewolken ausstießen. Sie verdunkelten den Himmel, es kühlte ab und viele Pflanzen sowie die davon abhängigen Tiere starben aus. Das Aussterben der Dinosaurier vor 65 Mio. Jahren erfolgte vielleicht durch den Einschlag eines etwa 15 km großen Planetoiden.

▲ TIKTAALIK
Der ausgestorbene Flossenfisch lebte im Oberen Devon vor 375 Mio. Jahren.

DIE ERDE

Hydrothermale Muscheln und Garnelen

Schwarze Raucher

Röhrenwurm

Schwarze Raucher
Die meisten Pflanzen und Tiere brauchen das Sonnenlicht, aber einige Tiefseetiere leben in totaler Finsternis. Tausende Meter unter der Oberfläche steigt Wasser aus dem heißen Erdmantel durch Risse im Gestein auf. Diese heißen Vulkanschlote oder Schwarze Raucher sind die Heimat mancher Röhrenwürmer, Muscheln, Garnelen und Krabben. Sie leben von Bakterien, die im heißen Wasser Energie aus gelösten Substanzen gewinnen. Einige Bakterien leben sogar in festen Gesteinen oder auf dem kalten Meeresboden und beziehen Energie aus den Mineralien.

🔍 IM BLICKPUNKT: MEERESBLÜTEN

In den Meeren leben nicht nur große Tiere wie Fische und Wale. Zu den wichtigsten Formen des Meereslebens zählen winzige Pflanzen, das Phytoplankton. Die Organismen schwimmen im Oberflächenwasser, weil sie viel Sonnenlicht brauchen. Sie sind eine wichtige Nahrungsquelle – für kleine Krabben ebenso wie für große Wale. Wenn sich das Phytoplankton massenhaft vermehrt, ändert es sogar die Farbe der Meeresoberfläche. Manchmal sind diese Phytoplanktonblüten so riesig, dass man sie sogar aus dem Weltraum sieht.

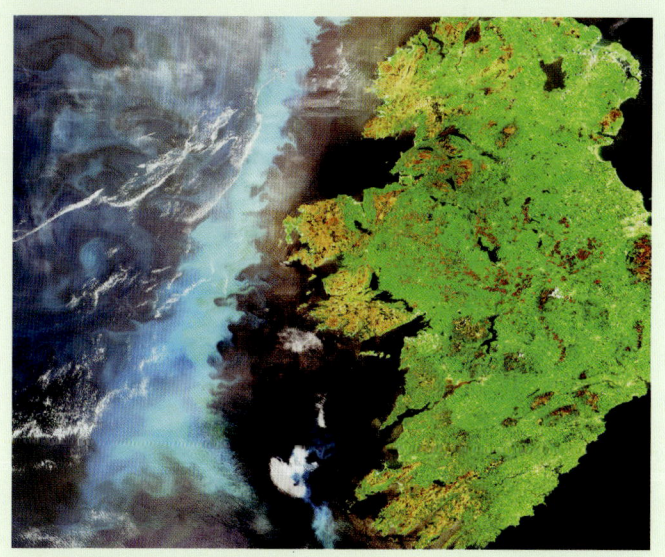

▲ REICHLICH PLANKTON *Diese türkisfarbene Phytoplanktonblüte erschien im Juni 2006 vor der Küste von Irland.*

KOMPLEXERE LEBENSFORMEN

300 Mio. Jahre: Erste Samenpflanzen

250 Mio. Jahre: Reptilien fliegen (Pterosaurier) und Pflanzen entwickeln Blüten.

200 Mio. Jahre: Dinosaurier und Vögel erscheinen.

150 Mio. Jahre: Erste Säugetiere erscheinen.

65 Mio. Jahre: Aussterben der Dinosaurier und vieler anderer Lebensformen

NEUERE ZEIT

60 Mio. Jahre: Säugetiere übernehmen die Vorherrschaft, neue Fische, Reptilien, Pflanzen und Insekten erscheinen.

5 Mio. Jahre: Affen verlassen die Bäume und gehen aufrecht.

250 000 Jahre: Der Mensch (*Homo sapiens*) erscheint.

DER MOND

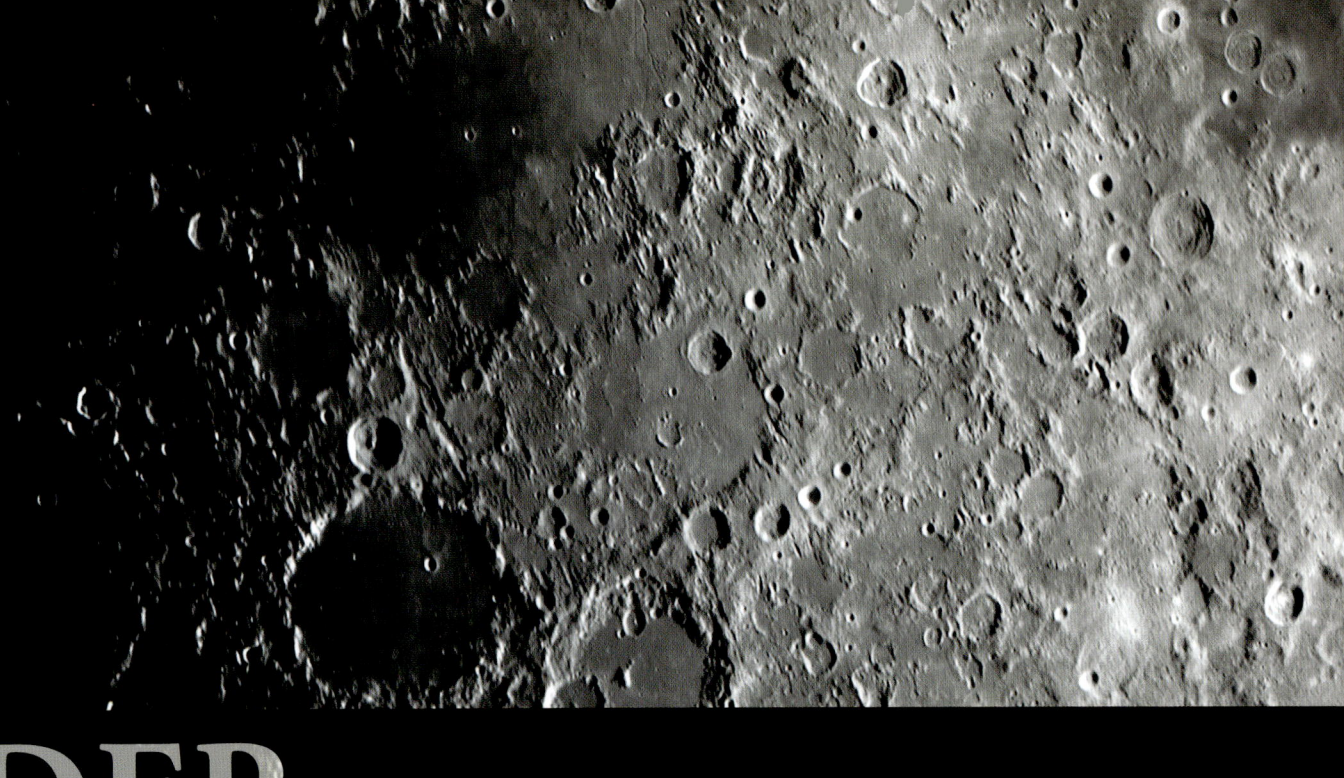

DER MOND

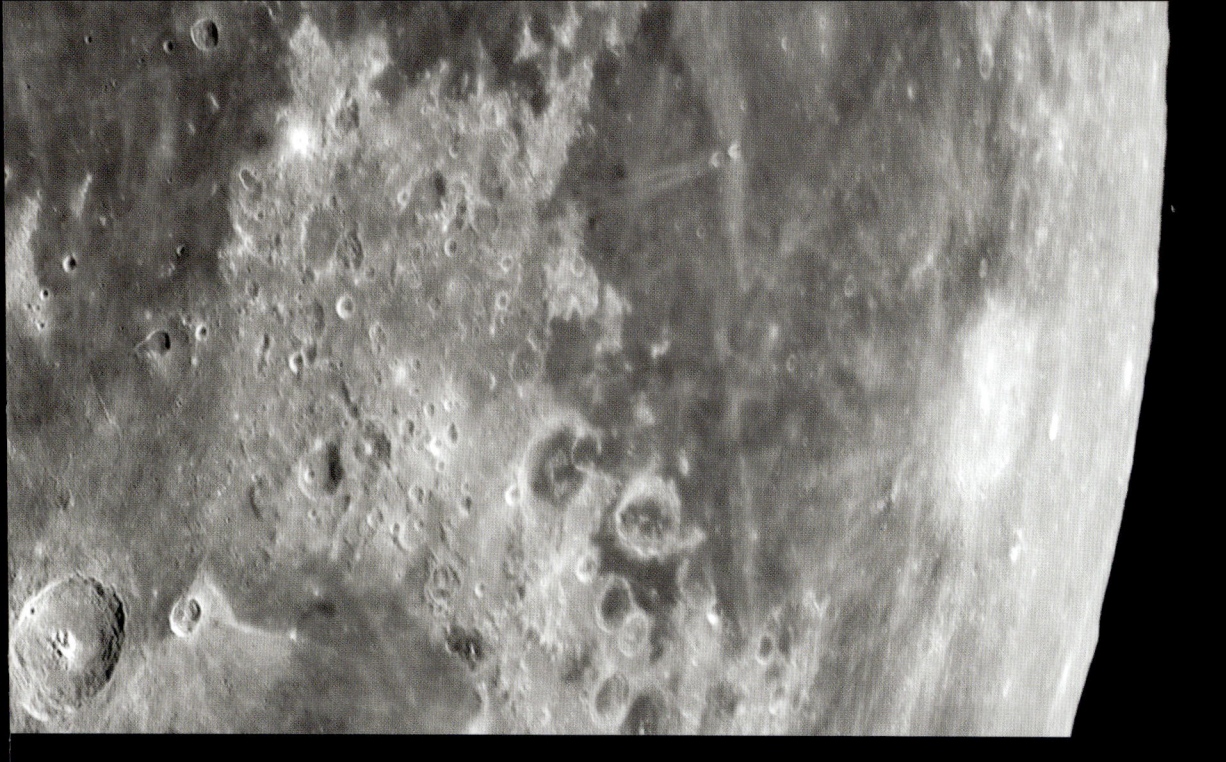

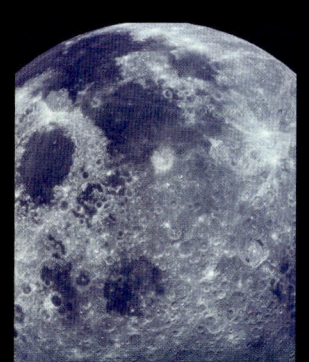

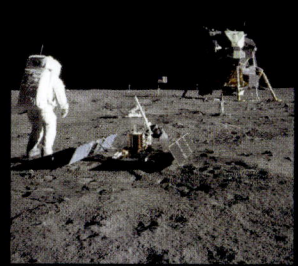

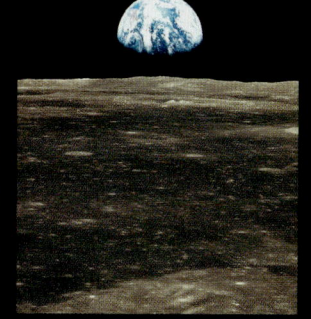

Der Vollmond ist nach der Sonne das zweithellste Objekt am Himmel. Unser Mond war das erste Ziel der Menschheit im Weltraum, aber nur zwölf Menschen haben ihn bisher betreten.

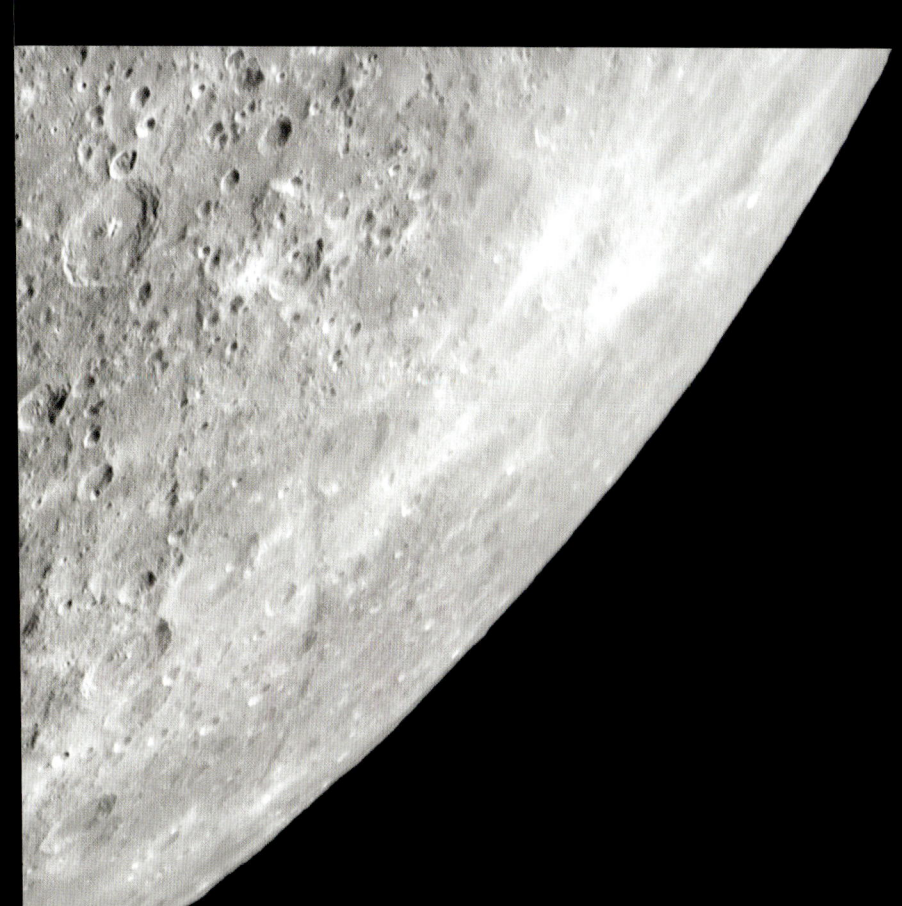

DER MOND

Begleiter der Erde

Die Erde und der Mond sind seit ungefähr 4,5 Milliarden Jahren enge Partner. Obwohl der Mond viel kleiner als die Erde ist, beeinflusst er den Planeten vielfach und fasziniert die Menschen seit Jahrtausenden.

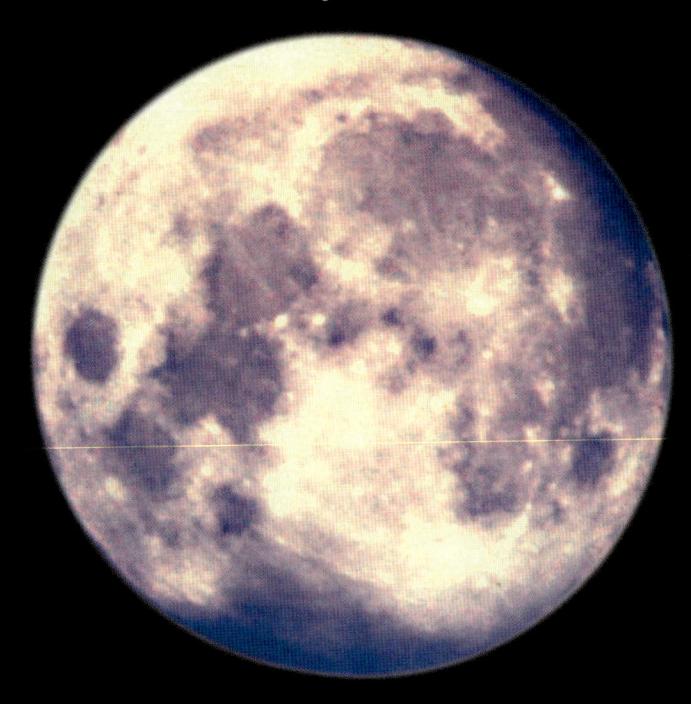

GEZEITEN DURCH ANZIEHUNGSKRAFT

Mondgezeiten

Die Gezeiten (Tiden) entstehen vor allem durch die Anziehungskraft des Monds. Sie zieht das Meerwasser auf der mondnahen und der mondabgewandten Seite an und hebt es zu Flutbergen. Dieser Wasserwall wandert über die Erdoberfläche, während sich die Erde dreht.

▲ EBBE *Zweimal täglich läuft das Wasser an der Küste ab, der Wasserstand sinkt.*

▲ FLUT *Zweimal täglich läuft das Wasser an der Küste auf, der Wasserstand steigt.*

Sonnengezeiten

Die Sonne wirkt auch auf die Gezeiten, aber schwächer. Wenn Mond und Sonne mit der Erde auf einer Linie liegen, erzeugen sie die Springtiden. Stehen Sonne, Mond und Erde im rechten Winkel, entstehen Nipptiden.

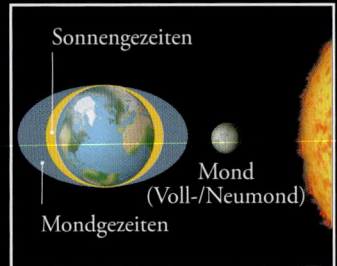

▲ BEI SPRINGTIDEN *verstärken sich die Schwerkräfte des Monds und der Sonne zu großen Gezeitenunterschieden.*

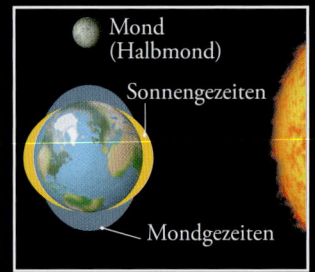

▲ BEI NIPPTIDEN *wirken die Schwerkräfte schwächer, der Unterschied zwischen Ebbe und Flut ist geringer.*

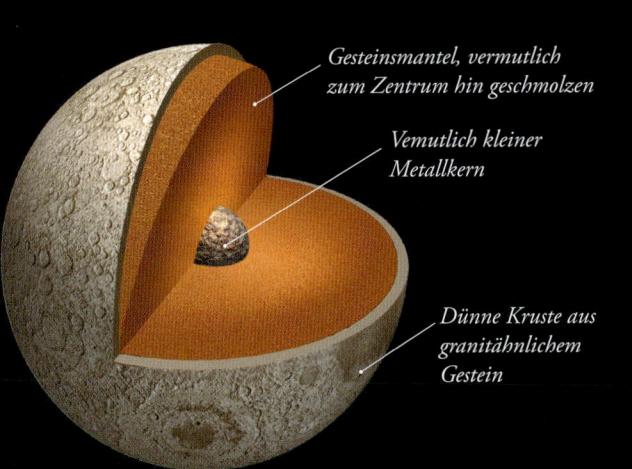

BEGLEITER DER ERDE

Gesteinsmantel, vermutlich zum Zentrum hin geschmolzen

Vermutlich kleiner Metallkern

Dünne Kruste aus granitähnlichem Gestein

DER MOND IN ZAHLEN

- **Mittlere Entfernung zur Erde**
  384 400 km
- **Durchmesser** 3476 km
- **Länge eines Tags** 27,3 Erdtage
- **Länge eines Mondmonats
  (von Neumond zu Neumond)**
  29,5 Tage
- **Oberflächentemperatur**
  –150 °C bis 120 °C
- **Schwerkraft an der Oberfläche
  (Erde = 1)** 0,17 (ein Sechstel der Erdanziehungskraft)

DER MOND

AUFBAU DES MONDS

Der Mond hat eine etwa 50 km dicke Kruste aus brüchigem Gestein, die mit Rissen durchzogen ist. Unter der Kruste liegt ein tiefer Mantel, der vermutlich viele Mineralien enthält, die denen im Gestein der Erde gleichen. Der Mantel erstreckt sich bis zum Zentrum oder bis zu einem kleinen Kern.

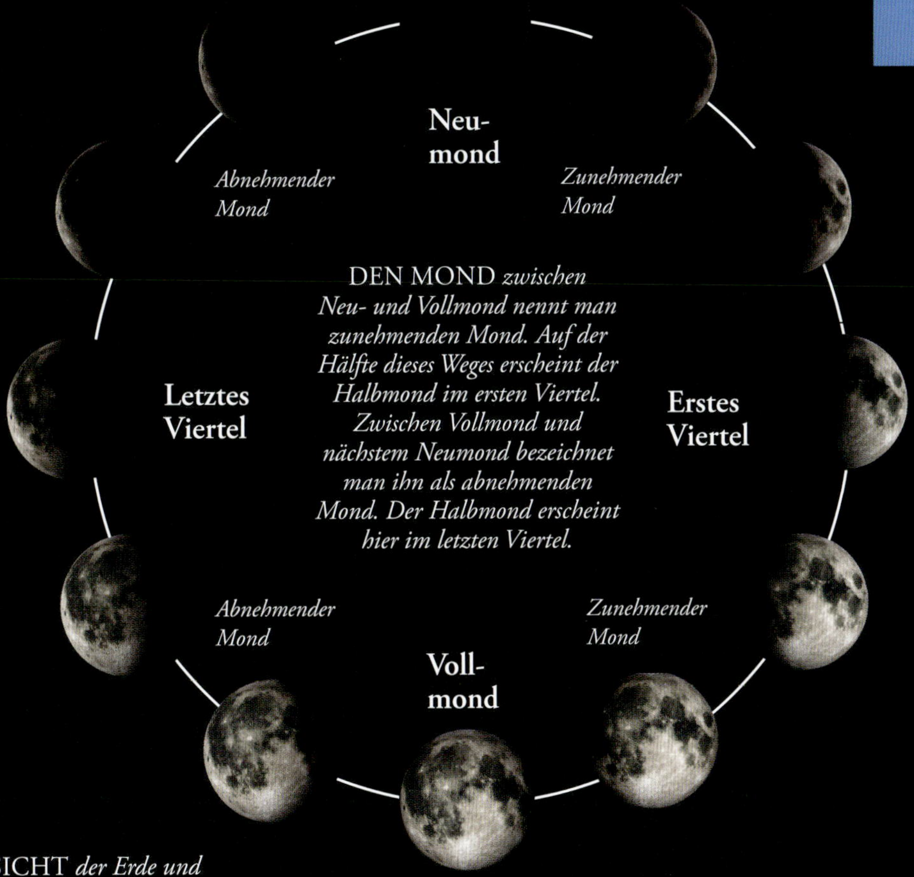

Abbremsung

Die Gezeitenkräfte zwischen der Erde und dem Mond verlangsamen nach und nach die Erdrotation, sodass die Tage länger werden. Als die Erde entstand, dauerte ein Tag nur sechs Stunden und vor 620 Mio. Jahren schon 22 Stunden. Irgendwann wird ein Tag so lange wie ein Mondtag dauern – 27,3 Erdtage.

**Neu-
mond**

Abnehmender Mond

Zunehmender Mond

Letztes Viertel

DEN MOND *zwischen Neu- und Vollmond nennt man zunehmenden Mond. Auf der Hälfte dieses Weges erscheint der Halbmond im ersten Viertel. Zwischen Vollmond und nächstem Neumond bezeichnet man ihn als abnehmenden Mond. Der Halbmond erscheint hier im letzten Viertel.*

Erstes Viertel

Abnehmender Mond

Zunehmender Mond

**Voll-
mond**

Gleichlauf

Der Mond kreist in 27,3 Tagen einmal um die Erde und er dreht sich in 27,3 Tagen einmal um seine Achse. Deshalb ist immer dieselbe Seite der Erde zugewandt. Abweichungen seiner Bahn machen es möglich, gelegentlich auch Teile der abgewandten Seite zu sehen. Durch die Gezeitenkräfte der Erde und des Monds entfernt sich der Mond jährlich um 3,8 cm von der Erde.

▼ ANSICHT *der Erde und des Monds von oben auf ihre Nordpole.*

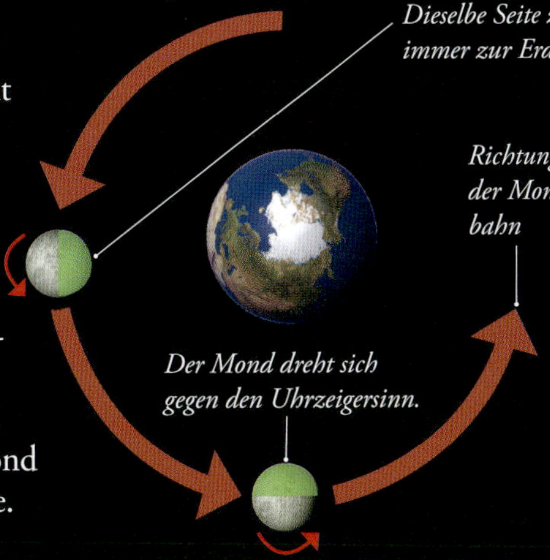

Dieselbe Seite zeigt immer zur Erde.

Richtung der Mondbahn

Der Mond dreht sich gegen den Uhrzeigersinn.

DIE MONDPHASEN

Jahrhundertelang waren die Menschen von dem Zyklus der Mondphasen fasziniert, die sich alle 29,5 Tage wiederholen. Während der Mond um die Erde kreist, sehen wir unterschiedliche Anteile der beleuchteten Mondoberfläche.

181

Finsternisse

Eine Sonnen- oder Mondfinsternis ist ein beeindruckendes Ereignis. Dazu müssen Sonne, Mond und Erde in einer Linie stehen. Die Erde wirft dann für kurze Zeit ihren Schatten auf den Mond oder der Mond seinen Schatten auf die Erde.

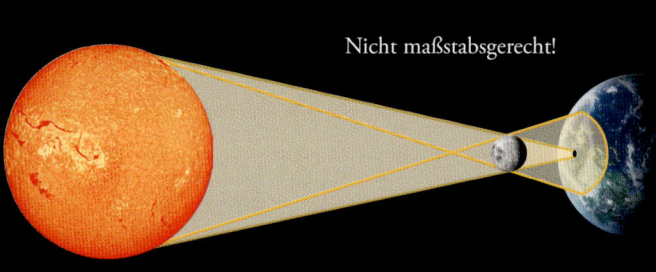

Nicht maßstabsgerecht!

Sonne **Mond** **Erde**

▲ MONDSCHATTEN *Bei einer totalen Sonnenfinsternis blockiert der Mond das Sonnenlicht vollständig, sodass man nur noch die Korona (Sonnenatmosphäre) als schimmernden Lichtkreis sieht.*

▶ BEDECKUNG
Während sich der Mond vor die Sonne schiebt, sieht man immer weniger von der Sonnenscheibe.

▶ DIAMANTRING
Zu Beginn und am Ende einer totalen Sonnenfinsternis leuchtet das Sonnenlicht durch die Mondberge und führt zum Diamantringeffekt.

Schattenspiel
Eine totale Sonnenfinsternis erlebt man nur im Kernschatten des Monds – der Umbra. Die Umbra wandert während der Sonnenfinsternis auf einer Bahn, die viele Tausend Kilometer lang, aber nicht mehr als 100 km breit ist, über die Erdoberfläche. Außerhalb der Umbra erlebt man eine partielle Sonnenfinsternis.

SONNENFINSTERNIS
Bei jedem Neumond schiebt sich der Mond zwischen die Sonne und die Erde. Weil aber seine Bahn leicht geneigt ist, liegt er nicht immer direkt vor der Sonne. Gelegentlich schiebt er sich aber genau zwischen die Sonne und die Erde und verursacht eine Sonnenfinsternis. Der Radius der Sonne ist zwar 400-mal größer als der des Monds, aber gleichzeitig ist die Sonne 400-mal weiter entfernt. Deshalb verdeckt der Mond bei einer Sonnenfinsternis die Sonne vollständig.

FINSTERNISSE

SCHNAPPSCHUSS

Vorsicht! Wenn man eine Sonnenfinsternis beobachtet, darf man nie ohne Augenschutz in die Sonne schauen. Obwohl der größte Teil der Sonne verdeckt ist, ist die Korona hell genug, um die Augen zu schädigen.

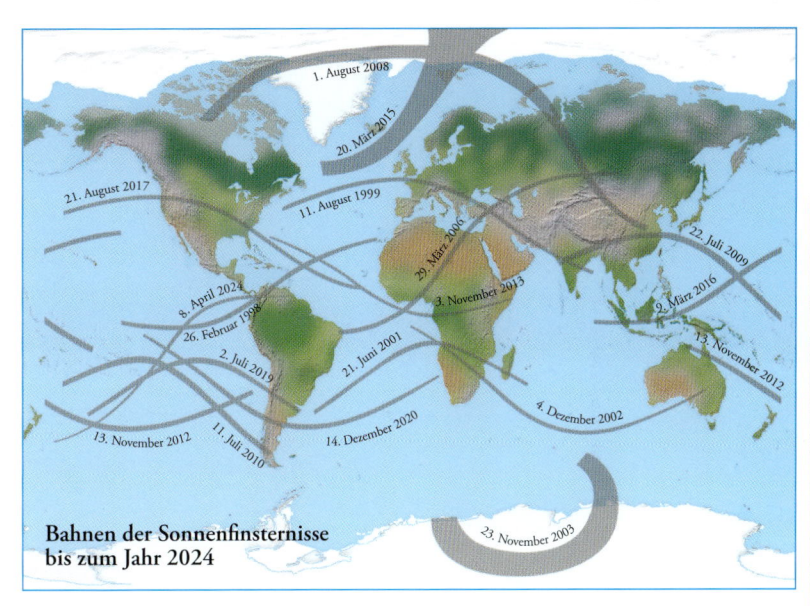

Bahnen der Sonnenfinsternisse bis zum Jahr 2024

Wenn der Tag zur Nacht wird

Eine totale Sonnenfinsternis kommt etwa alle 18 Monate vor. Sobald die letzten Sonnenstrahlen verschwinden, setzt Dämmerung ein, Sterne erscheinen am Himmel und der Tag wird fast zur Nacht. Von der Sonne sieht man nur noch die Korona.

▼ MONDFINSTERNIS *Die Erde schiebt sich zwischen die Sonne und den Mond, sodass er in ihrem Schatten liegt.*

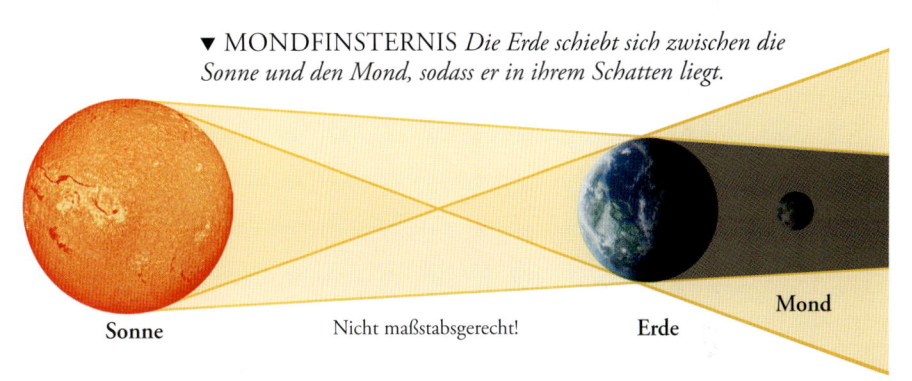

Sonne — Nicht maßstabsgerecht! — Erde — Mond

MONDFINSTERNIS

Zwei- oder dreimal jährlich wandert der Mond durch den Erdschatten und wird von der Erde verdeckt. Bei einer Mondfinsternis ist der Mond jedoch nicht vollständig dunkel. Ein Teil der Sonnenstrahlen wird durch die Erdatmosphäre gebrochen, sodass der Mond wie die untergehende Sonne orangerot leuchtet. Mondfinsternisse sind einfacher und sicherer zu beobachten als Sonnenfinsternisse.

WANN UND WO EINE MONDFINSTERNIS ZU SEHEN IST

21. Dezember 2010	Ostasien, Australien, Amerika, Europa
15. Juni 2011	Europa, Südamerika, Afrika, Asien, Australien
10. Dezember 2011	Europa, Ostafrika, Asien, Australien
15. April 2014	Australien, Amerika
8. Oktober 2014	Asien, Australien, Amerika
4. April 2015	Asien, Australien, Amerika
28. September 2015	Amerika, Europa, Afrika, Westasien
31. Januar 2018	Europa, Afrika, Asien, Australien
27. Juli 2018	Asien, Australien, westliches Nordamerika
21. Januar 2019	Südamerika, Europa, Afrika, Asien, Australien
26. Mai 2021	Asien, Australien, Amerika

▲ RÖTLICHER MOND *Diese Zeitrafferaufnahme zeigt die Stadien einer Mondfinsternis. Der Erdschatten wandert in vier Stunden über die Mondoberfläche. Die Totalität jedoch, bei der Mond vollständig verdeckt ist, dauert nur ungefähr eine Stunde.*

DER MOND

Mondoberfläche

Sogar mit bloßem Auge erkennt man Oberflächenstrukturen des Monds. Die dunklen Flächen nennt man Maria, nach dem lateinischen Wort für Meere, denn frühe Astronomen hielten sie für einstige Meere. Der italienische Forscher Galilei beobachtete als Erster den Mond mit einem Teleskop und entdeckte erstaunt Gebirge, Ebenen und Täler.

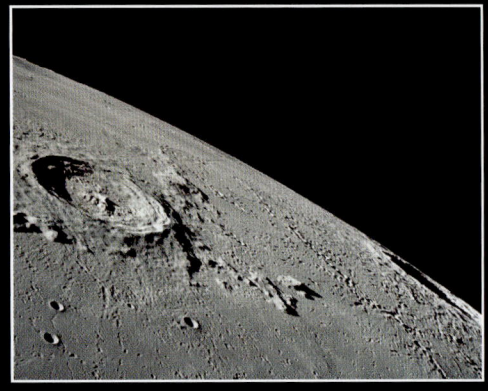

▲ MONDKRATER *haben einen Durchmesser von wenigen Millimetern bis zu 300 km. Die größeren Krater besitzen häufig einen Zentralberg, der durch zurückgefallene Trümmer entstanden ist. Der 58 km breite Eratosthenes-Krater ist vom Strahlensystem des nahen Kopernikus-Kraters umgeben.*

Zahllose Krater überziehen den Mond wie Narben und zeugen von den Einschlägen in der Vergangenheit.

Maria

Hochebenen

HOCHEBENEN

Die mit Kratern übersäten Flächen außerhalb der Maria sind Hochebenen. Sie bedecken den größten Teil der Oberfläche. Das Gestein der Hochebenen unterscheidet sich chemisch vom Gestein der Maria und ist auch heller. Die Gebirge an den Rändern der Krater oder Maria erreichen mehr als 3,5 km Höhe. Sie sind nicht so zerklüftet wie die der Erde. Ihre Oberfläche ist mit einer grauen Staubschicht übersät, die mehrere Meter tief ist.

DER MOND

MONDOBERFLÄCHE

DER MOND

DIE ERDABGEWANDTE SEITE

Von der Erde aus sieht man immer nur dieselbe Seite des Monds. Die ersten Aufnahmen der erdabgewandten Seite nahm die sowjetische Raumsonde *Luna 3* 1959 auf. Die *Apollo*-Missionen brachten bessere Bilder wie dieses vom Grenzbereich der uns zu- und abgewandten Seite. Die erdabgewandte Seite hat nur wenige Maria und besteht aus mit Kratern übersäten Hochebenen.

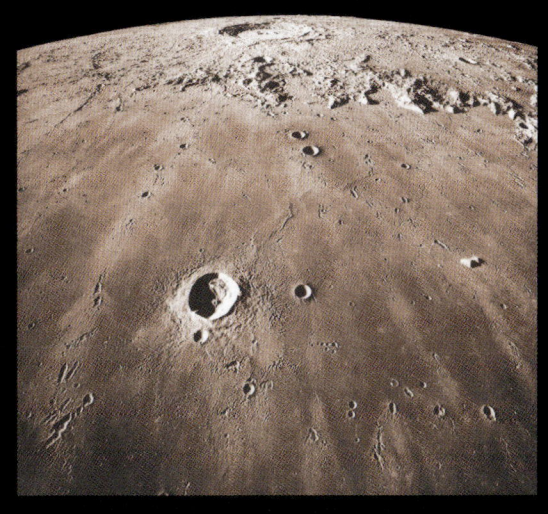

Meere ohne Wasser

Die Maria (Einzahl: Mare) sind flache Ebenen aus Vulkangestein. Sie entstanden vermutlich in den ersten 800 Mio. Jahren des Monds, als geschmolzenes Gestein die gigantischen Becken füllte. Die Lava kühlte ab und erstarrte zu glatten Ebenen. Nachdem die Maria entstanden waren, sank die Zahl der Meteoriteneinschläge, sodass die Maria weniger Krater aufweisen als die viel älteren Hochebenen.

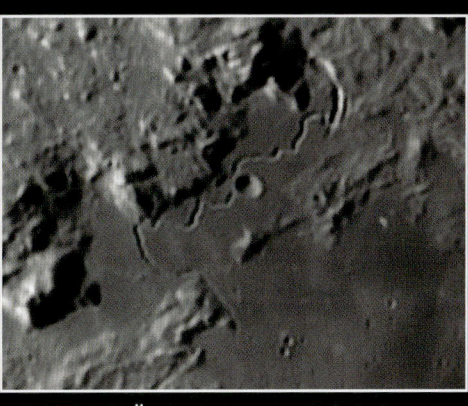

▲ LAVASTRÖME *Schlangenähnliche Kanäle entstanden durch Lavaströme vor Milliarden Jahren. Die Oberfläche der Lava kühlte schnell ab und wurde fest. Als die flüssige Lava darunter abgeflossen war, brach die Decke ein und hinterließ einen Mondgraben.*

SCHNAPPSCHUSS

Dieser Fußabdruck auf dem Mond wird immer sichtbar sein, weil ihn kein Wind verweht. Der Mondstaub riecht wie Schießpulver. Feine Staubkörnchen bedeckten Raumanzüge und Ausrüstung der Astronauten bei ihren Ausflügen.

DER MOND

Reiseziel Mond

Der Menschheitstraum von der Raumfahrt wurde seit den 1950er-Jahren Wirklichkeit, als Sowjets und Amerikaner den Weltraum zu erobern begannen. Die UdSSR schickte als erste Nation unbemannte Raumsonden und den ersten Kosmonauten ins All, während ein Amerikaner als erster Mensch den Mond betrat.

Kommandomodul
- Notausstieg
- Astronautensitze
- Vorderes Schutzschild
- Instrumententafel

Servicemodul
- Treibstofftanks
- Triebwerkdüse
- Heliumtanks
- Brennstoffzellen

SCHNAPPSCHUSS

Fortschritte in der Weltraumtechnologie machten seit den 1950er-Jahren Mondmissionen möglich. Viele Spielzeuge, Bücher und Filme aus dieser Zeit beschäftigten sich mit der Raumfahrt.

1. Kommando- und Servicemodul (CSM) werden mit der Landefähre (LF) auf eine Erdumlaufbahn gebracht.

2. Nach Abtrennung der dritten Stufe gehen CSM und LF auf Kurs zum Mond.

3. Die LF wird vom CSM getrennt. Das CSM kreist auf einer Mondumlaufbahn.

4. Die LF landet auf der Mondoberfläche.

5. Die obere Stufe der Landefähre dockt wieder an das CSM an.

6. Das CSM zündet seine Triebwerke für die Rückkehr.

7. Das Kommandomodul bringt die Besatzung zur Erde zurück.

Zum Mond und zurück

Die erste Mission für eine Mondlandung begann am 16. Juli 1969 in Cape Canaveral, Florida (USA). Eine Saturn-V-Trägerrakete brachte die Raumsonde *Apollo 11* auf ihre historische Reise. Fast wäre der Traum geplatzt: Nach ihrer Landung auf dem Mond hatte die Landefähre nur noch Treibstoff für weniger als 30 Sekunden, weil Pilot Neil Armstrong zu lange einen sicheren Landeplatz gesucht hatte.

Auf die Plätze, fertig, los!

Über 100 Raumsonden wurden nach der ersten Mission 1959 zum Mond gesandt, viele mit Misserfolgen. Diese Liste enthält einige der erfolgreichen Unternehmungen.

REISEZIEL MOND

DER MOND

Landefähre (Obere Stufe)

- Verbindungsgang
- Ausrüstung
- Sauerstofftank
- Treibstofftank
- Treibstofftank
- Andock-Radarantenne
- Steuerkonsole

Landefähre (Landeeinheit)

- Sensor für die Mondoberfläche
- Wissenschaftliche Instrumente
- Landefuß
- Ausstieg

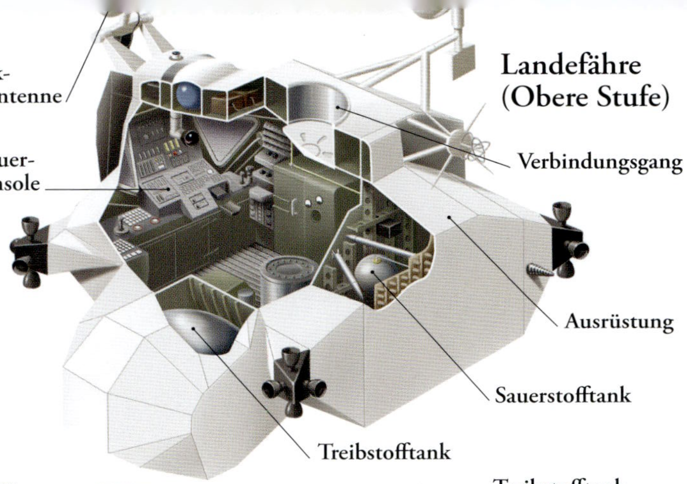

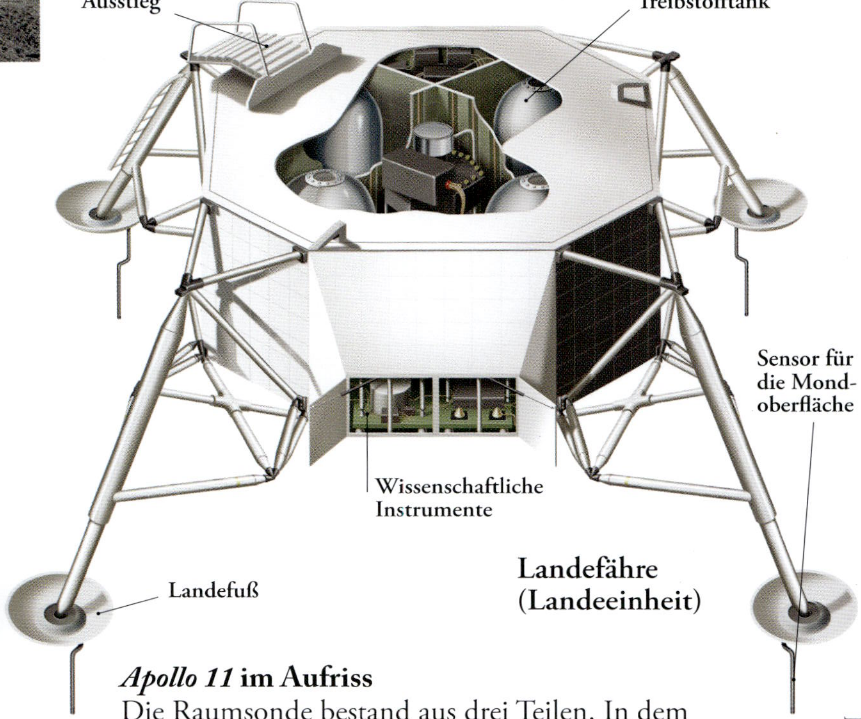

Apollo 11 im Aufriss

Die Raumsonde bestand aus drei Teilen. In dem Kommandomodul (CM) arbeiteten und lebten die Astronauten und kehrten zur Erde zurück. Das Servicemodul (SM) enthielt Treibstoff und Ausrüstung und versorgte die Astronauten mit Wasser, Strom und Sauerstoff. Mit der zweistufigen Landefähre (LF) landeten sie auf dem Mond.

Der Adler ist gelandet

Die Landefähre trug den Namen *Eagle* („Adler"). Unter ihrer dünnen Aluminiumhaut schützten sie Goldfolien vor den großen Temperaturschwankungen. Nachdem sie sicher gelandet waren, betraten die Astronauten in ihren Raumanzügen die Mondoberfläche, um einige wissenschaftliche Experimente durchzuführen.

▲ DIESER BLICK *aus der Raumsonde Apollo 11 zeigt den Erdaufgang über dem Mondhorizont. Die Landestelle lag auf der erdzugewandten Mondseite.*

Januar 1959
Die sowjetische Raumsonde *Luna 1* fliegt als erste Raumsonde zum Mond. Nach Fehlfunktionen rast sie aber um 6000 km am Mond vorbei.

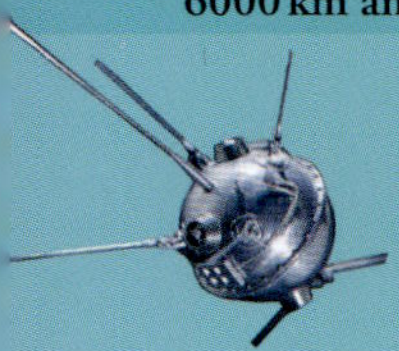

September 1959
Luna 2 zerschellt gezielt bei der Landung. Sie ist die erste Raumsonde auf dem Mond.

Oktober 1959
Luna 3 nimmt als erste Raumsonde Bilder der der abgewandten Mondseite auf.

Juli 1964
Die amerikanische Raumsonde *Ranger 7* nimmt Tausende Bilder von der Mondoberfläche auf, bevor sie gezielt zerschellt.

Februar 1966
Luna 9 ist die erste Raumsonde, der eine weiche Mondlandung gelingt.

April 1967
Die US-Raumsonde *Surveyor 3* landet auf dem Mond und erkundet die Landestelle der späteren *Apollo-12*-Mission.

Dezember 1968
Mit der *Apollo-8*-Mission kreisen zum ersten Mal Astronauten um den Mond.

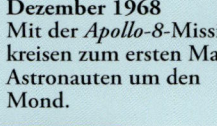

Juli 1969
Neil Armstrong und Edwin Aldrin betreten bei ihrer *Apollo-11*-Mission als erste Menschen den Mond.

November 1970
Lunochod 1, ein sowjetisches Mondmobil, ist als erstes Fahrzeug auf dem Mond unterwegs.

Der Mensch auf dem Mond

Am 21. Juli 1969 sahen 500 Millionen Zuschauer im Fernsehen, wie Neil Armstrong als erster Mensch seinen Fuß auf den Mond setzte und sagte: „Das ist ein kleiner Schritt für einen Menschen, aber ein großer Sprung für die Menschheit." Zwischen 1969 und 1972 landeten insgesamt zwölf Astronauten auf dem Mond.

▲ IM MARE TRANQUILITATIS *Aldrins und Armstrongs Ausflüge übertrug das Fernsehen weltweit.*

Auf dem Mond gehen

Weil der Mond eine geringere Schwerkraft besitzt, wiegen Astronauten samt ihrer schweren Lebenserhaltungssysteme nur ein Sechstel des normalen Gewichts. Deshalb kann man auf dem Mond auch nicht normal gehen. Manche Astronauten hüpften wie Kängurus, andere glitten wie Skilangläufer über den Mondstaub, indem sie sich mit den Zehen abdrückten.

Unglaublich!

Auf dem Mond liegt sehr viel Müll der bisherigen Missionen: Ausrüstungsteile, Flaggen, Fahrzeuge, weich gelandete und zerborstene Raumsonden! Die unbemannte sowjetische Raumsonde *Luna 15* schlug nur wenige Stunden, nachdem *Apollo 11* gelandet war, auf dem Mond auf.

Aufbewahrung für Werkzeuge und Gesteinsproben

Kamera

Die Parabolantenne übertrug Bilder zur Erde.

Mondfahrzeug

Die *Apollo*-Missionen 15 bis 17 brachten ein 3 m langes, offenes Mondfahrzeug mit, das zusammengefaltet an der Seite der Landeeinheit transportiert wurde. Das batteriebetriebene Fahrzeug erreichte eine Geschwindigkeit von 18,6 km/h.

Hartgummireifen

Mondstaub

Die *Apollo*-Astronauten brachten viele Gesteins- und Staubproben von ihren sechs Missionen zur Erde. Trotz der geringen Schwerkraft war das Sammeln eine harte, schmutzige Arbeit. Die Arme und Hände der Astronauten ermüdeten in den schweren Raumanzügen sehr schnell. Weil sie sich kaum bücken konnten, besaßen die Astronauten Spezialwerkzeuge zum Einsammeln. Der Mondstaub ist sehr pulvrig, scheuernd und extrem haftend. Er lagerte sich auf den Raumanzügen ab, zerkratzte die Visiere und drang sogar in die Stiefel ein.

▲ GESTEINSPROBEN *werden benötigt, um die Entstehung des Monds zu erforschen. Dieses Basaltgestein beweist, dass auf dem Mond früher Vulkane aktiv waren.*

DER MOND

▲ TRAINING *Auf der Erde wurden die Werkzeuge und ihre Handhabung erprobt. Hier testen die Astronauten in einem Vulkankrater in Arizona (USA).*

SCHNAPPSCHUSS

Als Erinnerung hat *Apollo-16*-Pilot Charles Duke ein Foto seiner Familie und eine Münze in einer Plastiktüte auf dem Mond zurückgelassen. Das Foto trägt auf der Rückseite eine Botschaft der Familie.

Laser zum Mond

Für ein wissenschaftliches Experiment bauten die *Apollo*-Astronauten auf dem Mond einen Laserreflektor auf. Von der Erde aus wird ein Laserstrahl auf den Reflektor gerichtet und dann gemessen, wie lange der reflektierte Strahl zur Erde zurück benötigt. Diese Messungen ergaben, dass sich der Mond jährlich um 3,8 cm von der Erde entfernt.

◄ FORSCHER *schickten den Laserstrahl durch ein optisches Teleskop am McDonald-Observatorium (USA). Dieses Experiment ermittelte die Entfernung zwischen der Erde und dem Mond auf 2,5 cm genau.*

▲ MEHRERE *Reflektoren wurden seit 1969 auf dem Mond aufgebaut. Die reflektierten Laserstrahlen sind für das menschliche Auge unsichtbar, sodass Empfänger das Signal erst verstärken müssen.*

🌑 WASSERLANDUNG!

Nach dem glühend heißen Wiedereintritt in die Erdatmosphäre landete das *Apollo*-Kommandomodul an Fallschirmen im Pazifik. Das Wasser dämpfte die Landung. Unmittelbar nach der Wasserung wurden Schwimmkörper aufgeblasen, damit die Kapsel aufrecht schwamm.

▲ FALLSCHIRME *sorgten für eine sichere Landung des konusförmigen Kommandomoduls.*

▲ FROSCHMÄNNER *brachten die Besatzung mit Schlauchbooten an Bord eines Marineschiffs.*

▲ DIE APOLLO-11-BESATZUNG *musste nach ihrer Rückkehr mehrere Wochen in einem luftdichten Container verbringen. Man wollte so verhindern, dass möglicherweise außerirdische Bakterien eingeschleppt werden.*

DER MOND

ABGEKOPPELT
Dieses Bild des Kommandomoduls von Apollo 11 *nahm die Landefähre* Eagle *während des Anflugs zur Mondoberfläche auf. Im Kommandomodul kreiste Pilot Michael Collins allein um den Mond.*

DER MOND

Rückkehr zum Mond

Nachdem das *Apollo*-Programm 1972 beendet war und 1976 die letzte *Luna*-Raumsonde den Mond besucht hatte, wurde 1990 die japanische *Hiten*-Mission durchgeführt. Heute planen viele Raumfahrtagenturen wieder Flüge zum Mond.

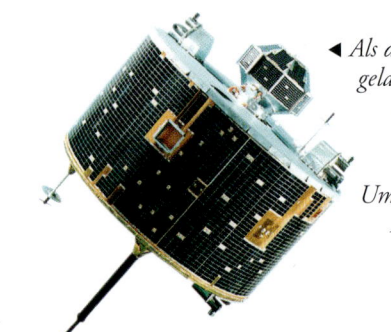

◀ *Als dritter Nation gelang Japan mit seiner Raumsonde* Hiten *Vorbeiflug, Umkreisung und Aufschlag auf dem Mond.*

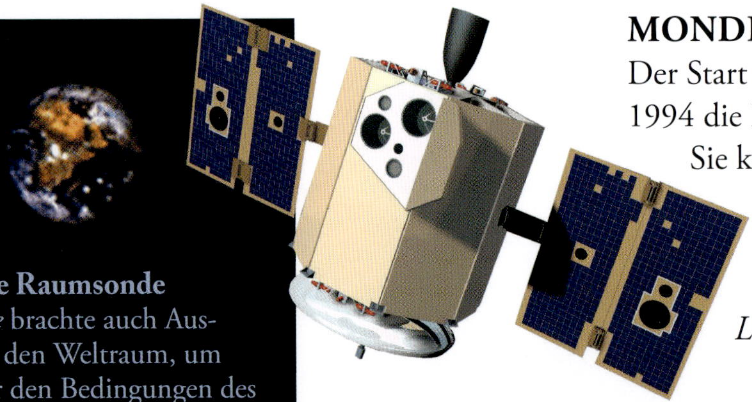

MONDKARTIERUNG

Der Start der Raumsonde *Clementine* kündigte 1994 die Rückkehr der NASA zum Mond an. Sie kartierte während ihres 71-tägigen Flugs die gesamten 38 Mio. km² Mondoberfläche. Nach dieser erfolgreichen Mission folgten 1998 die Raumsonden *Lunar Prospector* und 2009 LRO.

Vielseitige Raumsonde

Clementine brachte auch Ausrüstung in den Weltraum, um diese unter den Bedingungen des Alls zu testen. Die Raumsonde kartierte zudem die Topografie der Mondoberfläche, bestimmte die Dicke der Kruste und nahm über 1 Mio. Bilder auf. Ihre Daten lassen darauf schließen, dass tiefe Krater am Südpol gefrorenes Wasser enthalten.

▲ CLEMENTINE *vermaß mit Radiowellen die Mondoberfläche und entdeckte als Erste Wassereis.*

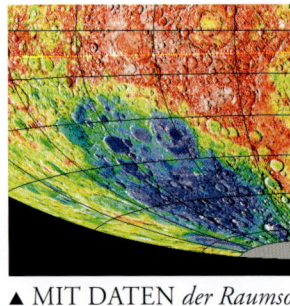

Lunar Prospector

Die Raumsonde *Lunar Prospector* kreiste auf der Suche nach Eis ein Jahr um die Mondpole. Sie suchte auch nach Mineralien und Gasen, aus denen zukünftige Mondstationen Treibstoff für Missionen in den äußeren Weltraum herstellen könnten.

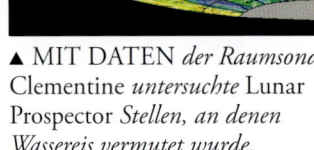

▲ MIT DATEN *der Raumsonde* Clementine *untersuchte* Lunar Prospector *Stellen, an denen Wassereis vermutet wurde.*

Lunar Reconnaissance Orbiter (LRO)

Die Raumsonde LRO startete 2009, um geeignete Plätze für den Aufbau einer bemannten Mondstation zu erkunden. Der Lunar Crater Observation and Sensing Satellite (LCROSS) startete zur selben Zeit und zerschellte gezielt bei der Suche nach Wasser.

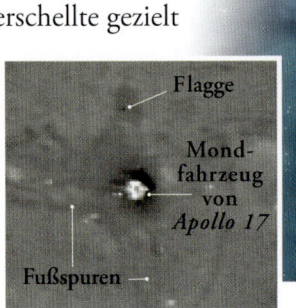

▶ DIE LCROSS-*Mission bestätigte das Vorkommen von Wassereis in mindestens einem Krater. Bilder von LRO widerlegten auch Theorien, dass die* Apollo-*Missionen getürkt gewesen wären.*

Flagge
Mondfahrzeug von *Apollo 17*
Fußspuren

RÜCKKEHR ZUM MOND

MONDMISSIONEN

Die neue Ära der Monderforschung wird nicht nur von den USA, sondern auch von der Europäischen Union und Ländern wie Japan, China und Indien getragen.

SELENE

- **ESAs SMART-1** (2003: Orbiter) untersucht die Theorie, dass der Mond nach einer Kollision eines kleinen Planeten mit der Erde vor 4,5 Mrd. Jahren entstand.
- **Japans *Kaguya* (SELENE)** (2007: Orbiter) setzte die beiden Satelliten *Okina* und *Ouna* auf eine Mondumlaufbahn ab, um die Schwerkraft der abgewandten Seite des Monds zu bestimmen.
- **Chinas *Chang'e-I*** (2007: Orbiter) kreiste 494 Tage um den Mond, erstellte eine dreidimensionale Karte der Oberfläche und erforschte, wie die Sonne den Weltraum beeinflusst.
- **Indiens *Chandrayaan-1*** (2008: Orbiter) sucht nach radioaktiver Materie, um die Entstehung des Monds zu erklären.

Der Lunar-X-Wettbewerb

Wer gewinnt den mit 30 Mio. Dollar dotierten Google Lunar X Preis? Er gehört dem ersten privaten Team, das bis Ende 2014 einen Rover auf den Mond bringt. Der Rover muss 500 m fahren und Bilder, Videos und Daten zur Erde senden. 20 Teams stehen zur Zeit im Wettbewerb.

◀ TEAM ITALIEN *will einen verlässlichen und preiswerten Roboter herstellen und testet dazu Entwürfe wie diesen.*

MISSIONEN DER ZUKUNFT

Die Raumfahrtnationen unternehmen eine Reihe verschiedenster Mondmissionen.

- ***Chang'e-II*** (2010) Chinesischer Orbiter
- ***Luna-Glob 1*** (2012) Russischer unbemannter Orbiter
- **ESAs ESMO Projekt** (2013/2014) Der erste europäische Mondorbiter
- ***Chandrayaan-2*** (2013) Indien plant die Landung eines Rovers auf dem Mond.
- ***Luna-Glob 2*** (2013) Ein russischer Orbiter in Zusammenarbeit mit dem indischen *Chandrayaan-2*
- ***Chang'e III*** (2013) Geplant sind Mondlandemodul und Rover.
- ***Luna-Grunt*** (2014 und 2015) Zwei getrennte Mondorbiter und Landemodule sind geplant.
- **ESA** (2017–2020) Ein Mondlandemodul, das Fracht und Forschungsausrüstung zum Mond transportiert.
- **India** (2020) Indiens erster bemannter Mondflug

ESAs ESMO

Und weiter zum Mars?

Mehrere Länder wollen als Erste eine bemannte Station auf dem Mond errichten, die mit Strom von der Sonne und Wasser von den Polen versorgt wird. Wertvolle Mineralien könnten abgebaut und zur Erde transportiert werden. Die Station soll auch als Startplatz für Missionen zum Mars und anderen Planeten dienen. China hat den Transport eines Satelliten zum Mars mit der russischen *Phobos-Grunt*-Mission im Jahr 2011 gebucht.

▼ AUF DEM MOND *lagern wahrscheinlich Vorkommen einer extrem seltenen Form des Heliums, das man abbauen und als Treibstoff nutzen könnte.*

DER MOND

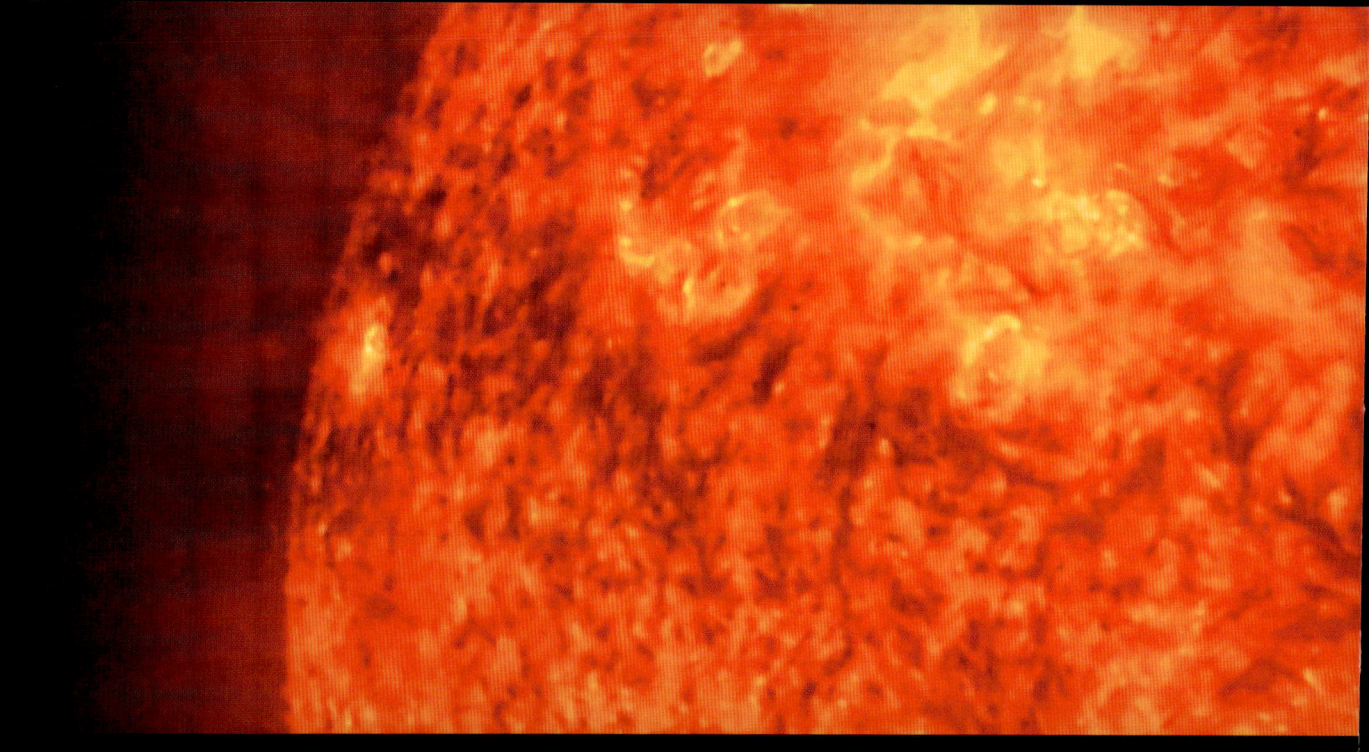

DIE SONNE

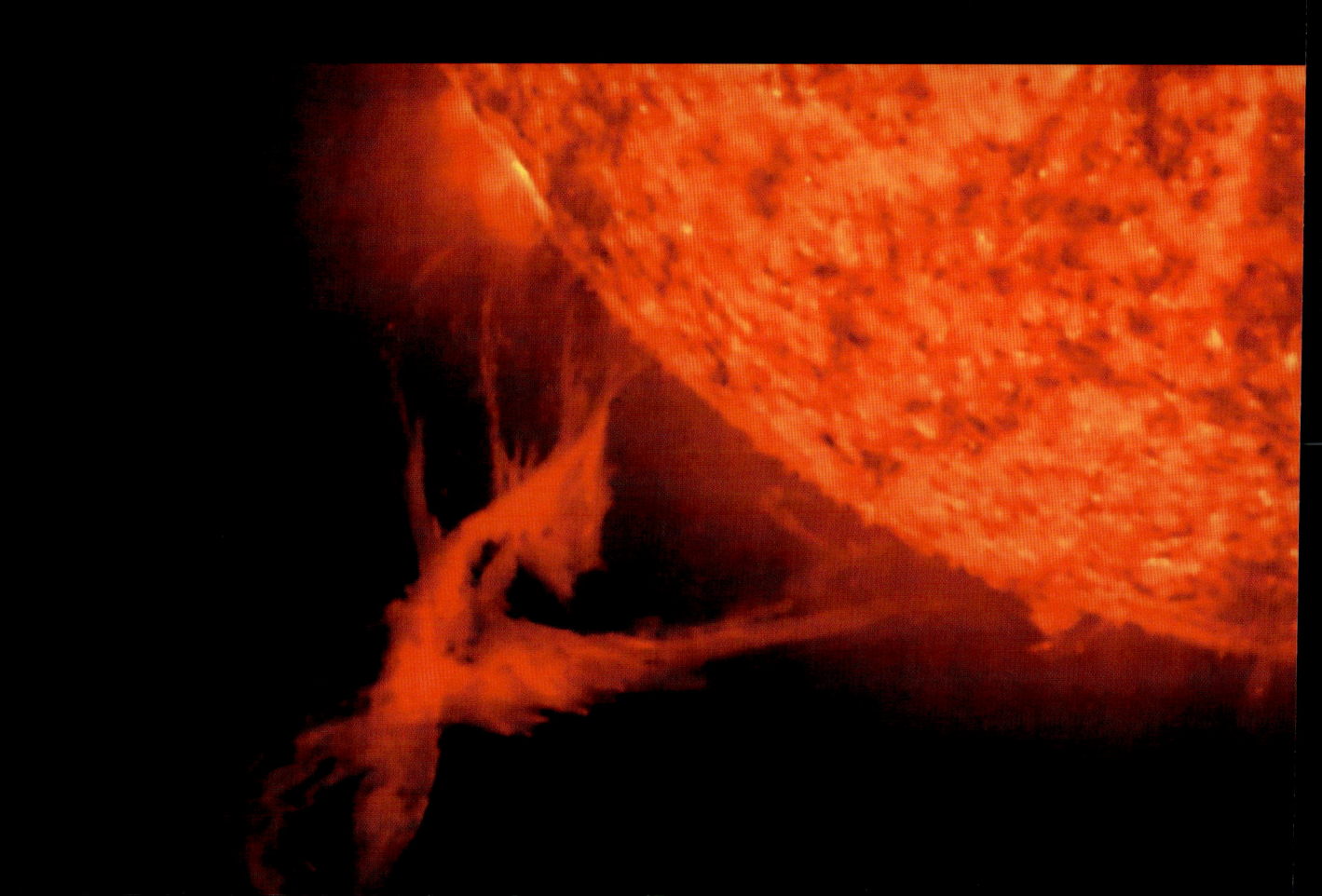

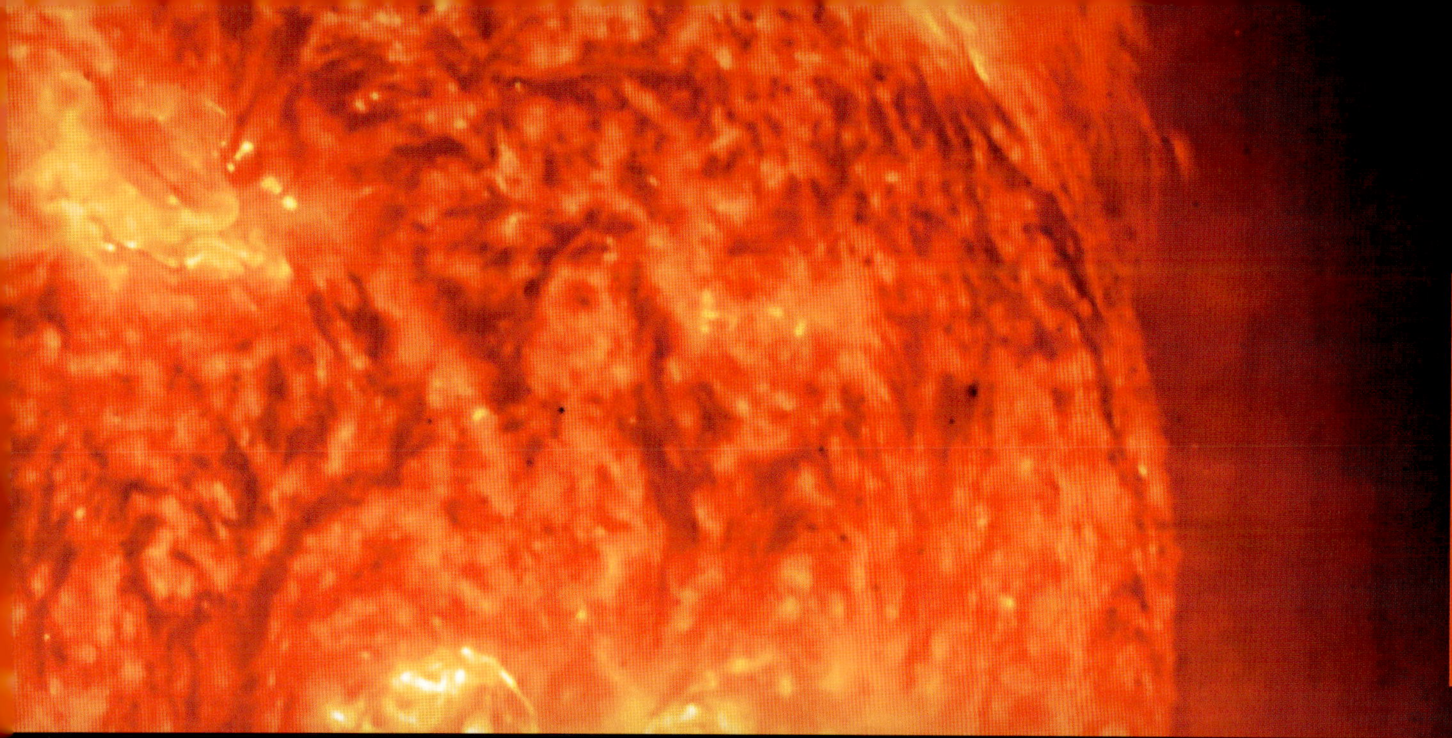

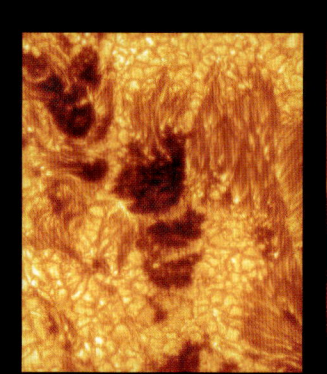

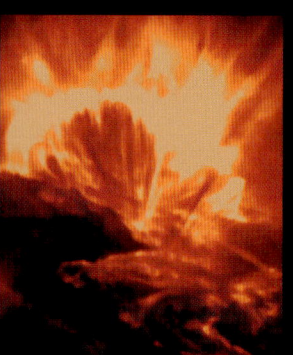

DIE SONNE

Der Stern im Zentrum unseres Sonnensystems ist eine riesige, glühende Gaskugel, die 150 Millionen Kilometer entfernt ist. Sie erzeugt in ihrem Kern gewaltige Mengen Energie.

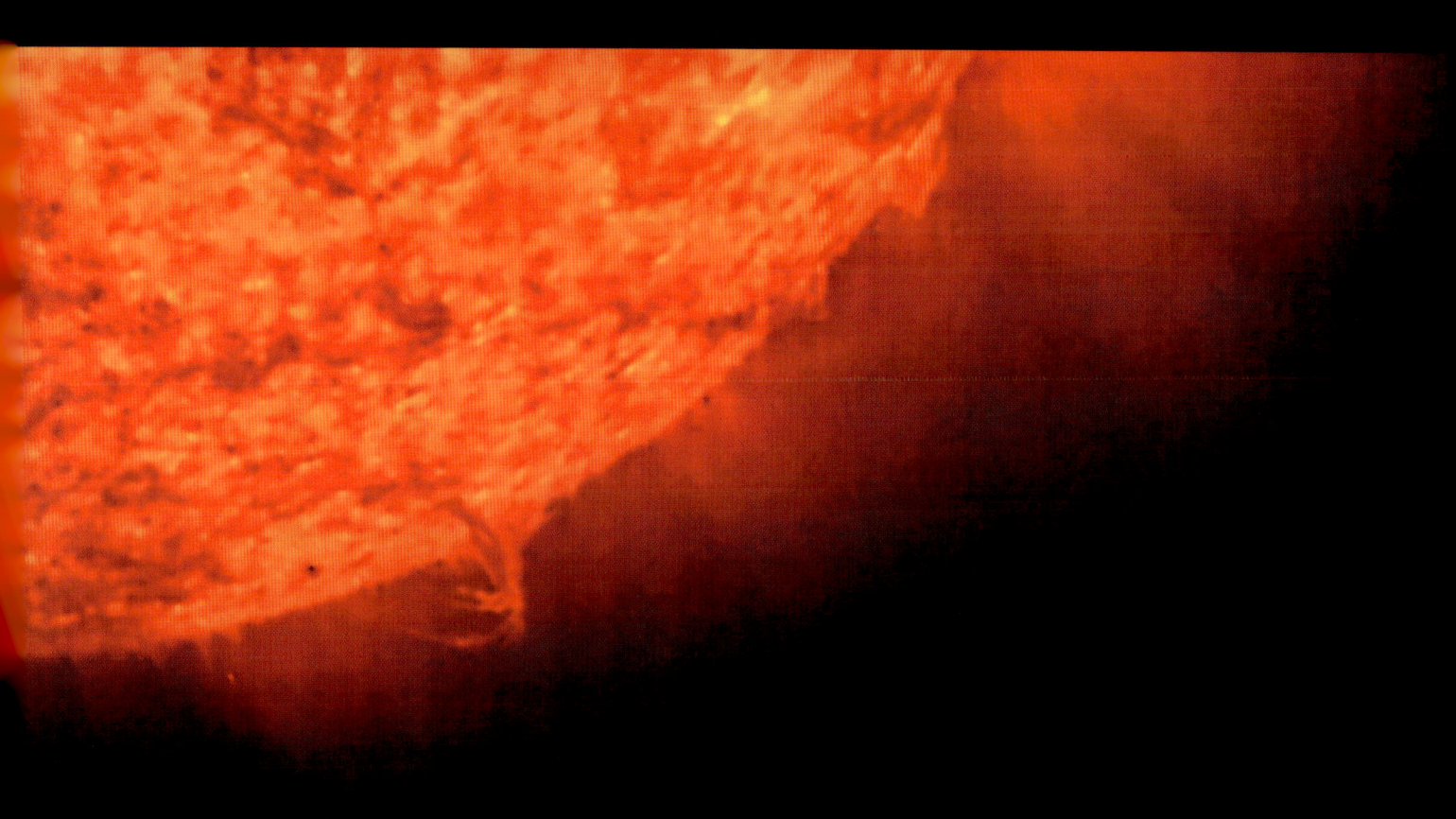

Die Sonne

Die Sonne ist der nächste Stern zur Erde und ungefähr 150 Millionen Kilometer von uns entfernt. Obwohl sie ganz aus Gas besteht, ist ihre Masse 333 000-mal größer als die der Erde und 750-mal größer als die aller Planeten des Sonnensystems zusammen.

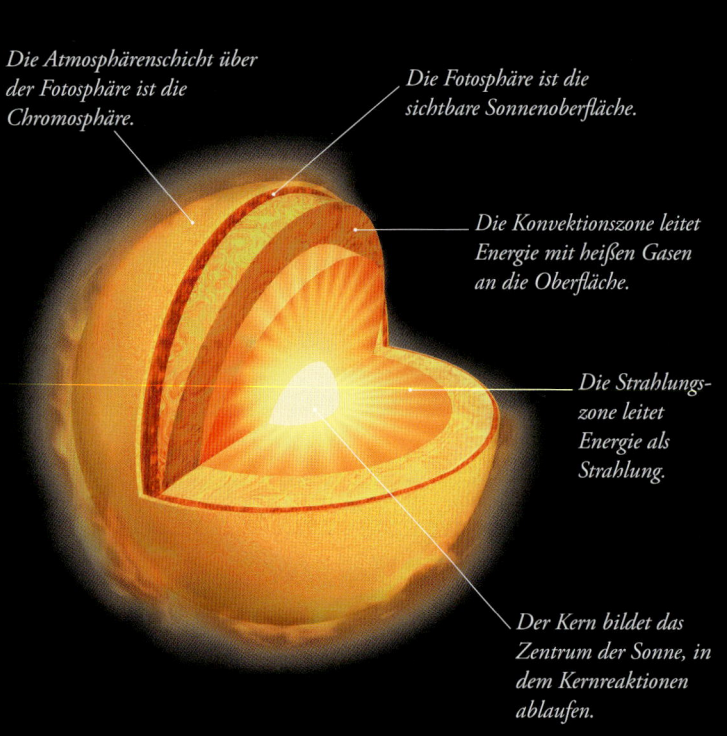

SCHNAPPSCHUSS

Die Sonne wird von einigen Raumsonden erforscht, so auch vom Solar and Heliospheric Observatory (SOHO). Seit seinem Start 1995 hat SOHO unser Wissen über die Sonne entscheidend verbessert. SOHO warnt vor Sonnenstürmen und hat bis heute mehr als 1500 Kometen entdeckt.

Die Atmosphärenschicht über der Fotosphäre ist die Chromosphäre.

Die Fotosphäre ist die sichtbare Sonnenoberfläche.

Die Konvektionszone leitet Energie mit heißen Gasen an die Oberfläche.

Die Strahlungszone leitet Energie als Strahlung.

Der Kern bildet das Zentrum der Sonne, in dem Kernreaktionen ablaufen.

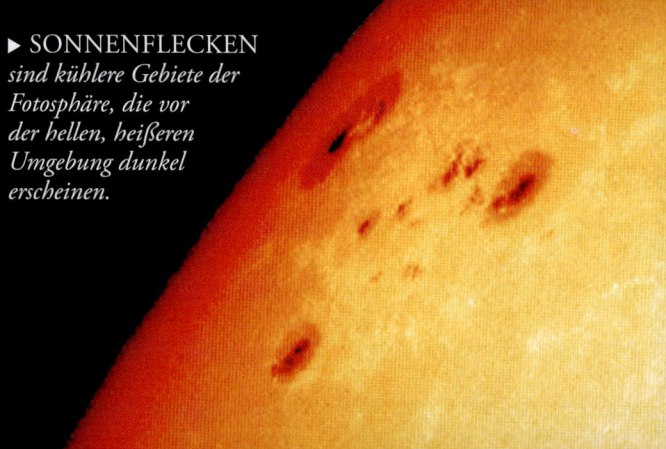

▶ **SONNENFLECKEN** sind kühlere Gebiete der Fotosphäre, die vor der hellen, heißeren Umgebung dunkel erscheinen.

Die fleckige Sonne

Auf der sonst einheitlichen gelben Scheibe der Sonne erscheinen manchmal dunkle Flecken. Das sind kühlere Gebiete der Fotosphäre, die durch das Magnetfeld der Sonne entstehen, das den Wärmefluss zur Oberfläche stört. Die Veränderung der Position der Flecken auf der Sonnenoberfläche zeigte, dass sich die Sonne am Äquator schneller als an den Polen dreht (👁 S. 202–203).

INNERE SCHICHTEN

Wie eine Zwiebel besteht die Sonne im Inneren aus mehreren Schichten. In ihrem Zentrum befindet sich der sehr heiße Kern, in dem Kernreaktionen stattfinden. Energie strömt aus ihrem Kern in die Strahlungszone. In der Konvektionszone wird sie über Konvektionszellen weitergeleitet. Durch diese erhält die Oberfläche – die Fotosphäre – ein helles, körniges Muster.

DIE SONNE IN ZAHLEN

- **Mittlerer Abstand zur Erde**
  150 Mio. km
- **Oberflächentemperatur**
  5500 °C
- **Kerntemperatur**
  15 Mio. °C
- **Durchmesser**
  1,4 Mio. km
- **Rotationsdauer am Äquator**
  25 Erdtage
- **Größenvergleich**

DIE SONNE

KORONALE MASSEN-AUSWÜRFE sind riesige Plasmablasen, die von der Korona abgestoßen werden.

SPICULA sind Spitzen sehr heißen Plasmas, die durch das Magnetfeld der Sonne entstehen.

KORONA nennt man die äußere Atmosphäre. Sie ist viel heißer als die Fotosphäre.

FACKELN sind heißere, hellere Gebiete der Fotosphäre, die häufig in der Umgebung von Sonnenflecken auftreten.

GRANULATION bezeichnet das körnige Aussehen, das durch Konvektionszellen entsteht.

PROTUBERANZEN sind gewaltige Plasmabögen, die sich entlang der Magnetfeldlinien ausbreiten.

SCHON GEWUSST?

Die Sonne erzeugt in ihrem Kern durch Kernreaktionen Energie. Bei diesen Reaktionen verschmelzen Atomkerne zu neuen Atomen und setzen riesige Mengen Energie frei. Die Temperaturen im Kern erreichen 15 Mio. °C. Die Sonne scheint seit mehr als 4,6 Mrd. Jahren und hat ungefähr die Hälfte ihres Lebenszyklus erreicht. Obwohl sie etwa 0,5 Mrd. t Wasserstoff pro Sekunde verbrennt, wird sie noch weitere 5 Mrd. Jahren scheinen.

GEBURT UND TOD DER SONNE

Wie alle Sterne entstand die Sonne in einer Wolke aus Gas und Staub. Vor ungefähr 4,6 Mrd. Jahren kollabierte die Wolke unter ihrer eigenen Schwerkraft. Sie wurde immer heißer, bis Kernreaktionen einsetzten und die Sonne leuchtete. Nun wird sie immer heißer, bis sie ihren Vorrat an Wasserstoff aufgebraucht hat. Dann wird die Sonne zu einem Roten Riesen anschwellen und dabei sogar die Erde verschlucken. Die sterbende Sonne verwandelt sich danach in einen Weißen Zwerg, der zu einem planetarischen Nebel schrumpft.

Sonnenaufbau

Die Sonne ist ein gigantisches Kernkraftwerk. Riesige Mengen Energie werden in ihrem heißen Kern erzeugt. Sie strömt zur Oberfläche und wird in den Weltraum abgegeben – hauptsächlich als sichtbares Licht und als Wärme. Nur die Sonnenenergie verhindert, dass die Erde zu einer Eiskugel gefriert.

KERNFUSION

Die Sonne besteht vorwiegend aus Wasserstoff. In ihrem Kern verschmelzen durch hohen Druck und heiße Temperaturen Wasserstoffatome in einer Kernfusion zu Helium. Bei diesen Reaktionen werden enorme Mengen Energie erzeugt, die der Kern als energiereiche Röntgen- und Gammastrahlen abgibt.

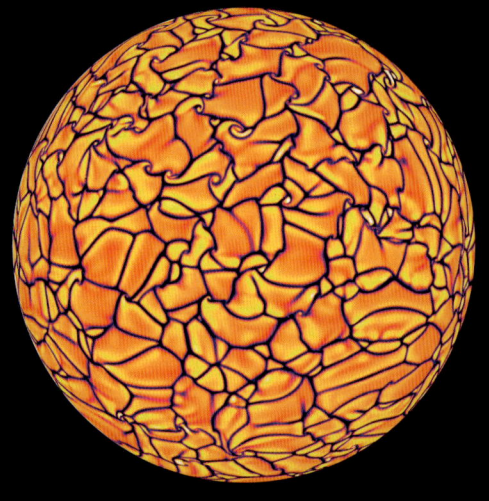

In Bewegung

Heißes Gas steigt zur Oberfläche der Sonne auf und erzeugt eine körnige Struktur – die Granulation. Diese besteht aus 1000–2000 km großen Granulen (Körnchen). Größere Gasschwaden erzeugen Riesenkörnchen, die man Supergranulen nennt und die bis zu 30 000 km groß werden. Einzelne Granulen bleiben bis zu 20 Minuten an der Oberfläche, Supergranulen sogar mehrere Tage.

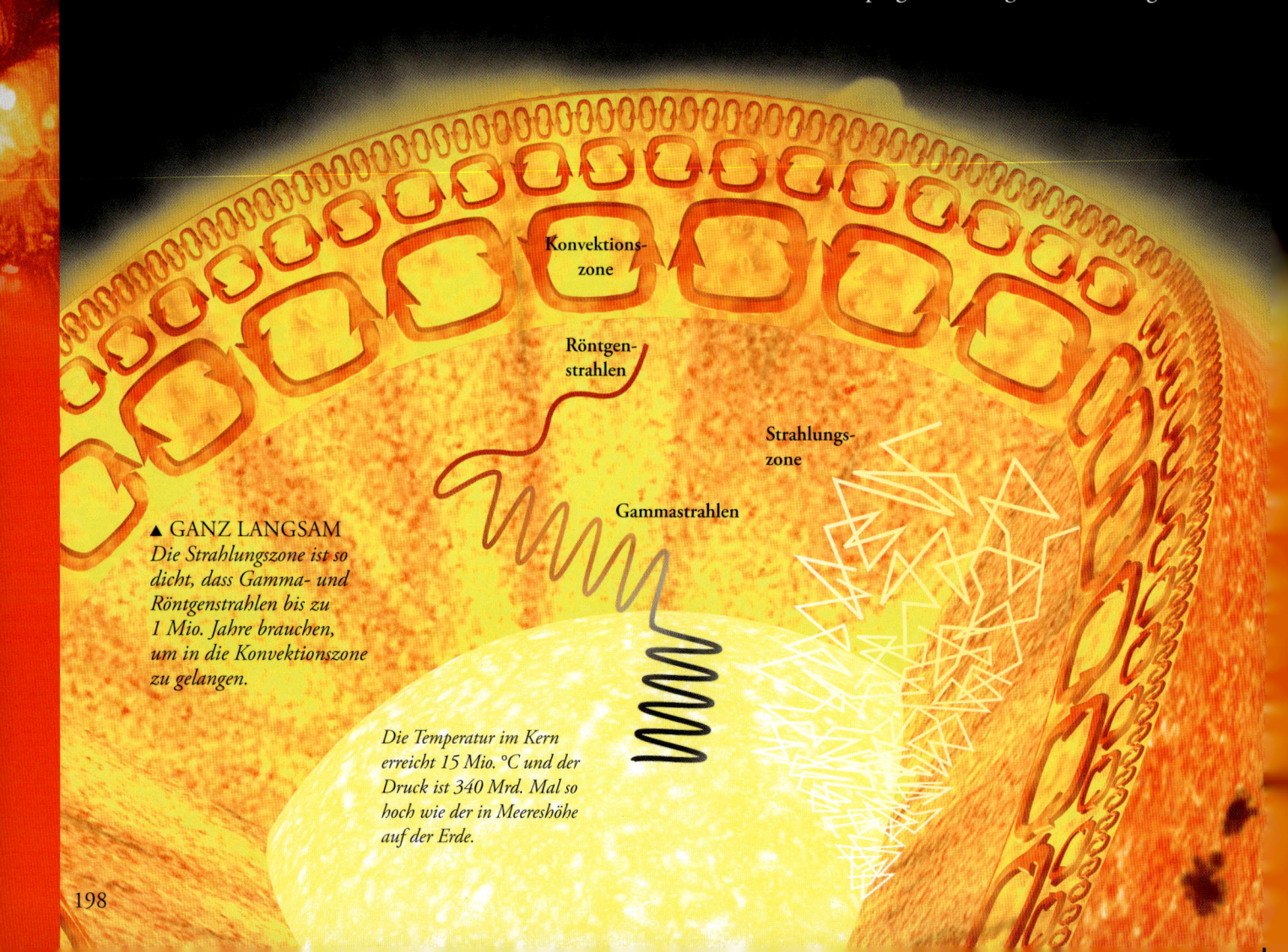

Konvektionszone

Röntgenstrahlen

Strahlungszone

Gammastrahlen

▲ GANZ LANGSAM
Die Strahlungszone ist so dicht, dass Gamma- und Röntgenstrahlen bis zu 1 Mio. Jahre brauchen, um in die Konvektionszone zu gelangen.

Die Temperatur im Kern erreicht 15 Mio. °C und der Druck ist 340 Mrd. Mal so hoch wie der in Meereshöhe auf der Erde.

SONNENAUFBAU

Fotosphäre

Die Fotosphäre ist die Schicht über der Konvektionszone und bildet die sichtbare Oberfläche der Sonne. Sie scheint fest, besteht aber tatsächlich aus einer etwa 500 km dicken Gasschicht. Dabei ist sie ausreichend dünn, sodass Licht und Wärme in den Weltraum abstrahlen können. Ihre Temperatur ist sehr viel niedriger als die des Kerns und liegt bei etwa 5500 °C. Licht von der Fotosphäre erreicht nach ungefähr 8 Minuten die Erde.

DIE SONNE

▲ HOTSPOT
Das Magnetfeld der Sonne erzeugt manchmal Bögen aus heißem Plasma, die durch die kühlere Fotosphäre in die Korona dringen.

Energie im Überfluss
Die Sonne setzt jede Sekunde so viel Energie frei, dass damit der Bedarf der Erdbevölkerung mehr als 1000 Jahre lang gedeckt werden könnte. Dazu wandelt sie pro Sekunde 550 Mio. t Wasserstoff in Helium um!

Die roten Flächen zeigen sinkendes Plasma.

Die blauen Flächen zeigen aufsteigendes Plasma.

Lärmende Sonne

Das Umwälzen des heißen Plasmas in der Konvektionszone erzeugt Schallwellen, die sich bis zur Oberfläche ausbreiten. Dort drücken die Schallwellen das Plasma bis zu 50 km nach außen. Da sich Schall im Vakuum des Alls nicht ausbreiten kann, hören wir den Lärm der Sonne nicht. Die Schallwellen kehren stattdessen nach innen um, sodass das Plasma zurückfällt. Die Wellenmuster verraten viel über den inneren Aufbau der Sonne.

🔍 IM BLICKPUNKT: ZIRKULATION

Auch die Sonne dreht sich um ihre Achse. Im Gegensatz zur festen Erde mit nur einer Rotationsgeschwindigkeit besitzt sie aber mehrere und dreht sich am Äquator schneller als an den Polen. Die Abbildung (rechts) zeigt die Oberflächenrotation. Schnellere Gebiete sind grün und langsamere blau dargestellt. Das heiße Plasma zirkuliert im Inneren der Sonne zwischen dem Äquator und den Polen. Es strömt dicht unter der Oberfläche zu den Polen, während es in tieferen Schichten zum Äquator zurückströmt.

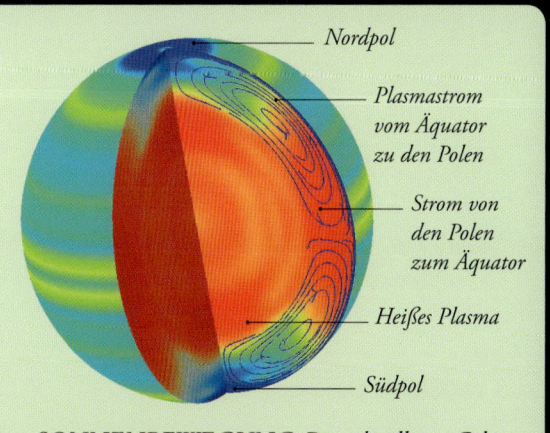

Nordpol
Plasmastrom vom Äquator zu den Polen
Strom von den Polen zum Äquator
Heißes Plasma
Südpol

▲ SONNENBEWEGUNG *Die schnelleren Gebiete sind grün und die langsameren blau dargestellt.*

Die Sonnenatmosphäre

Die Sonne ist eine riesige Gaskugel, deren sichtbare Oberfläche die Fotosphäre bildet. Diese ist gleichzeitig die unterste Schicht der Sonnenatmosphäre und gibt das sichtbare Licht ab. Darüber befinden sich die dünne Chromosphäre und die dickere Korona. Jede Schicht ist heißer und weniger dicht als die darunterliegende.

DIE KORONA

Die Sonne besitzt eine extrem heiße äußere Schicht, die Korona. Ihre Temperatur erreicht bis zu 2 Mio. °C. Obwohl sie so heiß ist, ist sie nicht sehr hell und von der Erde aus nur bei einer totalen Sonnenfinsternis sichtbar. Raumsonden blockieren heute mit ihren Instrumenten die helle Sonnenscheibe, sodass die Korona sichtbar wird. Der Grund für ihre hohe Temperatur ist nicht bekannt, sie ist aber offenbar mit der Freisetzung von gespeicherter magnetischer Energie verknüpft.

▲ SONNENFINSTERNIS
Die Korona erscheint als leuchtender Lichtkranz um den Mond.

▲ *Diese Aufnahme des Satelliten TRACE zeigt Bögen aus heißem Plasma in der Korona.*

Protuberanzen

Protuberanzen genannte Bögen bestehen aus Plasma (superheißem Gas), das entlang von Kanälen im Magnetfeld der Korona strömt. Das Plasma fließt mit bis zu 320 000 km/h in Bögen, die bis zu 1 Mio. km über die Sonnenoberfläche aufsteigen können. Ihre Temperaturen schwanken in einem großen Bereich und können mehrere Millionen Grad erreichen.

DIE SONNENATMOSPHÄRE

▼ **MINDESTENS** *zwei Sonnenfinsternisse sind jährlich auf der Erde zu beobachten. Eine totale Sonnenfinsternis, bei der der Mond die Sonne vollständig bedeckt, kann bis zu acht Minuten dauern. Nur während dieser Zeit kann man die äußere Atmosphäre sehen.*

Ulysses

Die Sonnenpole sind nur sehr schwer von der Erde aus zu beobachten. Daher entwickelten NASA und ESA die Raumsonde *Ulysses*. Sie startete im Oktober 1990 und ist die einzige Raumsonde, die die Polargebiete der Sonne erforscht hat. Nach drei Vorbeiflügen wurde sie 2009 abgeschaltet. Man entdeckte, dass der Sonnenwind bei niedriger Sonnenaktivität schwächer ist.

Die Parabolantenne ist eine von vier Antennen der Ulysses *und diente der Kommunikation mit der Erde.*

DIE SONNE

Sonnenfilamente

Riesige Bögen aus relativ kühlem, dichtem Gas erstrecken sich häufig von der Chromosphäre in die Korona und breiten sich oft Hunderttausende Kilometer aus. Manchmal werden sie von der Sonne abgetrennt und geben Milliarden Tonnen Gas ins All ab. Auf der hellen Sonnenscheibe erscheinen sie als dunkle Fäden (Filamente), aber gegen das dunkle All sind sie als Protuberanzen sichtbar. Sie treten häufig mit Sonnenflecken und Eruptionen auf. Ruhende Protuberanzen dauern mehrere Monate, während aktive nur wenige Stunden anhalten.

IM BLICKPUNKT: SONNENWIND

Die Sonne gibt heiße, geladene Gasteilchen als Sonnenwind ins All ab. Teilchen, die durch Löcher in der Korona entweichen, erzeugen einen Sonnenwind, der mit Geschwindigkeiten von bis zu 900 km/s auf die Erde strömt. Andere Gebiete auf der Sonne setzen langsamere Sonnenwinde frei. Diese sich überlappenden Ströme langsamer und schneller Teilchen erzeugen eine Druckwelle, wenn sie auf das Magnetfeld der Erde treffen. Einige Teilchen strömen durch die Druckwelle und das Magnetfeld der Erde zu den Erdpolen und erzeugen dort die leuchtenden Polarlichter (S. 204–205).

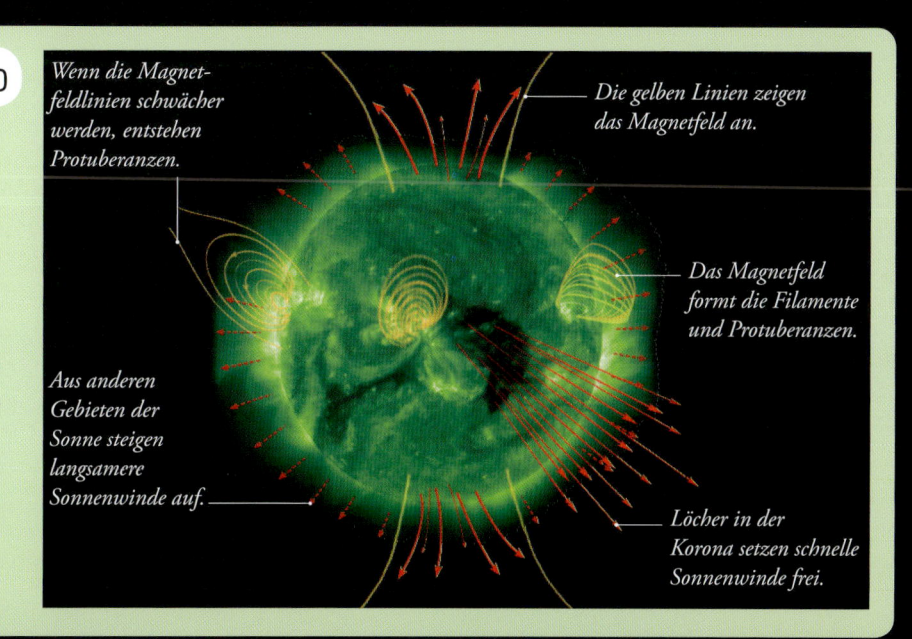

Wenn die Magnetfeldlinien schwächer werden, entstehen Protuberanzen.

Die gelben Linien zeigen das Magnetfeld an.

Das Magnetfeld formt die Filamente und Protuberanzen.

Aus anderen Gebieten der Sonne steigen langsamere Sonnenwinde auf.

Löcher in der Korona setzen schnelle Sonnenwinde frei.

Sonnenstürme

Störungen im Magnetfeld der Sonne führen zu gewaltigen Explosionen, die Satelliten und Astronauten im All gefährden. Wenn sich diese Eruptionen zur Erde ausbreiten, können sie unsere Atmosphäre beeinträchtigen und Kommunikationssysteme stören.

SONNENERUPTIONEN

Sonneneruptionen sind gewaltige Explosionen, die in den starken Magnetfeldern um die Sonnenflecken entstehen. Sie dauern nur wenige Minuten, setzen aber riesige Mengen Energie frei. Solche Eruptionen erfolgen mehrmals täglich, wenn die Sonne sehr aktiv ist. Große Eruptionen können zu einem koronalen Massenauswurf führen.

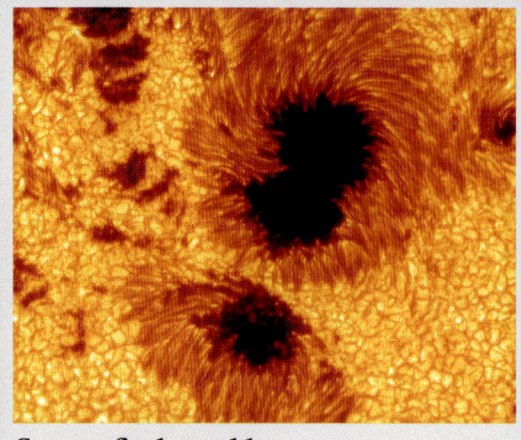

Sonnenfleckenzyklus
Die Sonne dreht sich am Äquator schneller und an den Polen langsamer. Dadurch dehnt sich das Magnetfeld in die Korona aus und behindert die Konvektionszellen. An diesen Stellen bilden sich Sonnenflecken, die regelmäßig ungefähr alle elf Jahre erscheinen. Ihr Auftreten bezeichnet man als Sonnenfleckenzyklus.

Die Temperatur einer Sonneneruption kann 10 Mio. °C übersteigen.

▲ **SOLARKRAFT** *Sonneneruptionen sind die gewaltigsten Explosionen. Sie setzen 10 Mio. Mal mehr Energie frei als ein heftiger Vulkanausbruch auf der Erde.*

SONNENSTÜRME

IM BLICKPUNKT: BEBEN

Sonneneruptionen lösen Beben in der Sonne aus, die den Erdbeben gleichen. Druckwellen des Bebens breiten sich über eine Strecke aus, die dem 10-fachen Erddurchmesser entspricht. Sie erreichen dabei Geschwindigkeiten von bis zu 400 000 km/h und gehen in die Fotosphäre über.

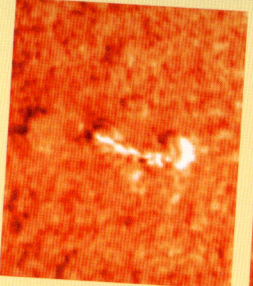

▲ **EINE SONNENERUPTION,** *aufgenommen von der Raumsonde SOHO*

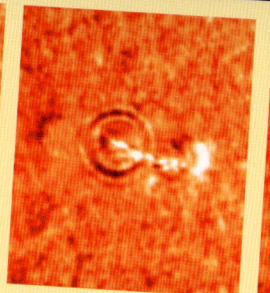

▲ **DRUCKWELLEN** *der Sonneneruption erscheinen als Ringe um das Epizentrum.*

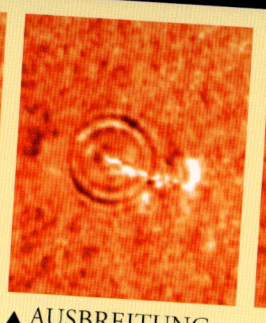

▲ **AUSBREITUNG** *Die Ringe breiten sich über 100 000 km auf der Sonnenoberfläche aus.*

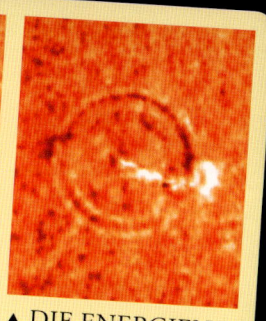

▲ **DIE ENERGIEN** *des Sonnenbebens sind gewaltig – sie würden ausreichen, um die USA 20 Jahre zu versorgen.*

DIE SONNE

Massenauswürfe

Sonnenflecken sind häufig mit enormen Gasausbrüchen verbunden, die Milliarden Tonnen Material ins Sonnensystem ausstoßen. Diese gewaltigen Gasströme nennt man koronale Massenauswürfe (KMA). Sie feuern elektrisch geladene Teilchen mit Geschwindigkeiten von bis zu 1200 km/s ins All. Wenn diese Stoßwelle in zwei bis drei Tagen die Erde erreicht, lösen diese Teilchen Polarlichter, Stromunterbrechungen und Kommunikationsstörungen aus. Wie Sonneneruptionen entstehen koronale Massenauswürfe durch magnetische Energie und kommen häufig bei Sonnenfleckenaktivität vor.

Diese Aufnahme der bisher größten aufgezeichneten Sonneneruption machte die Raumsonde SOHO am 2. April 2001.

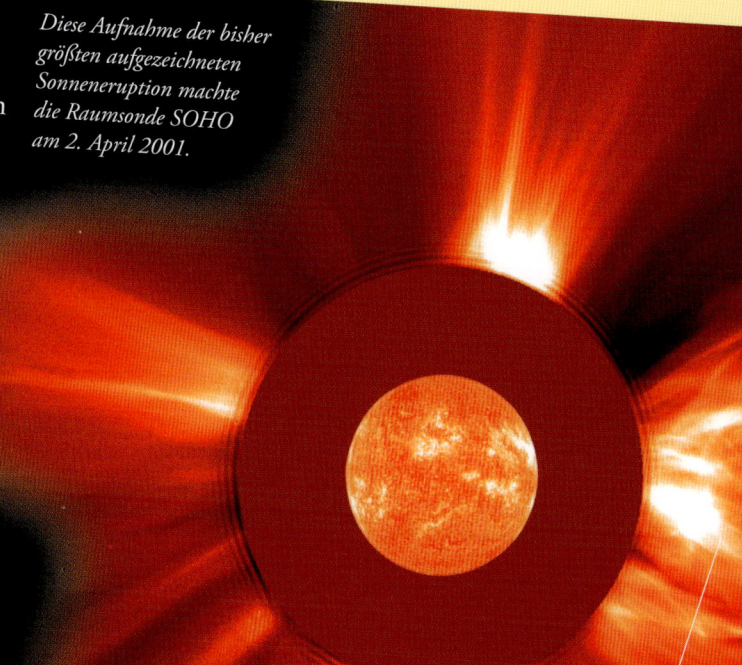

Die Eruption löste diesen koronalen Massenauswurf aus.

SCHNAPPSCHUSS

Ein Magnetsturm wütete 2001 um die Erde. Er wurde durch einen koronalen Massenauswurf ausgelöst, der mit einem riesigen Sonnenfleck entstanden war. Der Sturm erzeugte beeindruckende Südpolarlichter. In den frühen Stunden des 1. Aprils konnte man am Himmel über Neuseeland (hier über der Stadt Dunedin) prächtige Polarlichter beobachten.

Teilchenblitz

Geladene Teilchen, die durch eine Sonneneruption ins All ausgestoßen wurden, nahm die Raumsonde SOHO am 14. Juli 2000 nur drei Minuten nach der Eruption auf. Die Teilchen wirbelten wie ein Schneesturm umher (rechts). Man erkennt auch einen koronalen Massenauswurf, der eine riesige Gaswolke erzeugte. In der Bildmitte blendet eine dunkle Scheibe der Kamera das helle Sonnenlicht aus.

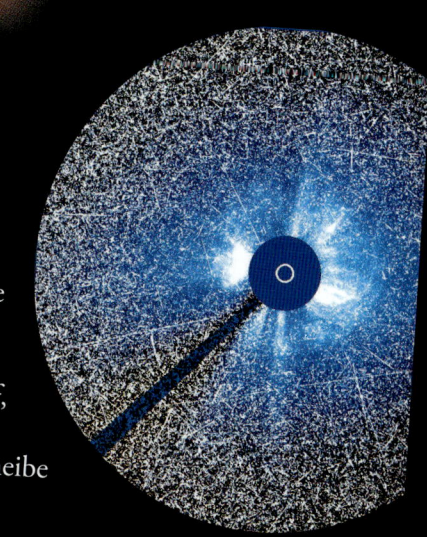

DIE SONNE

DIE SONNE

BEEINDRUCKENDE POLARLICHTER
Polarlichter sind Leuchterscheinungen am nächtlichen Polarhimmel. Sie entstehen, wenn geladene Teilchen des Sonnenwinds in die obere Atmosphäre eindringen. Dort stoßen sie mit Sauerstoff- und Stickstoffmolekülen zusammen und geben rote und grüne Lichtblitze ab.

Der Fleckenzyklus

Jeden Tag steht die Sonne am Himmel. Obwohl sie immer gleich aussieht, ändert sie sich ständig. Sie durchläuft Perioden extremer Aktivität, denen ruhigere folgen. Diese Änderungen haben große Auswirkungen auf die Erde.

Diese Röntgenaufnahmen der japanischen Raumsonde Yohkoh zeigen Veränderungen in der Korona über einen Zeitraum von 10 Jahren.

VERÄNDERLICHE SONNE

Zwischen 2008 und 2010 war die Sonnentätigkeit gebremst – mit weniger Eruptionen und aktiven Gebieten. Diese geringe Aktivität, die man Sonnenminimum nennt, kommt etwa alle elf Jahre vor. Die Menge der Strahlungen, die die Sonne im Sonnenminimum erzeugt, liegt ungefähr 0,1 % niedriger als beim Sonnenmaximum.

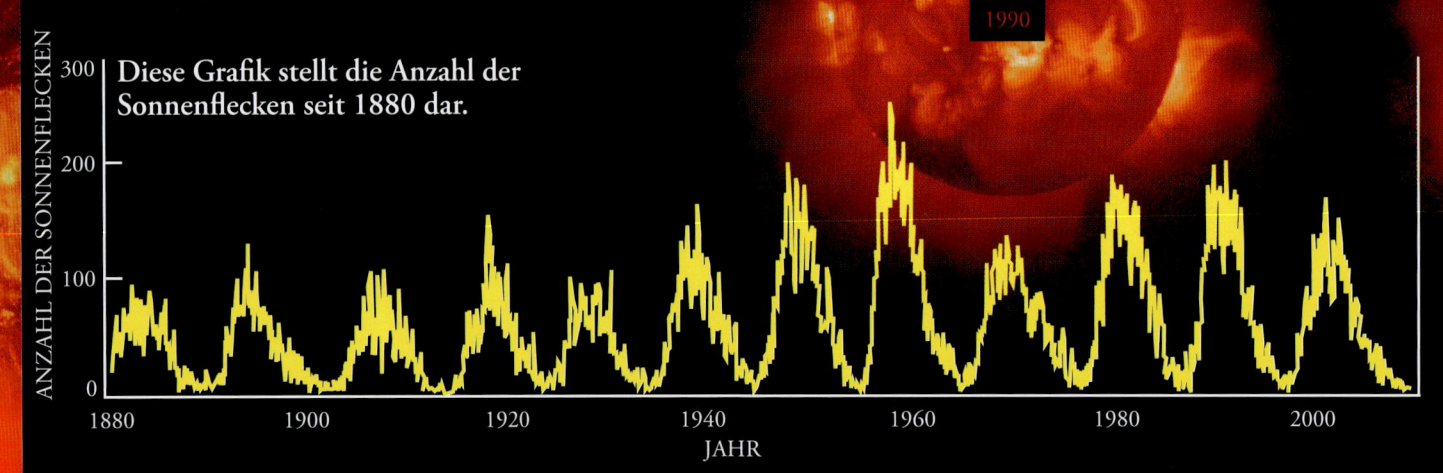

Diese Grafik stellt die Anzahl der Sonnenflecken seit 1880 dar.

Im 17. Jh. wurden fast keine Sonnenflecken beobachtet. Dieser Zeitraum, das Maunderminimum, ist der längste mit niedriger Sonnenaktivität. Das Maunderminimum fiel mit einer langen Kaltwetterperiode auf der Erde zusammen, die man „Kleine Eiszeit" nennt. Vermutlich besteht ein Zusammenhang zwischen beiden Ereignissen.

Jahrmärkte auf dem Eis

Auf der nördlichen Halbkugel herrschte zwischen dem 15. und dem 19. Jh. die Kleine Eiszeit. In dieser Periode sank die Temperatur um wenige Grad. Grönland war zum größten Teil durch Eis abgeschnitten, die Kanäle in Holland blieben monatelang vereist und in den Alpen drangen die Gletscher vor und zerstörten Dörfer. Die Menschen fuhren in den harten Wintern Schlittschuh auf den zugefrorenen Flüssen oder hielten dort sogar Jahrmärkte ab.

DER FLECKENZYKLUS

Die Sonne und das Ozon

Schwankungen der Sonnenaktivität erkennt man auch an der Menge des ultravioletten (UV) Lichts, das auf die Erdoberfläche fällt. UV-Licht ist unsichtbar, es verursacht aber Sonnenbrand. Das meiste UV-Licht wird von der Ozonschicht 10–50 km oberhalb der Erdoberfläche (S. 174) absorbiert. Sonnenstürme können Ozonmoleküle zerstören, sodass das UV-Licht ungehindert zur Erde strahlt. UV-Licht ist für Menschen gefährlich, weil es Körperzellen schädigen kann.

UV-B (kurzwelliges UV) verursacht Sonnenbrand und kann Hautkrebs auslösen.

UV-A (langwelliges UV) kann ebenfalls zu Sonnenbrand führen. Es dringt leichter als UV-B durch die Erdatmosphäre.

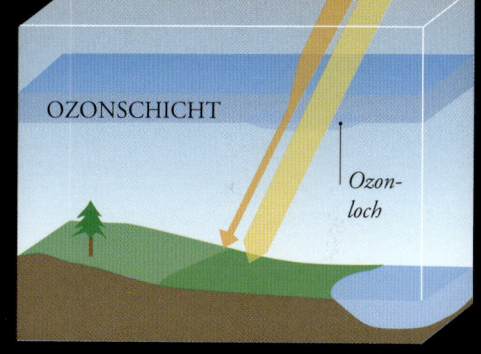

▶ ULTRAVIOLETTES LICHT *Obwohl UV-Licht für Lebewesen gefährlich sein kann, ist es auch sehr nützlich. Durch UV-Licht entsteht Vitamin D, das dem Knochenaufbau und Pflanzenwachstum dient.*

Das Schmetterlingsdiagramm zeigt Lage und Vorkommen der Sonnenflecken.

Der Schmetterlingseffekt

Der englische Astronom Edward Walter Maunder (1851–1928) entdeckte, dass Sonnenflecken nicht wahllos über die Sonnenoberfläche verteilt sind und einem elfjährigen Zyklus folgen. Zu dessen Beginn erscheinen sie bis zu 35° nördlich und südlich des Äquators, später näher zu ihm gelegen. Als Maunder die Positionen der Sonnenflecken über viele Jahre aufzeichnete, ergaben die Daten eine Schmetterlingsform – deshalb nennt man Diagramme zur Lage der Sonnenflecken auch Schmetterlingsdiagramme.

Sonnenbeobachtung

Die Menschen beobachten die Sonne seit Jahrtausenden. Moderne Astronomen werten alte Aufzeichnungen aus, um mehr über die Sonnenaktivität und die Bewegungen von Sonne, Mond und Erde in der Vergangenheit zu erfahren. Heute wird die Sonne von Observatorien auf der Erde und im All beobachtet.

GEISTESBLITZ!
Der italienische Astronom Galileo Galilei (1564–1642) bewies, dass die Sonne das Zentrum unseres Sonnensystems bildet.

GALILEIS SONNENFLECKEN
Galileo Galilei warf ein Bild der Sonne durch ein Teleskop auf eine Wand und zeichnete es ab. Er führte seine Beobachtungen täglich zur selben Zeit durch und entdeckte dabei, dass die dunklen, unregelmäßig geformten Flecken auf der Sonnenoberfläche erscheinen und wieder verschwinden. Die Positionsänderung der Flecken bewies auch, dass sich die Sonne um ihre Achse dreht.

McMath-Pierce-Sonnenteleskop
Das größte Sonnenteleskop der Welt ist das McMath-Pierce-Sonnentelesop auf dem Kitt Peak in Arizona (USA). Es wurde 1962 errichtet und besitzt einen 1,6-m-Spiegel auf einem 30 m hohen Turm. Der Spiegel leitet das Sonnenlicht in einen 60 m langen Tunnel zu den Instrumenten im Untergeschoss. Das Teleskop zeigt detaillierte Bilder der Sonne und wird zur Erforschung der Sonnenflecken und Sonnenaktivität genutzt.

SONNENBEOBACHTUNG

Hinode
Die Raumsonde *Hinode* startete im September 2006, um die magnetische Aktivität der Sonne zu untersuchen. Das Sonnenobservatorium kreist in einer Höhe von 600 km um die Erde und ist neun Monate des Jahres kontinuierlich auf die Sonne ausgerichtet. Die drei modernen Teleskope der Raumsonde machen Röntgenaufnahmen der Sonne, bestimmen ihr Magnetfeld dreidimensional und messen die Geschwindigkeit des Sonnenwinds.

DIE SONNE

🔍 IM BLICKPUNKT: DIE 13 TÜRME VON CHANKILLO IN PERU

In der Küstenwüste Perus liegt das älteste Sonnenobservatorium Amerikas. Die 13 ungefähr 2300 Jahre alten Türme von Chankillo bilden eine Linie aus 13 Steinblöcken, die auf einem langen Kamm von Norden nach Süden verläuft. Die Türme sind so aufgestellt, dass man an ihnen markante Positionen der Sonne im Lauf eines Jahres ablesen konnte. Die Anlage diente wahrscheinlich einem alten Sonnenkult als Kalender, um die Bewegungen der Sonne während eines Sonnenjahrs zu verfolgen.

▲ **SONNENKALENDER** *Die 13 Türme ähneln den Zähnen eines Kamms und begrüßen die ersten und letzten Sonnenstrahlen des Tages.*

Sonnenwende im Juni (kürzester Tag) · Tagundnachtgleiche · Sonnenwende im Dezember (längster Tag) · Beobachtungspunkt

Turmteleskope
Dicht über dem Boden ist die Luft durch die Sonnenwärme heiß und verwirbelt. Um diese Störungen zu vermeiden, werden Teleskope zur Sonnenbeobachtung auf Türmen errichtet. Das Richard-B.-Dunn-Sonnenteleskop auf dem Sacramento Peak in Kalifornien (USA, rechts) hat einen sehr hohen Turm, der sich 41,5 m über den Boden erhebt und weitere 67 m tief in den Boden reicht. Nahezu die gesamte Luft wurde aus dem Turm entfernt, um möglichst klare Bilder der Sonne zu erhalten.

STERNE & STERNGUCKER

STERNE & STERNGUCKER

Sterne sind helle, leuchtende Gaskugeln, die über das ganze Universum verteilt sind. Sie bilden Muster am Nachthimmel, die uns seit Jahrtausenden vertraut sind.

Was sind Sterne?

Die Sonne, einer von Billionen Sternen im All, ist nur etwa 150 Millionen Kilometer von der Erde entfernt. Verglichen mit der Größe des Universums befindet sie sich sozusagen direkt vor unserer Haustür! Sie ist ein mittelgroßer, mittelheller Stern in der Mitte ihres Lebens. Mit zunehmendem Alter wird die Sonne sich wie alle Sterne dramatisch verändern.

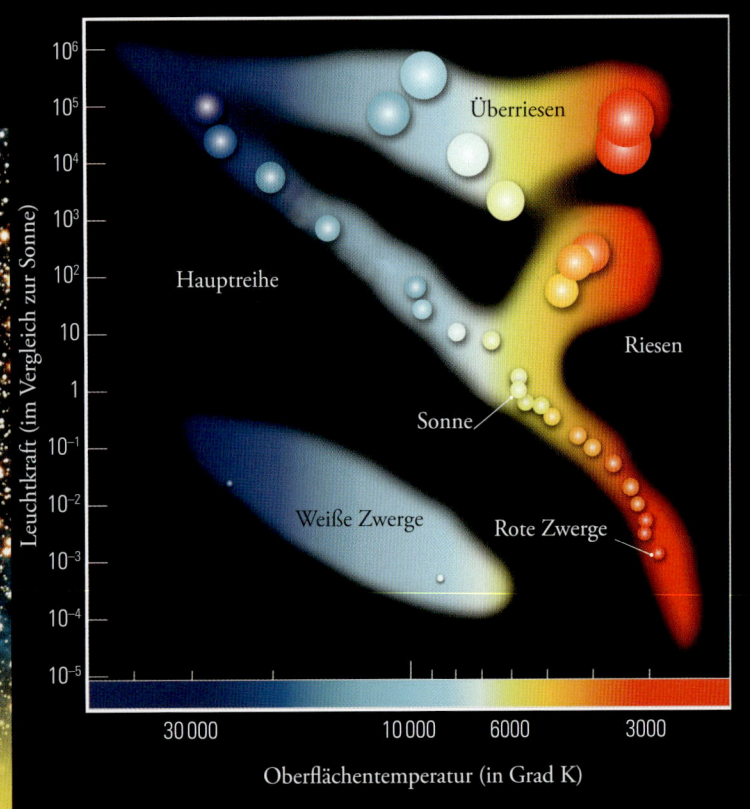

▶ DRUCK-AUSGLEICH
Der Zustand und das Verhalten eines Sterns hängt in jedem Stadium seines Lebens von dem Gleichgewicht zwischen innerem Druck und Schwerkraft ab.

HEISS UND HELL

Das Hertzsprung-Russell-Diagramm (links) zeigt den Zusammenhang von Sterntemperatur und Leuchtkraft. Kältere Sterne sind rot und heiße blau dargestellt. Die meisten Wasserstoff verbrennenden Sterne wie die Sonne liegen auf einem diagonalen Ast, der Hauptreihe. Riesen, die ihren Brennstoff verbraucht haben, verlassen die Hauptreihe, während sich dunkle Zwerge unter ihr befinden.

DAS LEBEN EINES STERNS

Alle Sterne entstehen in einer Wolke aus Staub und Wasserstoff. Die meisten mittelgroßen Sterne verbrennen ihren Wasserstoff in Milliarden Jahren. Sie dehnen sich dann aus und werden zu Roten Riesen, die ihre äußeren Hüllen abstoßen und als kleine Weiße Zwerge enden. Helle, massive Sterne verbrennen ihre Vorräte in nur wenigen Millionen Jahren. Sie werden anschließend zu Roten Überriesen, explodieren als Supernova und enden als Neutronensterne oder Schwarze Löcher.

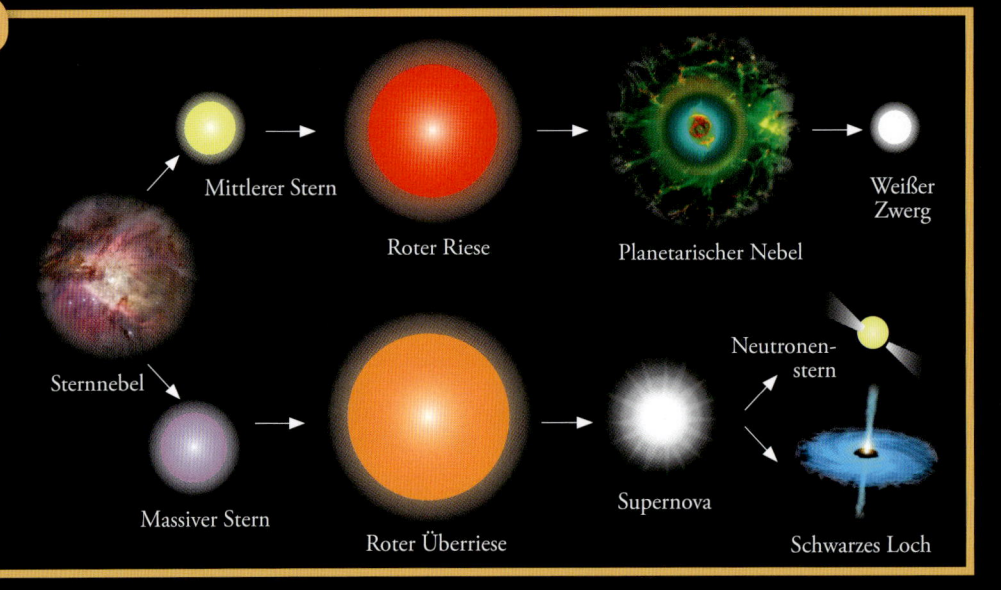

WAS SIND STERNE?

IM BLICKPUNKT: STERNARTEN

Diese Sterne des Hertzsprung-Russell-Diagramms befinden sich in unterschiedlichen Stadien ihres Lebens. Einige sind jung und heiß, andere alt und kalt, während wieder andere bald explodieren werden.

◀ **WOLF-RAYET-STERN** *Diese sehr heißen, massiven Sterne verlieren schnell Masse und werden zur Supernova.*

▼ **HAUPTREIHEN-STERN** *Sterne auf der Hauptreihe wie die Sonne verbrennen Wasserstoff und wandeln ihn in Helium um.*

▼ **BLAUE ÜBERRIESEN** *wie Rigel im Sternbild Orion sind die heißesten und hellsten normalen Sterne des Universums.*

▲ **WEISSER ZWERG** *Ein Weißer Zwerg ist das Endstadium eines mittelgroßen Sterns wie der Sonne. Er entsteht aus dem kollabierten Kern eines Roten Riesen.*

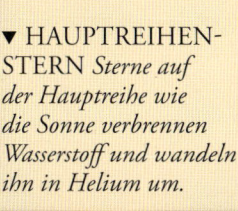

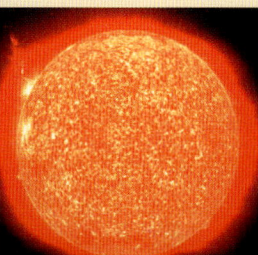

▲ **NEUTRONEN-STERN** *Aus Roten Überriesen entstehen kleine, dichte Neutronensterne. Eine Eisenkruste umgibt ein Meer aus Neutronen.*

▲ **ROTE ÜBERRIESEN** *haben einen 200- bis 800-mal größeren Radius als die Sonne. Ihre Oberflächentemperatur ist so niedrig, dass sie rot oder orangegelb leuchten.*

STERNE & STERNGUCKER

Riesen und Überriesen

Wenn ein Hauptreihenstern seinen Brennstoff verbraucht hat, dehnt er sich enorm aus. Diese Riesen und Überriesen schwellen an und verbrennen Helium anstelle von Wasserstoff. Die Sonne wird zu einem Roten Riesen werden, der 30-mal gtößer und 1000-mal heller sein wird als die Sonne heute.

VV Cephei

Antares

Beteigeuze

▲ **WAHRER RIESE** *Sogar Überriesen wie Beteigeuze und Antares sind Zwerge gegenüber VV Cephei, den man auch als Hyperriesen bezeichnet. Er befindet sich ungefähr 2400 Lichtjahre entfernt im Sternbild Kepheus (Cepheus) und ist der zweitgrößte Stern der Milchstraße.*

Sonne (1 Pixel) — Sirius — Pollux — Arktur — Rigel — Aldebaran

STERNE & STERNGUCKER

Geburt eines Sterns

Die meisten Sterne entstehen in einer gewaltigen Gas- und Staubwolke, die man Nebel nennt. Dieser Nebel zieht sich zunächst zusammen, dann teilt er sich in kleinere, wirbelnde Schwaden auf. Wenn diese kollabieren, wird das enthaltene Material immer heißer. Wenn etwa 10 Millionen °C erreicht sind, beginnen Kernreaktionen – ein neuer Stern ist geboren.

NEBEL

Nebel unterscheiden sich in ihrer Farbe. Diese wird von dem Staub im Nebel bestimmt, der Strahlungen neugeborener Sterne entweder absorbiert oder reflektiert. In einem blauen Nebel reflektieren die Staubkörnchen das Licht. Rot erscheint ein Nebel, wenn sein Gas und sein Staub von den Sternen erhitzt werden.

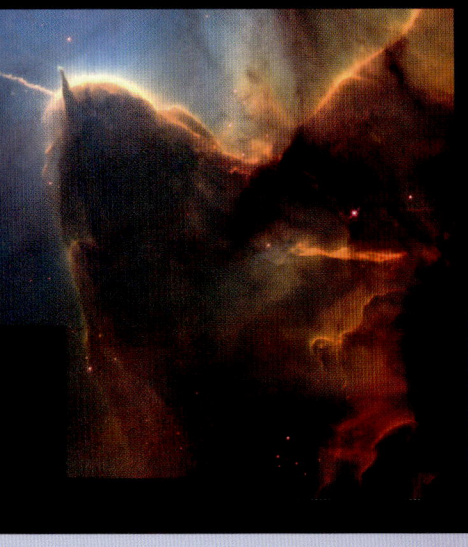

▲ TRIFIDNEBEL
Diese Wolke aus Gas und Staub liegt im Sternbild Schütze (Sagittarius). Die Wolke wird nach und nach von einem benachbarten massiven Stern aufgelöst. Oben rechts der Materiestrahl eines Sterns, der sich in der Wolke befindet. Solche Strahlen stoßen neu entstandene Sterne aus.

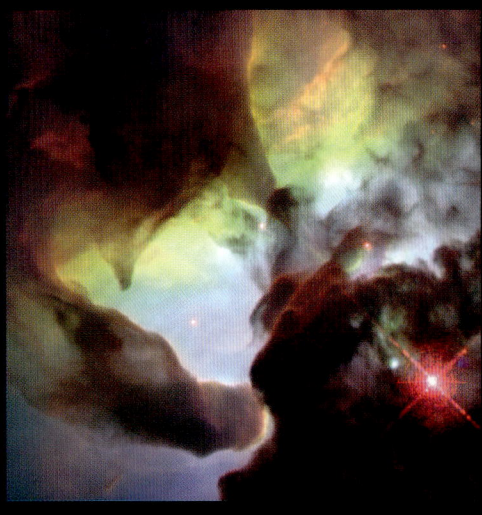

▲ LAGUNENNEBEL
In der Nähe des Trifidnebels befindet sich der noch größere Lagunennebel. Er erhielt seinen Namen wegen des dunklen Flecks, der an eine Lagune erinnert. Mehrere Gruppen neuer Sterne entstehen hier. Im Zentrum ist ein sehr junger, heißer Stern, der die Wolken seiner Umgebung auflöst.

GEBURT EINES STERNS

STERNE & STERNGUCKER

▲ **PFERDEKOPFNEBEL**
Nicht alle Nebel sind farbig. Der schwarze Pferdekopfnebel ist eine Wolke aus Gas und kaltem Staub, die einen Teil des Orionnebels bildet. Der Pferdekopf hebt sich vor dem roten Nebel hinter ihm gut ab. Im Orionnebel sind in den letzten Millionen Jahren viele neue Sterne entstanden.

▲ **SIEBENGESTIRN**
Der Sternhaufen der Plejaden liegt im Sternbild Stier (Taurus). Man nennt ihn auch Siebengestirn, weil man mit bloßem Auge bis zu sieben seiner massiven weißen Sterne sieht. Der Sternhaufen enthält mehr als 300 junge Sterne, die von einer dünnen, blassblauen Wolke umgeben sind.

▲ **ADLERNEBEL**
Diese riesige Säule ist nur eine von dreien und besteht aus kaltem Wasserstoff und Staub. Im oberen Bereich leuchten heiße, junge Sterne hell vor dem dunklen Staub. Sie werden die Wolke einmal auflösen und einen neuen Sternhaufen bilden.

🔍 IM BLICKPUNKT: CARINA-NEBEL

Diese beiden Aufnahmen zeigen den Carina-Nebel – eine riesige Säule aus Gas und Staub, in der neue Sterne entstehen. Die obere Aufnahme zeigt den glühenden Nebel. Auf der Infrarotaufnahme (unten) erkennt man Sterne, die versteckt im Nebel liegen.

▲ **SICHTBARES LICHT** *Versteckt im glühenden Nebel liegen Sterne, die sich noch entwickeln.*

▲ **INFRAROTLICHT** *Zwei junge Sterne in dem Nebel stoßen Materiestrahlen aus.*

HELLIGKEITSAUSBRUCH

V838 Monocerotis ist ein Roter Überriese, der ungefähr 20 000 Lichtjahre von der Erde entfernt ist. Im März 2002 leuchtete er plötzlich bis zu 10 000-mal heller als gewöhnlich auf. Die Aufnahmen (unten) zeigen, wie sich das Licht des Ausbruchs im All ausbreitet und von den Staubschichten reflektiert wird, die den Stern umgeben. Diesen beeindruckenden Effekt bezeichnet man als Lichtecho. Dabei schwillt der Nebel selbst nicht mit an – auch wenn die Aufnahmen diesen Eindruck vermitteln könnten!

20. Mai 2002

2. September 2002

28. Oktober 2002

17. Dezember 2002

STERNE & STERNGUCKER

September 2006
Mehr als vier Jahre nach dem Ausbruch breitet sich das Lichtecho weiter durch die Staubwolken aus.

217

Wenn Sterne sterben

Je größer ein Stern ist, desto kürzer ist sein Leben. Heiße massive Sterne scheinen nur wenige Millionen Jahre lang, weil sie ihren Wasserstoff schneller verbrennen. Kleinere Sterne sind kühler und verbrennen ihren Vorrat langsamer, sodass sie Milliarden Jahre leuchten und sehr viel später sterben.

ACHTUNG: *Dieser Stern explodiert bald.*

ZEHN TAGE SPÄTER *Diese Aufnahme zeigt denselben Stern, wie er 1987 in der Großen Magellanschen Wolke als Supernova explodierte. Es war seit fast 400 Jahren die erste Supernova, die man mit bloßem Auge beobachten konnte.*

Beteigeuze
Wenn ein Stern seinen Wasserstoffvorrat verbraucht hat, schwillt er zu einem Roten Riesen oder Überriesen an. Beteigeuze ist ein Roter Überriese im Sternbild Orion und mehr als 1000-mal größer als die Sonne. Er leuchtet ungefähr 14 000-mal heller, weil er seinen Brennstoff 14 000-mal schneller als die Sonne verbraucht. In wenigen Hunderttausend Jahren wird Beteigeuze auch diesen Vorrat verbrannt haben und als Supernova explodieren. Er wird dann nach der Sonne der hellste Stern an unserem Himmel sein.

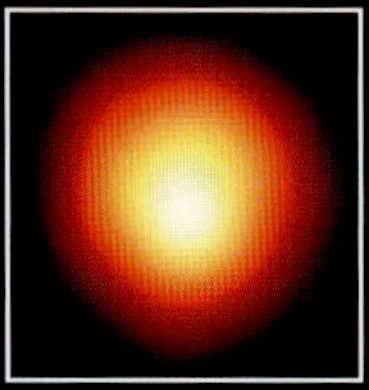

Stellare Todesqualen
Eta Carinae ist ein Stern kurz vor dem Lebensende. Massive Explosionen reißen ihn auseinander und verursachen große Wolken aus Gas und Staub. Auch seine Helligkeit hat sich dramatisch verändert. Noch 1843 war er der zweithellste Stern, doch heute kann man ihn mit bloßem Auge nicht mehr sehen.

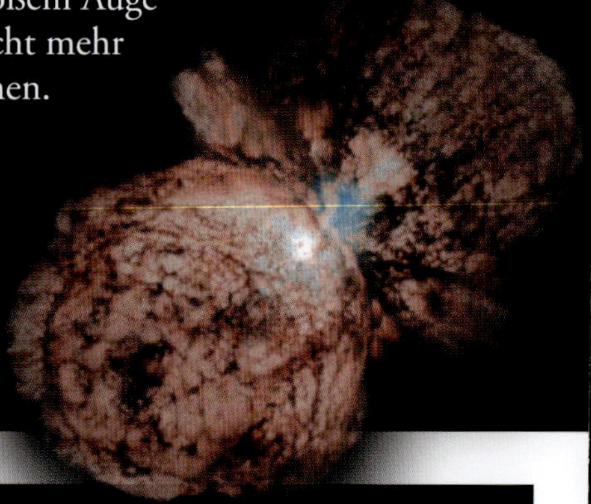

RAUCHRINGE
Kleine oder mittelgroße Sterne wie die Sonne enden als Rote Riesen. Ein Roter Riese ohne Wasserstoff und Helium ist nicht heiß genug, um andere Brennstoffe zu nutzen, er kollabiert und stößt seine äußeren Hüllen wie riesige Rauchringe ab. Diese Gashüllen bezeichnet man als planetarische Nebel, weil sie durch die ersten Teleskope wie Planeten aussahen. Der Stern schrumpft dann zu einem Weißem Zwerg. Diese extrem heißen Objekte sind ungefähr so groß wie die Erde.

▲ KATZENAUGEN-NEBEL
Die zentrale Gasblase stieß ein sterbender Roter Riese vor etwa 1000 Jahren ab. Sie dehnte sich weiter in ältere Gaswolken aus, die durch frühere Ausbrüche entstanden waren.

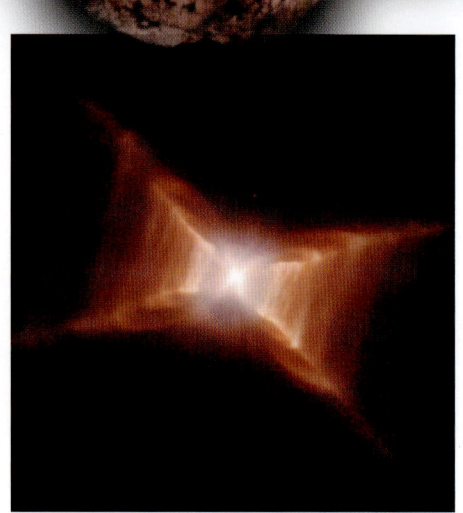

▲ ROTER-RECHTECK-NEBEL
Im Zentrum dieses Nebels liegt ein Doppelstern. Die beiden Sterne sind von einem Ring aus dickem Staub umgeben, der das Gas seiner Umgebung zu diesem Rechteck formte.

WENN STERNE STERBEN

SUPERNOVA

Große Sterne, die mindestens die 8-fache Sonnenmasse besitzen, sterben auf spektakuläre Weise. Wenn ihr Brennstoff verbraucht ist, kollabieren sie plötzlich und stoßen die äußeren Hüllen in einer gewaltigen Explosion ab, die man Supernova nennt. Diese setzt so viel Energie frei, wie die Sonne während ihres gesamten Lebens. Eine Supernova leuchtet heller als eine Galaxie mit Milliarden Sternen. Supernovae sind selten – seit Erfindung des Teleskops wurde in unserer Galaxie noch keine beobachtet. Die letzte Supernova ereignete sich im Februar 1987 in der Großen Magellanschen Wolke.

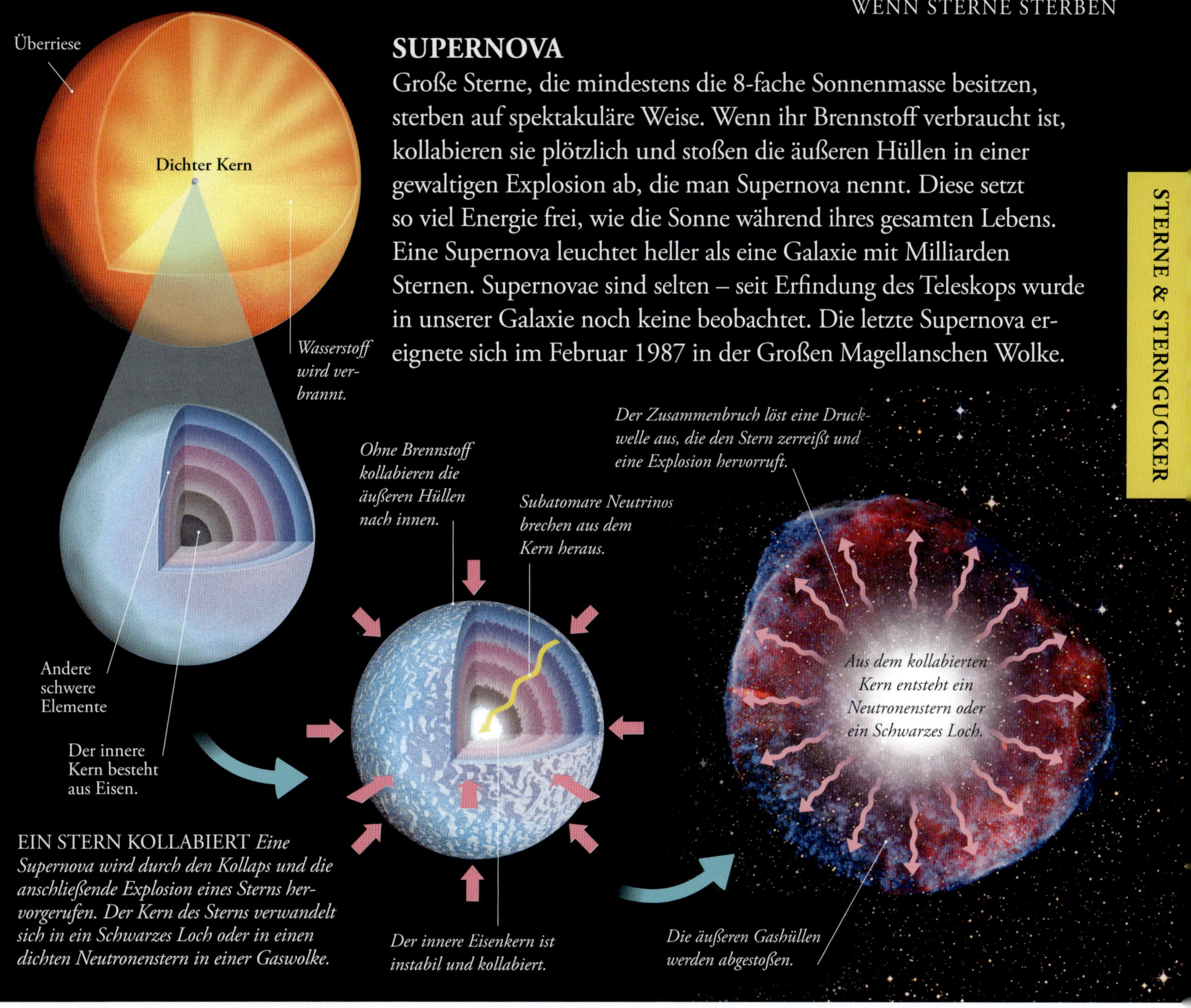

STERNE & STERNGUCKER

Überriese

Dichter Kern

Wasserstoff wird verbrannt.

Ohne Brennstoff kollabieren die äußeren Hüllen nach innen.

Der Zusammenbruch löst eine Druckwelle aus, die den Stern zerreißt und eine Explosion hervorruft.

Subatomare Neutrinos brechen aus dem Kern heraus.

Aus dem kollabierten Kern entsteht ein Neutronenstern oder ein Schwarzes Loch.

Andere schwere Elemente

Der innere Kern besteht aus Eisen.

EIN STERN KOLLABIERT *Eine Supernova wird durch den Kollaps und die anschließende Explosion eines Sterns hervorgerufen. Der Kern des Sterns verwandelt sich in ein Schwarzes Loch oder in einen dichten Neutronenstern in einer Gaswolke.*

Der innere Eisenkern ist instabil und kollabiert.

Die äußeren Gashüllen werden abgestoßen.

▲ **EGG-NEBEL**
Der zentrale Stern liegt versteckt hinter einer dichten Schicht aus Gas und Staub. Sein Licht fällt auf die äußeren Gasschichten und erzeugt dadurch helle Bögen und Kreise.

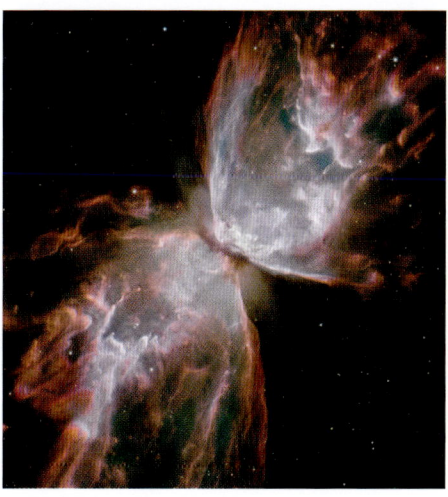

▲ **BUTTERFLY-NEBEL**
Der sterbende Zentralstern des Nebels stößt zwei Gasschwaden ab, die sich über zwei Lichtjahre erstrecken – der halben Entfernung der Sonne zu ihrem Nachbarstern.

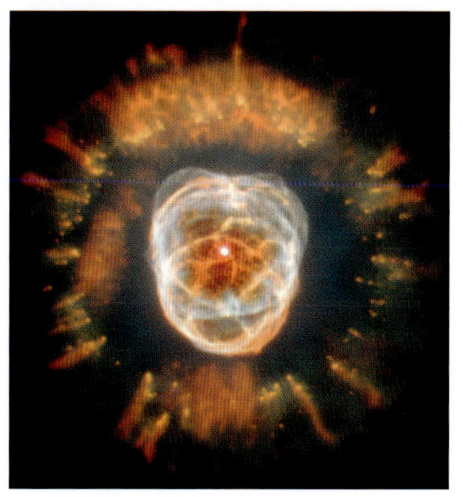

▲ **ESKIMO-NEBEL**
Die „Kapuze" bildet ein Ring aus kometenähnlichen Objekten, deren Schweife vom Zentrum wegzeigen. In der Mitte befindet sich eine Gaswolke, die der Stern absonderte.

Interstellarer Raum

Der Raum zwischen den Sternen – der interstellare Raum – ist keineswegs leer. Überall sind riesige Gas- und Staubwolken verteilt, die in einer Galaxie eine gewaltige Materialmenge bilden.

GLOBULEN

Kleine Dunkelwolken aus Gas und Staub mit sehr hoher Dichte nennt man Globulen. Die kleinsten Wolken, die Bok-Globulen, sind nach dem amerikanischen Astronomen Bart Bok benannt. Sie haben häufig die Größe unseres Sonnensystems (etwa zwei Lichtjahre) und bestehen vorwiegend aus Wasserstoff mit einer Temperatur von etwa –260 °C. Globulen können sich unter ihrer eigenen Schwerkraft zusammenziehen und neue Sterne bilden.

▶ BOK-GLOBULEN
Diese Dunkelwolken heben sich gut vor dem Hintergrund aus heißem, glühendem Wasserstoff ab.

Gas und Staub

Moleküle im All absorbieren oder emittieren Radiowellen. Mehr als 140 verschiedene Moleküle wurden dadurch bisher identifiziert. Die häufigsten Substanzen sind Gase wie Wasserstoff. Die Milchstraße enthält z. B. ausreichend Wasserstoff für 20 Mrd. Sterne wie die Sonne. Staubkörnchen, Wasser, Ammoniak und (organische) Verbindungen aus Kohlenstoff wurden ebenfalls entdeckt.

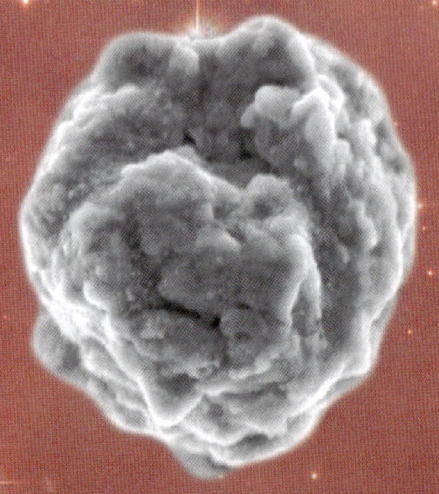

▲ STAUB *Jedes Staubkörnchen ist kleiner als der Durchmesser eines menschlichen Haars.*

Globule mit Schweif

Diese dunkle, glühende Wolke aus Gas und Staub ähnelt einem Monster, das gerade eine Galaxie verschlucken will. Das stark ultraviolette Licht eines jungen Sterns lässt den „Mund" der Wolke rot leuchten. Bei dieser Wolke handelt es sich um eine kometenartige Globule, weil ihr langer Schweif an den eines Kometen erinnert.

▲ STAUBWOLKE *Diese Globule enthält genügend Material, um mehrere Sterne von der Größe der Sonne zu bilden.*

▼ DER SCHLEIERNEBEL
liegt im Sternbild Schwan (Cygnus).

STERNE & STERNGUCKER

DER SCHLEIERNEBEL
Der Nebel erhält ständig Gas und Staub aus dem interstellaren Raum von Sternwinden und sterbenden Sternen. Er ist der Überrest einer massiven Supernova, die vor etwa 30 000 – 40 000 Jahren explodierte. Auch heute noch dehnt sich der Schleiernebel mit ungefähr 100 km/s weiter aus.

Sternentstehungsgebiet
Der Orionnebel ist so hell, dass man ihn mit bloßem Auge sieht. Er ist etwa 1500 Lichtjahre von der Erde entfernt und 25 – 30 Lichtjahre groß. Seine Masse ist mehrere Hundert Mal so groß wie die der Sonne. Der Orionnebel wird von einer Gruppe junger Sterne in seinem Zentrum erwärmt, die man das Trapez nennt. Dort ent-stehen viele neue Sterne.

▶▶▶ FAKTEN ▶▶▶

- Die Zusammensetzung des interstellaren Raums ändert sich ständig, weil neue Moleküle entstehen und andere gespalten werden.
- Gas und Staub kommen durch sterbende Sterne hinzu und werden durch die Geburt neuer Sterne wieder entzogen.
- Wasserstoff, Helium und Kohlenmonoxide sind die häufigsten Gase im All.
- Der interstellare Raum ist von vielen Strahlen wie Licht, Wärme und Radiowellen durchflutet.
- Im interstellaren Raum findet man auch Magnetfelder, kosmische Strahlen und Neutronen.

◀ DAS TRAPEZ
Der Sternhaufen um das Trapez enthält 1000 heiße Sterne, die weniger als 1 Mio. Jahre alt sind.

Das Sonnensystem in Bewegung
Das Sonnensystem bewegt sich mit hoher Geschwindigkeit durch den interstellaren Raum. Dabei erzeugt der Sonnenwind eine unsichtbare Blase, die man Heliosphäre nennt. Sie zwingt Gas und Staub des interstellaren Raums um die Blase herumzufliegen. Früher vermutete man, dass das Sonnensystem einem Kometen mit Schweif gleiche. Neuere Beobachtungen zeigen jedoch, dass es eher einem Ei ähnelt.

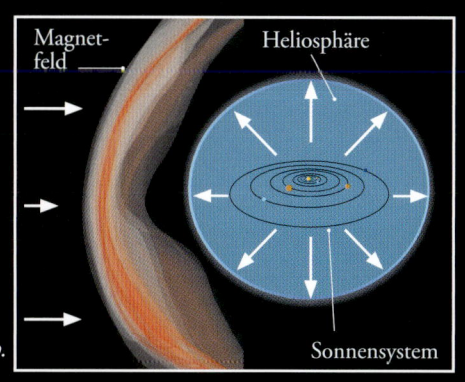

Magnetfeld — Heliosphäre — Sonnensystem

▲ BAHN FREI! *Das interstellare Magnetfeld dehnt und teilt sich, um das Sonnensystem passieren zu lassen.*

Mehrfachsterne

Die meisten Sterne entstehen in Sternhaufen. Im Lauf der Zeit können sich manche Sterne daraus lösen. Einzelsterne wie unsere Sonne sind jedoch eher selten. Mehr als die Hälfte aller Sterne sind Doppelsterne, viele bilden Drei- oder auch Mehrfachsternsysteme.

DOPPELSTERNE

Bei einem Doppelstern umkreisen sich zwei Sterne gegenseitig. Der Deichselstern im Sternbild Großer Wagen, Mizar, war der erste Doppelstern, der entdeckt wurde. Giovanni Riccioli erkannte 1650, dass er einen Begleiter besitzt. Seit dieser Zeit wurden viele weitere Doppelsterne entdeckt. Zu den bekannteren zählen der helle Stern Acrux im Kreuz des Südens (Crux), den man 1685 als Doppelstern erkannte, und Mira, ein Roter Riese im Sternbild Walfisch (Cetus).

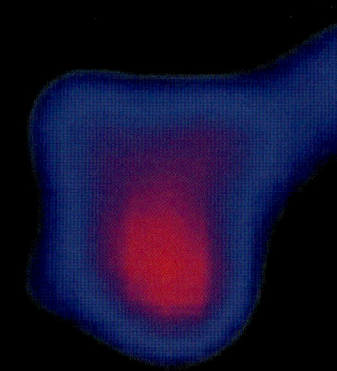

◄ MIRA A *(rechts) verliert Material, das eine Scheibe um seinen Begleiter bildet, den Weißen Zwerg Mira B.*

Doppelter Hundsstern

Sirius ist der hellste Stern am Himmel. Man nennt ihn auch Hundsstern, weil er im Sternbild Großer Hund (Canis Maior) liegt. Der blau-weiße Sirius A ist heißer als die Sonne und 22-mal heller. Sein Begleiter, Sirius B, ist ein dunkler Weißer Zwerg – der dichte Kern eines kollabierten Sterns.

▲ SIRIUS B *(rechts) liegt so nah an Sirius A und ist so dunkel, dass erst vor Kurzem Bilder von ihm gelangen.*

Kannibalen im Weltall

Manchmal sind die beiden Sterne eines Doppelsterns so eng benachbart, dass einer Material des anderen anzieht. Dieser „Kannibale" nimmt auf Kosten seines Begleiters an Größe und Masse zu. Zum Doppelstern Phi Persei gehört ein älterer Stern, der seine äußeren Hüllen abstieß. Dieses Material zog sein Begleiter an, der inzwischen neunmal größer als die Sonne geworden ist. Dabei dreht er sich so schnell, dass Gas von seiner Oberfläche zu einem Ring um sein Zentrum strömt. In Zukunft kann vermutlich sogar Gas zum Partnerstern zurückfließen.

DOPPELSTERN PHI PERSEI

1. DAS STERNPAAR in Phi Persei hatte sich in den letzten 10 Mio. Jahren nicht verändert. Durch ihre Schwerkräfte gebunden, umkreisen die Sterne sich gegenseitig.

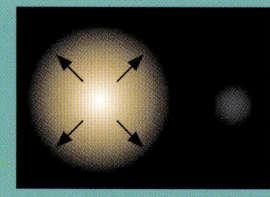

2. ÄNDERUNGEN traten ein, als der größere Stern seinen Wasserstoff, aus dem er Energie gewinnt, verbraucht hatte. Der alternde Stern begann anzuschwellen.

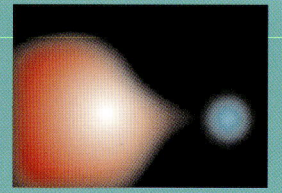

3. WÄHREND DER STERN sich ausdehnte, strömte Masse von ihm zu seinem kleineren Begleiter.

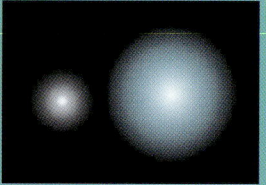

4. DER STERN verlor seine gesamte Masse, sodass nur ein heller Kern übrig blieb.

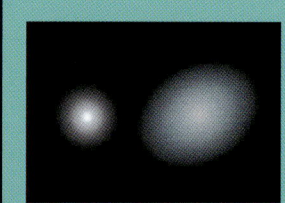

5. DER KLEINERE BEGLEITER von einst hat den größten Teil der Masse seines Partners an sich gezogen. Aus einem mittelgroßen Stern wurde so ein massiver, heißer, sich schnell drehender Stern.

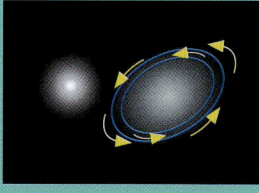

6. DIESER STERN dreht sich so schnell, dass seine Kugelform abflacht. Durch die Rotation verliert er auch Wasserstoff, der sich in einem breiten Ring um den Stern sammelt.

MEHRFACHSTERNE

OFFENE STERNHAUFEN

Offene Sternhaufen bestehen aus Hunderten oder sogar Tausenden Sternen, die durch die Schwerkraft ihrer Sterne zusammengehalten werden. Die Sterne eines offenen Sternhaufens entstanden in derselben Wolke aus Gas und Staub. Sie sind deshalb alle gleich alt und besitzen dieselbe Zusammensetzung, doch ihre Massen können sich beträchtlich unterscheiden. Zu den offenen Sternhaufen, die man mit bloßem Auge sieht, zählen die Plejaden, die Hyaden und das Schmuckkästchen.

STERNE & STERNGUCKER

Triplett

Der Polarstern oder Polaris hat mehr zu bieten, als das Auge sieht – er ist nämlich ein Dreifachstern. Den einen Begleiter, Polaris B, kennt man seit 1780. Der dritte Stern liegt so nah an Polaris A, dass man ihn erst 2005 entdeckt hat.

▲ NGC 3603 *Der riesige Nebel ist einer der Sternhaufen in der Milchstraße mit den meisten jungen Sternen. Das Bild zeigt sie umgeben von Gas und Staub.*

Kugelsternhaufen

Dichte Kugelsternhaufen kreisen um die Milchstraße und andere große Galaxien. Sie können Millionen Sterne enthalten, die ungefähr zur selben Zeit entstanden sind und Milliarden Jahre lang durch ihre Schwerkraft miteinander verbunden bleiben. Viele Kugelsternhaufen enthalten die ältesten Sterne des Universums.

▶▶▶ FAKTEN ▶▶▶

- Die meisten Kugelsternhaufen sind vermutlich bereits sehr früh in der Geschichte des Universums entstanden, als sich die ersten Galaxien bildeten.

- Die meisten Kugelsternhaufen enthalten nur ältere Sterne, meist im Alter von etwa 10 Mrd. Jahren.

- Aber einige Kugelsternhaufen, die wohl später entstanden sind, enthalten mehrere Generationen jüngerer Sterne.

- Junge Kugelsternhaufen sind vermutlich die Überreste von Kollisionen großer Galaxien mit Zwerggalaxien.

▲ **REST EINER ZWERGGALAXIE?**
Omega Centauri bietet einen beeindruckenden Anblick am südlichen Himmel. Der Kugelsternhaufen ist etwa 12 Mrd. Jahre alt. Die Sterne in der Nähe seines Zentrums bewegen sich sehr schnell. Vermutlich befindet sich dort ein mittelgroßes Schwarzes Loch. Der Kugelsternhaufen ist vermutlich das alte Zentrum einer Zwerggalaxie, die bei einer Begegnung mit der Milchstraße zerstört wurde.

KUGELSTERNHAUFEN

Zentraler Bauch

Milchstraße

Halo aus Kugelsternhaufen

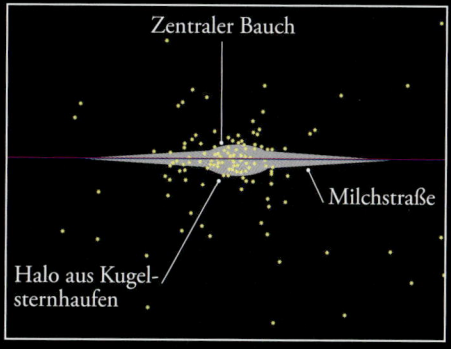

▲ **NAHE NACHBARN** *Etwa 150 Kugelsternhaufen begleiten die Milchstraße. Im Gegensatz zu offenen Sternhaufen, die sich immer in der Scheibe der Galaxie befinden, kreisen viele Kugelsternhaufen in einem Halo um den zentralen Bauch der Galaxie. Aus ihrer scheinbaren Helligkeit kann man berechnen, wie weit sie entfernt sind.*

▲ **WEISSE UND ROTE ZWERGE** *NGC 6397 ist einer der erdnächsten Kugelsternhaufen. Das Hubble-Weltraumteleskop beobachtete sein Zentrum und entdeckte dort dunkle Weiße Zwerge, die vor langer Zeit untergingen, und auch dunkle, kalte Rote Zwerge, die ihren Wasserstoff innerhalb von 12 Mrd. Jahren langsam verbrennen.*

STERNE & STERNGUCKER

Megasternhaufen
Omega Centauri ist der größte Kugelsternhaufen der Milchstraße. Er enthält ungefähr 10 Mio. Sterne und dehnt sich über etwa 150 Lichtjahre aus. Am Nachthimmel erscheint er fast so groß wie der Vollmond.

▲ **M13** *Der Kugelsternhaufen ist einer der hellsten und bekanntesten am nördlichen Himmel. Die glitzernde Kugel erscheint mit bloßem Auge als ein dunstiger Stern, den man im Winter im Sternbild Herkules sieht. Etwa 300 000 Sterne säumen sein Zentrum. M13 ist mehr als 100 Lichtjahre groß.*

Andere Sonnensysteme

Seit Jahrhunderten rätseln die Menschen, ob auch um andere Sterne Planeten kreisen. Doch die meisten Sterne sind so weit entfernt, dass man ihre Planeten nicht sehen kann. Erst mit modernen Instrumenten wurden inzwischen mehr als 400 extrasolare Planeten entdeckt.

JUNGE PLANETARISCHE SYSTEME

Im All bilden sich immer wieder neue Sonnensysteme. Im Orionnebel (rechts) entstehen viele neue Sterne. Jeder Stern ist von einer sich drehenden Scheibe aus Gas und Staub umgeben. Wenn dieses Material verklumpt, können Planeten entstehen.

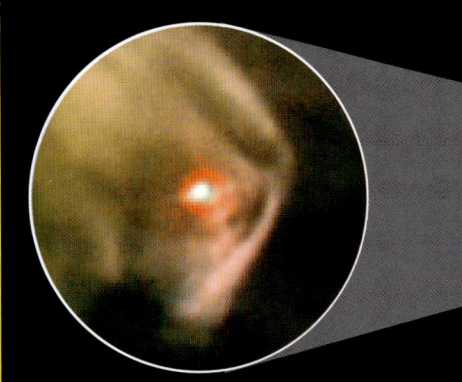

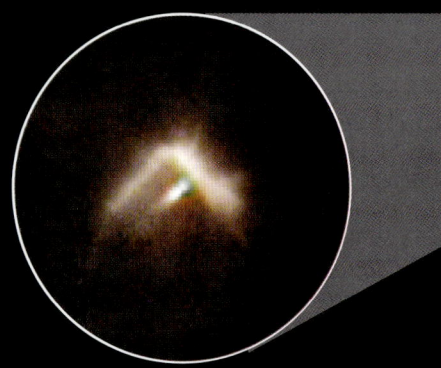

Exoplaneten

Planeten außerhalb des Sonnensystems nennt man Exoplaneten. Die ersten beiden wurden 1992 um einen Pulsar entdeckt. Sie sind zwar nicht sichtbar, wirken aber auf die Radiowellen ein, die der Pulsar (S. 229) abgibt, und können auf diese Weise indirekt nachgewiesen werden.

▲ PLANETEN UM PULSARE *Auf diesen Planeten kann kein Leben existieren, weil Pulsare gefährliche Strahlen abgeben.*

▲ PLANETARISCHE KINDERSTUBE *Astronomen haben 30 junge Sonnensysteme entdeckt, die im Orionnebel entstehen.*

Anziehungskraft

Der erste Exoplanet, der um einen sonnenähnlichen Stern kreist, wurde 1995 entdeckt, als man geringe Abweichungen in der Bewegung des Sterns 51 Pegasi bemerkte. Während der Planet 51 Pegasi b um seinen Stern kreist, zieht seine Schwerkraft den Stern manchmal etwas in Richtung Erde. Durch dieses Pendeln verschiebt sich das Spektrum des Sternlichts. Mithilfe dieser Methode wurden Hunderte weiterer Exoplaneten entdeckt.

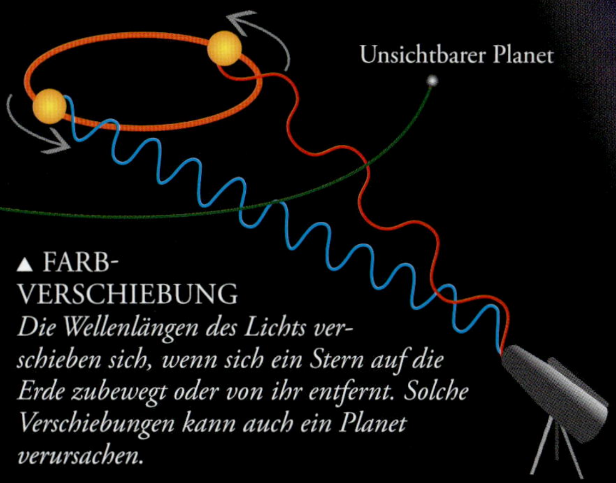

Unsichtbarer Planet

▲ FARB-VERSCHIEBUNG
Die Wellenlängen des Lichts verschieben sich, wenn sich ein Stern auf die Erde zubewegt oder von ihr entfernt. Solche Verschiebungen kann auch ein Planet verursachen.

Ein Planet wie die Erde?

Da planetarische Systeme häufig sind, könnten auch viele erdähnliche Exoplaneten existieren. In den nächsten Jahren erwartet man, dass Weltraumteleskope solche Exoplaneten entdecken. Das System HR 8799 besitzt mehrere Planeten. Aufnahmen wie diese beweisen, dass komplizierte planetarische Systeme existieren – Systeme, die vielleicht sogar einen erdähnlichen Planeten besitzen.

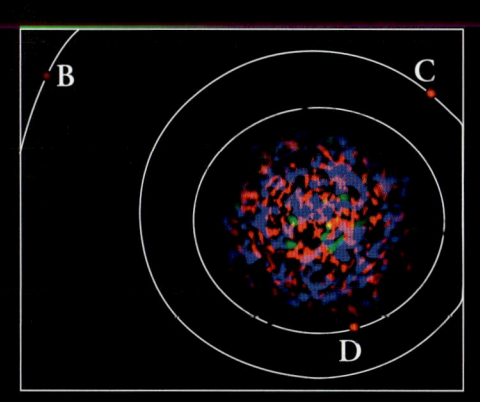

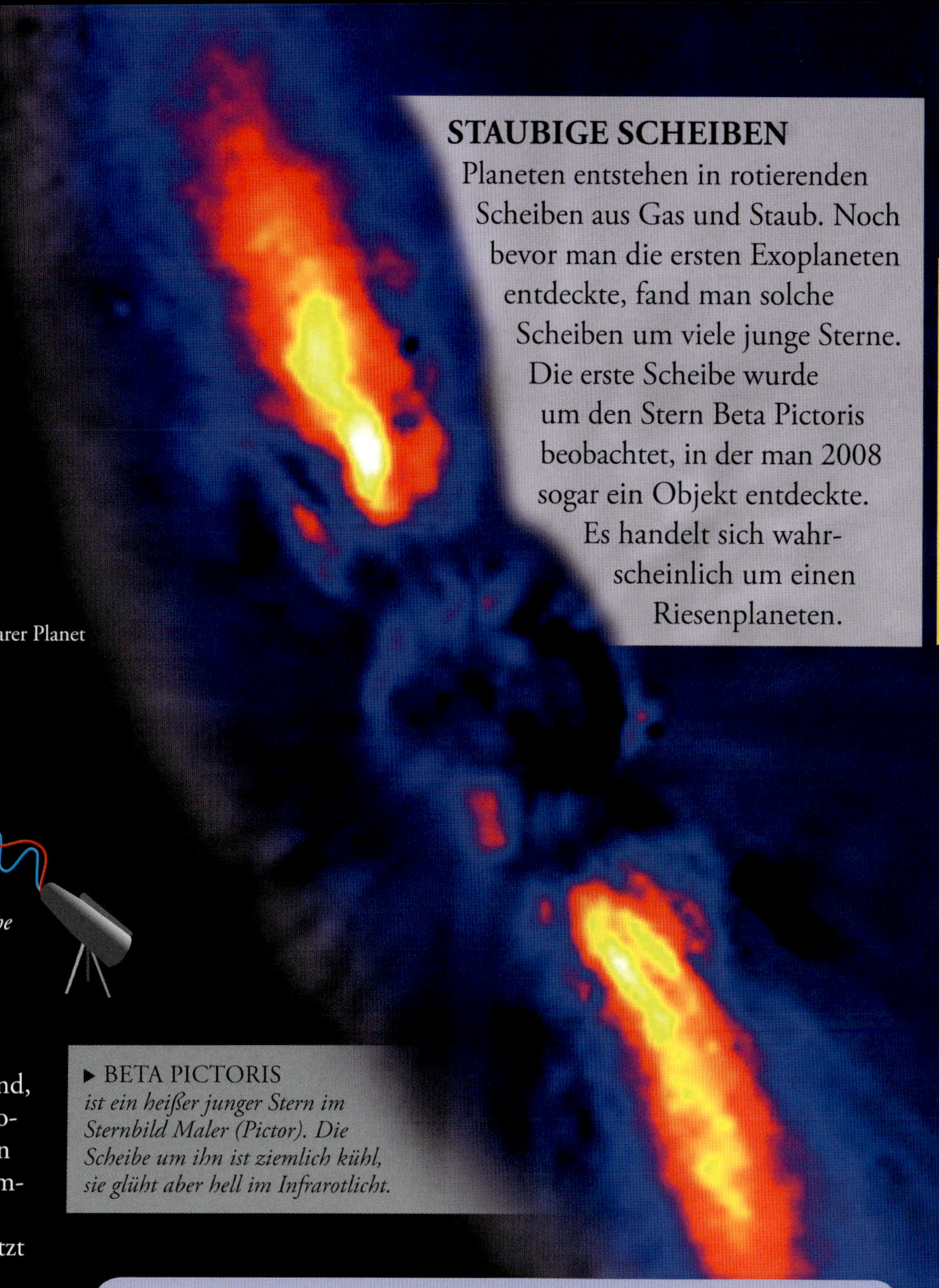

STAUBIGE SCHEIBEN

Planeten entstehen in rotierenden Scheiben aus Gas und Staub. Noch bevor man die ersten Exoplaneten entdeckte, fand man solche Scheiben um viele junge Sterne. Die erste Scheibe wurde um den Stern Beta Pictoris beobachtet, in der man 2008 sogar ein Objekt entdeckte. Es handelt sich wahrscheinlich um einen Riesenplaneten.

▶ BETA PICTORIS
ist ein heißer junger Stern im Sternbild Maler (Pictor). Die Scheibe um ihn ist ziemlich kühl, sie glüht aber hell im Infrarotlicht.

55 CANCRI

Das planetarische System 55 Cancri liegt im Sternbild Krebs (Cancer) und gleicht am meisten unserem Sonnensystem, das acht Planeten besitzt. 55 Cancri hat mindestens fünf – mehr als jedes andere Exoplanetensystem, das bisher entdeckt wurde. Die inneren vier Planeten von 55 Cancri sind näher an ihrem Stern als die Erde an der Sonne und alle fünf sind auch größer als die Erde. 55 Cancri besitzt einen Gasriesen, der in einem Abstand wie Jupiter um den Stern kreist. Dieser Planet liegt in der bewohnbaren Zone des Sterns, in der flüssiges Wasser existieren könnte.

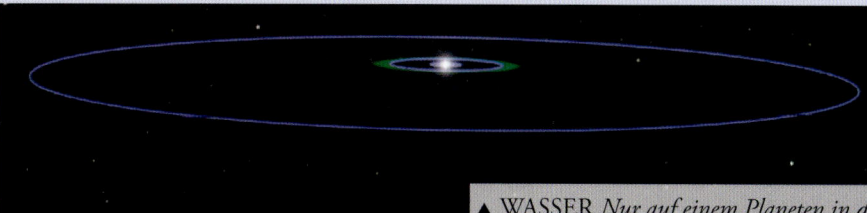

▲ SYSTEM HR 8799 *Drei Planeten (B, C und D) kreisen um einen Zentralstern.*

▲ WASSER *Nur auf einem Planeten in der bewohnbaren Zone könnte es Wasser geben.*

Extreme Sterne

Im Universum existieren viele Sterne, die heißer, kühler, größer oder kleiner als die Sonne sind. Manche sind extreme Sterne an ihrem Lebensende oder werden plötzlich sehr aktiv, während andere „misslungene Sterne" sind, bei denen die Kernreaktionen nicht einsetzten.

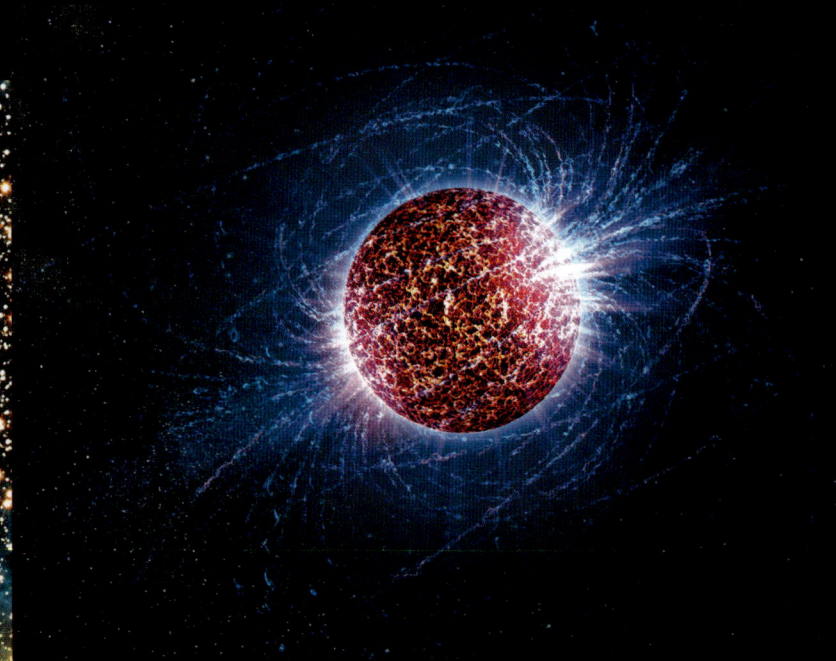

NEUTRONENSTERNE

Neutronensterne sind sehr klein und nur etwa 10 km groß, dennoch sind sie schwerer als die Sonne. Ein Teelöffel ihres Materials wiegt 1 Mrd. t. Neutronensterne besitzen eine Eisenkruste, die 10 Mrd. Mal härter als Stahl ist. In ihrem Kern enthalten sie ein Meer von Neutronen – Atomreste nach einer Supernova.

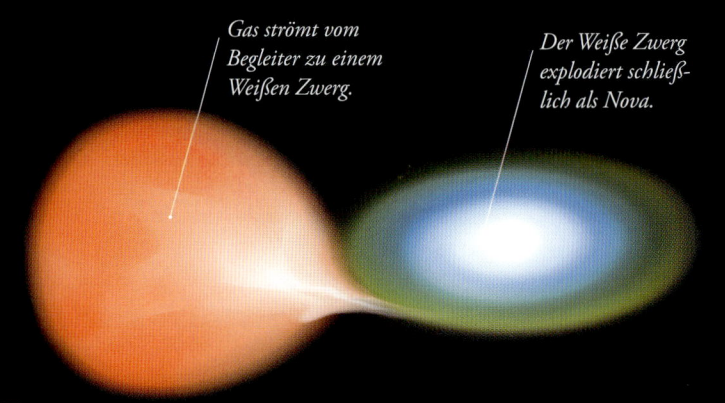

Gas strömt vom Begleiter zu einem Weißen Zwerg.

Der Weiße Zwerg explodiert schließlich als Nova.

ZWERGSTERNE

Weiße Zwerge
Jeder Stern, dessen Masse kleiner als das 7-fache der Sonnenmasse ist, wird an seinem Ende zu einem kleinen, dunklen Stern, einem Weißen Zwerg. Wenn ein sterbender Stern seine Hüllen abstößt und kollabiert, wird er sehr klein, dicht und heiß. Die Materie eines Weißen Zwergs ist so dicht, dass ein Teelöffel seines Materials mehrere Tonnen wiegen würde.

Weißer Zwerg

▲ ENDE EINES STERNS *Die Sonne wird in ungefähr 7 Mrd. Jahren wie diese Sterne als Weißer Zwerg enden.*

Braune Zwerge
Manche Sterne sind so klein und kühl, dass keine Kernreaktionen einsetzen oder kein Wasserstoff verbrannt wird. Man bezeichnet sie als Braune Zwerge oder auch als „misslungene Sterne". Weil sie etwas Wärme erzeugen, während sie durch ihre Schwerkraft schrumpfen, leuchten sie schwach.

▲ BRAUNE ZWERGE *Dies sind die dunkelsten sternähnlichen Objekte – 2M 0939 genannt.*

Novae
Wenn ein Doppelstern einen Weißen Zwerg enthält, kann dieser große Mengen Gas von seinem Begleiter anziehen. Das Gas wird dabei sehr heiß, der Druck steigt auf der Oberfläche des Weißen Zwergs an, bis schließlich eine gewaltige Kernexplosion erfolgt. Der Weiße Zwerg wird für einige Wochen oder Monate dunkler, bis er wieder explodiert. Diese wiederkehrenden Explosionen nennt man Novae.

EXTREME STERNE

PULSARE

Ein Pulsar ist ein Neutronenstern, der Strahlungspulse emittiert, während er sich dreht. Liegt die Erde im Strahlungsfeld, erhält man regelmäßig wiederkehrende Signale wie von einem Leuchtturm. Man empfängt sie auf der Erde als Radiosignale oder auch als Blitzlichter, Röntgen- oder Gammastrahlen.

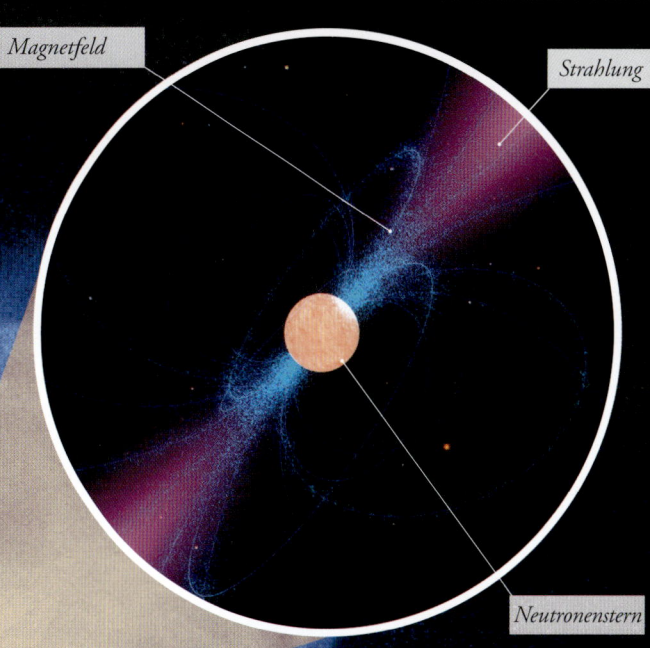

Magnetfeld

Strahlung

Neutronenstern

STERNE & STERNGUCKER

▲ **STRAHLUNGSPULSE**
Ein Neutronenstern hat ein starkes Magnetfeld und rotiert sehr schnell, sodass energiereiche Elektronen ins All abstrahlen.

◀ **STERNBEBEN**
Ein Magnetar blitzte 2004 so hell auf, dass er vorübergehend alle Röntgensatelliten ausschaltete. Der Energieausbruch entstand durch das verdrehte Magnetfeld eines riesigen Flackersterns.

Extreme Ausbrüche
Sternwarten beobachten manchmal starke Gammastrahlenblitze, die heller als 1 Mrd. Sonnen sind und nur wenige Millisekunden dauern. Sie entstehen vermutlich durch Kollisionen zwischen einem Schwarzen Loch und einem Neutronenstern oder zwischen zwei Neutronensternen. Dabei verschluckt das Schwarze Loch den Neutronenstern und wird größer (unten). Stoßen zwei Neutronensterne zusammen, entsteht ein Schwarzes Loch.

MAGNETARE

Magnetare sind Neutronensterne mit tausendfach stärkerem Magnetfeld als andere Neutronensterne. Sie zählen zu den stärksten Magneten des Universums. Ihr außergewöhnlicher Magnetismus entsteht vermutlich durch ihre schnelle Rotation – 300- bis 500-mal pro Sekunde. Diese Rotation baut zusammen mit Konvektionsströmungen im Inneren ein enorm starkes Magnetfeld auf.

STERNE & STERNGUCKER

Schwarze Löcher

Schwarze Löcher zählen zu den geheimnisvollsten Objekten des Universums. Sie vereinen eine gewaltige Masse auf einem sehr kleinen Raum. Ihre Anziehungskraft ist so groß, dass ihnen nichts entkommt – nicht einmal das Licht.

▲ GROSS UND KLEIN *Schwarze Löcher sind unterschiedlich groß. Manche sind nur wenige Male massiver als die Sonne, während die in den Zentren großer Galaxien Millionen Mal massiver sind. Mittelgroße (wie oben) findet man in Sternhaufen.*

Scheibe aus heißem Material

Stellares Schwarzes Loch

Diese Art der Schwarzen Löcher entsteht aus schweren Sternen, die ungefähr zehn Sonnenmassen besaßen und als Supernova endeten. Der Sternrest kollabiert zu einer Kugel mit einem Radius von wenigen Kilometern. Ein stellares Schwarzes Loch entdeckt man leicht, wenn ein Begleitstern die Explosion überlebt hat. Sein Material wird angezogen und bildet eine sich drehende Scheibe um das Schwarze Loch, das Strahlungen abgibt.

▲ SO SIEHT *der Astronaut aus, bevor er sich dem Schwarzen Loch genähert hat.*

Begleitstern

▲ MATERIESTRAHLEN *schießen mit Lichtgeschwindigkeit aus dem Schwarzen Loch.*

▶ DER ASTRONAUT *sieht jetzt rötlich aus, weil die Schwerkraft auch auf Lichtwellen wirkt.*

Streckung

Wenn sich ein Astronaut einem Schwarzen Loch nähern würde, dann würde ihn die ungeheure Schwerkraft genauso hineinziehen, wie sie Licht und Materie ansaugt. Sobald er sich dem Schwarzen Loch nähert, wirkt die Schwerkraft stärker auf seine Füße ein als auf seinen Kopf. Zuerst werden die Beine immer länger und nach und nach der restliche Körper – bis ihn die Schwerkraft schließlich zerfetzt.

▲ ZWEI LÖCHER *Diese hellen Objekte sind zwei supermassive Schwarze Löcher, die sich umkreisen. Sie werden wohl zu einem riesigen Schwarzen Loch verschmelzen. Die lila Streifen sind Materiestrahlen.*

SCHWARZE LÖCHER

SUPERMASSIVE SCHWARZE LÖCHER
Die meisten Galaxien besitzen wahrscheinlich wie die Milchstraße ein supermassives Schwarzes Loch in ihrem Zentrum. Vermutlich entstanden diese Schwarzen Löcher, als im Zentrum neu entstandener Galaxien große Mengen Material zusammengepresst wurden. Vielleicht waren sie aber auch zunächst nur sehr klein und zogen nach und nach Material aus ihrer Umgebung an.

STERNE & STERNGUCKER

Materiestrahl

▶ STRAHLEN
Wenn ein Schwarzes Loch Gas anzieht, wird es sehr heiß. Diese Energie wird als Strahlung (gewöhnlich Röntgenstrahlen) ins All freigesetzt.

Ring aus Gas und Staub

Materiestrahl

▶▶▶ FAKTEN ▶▶▶

- Sämtliche Materie, die in ein Schwarzes Loch fällt, sammelt sich im Zentrum in einem Punkt, den man Singularität nennt.
- Wenn zwei Schwarze Löcher kollidieren, erzeugen sie Gravitationswellen, die sich im gesamten Universum ausbreiten.
- Damit die Erde zu einem Schwarzen Loch würde, müsste sie auf die Größe einer Murmel zusammengepresst werden!
- Allein in unserem Teil des Universums existieren vermutlich 100 Mrd. supermassive Schwarze Löcher.
- Schwarze Löcher verlieren langsam ihre Energie. Sie benötigen aber Milliarden Jahre, bevor sie vollständig verdampft sind.

Sterngucker

Seit Jahrtausenden fasziniert der Nachthimmel die Menschen. Schon frühe Zivilisationen zeichneten die Positionen der Sonne, des Monds und der Planeten auf. Heute überstrahlt zwar oft das Licht der Straßenlampen und Gebäude den Nachthimmel, doch echten Sternguckern gelingen noch immer beeindruckende Blicke ins All.

▲ AUSRÜSTUNG *Eine Sternkarte und Bücher helfen bei der Orientierung. Zum Lesen benutzt man eine rote Lampe, weil sich die Augen dann schneller an die Dunkelheit anpassen können. Warme Kleidung nicht vergessen!*

STERNE BEOBACHTEN

Kleine, dunkle Objekte beobachtet man durch ein Fernglas oder Teleskop. Ferngläser sind billiger als Teleskope und eignen sich sehr gut, um Sternfelder, Sternfarben, Sternhaufen und den Mond zu beobachten. Teleskope verstärken besser und eignen sich für Planeten, Nebel und Galaxien.

STERNGUCKER

WEGWEISER AM NACHTHIMMEL

Auf den ersten Blick sind die Sterne wahllos über den Himmel verstreut. Wer aber länger hinschaut, erkennt einige Muster. Diese Sternmuster oder Sternbilder wurden schon von früheren Astronomen entdeckt und benannt. Zu den auffälligsten Sternbildern zählt Orion (rechts). Es ist einer der besten Wegweiser im Winter am nördlichen Himmel, von dem aus man andere Sternbilder und helle Sterne findet.

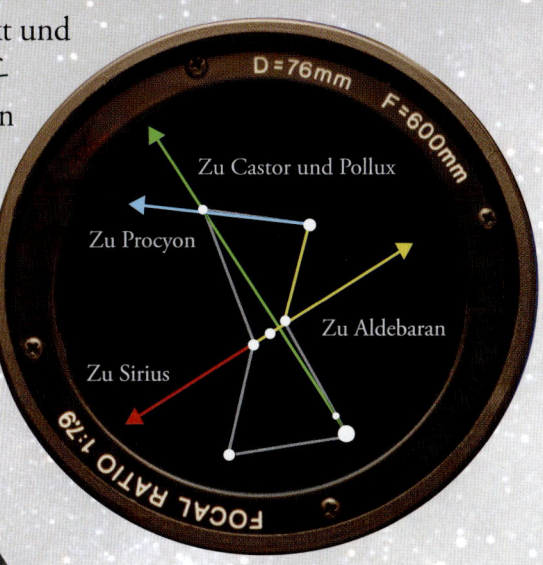

Sucherfernrohr
Teleskop
Kamera
Stativ

▲ **LANGZEITAUFNAHME** Um sehr dunkle Objekte aufzunehmen, muss man mindestens eine halbe Stunde lang belichten.

Zu Castor und Pollux
Zu Procyon
Zu Aldebaran
Zu Sirius

Das farbige Universum

Die Farben der Planeten und Sterne kann man zwar erkennen, aber Nebel und Galaxien bieten häufig enttäuschende Anblicke – sogar durch große Teleskope sehen sie grau oder grünlich aus. Um die Farben sichtbar zu machen, nimmt man z. B. Sternspuren oder Nebel mit einer Kamera auf. Dazu muss der Verschluss einige Minuten geöffnet bleiben und die Kamera auf einem Stativ befestigt werden.

IM BLICKPUNKT: STERNKARTEN

Die Sterne sind so weit entfernt, dass sie stillzustehen scheinen. Das erleichtert das Auffinden heller Sterne und Sternbilder. Für dunklere Objekte benötigt man aber eine Sternkarte. Im Handel erhält man verschiedene Kartenarten. Eine Papierkarte ist leicht, aber schwierig zu handhaben – besonders bei windigem Wetter! Eine Planisphäre ist eine Scheibe, die man einstellen kann. Sie zeigt dann den Teil des Himmels, der direkt über dem Beobachter liegt.

Man dreht die Scheibe, bis Datum und Uhrzeit übereinstimmen.

Das Gebiet im Fenster entspricht dem Himmel über dem Beobachter.

▲ **STERNFÜHRER** Mithilfe einer Planisphäre findet man sich am Himmel zurecht.

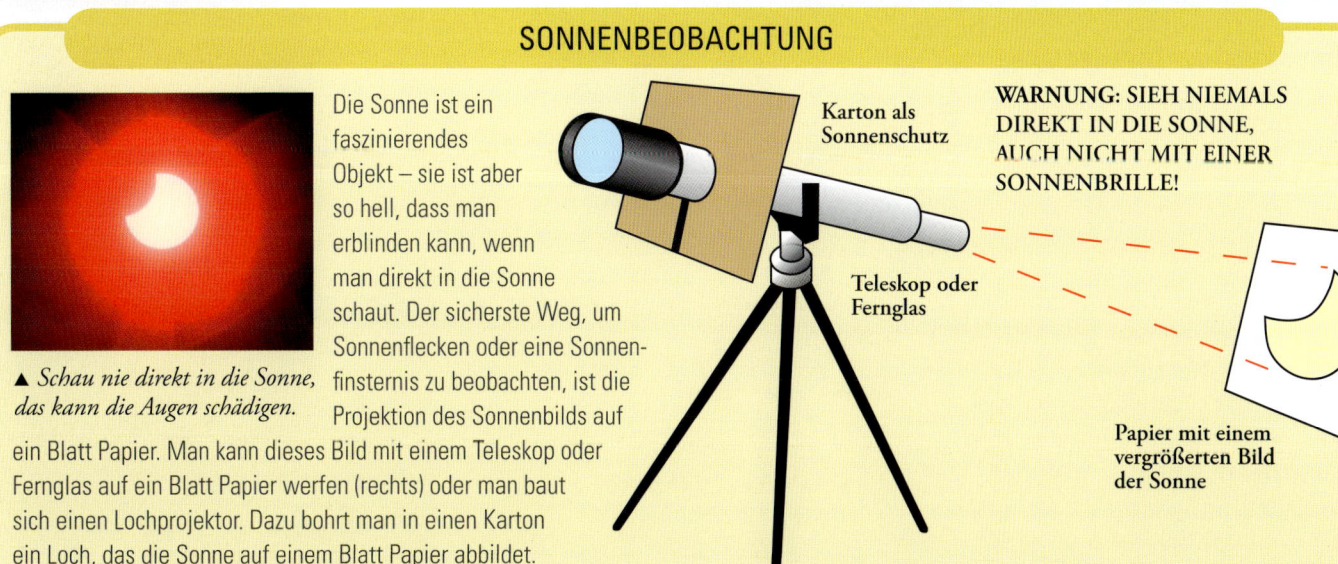

STERNE & STERNGUCKER

SONNENBEOBACHTUNG

▲ *Schau nie direkt in die Sonne, das kann die Augen schädigen.*

Die Sonne ist ein faszinierendes Objekt – sie ist aber so hell, dass man erblinden kann, wenn man direkt in die Sonne schaut. Der sicherste Weg, um Sonnenflecken oder eine Sonnenfinsternis zu beobachten, ist die Projektion des Sonnenbilds auf ein Blatt Papier. Man kann dieses Bild mit einem Teleskop oder Fernglas auf ein Blatt Papier werfen (rechts) oder man baut sich einen Lochprojektor. Dazu bohrt man in einen Karton ein Loch, das die Sonne auf einem Blatt Papier abbildet.

Karton als Sonnenschutz

WARNUNG: SIEH NIEMALS DIREKT IN DIE SONNE, AUCH NICHT MIT EINER SONNENBRILLE!

Teleskop oder Fernglas

Papier mit einem vergrößerten Bild der Sonne

Nachthimmel

Wenn man in einer klaren Nacht den Himmel beobachtet, sieht man Tausende Sterne. Wie soll man sich da nur zurechtfinden? Die Sterne bilden bestimmte Muster, die Sternbilder, die uns bei der Orientierung am Nachthimmel helfen.

Südliche Sternbilder

Nördliche Sternbilder

WER ENTDECKTE DIE STERNBILDER?

Schon frühe Astronomen erkannten, dass manche Sterne Gruppen bildeten und sich turnusmäßig am Himmel bewegten. Sie gaben ihnen Namen von Gestalten, Tieren und Gegenständen aus der Mythologie. Die meisten Namen, die man heute benutzt, stammen von den alten Griechen und Römern, doch einige gehen noch auf die Ägypter, Babylonier und Sumerer zurück.

STERNKATALOGE

Schon die frühen Astronomen erstellten Kataloge der Sternbilder. Zunächst waren nur 48 Sternbilder bekannt, weil die Europäer den größten Teil des südlichen Himmels noch gar nicht erforscht hatten. Die südlichen Sternbilder wurden erst eingeführt, als Seefahrer und Astronomen die südlichen Meere befuhren und den Himmel dort beobachteten. Die Internationale Astronomische Union (IAU) legte dann 1922 die 88 Sternbilder fest, die heute bekannt sind.

▶ ASTRONOMEN *blicken durch ein Teleskop (Illustration aus einem alten Sternkatalog).*

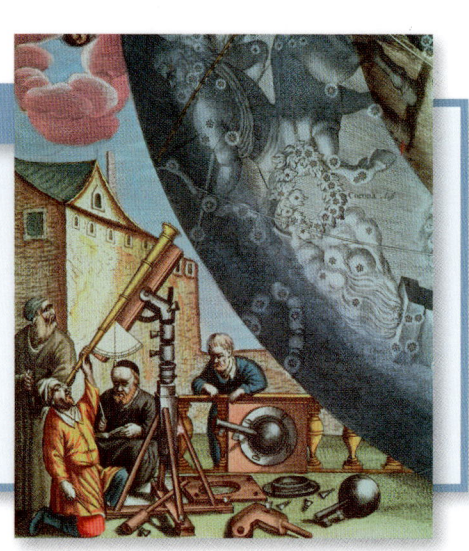

NACHTHIMMEL

IM BLICKPUNKT: PLANETEN

Sterne sind nicht die einzigen Objekte, die man am Himmel sieht – man kann auch Planeten beobachten. Merkur, Venus, Mars, Jupiter und Saturn sieht man mit bloßem Auge. Merkur und Venus bezeichnet man auch als Morgen- und Abendsterne, weil sie kurz vor Sonnenaufgang oder kurz nach Sonnenuntergang am Himmel stehen.

Den Polarstern finden

Der Polarstern steht fast direkt über dem Nordpol und dient als Anhaltspunkt, um sich nach Norden zu orientieren. Er ist ganzjährig an der Schwanzspitze des Sternbilds Kleiner Bär (Ursa Minor) sichtbar. Um den etwas dunkleren Stern zu entdecken, sucht man zunächst das Sternbild Großer Bär (Ursa Maior). Seine sieben hellsten Sterne bilden den Großen Wagen. Wenn man den Abstand der beiden Sterne des Wagenkastens hinten fünfmal verlängert, gelangt man zum Polarstern.

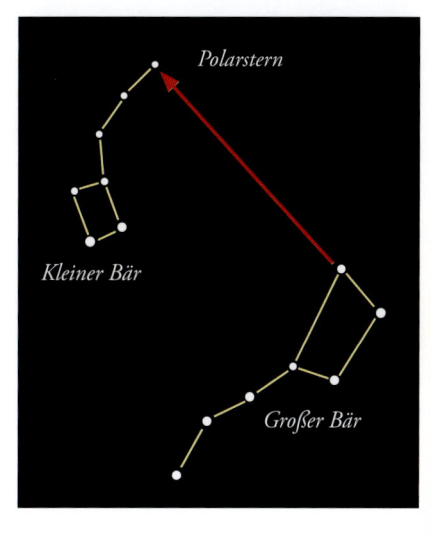

DER TIERKREIS

Unsere Vorfahren nannten ihn *Zodiakos* nach dem griechischen Wort für „Tierkreis". Im Tierkreis befinden sich die zwölf Tierkreissternbilder. Nicht alle sind auch tatsächlich nach Tieren benannt. Der Tierkreis verläuft entlang der Ekliptik, die in einen Winkel von 23° zum Äquator geneigt ist. Die Sonne, der Mond und die Planeten bewegen sich immer nahe der Ekliptik.

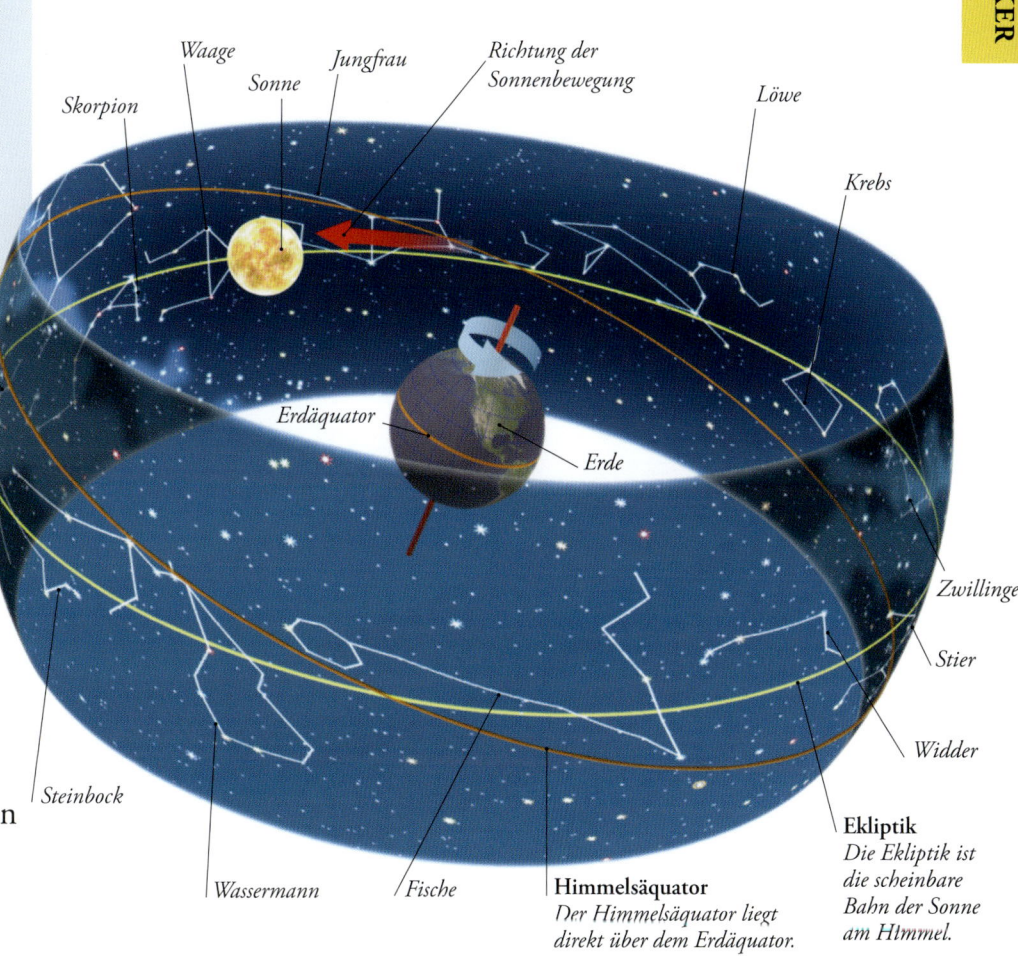

Ekliptik
Die Ekliptik ist die scheinbare Bahn der Sonne am Himmel.

Himmelsäquator
Der Himmelsäquator liegt direkt über dem Erdäquator.

STERNE & STERNGUCKER

VERÄNDERUNGEN DER STERNBILDER

Die Sterne eines Sternbilds bilden scheinbar eine Gruppe, doch manche liegen in Wirklichkeit sehr weit auseinander. Man sieht sie in einer Ebene, weil unsere Augen die Abstände zwischen ihnen nicht erkennen. Jeder Stern bewegt sich eigenständig am Himmel. In wenigen Hunderttausend Jahren werden die Sterne andere Positionen eingenommen haben, sodass die Sternbilder auch andere Muster besitzen werden.

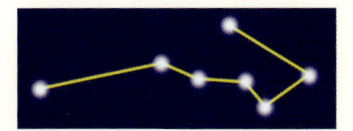

Der Große Wagen vor 100 000 Jahren …

… in der Gegenwart

… und in 100 000 Jahren

235

Nordhalbkugel

Um Sternbilder zu beobachten, braucht man eine Sternkarte und einen Platz mit guter Sicht auf den Himmel. Die Sternkarte auf der rechten Seite zeigt die Sternbilder, die auf der Nordhalbkugel sichtbar sind. Man kann aber nicht alle Sternbilder gleichzeitig sehen – manche sieht man nur zu bestimmten Jahreszeiten.

▲ FLAMMENNEBEL
Dieser Nebel liegt genau unter dem tiefsten Stern des Oriongürtels.

▼ DER ORIONNEBEL *(M42) ist ein riesiges Sternentstehungsgebiet, das im „Schwertgehänge" unterhalb des Oriongürtels liegt.*

Sternnamen
Manche Sterne wie Beteigeuze und Rigel im Sternbild Orion tragen ihren Namen schon lange. Heute werden Sterne meist nach ihrer Helligkeit sortiert und erhalten einen griechischen Buchstaben sowie den lateinischen Namen des Sternbilds. Beteigeuze und Rigel heißen deshalb auch Alpha Orionis und Beta Orionis.

Orion
Orion

Orion ist ein leicht erkennbares Sternbild am nördlichen und südlichen Himmel. Es stellt einen Jäger dar, der eine Keule schwingt. Unter einer schrägen Reihe aus drei Sternen, dem Gürtel, hängt sein Schwert. In seiner rechten Hand hält er den Kopf eines Löwen. Das Sternbild besitzt zwei sehr helle Sterne: **Rigel**, einen Blauen Überriesen unten rechts, und **Beteigeuze**, einen Roten Überriesen oben links.

Schwan
Cygnus

Der Schwan ist ein großes Sternbild des nördlichen Himmels, das man auch **Kreuz des Nordens** nennt. Im Winter sieht man es auch auf der Südhalbkugel dicht über dem Horizont. Seinen Schwanz markiert der helle Stern **Deneb**, ein blau-weißer Überriese, der 160 000-mal heller als die Sonne ist. Im Schnabel befindet sich der Doppelstern **Albireo**. Seine beiden Sterne sieht man schon mit einem Fernglas oder kleinen Teleskop.

NORDHALBKUGEL

▼ **BENUTZUNG DER KARTE** *Drehe das Buch, bis der aktuelle Monat vor dir liegt. Du kannst die Seite auch kopieren, auf Karton kleben und ausschneiden. Dann drehst du dich nach Süden und vergleichst den Nachthimmel mit der Karte. Wer nicht weiß, wo Süden liegt, dem hilft die Sonne. Sie steht nachmittags immer im Süden.*

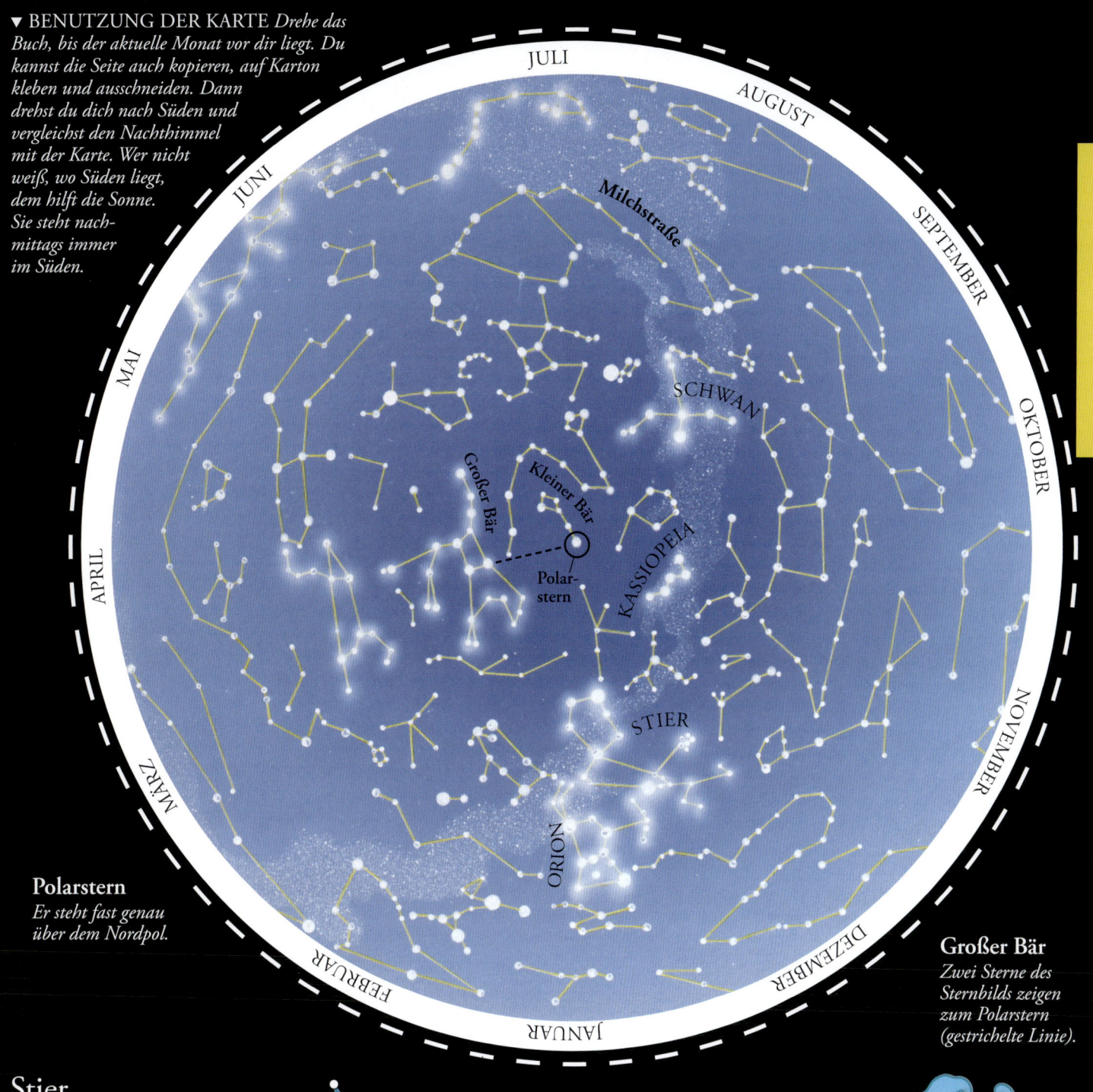

STERNE & STERNGUCKER

Polarstern
Er steht fast genau über dem Nordpol.

Großer Bär
Zwei Sterne des Sternbilds zeigen zum Polarstern (gestrichelte Linie).

Stier
Taurus

Direkt über Orion liegt der Stier. Das Sternbild enthält die beiden berühmten Sternhaufen der **Hyaden** und der **Plejaden**. Beide besitzen Sterne, die man mit bloßem Auge sieht. Der rote Stern Aldebaran bildet ein Auge des Stiers, während kurz oberhalb des Sterns, der die Spitze des unteren Horns markiert, der Krebsnebel (M1) liegt. Dieser Nebel ist der Überrest einer Supernova.

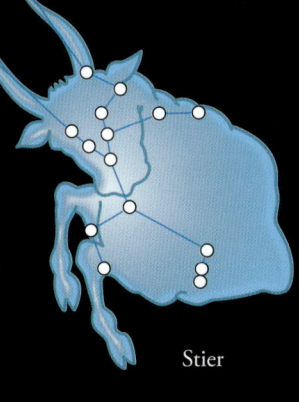

Stier

Kassiopeia
Cassiopeia

Ein leicht erkennbares Sternbild ist Kassiopeia. Es ist nach der mythischen Königin benannt, die so eitel war, dass sie immer mit einem Spiegel in der Hand abgebildet wird. Die fünf Hauptsterne dieses Sternbilds bilden ein markantes W. Der mittlere Stern des W zeigt zum Polarstern.

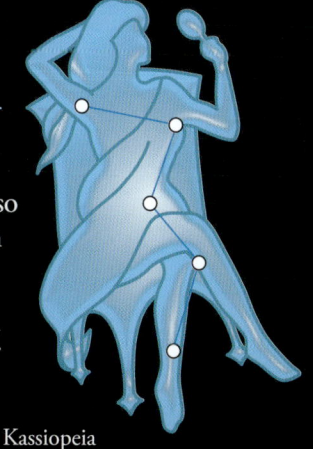

Kassiopeia

Südhalbkugel

Die Sternbeobachtung auf der Südhalbkugel ist viel einfacher als im Norden. Wegen der geringeren Lichtverschmutzung erkennt man dunkle Sterne leichter. Die Milchstraße erscheint heller und sternreicher. Am südlichen Himmel findet man beeindruckende Nebel.

▲ TRIFIDNEBEL *Dieser farbige Nebel ist dreigeteilt und enthält einige junge, heiße Sterne.*

Milchstraße

▲ LAGUNENNEBEL *Dieser Nebel, den man mit bloßem Auge sieht, erscheint in den Aufnahmen der Weltraumteleskope pinkfarben.*

DAS ZENTRUM UNSERER GALAXIE

Am südlichen Himmel sieht man andere Bereiche unserer Galaxie, der Milchstraße. Sie ist im Sternbild Schütze (Sagittarius) am dichtesten, weil man hier genau auf das Zentrum der Galaxie blickt. Der Schütze enthält mehr Sternhaufen und Nebel als jedes andere Sternbild.

Schütze
Sagittarius

Der Schütze wird als Zentaur dargestellt – als Mensch mit Pferdeleib, der einen Pfeil abschießt. Das Sternbild birgt eine Radioquelle, die vermutlich ein Schwarzes Loch ist und das Zentrum der **Milchstraße** markiert. Der Schütze enthält auch den **Lagunennebel**, **Trifidnebel** und **Omeganebel** sowie den Kugelsternhaufen **M22**.

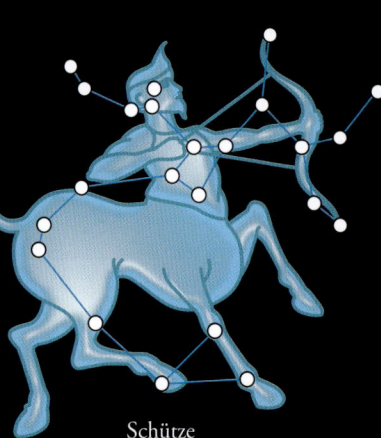

Schütze

Wasserschlange
Hydra

Das größte der 88 Sternbilder ist die Wasserschlange, die sich um fast ein Viertel der Himmelskugel windet. Die meisten ihrer Sterne sind jedoch sehr dunkel. Der hellste Stern des Sternbilds ist der Doppelstern **Alphard**. Es enthält auch zwei Sternhaufen und einen planetarischen Nebel.

Wasserschlange

SÜDHALBKUGEL

SCHON GEWUSST?

Diese Webseiten bieten mehr Infos über den Nachthimmel:
- www.deepskybeobachtung.de
- www.news.astronomie.info/ai.php/90000

▼ **BENUTZUNG DER KARTE** *Drehe das Buch, bis der aktuelle Monat vor dir liegt. Dann wendest du dich nach Norden und vergleichst den Nachthimmel mit der Karte. Die Sonne steht nachmittags immer im Süden, sodass du dich nur umdrehen musst, um den Norden zu finden.*

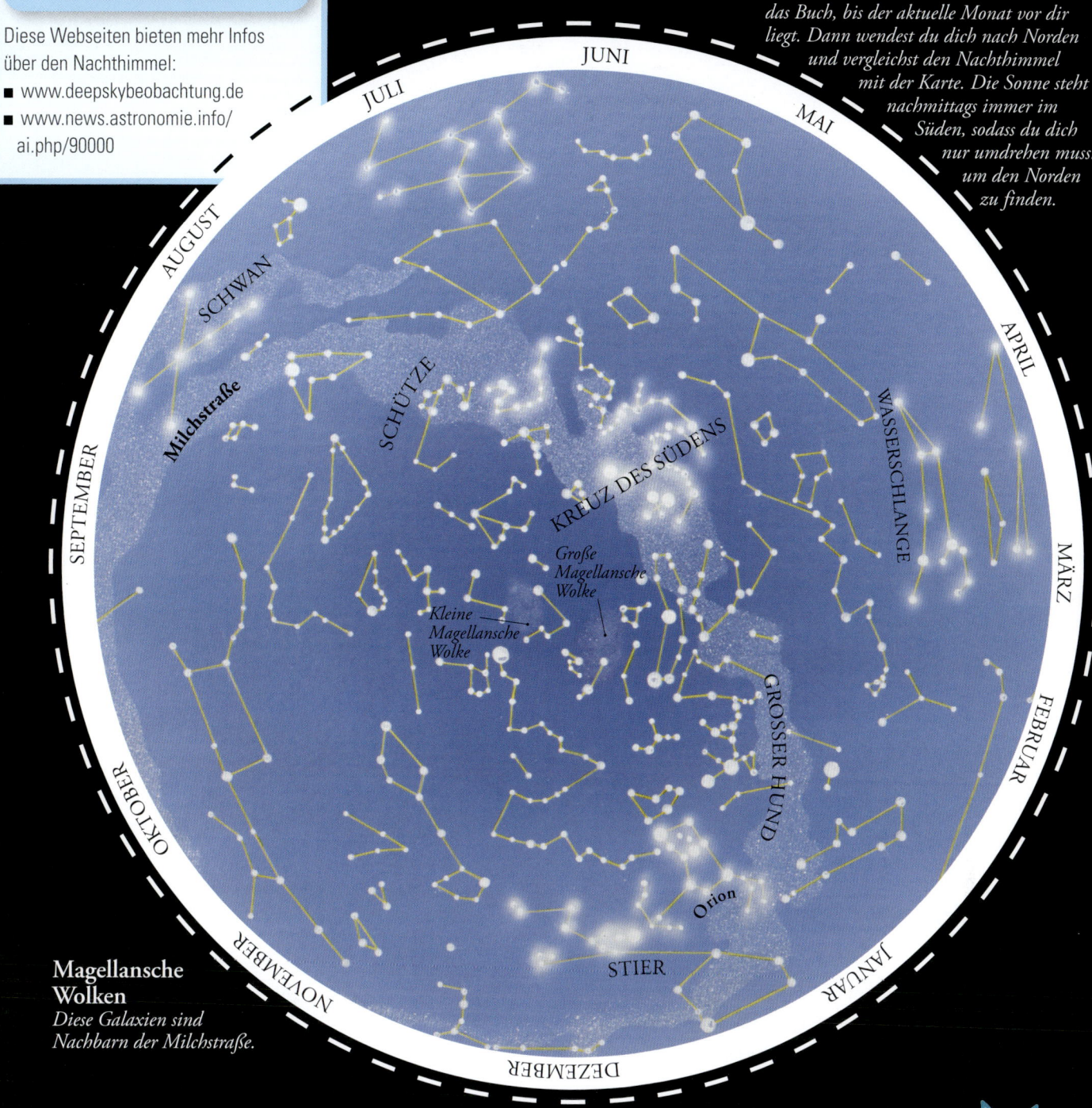

STERNE & STERNGUCKER

Magellansche Wolken
Diese Galaxien sind Nachbarn der Milchstraße.

Kreuz des Südens
Crux

Über dem Südpol steht kein heller Stern, sodass sich Seefahrer am Sternbild Kreuz des Südens (Crux) orientierten, das nahe am Pol liegt. Die Sterne der langen Achse zeigen auf die Position des Südpols. Das kleinste Sternbild enthält vier sehr helle Sterne, von denen einer ein Roter Riese ist. Im Sternbild liegt auch das **Schmuckkästchen**, ein offener Sternhaufen, den man mit bloßem Auge sieht.

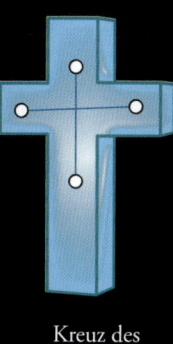

Kreuz des Südens

Großer Hund
Canis Maior

Der Große Hund ist einer der beiden Hunde, die **Orion** folgen. (Der Kleine Hund ist etwas dunkler.) Das Sternbild enthält **Sirius**, den hellsten Stern des Himmels, den man auch Hundsstern nennt. Sirius besitzt einen Weißen Zwerg als Begleiter, den man nur mit starken Teleskopen sieht. Sirius spielte eine wichtige Rolle im alten Ägypten, weil er das Nilhochwasser und das neue Jahr ankündigte.

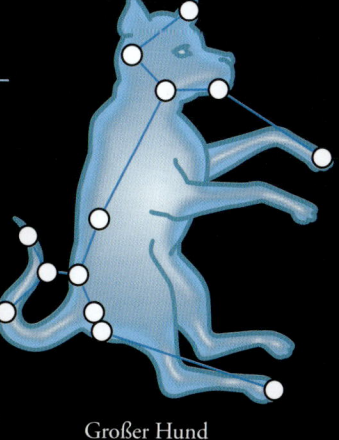

Großer Hund

Chronik

Schon immer interessierten sich die Menschen für die Erscheinungen am Nachthimmel. Die Beobachtungen der Astronomen durch die Jahrhunderte vergrößerten nach und nach unser Wissen über das Universum.

▼ **1845** *Jean Foucault und Armand Fizeau nehmen detaillierte Bilder der Sonnenoberfläche mit einem Teleskop auf – die ersten Fotos aus dem Weltraum.*

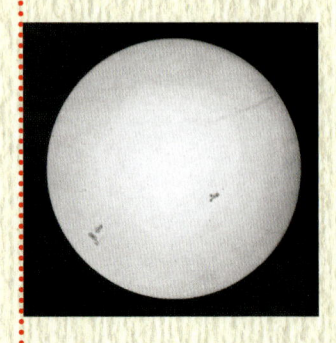

▼ **1781** *Friedrich Wilhelm Herschel entdeckt mit seinem Teleskop Uranus. Er hielt ihn zunächst für einen Kometen.*

▼ **1846** *Johann Gottfried Galle entdeckt Neptun.*

▲ **1609** *Galileo Galilei baut sich ein Teleskop, um die Sterne zu erforschen. Seine Entdeckungen zeigen, dass die Sonne das Zentrum des Sonnensystems bildet.*

▲ **2300 v. Chr.** *Stonehenge wird errichtet und dient vermutlich als riesiger astronomischer Kalender.*

3000 v. Chr. ⊢──────── 1600 ⊢──── 1700 ⊢── 1800 ⊢

▼ **1801** *Giuseppe Piazzi entdeckt Ceres, den ersten Planetoiden. Friedrich Wilhelm Herschel prägt 1802 den Begriff „Asteroid".*

▲ **164 v. Chr.** *Babylonische Astronomen beschreiben erstmals den Halleyschen Kometen. Er wird 1066 erneut gesichtet und das Ereignis auf dem Wandteppich von Bayeux (oben) festgehalten.*

▼ **1655** *Christiaan Huygens beobachtet den Saturn und entdeckt seine Ringe.*

▲ **320–250 v. Chr.** *Der griechische Astronom Aristarch von Samos vermutet als Erster, dass die Erde um die Sonne kreist. Erst 1800 Jahre später wird die Richtigkeit seiner Theorie erkannt.*

▲ **1895** *Konstantin Ziolkowski berechnet, dass Raketen auch im Vakuum fliegen, und schafft die Basis für die Raumfahrt.*

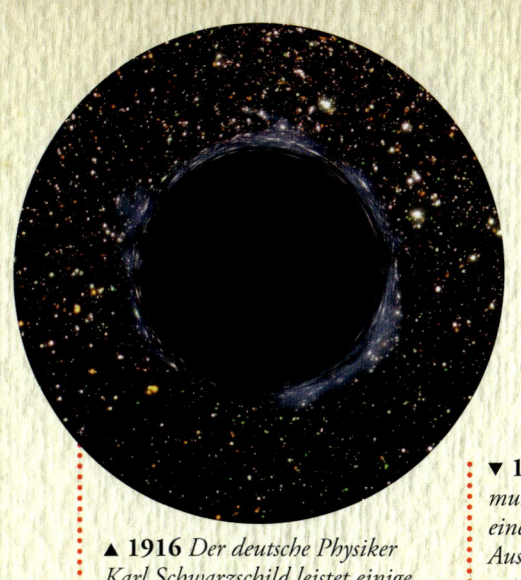

CHRONIK

▲ **1916** *Der deutsche Physiker Karl Schwarzschild leistet einige grundlegende Arbeiten, die zur Theorie der Schwarzen Löcher führen.*

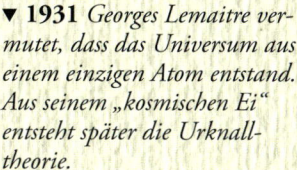

▼ **1931** *Georges Lemaitre vermutet, dass das Universum aus einem einzigen Atom entstand. Aus seinem „kosmischen Ei" entsteht später die Urknalltheorie.*

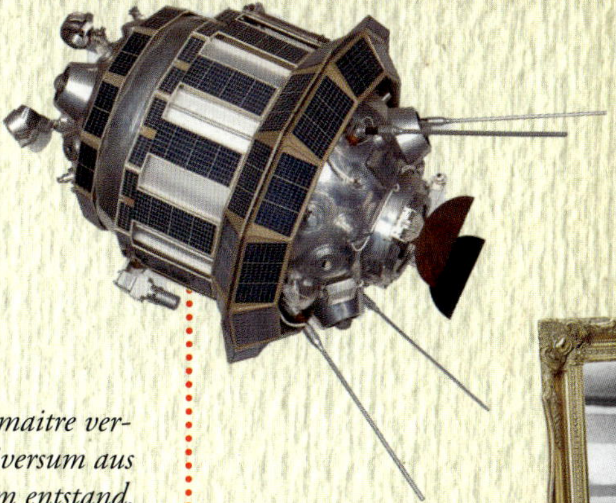

� **1959** *Die sowjetische Mondsonde Luna 2 landet auf dem Mond. Luna 3 sendet die ersten Aufnahmen der abgewandten Seite des Monds zur Erde.*

▼ **1926** *Robert Goddard startet die erste Flüssigkeitsrakete.*

▲ **1961** *Juri Gagarin fliegt als erster Mensch im All 108 Minuten lang um die Erde!*

1900 — 1950

▼ **1957** *Sputnik 1 wird von der UdSSR auf eine Erdumlaufbahn geschossen. Er ist der erste künstliche Satellit.*

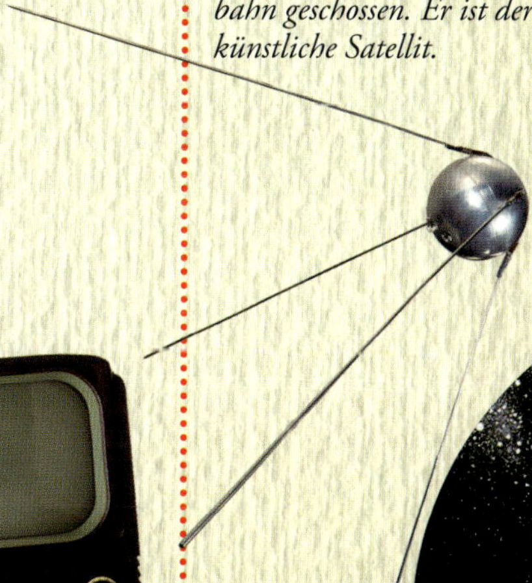

▼ **1962** *Die Raumsonde Mariner 2 der NASA erreicht als erste Sonde einen Planeten und fliegt an der Venus vorbei. Weitere Raumflüge der USA und der UdSSR in den 1960er- und 1970er-Jahren folgen.*

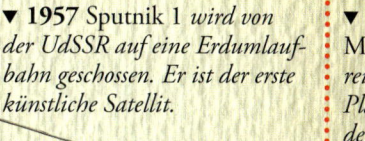

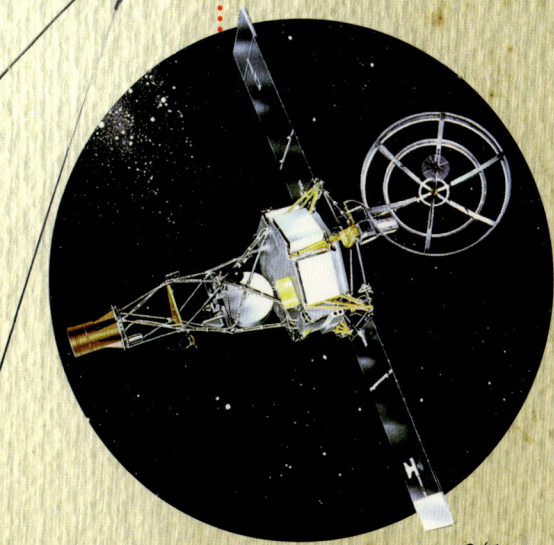

▲ **1930** *Subrahmanyan Chandrasekhar errechnete die obere Grenze für die Masse Weißer Zwerge, bei deren Überschreitung sie zu kollabieren beginnen.*

▲ **1945** *Arthur C. Clarke, ein Science-Fiction-Autor, vermutet, dass ein Satellit Telefon- und Fernsehsignale um die Erde leiten könnte. Seine Idee wird 20 Jahre später verwirklicht.*

▲ **1925** *Edwin Hubble entdeckt, dass es außerhalb der Milchstraße weitere Galaxien gibt.*

241

CHRONIK

▲ **1965** *Alexej Leonow unternimmt als erster Mensch einen Weltraumspaziergang. Er bleibt zwölf Minuten im All und entfernt sich dabei bis zu 5 m von* Woschod 2.

▼ **1976** Viking 1 *ist die erste Raumsonde, die auf dem Mars landet und ihn erforscht.*

◀ **1986** *Die* Mir *ist die erste ständige Weltraumstation. Nun können Menschen längere Zeit im All leben und arbeiten.*

▼ **1981** *Der erste wiederverwendbare Spaceshuttle der NASA, die* Columbia, *fliegt in den Weltraum.*

▲ **1969** *Neil Armstrong fliegt mit* Apollo 11 *zum Mond und betritt ihn als erster Mensch.*

— 1970 — 1980 —

▶ **1971** Lunochod 1 *beendet seine Mission als erstes ferngesteuertes Landefahrzeug auf dem Mond.*

▼ **1971** Saljut 1, *die erste Weltraumstation, wird von der UdSSR gestartet.*

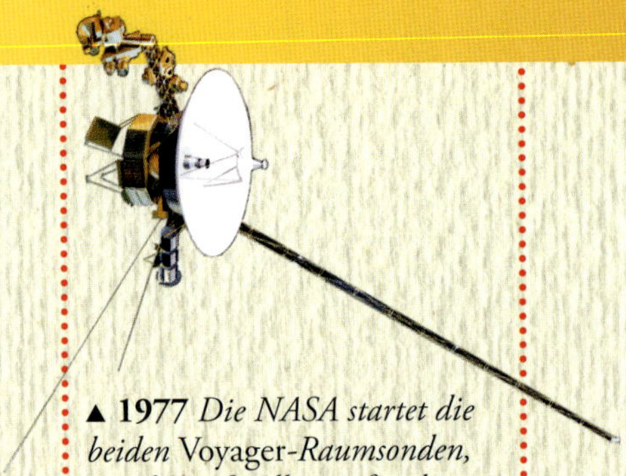

▲ **1977** *Die NASA startet die beiden* Voyager-Raumsonden, *um das tiefe All zu erforschen.*

▼ **1986** *Die Raumsonde* Giotto *der ESA macht die ersten Nahaufnahmen eines Kometen, als sie am Halleyschen Kometen vorbeifliegt.*

▲ **1982** *Ringe um Neptun werden entdeckt.*

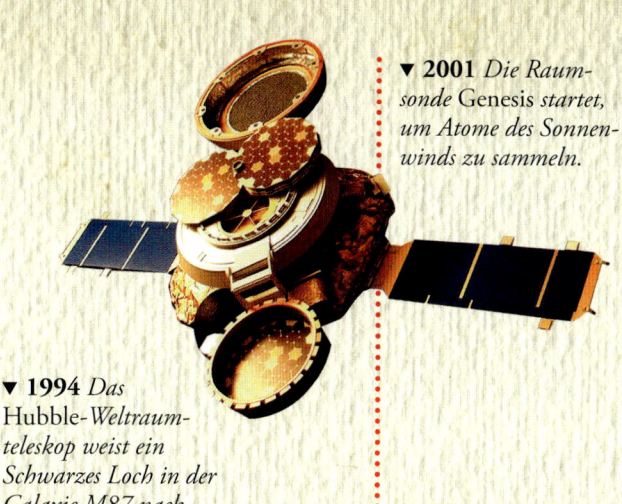

CHRONIK

▼ **2001** Die Raumsonde Genesis startet, um Atome des Sonnenwinds zu sammeln.

▼ **1994** Das Hubble-Weltraumteleskop weist ein Schwarzes Loch in der Galaxie M87 nach.

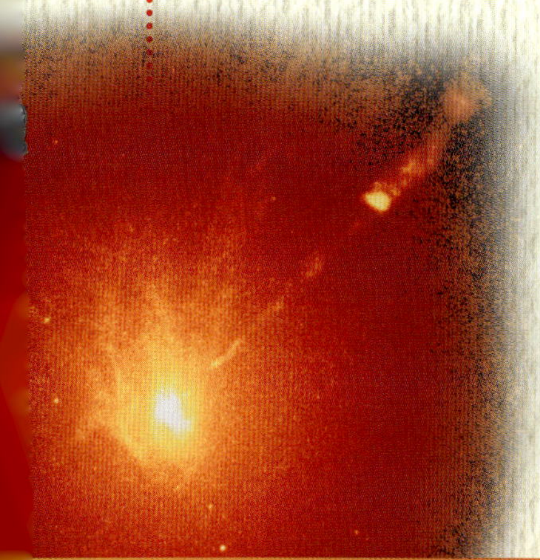

▲ **2004** SpaceShipOne erreicht als erste privat finanzierte Raumfähre den äußeren Weltraum.

▼ **2001** NEAR umkreist als erste Raumsonde den Planetoiden (Eros) und landet auf ihm.

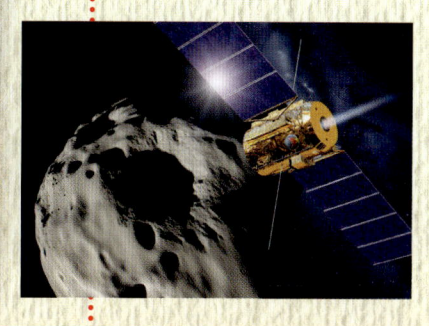

▼ **2010** Die NASA nimmt nach dem letzten Flug im September 2010 alle Spaceshuttles außer Dienst.

| 1990 | 2000 |

▼ **2001** Der erste Weltraumtourist, Dennis Tito, vebringt sechs Tage auf der Internationalen Raumstation.

DIE ZUKUNFT?
Es gibt noch sehr viel zu entdecken. Zu den größten Herausforderungen zählen die Erforschung des tiefen Alls und die Suche nach Leben auf anderen Planeten.

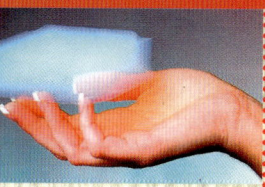

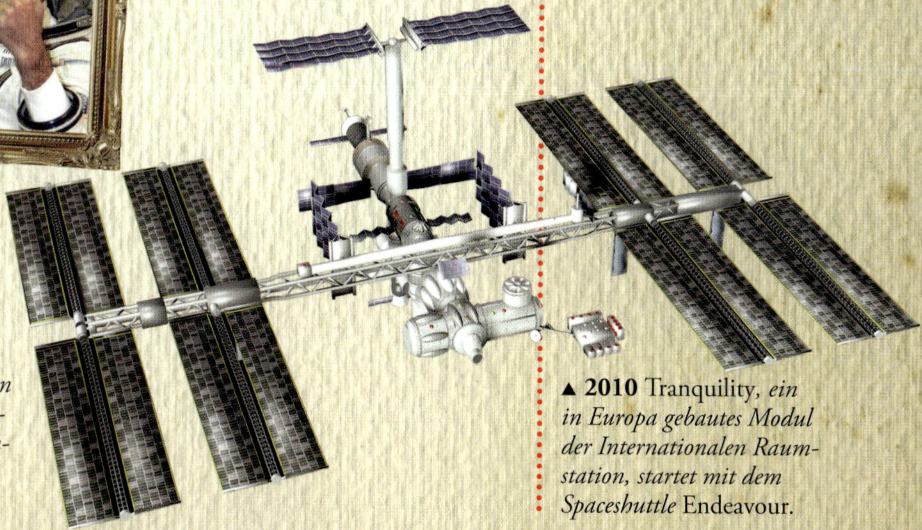

▲ **2006** Die Stardust-Mission sammelt mit Aerogel Kometenstaub.

▲ **1990** Das Hubble-Weltraumteleskop ist das erste große optische Teleskop auf einer Umlaufbahn und macht erstaunliche Aufnahmen entfernter Sterne und Galaxien.

▶ **1998** Die ersten Module der Internationalen Raumstation werden gestartet.

▲ **2010** Tranquility, ein in Europa gebautes Modul der Internationalen Raumstation, startet mit dem Spaceshuttle Endeavour.

Glossar

Absorptionslinie Lücke im Spektrum der elektromagnetischen Strahlung, die der Absorption des Lichts einer bestimmten Wellenlänge entspricht.

Achse Gedachte Linie durch das Zentrum eines Körpers, um die er sich dreht.

Aerogel Leichtes Material zur Wärmedämmung oder um Weltraumstaub einzusammeln.

Antenne Eine Vorrichtung zum Senden oder Empfangen von Signalen.

Aphel Der sonnenfernste Punkt auf der Umlaufbahn eines Planeten, Kometen oder Planetoiden.

Äquator Eine gedachte Linie um das Zentrum eines Planeten.

Asteroid *siehe* Planetoid

Astrolabium Ein altes Instrument, um die Positionen der Sterne zu berechnen.

Astronaut Eine Person, die für Raumflüge ausgebildet wurde.

Atmosphäre Die Gashülle um einen Planeten.

Atom Das kleinste Teilchen eines Elements, das seine chemischen Eigenschaften bestimmt. Es besteht aus Neutronen, Protonen und Elektronen.

Aurora (Polarlicht) Eine Lichterscheinung über den Polen eines Planeten. Teilchen des Sonnenwinds werden vom Magnetfeld eingefangen. Sie kollidieren in der Atmosphäre mit Molekülen und geben Licht ab.

Blazar Eine aktive Galaxie mit einem supermassiven Schwarzen Loch in ihrem Zentrum, das Materiestrahlen abgibt.

Brauner Zwerg Ein Objekt, das kleiner als ein Stern, aber größer als ein Planet ist. Es erzeugt Wärme, aber kein Licht.

Chromosphäre Die Schicht der Sonnenatmosphäre über der Fotosphäre.

Coriolis-Effekt Eine Auswirkung der Erdrotation, durch die sich Winde und Meeresströmungen auf der Nordhalbkugel im Uhrzeigersinn und auf der Südhalbkugel gegen ihn drehen.

Dichte Die Menge an Materie, die ein bestimmtes Volumen einnimmt.

Doppelstern Zwei Sterne, die sich gegenseitig umkreisen.

Druckwelle Eine Energiewelle, die durch eine Explosion oder irgendetwas ausgelöst wird, das sich mit Überschallgeschwindigkeit ausbreitet.

Dunkle Energie Die Energie, die vermutlich für die Ausdehnung des Universums verantwortlich ist.

Dunkle Materie Unsichtbare Materie, die durch ihre Schwerkraft Licht beugt.

Elektromagnetische Strahlung Energie, die sich in Raum und Materie ausbreitet.

Elektromagnetisches Spektrum Der vollständige Bereich der Energiewellen, von den Radiowellen bis zu den Gammastrahlen.

Elektron Ein subatomares Teilchen mit einer negativen elektrischen Ladung.

EVA Abkürzung für Außenbordaktivität (engl.: *extra-vehicular activity*), bei der Astronauten außerhalb ihrer Raumfähre oder -station im Weltraum arbeiten.

Exoplanet Ein Planet außerhalb des Sonnensystems.

Exosphäre Die oberste Schicht der Erdatmosphäre, in der die meisten Raumfähren fliegen.

Extraterrestrisch Nicht zur Erde gehörend.

Falschfarbendarstellung Ein Bild, bei dem mit verschiedenen Farben unterschiedliche Wellenlängen sichtbar gemacht werden, die man normalerweise nicht sieht, z. B. Röntgenstrahlen.

Filament Fadenförmige Verbindungen zwischen Galaxienhaufen oder auch riesige Gasschwaden, die von der Sonnenoberfläche abstrahlen.

Finsternis Das Blockieren des Lichts eines Objekts durch ein anderes. Bei einer Mondfinsternis befindet sich der Mond im Schatten der Erde. Bei einer Sonnenfinsternis fällt der Schatten des Monds auf die Erde.

Fluchtgeschwindigkeit Die Geschwindigkeit, mit der ein Objekt die Anziehungskraft eines Körpers überwindet.

GLOSSAR

Fotosphäre Die untere Schicht der Sonnenatmosphäre, aus der Licht und Wärme abstrahlt.

Freier Fall Ein Zustand der Schwerelosigkeit, bei der auf ein Objekt keine Schwerkraft oder andere Kraft einwirkt, wie z. B. auf einer Erdumlaufbahn.

Galaxie Eine Ansammlung von Millionen Sternen, Gas und Staub, die durch ihre eigene Schwerkraft zusammengehalten werden.

Gammastrahlen Eine Energiewelle mit sehr kurzen Wellenlängen.

Geladenes Teilchen Ein Teilchen mit einer positiven oder negativen elektrischen Ladung.

Geostationäre Bahn Die Umlaufbahn eines Satelliten, der genauso schnell fliegt, wie sich die Erde dreht, und deshalb immer über demselben Ort steht.

Geysir Eine heiße Wasserfontäne, die aus dem Gestein nach oben schießt.

Globulen Kleine Wolken aus Gas und Staub im All.

Granulation Die körnerartige Oberfläche der Sonne.

Größenklasse Die Helligkeit eines Objekts. Helle Objekte haben niedrige oder negative Werte, während dunkle Objekte hohe Werte besitzen.

Heliopause Die Grenze zwischen der Heliosphäre und dem interstellaren Raum.

Heliosphäre Ein großes Gebiet, welches das Sonnensystem, den Sonnenwind und das Magnetfeld der Sonne umfasst.

Hemisphäre Eine Halbkugel. Die Erde wird am Äquator in eine nördliche und eine südliche Hemisphäre geteilt.

Hertzsprung-Russell-Diagramm Ein Diagramm, mit dem die Sterne nach ihrer Temperatur, Helligkeit, Größe und Farbe klassifiziert werden.

Himmelsobjekt Jedes Objekt, das man am Himmel sieht.

Hintergrundstrahlung Ein schwaches Radiosignal im gesamten Universum, das die restliche Strahlung des Urknalls darstellt.

Infrarotstrahlung Wellen der Wärmeenergie, die unsichtbar sind.

Intergalaktisch Zwischen Galaxien.

Interstellar Zwischen den Sternen.

Ionosphäre Eine Schicht der Erdatmosphäre in 50–600 km Höhe über der Erdoberfläche.

K Einheit der Temperaturskala Kelvin. 0 Kelvin (absoluter Nullpunkt) entspricht –273 °C.

Komet Ein großer Körper aus Eis und Staub, der um die Sonne kreist. In Sonnennähe verdampft sein Eis und bildet einen Schweif.

Korona Die heiße, obere Sonnenatmosphäre, die man als weißen Halo während einer Sonnenfinsternis sieht.

Kosmonaut Ein russischer Astronaut.

Krater Eine Vertiefung oder ein Becken nach einem Meteoriteneinschlag auf einem Planeten oder Mond.

Kruste Die dünne äußere Gesteinsschicht eines Planeten oder Monds.

Kugelsternhaufen Kugelförmige Sternhaufen, die häufig um große Galaxien kreisen.

Leuchtkraft Helligkeit eines Objekts.

Licht Energiewellen, die das menschliche Auge erkennt.

Lichtjahr Die Entfernung, die Licht in einem Jahr zurücklegt.

Luftwiderstand Die Kraft, die die Vorwärtsbewegung eines Körpers in der Luft bremst.

Magnetar Ein Neutronenstern mit einem sehr starken Magnetfeld.

Magnetfeld Ein Bereich, in dem der Magnetismus eines Planeten, Sterns oder einer Galaxie wirksam ist.

Magnetometer Ein Instrument, um magnetische Kräfte zu messen.

Magnetosphäre Das Gebiet um einen Planeten, in dem sein Magnetfeld stark genug wirkt, um den Sonnenwind abzulenken.

Mantel Eine dicke Gesteinsschicht unter der Kruste eines Monds oder Planeten.

Mare (Mehrzahl: Maria) Eine große Tiefebene auf dem Mond, die von der Erde aus dunkel erscheint. Wurde ursprünglich als „Meer" (lat.: *mare*) bezeichnet, besteht aber aus Lava.

Materie Ein Festkörper, eine Flüssigkeit oder ein Gas.

Mesosphäre Schicht der Atmosphäre in 50–80 km Höhe, in der Sternschnuppen verglühen.

Meteore Außerirdische Kleinkörper, die in der Erdatmosphäre verglühen. Man nennt sie auch Sternschnuppen.

Meteorit Ein Gesteins- oder Metallbrocken, der auf der Erde aufschlägt.

Mikroschwerkraft Wenn die Schwerkraft vorhanden ist, aber minimal wirkt.

Mikrowelle Eine Energiewelle mit kurzen Wellenlängen.

Milchstraße Der Name der Galaxie, in der wir leben.

Milliarde Tausend Millionen.

Modul Bauteil einer Raumsonde.

Multiversen Weitere Universen, die neben unserem existieren sollen.

Nebel Eine Wolke aus Gas und Staub im All, in der Sterne entstehen.

Neutrino Ein Teilchen, das kleiner als ein Atom ist und durch Kernfusion in den Sternen entsteht.

Neutron Ein subatomares Teilchen, das keine elektrische Ladung besitzt.

Neutronenstern Ein dichter, kollabierter Stern, der hauptsächlich aus Neutronen besteht.

niedrige Erdumlaufbahn Eine Umlaufbahn in geringer Höhe über der Erde.

Observatorium Ein Gebäude, eine Raumsonde oder ein Satellit mit einem Teleskop zur Himmelsbeobachtung.

Orbiter Eine Raumsonde, die um einen Körper kreist, ohne auf ihm zu landen.

Ozon Ein geruchloses Gas, das eine Schicht in der Erdatmosphäre bildet und gefährliche ultraviolette Strahlen der Sonne absorbiert.

Perihel Der sonnennächste Punkt der Umlaufbahn eines Planeten, Kometen oder Planetoiden.

Phase Teil der Oberfläche des Monds oder eines Planeten, der von der Sonne beleuchtet wird und sichtbar ist.

Planet Ein Himmelskörper, der um einen Stern kreist.

Planetarischer Nebel Eine glühende Gaswolke um einen Stern, der am Lebensende seine Hüllen abgestoßen hat.

Planetesimale Kleine Körper, aus denen vermutlich die Planeten entstanden sind.

Planetoid Ein Gesteinsbrocken, der um die Sonne kreist.

Planetoidengürtel Der Bereich zwischen den Planeten Mars und Jupiter, in dem die meisten Planetoiden kreisen.

Planisphäre Eine drehbare Sternkarte, die die Position der Sterne anzeigt.

Plasma Eine energiereiche Form des Gases.

Proton Ein subatomares Teilchen mit einer positiven elektrischen Ladung.

Protuberanz Großer Gasbogen, der sich von der Sonne ins All erstreckt.

Pulsar Ein rotierender Neutronenstern, der Strahlungspulse aussendet.

GLOSSAR

Quasare Abkürzung für *quasi stellare* Objekte. Das sind sehr leuchtstarke, entfernte Objekte, die Sternen gleichen.

Radiometer Ein Instrument, um Strahlungen zu messen.

Raumsonde Eine unbemannte Raumfähre zur Erforschung des Alls und von Himmelskörpern.

Raumzeit Die Kombination der drei Raumdimensionen mit der Zeit.

Röntgenstrahlen Eine Energiewelle, die Objekte durchleuchtet, in die sichtbares Licht nicht eindringen kann.

Roter Riese Ein sehr heller, aber sehr kühler, großer Stern.

Rover Fahrzeug, das über die Oberfläche eines Planeten oder Monds fährt und meist von der Erde ferngesteuert wird.

Satellit Ein natürliches oder künstliches Objekt, das um einen größeren Körper kreist.

Schwarzes Loch Ein Gebiet im All mit starker Schwerkraft. Es zieht alles an sich, sodass nicht einmal Licht entkommt.

Schwerelosigkeit Das scheinbare Fehlen der Schwerkraft, wie es Astronauten im Freien Fall oder im Weltraum erfahren.

Schwerkraft Die Kraft, die Objekte anzieht, z. B. die Erdanziehungskraft.

Schub Die Kraft, die ein Düsenflugzeug oder eine Rakete erzeugen, um das Fluggerät anzutreiben.

Seyfert-Galaxie Eine aktive Galaxie, die ein supermassives Schwarzes Loch in ihrem Zentrum besitzt.

Silikat Ein Mineral aus Silizium und Sauerstoff.

Sonnenstrahlung Energie der Sonne.

Sonnenwind Ein Strom geladener Teilchen, der von der Sonne kommt.

Staub Kleine, feste Teilchen, die in der Luft oder im All schweben oder als feines Material die Oberflächen von Planeten oder Monden bedecken.

Sternbild Ein Muster aus Sternen in einem festgelegten Gebiet. Es gibt insgesamt 88 Sternbilder.

Strahlung Energie, die ein Objekt abgibt.

Stratosphäre Die Schicht der Atmosphäre in 8–50 km Höhe, in der auch die Flugzeuge fliegen.

Subatomare Teilchen Ein Teilchen, das kleiner als ein Atom ist und ein Bestandteil von Atomen bildet, z. B. ein Proton.

Suborbital Ein Flug in die Erdatmosphäre unter 100 km Höhe, bei der keine Umlaufbahn erreicht wird.

Supernova Die helle Explosion, wenn ein Stern kollabiert.

Teilchen Ein sehr kleiner Teil eines Festkörpers, einer Flüssigkeit oder eines Gases.

Thermosphäre Die Schicht der Atmosphäre in 80–600 km Höhe, in der Polarlichter entstehen.

Trägerrakete Eine Rakete, die Raumfähren oder Satelliten ins All bringt.

Transit Die Passage eines Planeten oder Sterns vor der Scheibe eines anderen.

Troposphäre Die Schicht der Erdatmosphäre in 6–20 km Höhe, in der sich das Wetter abspielt.

Überschall Bewegung eines Flugkörpers, der schneller als der Schall fliegt.

Ultraviolette Strahlen Eine Energiewelle. Sie ist ein Bestandteil des Sonnenlichts und kann Hautzellen schädigen.

Umbra Der dunkle, zentrale Bereich eines Sonnenflecks.

Umlaufbahn Die Bahn, auf der ein Objekt um einen Körper kreist.

Urknall Die kosmische Explosion, aus der vermutlich vor 13,7 Mrd. Jahren das Universum entstand.

Vorbeiflug Der Flug einer Raumsonde an einem Planeten, Kometen oder Planetoiden vorbei, ohne auf dem Körper zu landen oder ihn zu umkreisen.

Weißer Zwerg Ein kleiner, dunkler Stern. Die Sonne wird an ihrem Lebensende zu einem Weißen Zwerg werden.

Zwergplanet Ein kugelförmiger Planet, der um die Sonne kreist, seine Umlaufbahn aber nicht von anderen Objekten freigeräumt hat.

Register

A
Adams, John Couch 151
Adlernebel 215
Affen 92, 100, 101
Aldrin, Edwin 187, 188
ALMA (Observatorium) 35
Ameisennebel 31
Andromedanebel 11, 23, 54, 55
Antennen-Galaxien 59
Antimaterie 40, 41
Apollo-Missionen 93, 186–191
Arecibo-Radioteleskop 24
Ariane (Trägerrakete) 66, 73, 74–75, 85
Ariel (Uranusmond) 149
Aristarch von Samos 240
Armstrong, Neil 93, 186, 188, 242
Astronauten 8, 71, 87, 93
   Leben im All 98–99
   Training 94–95, 189
   Weltraumspaziergänge 96–97, 102–103
Astronomen 240
Atmosphäre
   Erde 8, 166, 174–175, 176
   Monde 145, 163
   Planeten 89, 124, 128, 136, 150, 152
   Sonne 200–201
Atmosphärenbremsung 89
Atome 41, 42
Aussterben 177

B
Baikonur 72, 73
Ballons 26, 83
Barringer-Krater 160
Beteigeuze 218, 236
Biosphäre-2-Projekt 114
Blazare 60, 61
Bode, Johann 134
Bodes Galaxie 22
Bok-Globulen 220
Borrelly, Komet 157
Braun, Wernher von 93
Braune Zwerge 228
Bullet-Galaxienhaufen 63
Bumerangnebel 21
Butterfly-Nebel 29, 219

C
Callisto (Jupitermond) 139
Caloris-Becken, Merkur 123
Cape Canaveral 72
Carina-Nebel 215
Cartwheel-Galaxie 20
Cassini (Raumsonde) *siehe* Huygens-Cassini
Cassinische Teilung 142
Cassiopeia A 33
Ceres 121, 134, 240
Chandra-Röntgenobservatorium 32, 33, 55
Chankillo 209
Charon (Plutomond) 152, 153
China 73, 86, 87, 193
Cigar-Galaxie 32, 47
Clarke, Arthur C. 241
Clementine (Raumsonde) 192
Collins, Michael 191
Coriolis-Effekt 136

D
Dactyl 135
dunkle Energie 39, 63
dunkle Materie 39, 50, 59, 62–63
Deep Space (Raumsonde) 157
Deimos 128
Despina (Neptunmond) 151
Doppelsterne 55, 56, 218, 222, 228
Drachensturm, Saturn 143

E
Eis 121, 123, 139, 145, 157, 162, 163, 166
Eisen 122, 128, 161, 166, 228
Eiskappen, Mars 128, 131
Erdbeben 172, 173
Erde 8, 166–177
   Achsenneigung 170, 171
   Aufbau 166
   Entstehung und Alter 119
   Form 14
   Jahreszeiten 170–171
   Krater 135, 154, 160
   Leben 169, 176–177
   Oberfläche 172–173
   Position 10, 120, 121, 141
   Rotation 15, 181
   Satellitenaufnahmen 79, 80–81, 87
   Umlaufbahn 171
Egg-Nebel 219
Ekliptik 120, 235
elektromagnetische Strahlung 26–27
elektromagnetisches Spektrum 20–21
Elektromagnetismus 43
Elemente 42
Enceladus (Saturnmond) 145
Endurance-Krater, Mars 131
Entfernungsmessung 39
erdartige Planeten 119, 120
Eris 121, 153
Eros 134, 157, 243
Erosion 173
ESA (Europäische Weltraumagentur) 73, 74–75, 86, 88, 193
Eskimonebel 219
Eta Carinae 218
Europa (Jupitermond) 139, 163
European Extremely Large Telescope 19
Evolution 177
Exoplaneten 119, 226, 227
Experimente 106, 108–109, 189

F
Fermi-Weltraumteleskop 33
Feuerkugeln 159
Finsternisse 14, 15, 182–183, 200, 201
Fizeau, Armand 240
Flammennebel 236
Flüsse 173, 175
Fotografie 233, 240
Fotosphäre 196, 199, 200
Foucault, Jean 240

G

Gagarin, Juri 66, 72, 93, 104, 241
Galatea (Neptunmond) 151
Galaxien 28, 44–61, 241
    aktive 60–61
    Arten 47
    aus Gas 45
    elliptische 47
    Entstehung 43, 46–47
    Galaxienhaufen 58, 63
    irreguläre 47, 52
    kollidierende 43, 46, 54, 55, 58–59, 60, 63
    Lokale Gruppe 11, 54–55
    Magellansche Wolken 11, 52–53
    Milchstraße 11, 50–51
    Radiogalaxien 60
    Rotverschiebung 39
    Satellitengalaxien 52, 55
    Seyfert-Galaxien 60, 61
    Spiralgalaxien 22, 23, 31, 47, 48–49, 50, 55, 61
    Zwerggalaxien 44, 53, 55, 224
Galilei, Galileo 17, 50, 138, 142, 184, 208, 240
galileische Monde 138, 139
Galle, Johann 121, 151, 240
Gammastrahlen 20, 33, 198, 229
    Ausbrüche 26, 27
Ganymed (Jupitermond) 139
Gas 31, 58, 59
Gasriesen 118, 121, 150
Gas und Staub 10, 51, 60, 220, 221, 227
    Galaxienentstehung 46–47
Gebirge 124, 127, 131, 145, 172, 184
Gemini-Teleskope 19
Genesis (Raumsonde) 243
Gezeiten 180, 181
Giotto (Raumsonde) 156, 242
Glenn, John 94
Gletscher 173
Globulen 220
Goddard, Robert 92
GONG (Observatorien) 34
GPS 79
Grabensysteme 129, 130, 149, 173
Griechen 15, 240
Große Magellansche Wolke 11, 52–53, 54, 219
Großer Hund (Canis Maior) 239
Großer Roter Fleck 120, 136

H

Hale-Bopp (Komet) 154
Hale-Teleskop 18, 19
Halley, Edmund 155
Halleyscher Komet 83, 121, 155, 156, 240, 242
Haumea 121, 153
Heliosphäre 141, 221
Helium 41, 43, 47, 136, 142, 198, 213, 221
Helixnebel 23
Herschel, Friedrich Wilhelm 23, 120, 148, 149, 240
Herschel-Teleskop 33
Hexenkopfnebel 30
Hinode (Raumsonde) 209
Hintergrundstrahlung 43
Hipparch 15
Hiten (Raumsonde) 192
Hoags Objekt 47
Hoba-Meteorit 160
Hubble, Edwin 28, 241
Hubble-Weltraumteleskop 28–29, 33, 45, 97, 148, 243
Hunde 100, 101
Hundsstern *siehe* Sirius
Huygens, Christiaan 144, 240
Huygens-Cassini (Raumsonde) 137, 144, 145, 146
Hyakutake (Komet) 155
Hydra (Plutomond) 153
hydrothermale Schlote 163, 177
Hyperion (Saturnmond) 144

I

Iapetus (Saturnmond) 144
Ida (Planetoid) 135
Indien 86, 193
Infrarotstrahlen 21, 22–23
    Observatorien 32, 33, 35
INTEGRAL-Weltraumobservatorium 27
interstellarer Raum 141, 220–221
Io (Jupitermond) 138
Ionenantrieb 88
ISS (Internationale Raumstation) 66, 85, 102–103, 106–107, 110, 243
    Experimente 108–109
    Leben auf der 98–99
    Versorgungsfähren 107, 113, 115

J

Jahr 120, 121
Jahreszeiten 15, 128, 170–171
James-Webb-Weltraumteleskop 33
Jansky, Karl 24
Japan 86, 87, 89, 107, 192
Jiuquan, China 73
Jupiter 14, 25, 136–139, 235
    Entstehung 118
    Erforschung 83, 137, 140
    Großer Roter Fleck 120, 136
    Kometeneinschläge 155

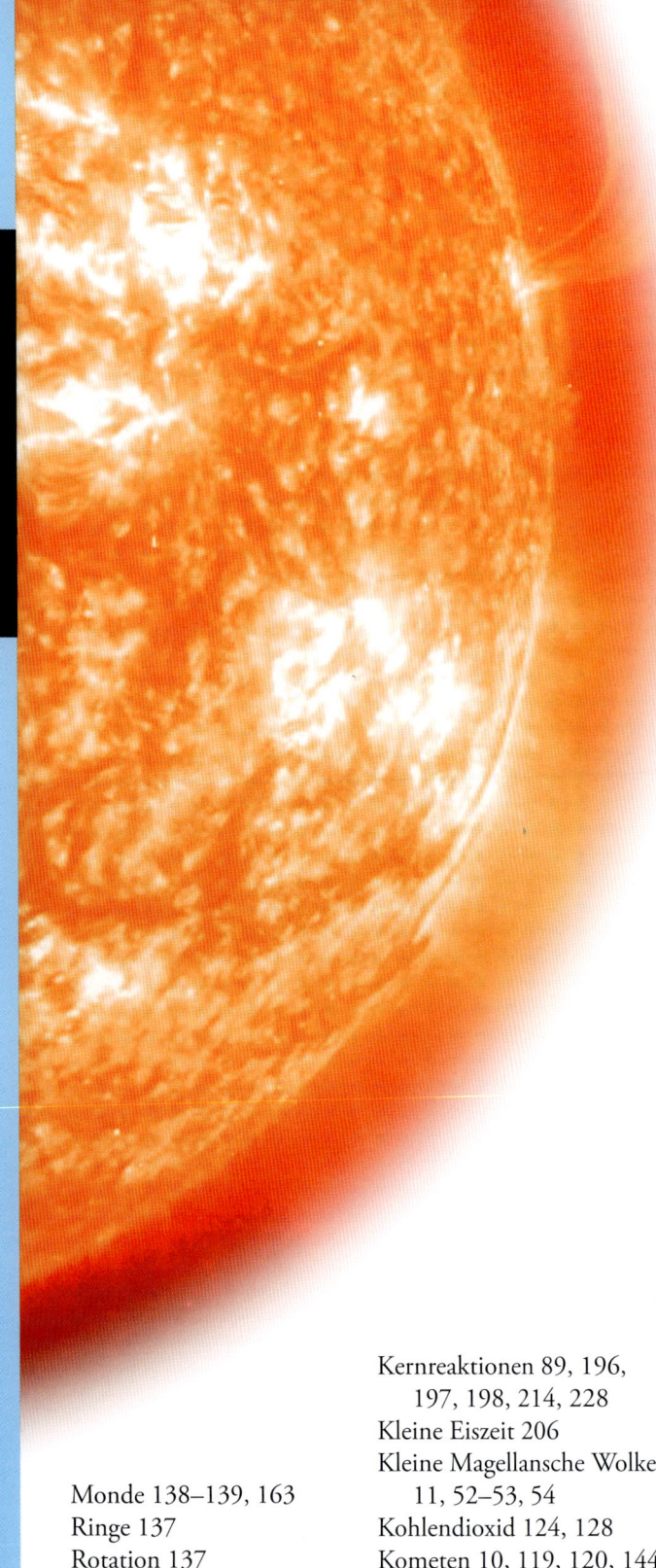

Monde 138–139, 163
Ringe 137
Rotation 137
Sonnensystem 120, 121
Wolken 136, 137, 162

K
Kalender 15, 209, 240
Kassiopeia (Cassiopeia) 237
Katzenaugennebel 218
Keck-Teleskope 19, 148
Kennedy Space Center 71, 72
Kepler, Johannes 15
Kernreaktionen 89, 196, 197, 198, 214, 228
Kleine Eiszeit 206
Kleine Magellansche Wolke 11, 52–53, 54
Kohlendioxid 124, 128
Kometen 10, 119, 120, 144, 153, 154–155, 176
    Erforschung 156–157
Kommunikationssatelliten 79, 84
Kopernikus, Nikolaus 15
Koroljow, Sergej 93
Korona, Sonne 197, 200–201
koronaler Massenauswurf 203
Kourou (Französisch-Guayana) 73, 74–75
Kräfte, fundamentale 43
Krater
    Erde 135, 154, 160
    Kometen 156
    Monde 128, 139, 144, 184
    Planeten 123, 127, 129, 131
Krebsnebel 237
Kreuz des Nordens 236
Kreuz des Südens (Crux) 239
Kristalle 109
Kugelsternhaufen 224–225
Kuipergürtel 153
Kukulcan (Pyramide) 15

L
Lagunennebel 214, 238
Laika (Hund im All) 100
Large Binocular Telescope 19
Large Hadron Collider 43
Leben 24, 109, 145
    bewohnbare Zone 167, 227
    Erde 166, 167, 169, 176–177
    Exoplaneten 226
    Sonnensystem 130, 162–163
    Ursprung 176
Lemaitre, Georges 240
Leoniden 159
Leonow, Alexej 96, 242
Le Verrier, Urbain 151
Licht 20–21, 42
    Lichtgeschwindigkeit 20, 38, 115
Lichtecho 216–217
Lichtjahre 11, 38
LIGO (Observatorium) 34
Lippershey, Hans 17
Lokale Gruppe 11, 54–55
Lowell, Percival 162
Luna (Raumsonde) 82, 185, 186, 187, 188, 241
Lunar Prospector (Raumsonde) 192
Lunar Reconnaissance Orbiter (Raumsonde) 77, 192

M
Maat Mons, Venus 126
Magellan, Ferdinand 53
Magellan (Raumsonde) 127
Magellansche Wolken 11, 52–53, 54, 239
Magellanscher Strom 53
Magnetare 229
Makemake 121, 153
Manned Manoeuvring Unit 97
Mariner (Raumsonde) 82, 83, 123, 130, 241
Mars 14, 120, 128–133, 235
    Entstehung 119
    Erforschung 82, 114, 128, 129, 130–131, 162, 193, 242
    Leben 162, 163
    Meteore/Meteoriten 159, 161
    Monde 128
Mars Reconnaissance (Raumsonde) 89, 128, 132–133, 162
Materie und Antimaterie 40, 41
Mauna Kea (Hawaii) 18, 19
Maunder, Edward Walter 207
Maxwell Montes, Venus 124, 127
McMath-Pierce-Sonnenteleskop 208
McNaught, Komet 155
Merkur 120, 122–123, 235
    Durchgänge 123
    Entstehung 119
    Erforschung 83, 123
    Umlaufbahn 120, 123
MERLIN (Radioteleskop) 25
Meteore 123, 158–159, 176
Meteoriten 134, 160–161, 162, 174
Meteoroiden 159, 160
Methan 136, 145, 148, 150, 152, 163
Mice, The 59
Mikrowellen 21, 35
Milchstraße 11, 44, 50–51, 52, 53, 141, 238
    Zentrum 50, 51, 56–57, 231, 238
Mir (Raumstation) 101, 105, 242
Miranda (Uranusmond) 149
Mond 10, 27, 170, 178–193
    Aufbau 181
    bemannte Missionen 66, 186–191
    Entfernung zur Erde 10, 119, 189

Entstehung 119
Erforschung 82, 86, 87, 88, 93, 192–193
Finsternis 14, 15, 182–183
Größe 10
Meteoreinschläge 159
Mondphasen 181
Oberfläche 184–185, 189
Stationen 163, 192, 193
Umlaufbahn 15, 181
Monde 10, 82, 120
galileische 138, 139
Jupiter 138–139, 163
Leben 163
Mars 128
Neptun 151
Planetoiden 135
Pluto 152, 153
Saturn 144–145
Schäferhundmonde 149, 151
Uranus 149
Mondfahrzeuge 187, 188, 193
Lunochod 1 242
Mondfinsternis 14, 15, 182–183

N
Nationen im All 86–87, 193
NEAR-*Shoemaker* (Raumsonde) 157, 243
Nebel 30, 31, 45, 216, 223
planetarische 197, 218, 219
Sonnennebel 118
Sternentstehungsnebel 212, 214, 215
Neptun 121, 150–151
Entdeckung 121, 151, 240
Entstehung 118
Erforschung 10, 140, 150
Monde und Ringe 151, 242
Nereide 151
Neutrinos 35
Neutronenstern 20, 55, 212, 213, 219, 228
Newton, Isaac 17, 66
Nix, Plutomond 153
Nova 228

O
Oberon (Uranusmond) 149
Observatorien 16–19
seltene 34–35

Sonnen- 27, 196, 208, 209
Weltraum 27, 28–29, 32–33, 79, 227
Ozeane
Erde 167, 172, 173, 175, 176, 177
Planeten 139, 163
Odyssey, Startplattform 73
Olympus Mons, Mars 129
Omega Centauri 224, 225
Oortsche Wolke 155
Opportunity (Rover) 131, 161
Orion 23, 233, 236
Orionnebel 23, 53, 215, 221, 226, 236
Ozon 174, 207

P
Pele (Vulkan auf Io) 138
Pferdekopfnebel 215
Phobos 82, 128
Phoebe (Saturnmond) 144
Phytoplankton 177
Piazzi, Giuseppe 134, 240
Pinwheel-Galaxie 55
Pioneer (Raumsonde) 83, 127, 140
Pioniere der Raumfahrt 92–93
Pistolenstern 56
planetarische Nebel 197, 218, 219
Planetesimale 118
Planeten 8, 10, 235
Achsenneigung 171
Entstehung 118–119, 135, 226, 227
erdartige 119, 120
Exoplaneten 119, 226, 227
Gasriesen 118, 121
Reihenfolge 121
Rotationen 15, 121
Sonnensystem 120–121
Umlaufbahnen 14, 15, 120, 121, 151, 152
Zwergplaneten 10, 120, 121, 134, 152
Planetoiden 10, 119, 120, 134–135, 240
Einschläge 123, 135
Erforschung 134, 135, 157
Kollisionen 135, 160, 161
Umlaufbahnen 134

Planetoidengürtel 83, 120, 121, 134
Pflanzen im Weltraum 109, 115
Platten, Erde 172, 173
Plejaden 215, 223, 237
Plessezk (Russland) 73
Pluto 121, 152–153
Entdeckung 120
Monde 152, 153
Umlaufbahn 15, 120, 152
Polarlichter 136, 143, 167, 201, 203, 204–205
Polarstern 223, 235, 237
Projekt Daedalus 89
Projekt Orion 89
Proteus (Neptunmond) 151
Pulsare 33, 40, 226, 229

Q
Quasare 60, 61

R
Radiogalaxien 60
Radiowellen 21, 24–25, 82
Raumanzüge 8, 97, 100
Raumfähren 9, 64–89
andere Triebwerke 88–89
Raumsonden 82–83
Satelliten 76–81
Spaceshuttle 70–71, 242, 243
Startzentren 71, 72–73
Trägerraketen 66–67
Raumkrankheit 108
Raumsonden 66, 82–83
Raumstationen 70, 98–99, 104–107
Red-Rectangle-Nebel 218
Retinanebel 31
Riccioli, Giovanni 222
Ringsysteme 137, 142, 148, 151
Roboterarme 70, 97, 107
Röntgenstrahlen 20, 27, 51, 55, 58, 198
Observatorien 32, 33

Rote Riesen 197, 212, 213, 218
Rote Überriesen 213, 216, 218
Rote Zwerge 225
Rotverschiebung 39
Rosetta (Raumsonde) 157
Rosse, Lord 45
Russland 73, 86, 93, 193

S
Saljut (Raumstation) 104, 242
San-Andreas-Störung 173
Satelliten 29, 66, 70, 76–81, 84
Bergung 97
Start 74–75, 86, 87
Trümmer 85
Satellitennavigation 79
Saturn 121, 142–147, 235
Entstehung 118
Erforschung 89, 140, 145
Hotspot 22
Monde 140, 144–145, 163
Ringe 146–147, 240
Saturn V (Trägerrakete) 66, 72, 93
Sauerstoff 42, 163, 166, 169, 174
Schäferhundmonde 149, 151
Schleiernebel 221
Schütze (Sagittarius) 238
Schwan (Cygnus) 236
Schwarze Löcher 55, 60, 61, 219, 224, 229, 230–231, 241, 243
Milchstraße 51, 57, 231
Strahlung 20, 21
supermassive 51, 231
schwarze Raucher 177
Schwarzschild, Karl 241
Schwerelosigkeit 9, 95, 99, 101, 108, 109

Schwerkraft 9, 34, 43, 66
  dunkle Materie 62
  Galaxien 47, 52, 58, 60
  Monde 138, 180
  Planeten 122, 140, 144
  Schwarze Löcher 230
  Sternhaufen 223
Seyfert-Galaxien 60, 61
Shoemaker-Levy 9 (Komet) 155
Siebengestirn *siehe* Plejaden
Sirius (Hundsstern) 222, 239
Skylab (Raumstation) 101, 105
SMART-1 88, 193
SNO (Observatorium) 35
SOFIA (Observatorium) 35
SOHO (Raumsonde) 156, 196, 203
Sojus (Trägerrakete) 66, 67, 68–69
Solar Dynamics Observatory 27
Sombrero-Galaxie 48–49
Sonne 21, 50, 194–203, 212
  Atmosphäre 200–201
  Aufbau 196, 198–199
  Beobachtung 26, 27, 233
  Erforschung 34, 82, 196, 201, 208–209
  Finsternis 182–183, 200, 201
  Geburt und Tod 118–119, 197
  Rotation 199
Sonnenbeben 203
Sonnenstürme 201–203, 207
Sonnensystem 10, 15, 120–121, 208
Sonneneruptionen 27, 201, 202, 203
Sonnenfinsternis 15, 182, 183, 200, 201
Sonnenflecken 27, 196, 201, 202, 206, 207, 208
  Fleckenzyklus 206–207
Sonnenkraft 29, 76, 77, 106, 113
Sonnensegel 89
Sonnensystem 10, 15, 120–121
  andere 226–227
  Bewegung 221
  Entstehung 118–119
  Leben 162–163
Sonnenwind 119, 136, 140, 141, 143, 201, 204, 209
SpaceShipOne/Two 110, 111, 243
Spaceshuttle 9, 28, 70–71, 85
Spektroskopie 21
Spiralgalaxien 22, 23, 31, 47, 48–49, 50, 55, 61
Spitzer, Lyman 29
Spitzer-Weltraumteleskop 23, 32, 33, 51, 52
Sputnik 66, 72, 76, 100, 109, 241

Stardust (Raumsonde) 156, 243
Staub, interstellarer 22
  siehe auch Gas und Staub
Staubstürme 129, 132, 175
stellare Scheiben 119
Stephans Quintett 59
Sternbilder 233, 234–239
Sterne 8, 11, 12–13, 210–229
  Arten 213
  Doppelsterne 55, 56, 218, 222, 228
  extreme 228–229
  Geburt 43, 51, 53, 214–215, 221
  Lebenslauf 212
  Mehrfachsterne 222–223
  Namen 236
  Neutronensterne 55
  Sternhaufen 31, 215, 222, 223, 224–225
  Temperatur 212
  Untergang 212, 218–219, 228
Sternkarte 15, 233, 236, 237, 239
Sternkataloge 234
Sternschnuppen 158–159
Sternwinde 51, 53, 221
Stickstoff 152, 167, 174
Stier (Taurus) 237
Stonehenge 240
Strahlung 43, 108, 174, 221, 226, 229

  elektromagnetische 26–27
Stürme 22, 129, 136, 143, 150, 175
  Sonnenstürme 202–203
Südpol-Teleskop 34
Supernova 42, 118, 212, 218, 219, 228, 230, 241
  Überreste 33, 51, 52, 221

T

Tagish-Lake-Meteorit 161
Tag und Nacht 121, 125, 128, 170, 181
Tarantelnebel 53
Teilchen 40, 41, 43, 62
Teleskope 16–19, 34, 38, 45, 232, 240
  Infrarot- 22–23
  Linsen- 16–17
  Radio- 24–25
  Spiegel- 17
  Sonnen- 26, 208, 209
  Weltraum- 23, 28–29, 32–33
Tempel 1 (Komet) 157
Terraforming 163
Thirty Meter Telescope 19
Tiere im Weltraum 100–101
Tierkreis 235
Titan (Saturnmond) 144, 145, 163
Tito, Dennis 111
Tolteken 15
Tombaugh, Clyde 120

Trägerraketen 9, 66–69, 70, 71, 140
   Pioniere 92, 93, 240, 241
   Start 74–75
   Startzentren 72, 73
Trapez 221
Triangulum-Galaxie 54, 55
Triebwerke 67, 70, 88, 113
Trifidnebel 214, 238
Triton (Neptunmond) 151
Troposphäre 174, 175
Tschurjumow-Gerasimenko, Komet 157

U
Überriesen 213, 218
ultraviolett 20, 26, 27, 207
Ulysses (Raumsonde) 201
Umlaufbahnen
   Erde 84, 85, 171
   exzentrische 152
   Monde 15, 144
   Planeten 14, 15, 120, 121,
   Planetoiden 134 148, 151, 152
   Satelliten 79
Universum 11, 14, 38–39
   expandierendes 28, 38, 40, 41
   Form 39
   Geburt 40–43, 240
Uranus 121, 148–149
   Entdeckung 120, 148, 240
   Entstehung 118
   Erforschung 140
   Jahreszeiten 171
   Monde 149
Urknall 21, 34, 40–43, 44, 240
USA 72, 86, 93

V
Vakuum 9
Valles Marineris, Mars 129, 130
Vanguard 1 (Satellit) 77
Vega (Raumsonde) 83
Venera (Raumsonde) 125
Venus 120, 121, 124–127, 235, 241
   Entstehung 119
   Erforschung 83, 124, 125, 127
   Oberfläche 126–127
   Rotation 125
Venus Express (Raumsonde) 125, 127
Verne, Jules 92
Very Large Array 25
Very Large Telescope Array 19
Vesta (Planetoid) 134
Viking (Raumsonde) 129, 130, 162, 242
VLBA (Radioteleskop) 25
Voyager (Raumsonde) 10, 140–141, 148, 150, 151
Vulkane 125, 126, 129, 138, 172, 177

W
Wasser 86, 129, 130, 131, 139, 227
   Erde 166, 167, 169
Wasserkreislauf 175
Wasserstoff 41, 43, 47, 118, 197, 198, 218, 220, 221
Weiße Zwerge 197, 212, 213, 218, 225, 228, 241
Weltall 8–9, 40, 41
Weltraumgurte 113
Weltraumhotels 111
Weltraumkolonien 163
Weltraumobservatorien 23, 27, 32–33
Weltraumspaziergänge 87, 95, 96–97, 102–103
Weltraumteleskope 23, 28–29, 32–33
Weltraumtourismus 110–111, 243
Weltraumtrümmer 84–85
Wetter 174, 175
Wettersatelliten 76, 78, 79
Whirlpool-Galaxie 45
White, Edward 96
Wild 2 (Komet) 156
Wind 173, 175
   interstellarer 141
   Planeten 124, 129, 143, 148, 150

Wolf-Rayet-Sterne 213
Wolken 162, 175
   Planeten 124, 136, 137, 148, 150
Woschod 2 (Raumsonde) 242

Y
Yerkes-Observatorium 16

Z
Zeit 38, 39, 40, 41
Ziolkowski, Konstantin 92, 240
Zwerggalaxien 44, 53, 55, 224
Zwergplaneten 10, 120, 121, 134, 152, 153
Zwergsterne 197, 212, 213, 218, 225, 228

Dank & Bildnachweis

Der Verlag dankt folgenden Personen und Institutionen für die freundliche Genehmigung zum Abdruck von Fotos:

(Abkürzungen: O = oberhalb; u = unterhalb/unten; m = Mitte; a = außen; l = links; r = rechts; o = oben)

Cover: *Vorn:* **Science Photo Library:** Lynette Cook. *Hinten:* **ESA:** ur; NASA, ESO und Danny LaCrue aul; **NASA:** o; JPL-Caltech/STScI/CXC/UofA/ESA/AURA/JHU aur; **NRAO/AUI/NSF:** um; **Science Photo Library:** Henning Dalhoff/Bonnier Publications ul; Larry Landolfi go.

1 Getty Images: Purestock. **2 Corbis:** Mark M. Lawrence (or); Douglas Peebles (mrO/Vulkan). **Dorling Kindersley:** NASA (ur). **NASA:** ESA (mru/Huygens); JPL (mru); JPL/University of Arizona (mrO). **Science Photo Library:** CCI Archives (mrO/Herschel). **SOHO/EIT (ESA & NASA):** (mr). **3 Corbis:** Bettmann (mO/Schimpanse). **HubbleSite:** NASA, ESA, M. Wong und I. de Pater (University of California, Berkeley) (mO) (mu/Spaceshuttle Discovery). **NASA:** (mu/Fußabdruck) (ur); A. Caulet St-ECF, ESA (mu); ESA und H. Richer (University of British Columbia) (om); ESA and the Hubble Heritage (STScI/AURA) -ESA/Hubble Collaboration (mrO); ESA and The Hubble Heritage Team STScI/AURA (um); GSFC (mru/Mondkrater); MSFC (mr); Voyager 2 (mru) (mrO/Parabolantenne). **NRAO / AUI / NSF:** (m). **Reuters:** NASA (mru/Teleskop). **SST, Royal Swedish Academy of Sciences, LMSAL:** (or). **4 Corbis:** Bettmann (mrO); NASA/Science Faction (mO); NOAA (mlO); Seth Resnick/Science Faction (amlO). **SOHO/EIT (ESA & NASA):** (amrO). **4-5 Getty Images:** Stockbyte (Hintergrund). **5 Corbis:** Ed Darack/Science Faction (amlO). **Getty Images:** Robert Gendler/Visuals Unlimited, Inc. (mlO). **NASA:** MSFC (mO). **6-34 Chandra-Röntgenobservatorium:** Röntgen-: NASA/CXC/SAO; optische: NASA/STScI; Infrarotaufnahme: NASA/JPL-Caltech/Steward/O. Krause et al. (l). **6-7 Science Photo Library:** David Nunuk (Hintergrund). **7 Alamy Images:** Dennis Hallinan (amlO). **Chandra-Röntgenobservatorium:** Röntgen-: NASA/CXC/SAO; optische: NASA/STScI; Infrarotaufnahme: NASA/JPL-Caltech/Steward/O. Krause et al. (m). **Corbis:** Mark M. Lawrence (ml). **8 Alamy Images:** Dennis Hallinan (ml). **8-9 Alamy Images:** Dennis Hallinan (Hintergrund). **9 Corbis:** Mark M. Lawrence (l). **HubbleSite:** NASA/ESA/CXC/STScI/B. McNamara (University of Waterloo) (mr). **NASA:** (m); STS-51A (or). **10 Getty Images:** (ml); Rob Atkins (mlu); Jeremy Horner (amlu). **NASA:** JPL-Caltech/R. Hurt (SSC) (mr). **10-11 NASA:** JPL-Caltech/C. Lonsdale (Caltech/IPAC) and the SWIRE Team (Hintergrund). **11 Science Photo Library:** Mark Garlick (m). **12-13 Science Photo Library:** Kaj R. Svensson. **14 Corbis:** Stapleton Collection (mr). **15 Corbis:** Paul Almasy (ml); Bettmann (or) (r); Jose Fuste Raga (um); Rob Matheson (o/Hintergrund); Seth Resnick/Science Faction (m). **SOHO/EIT (ESA & NASA):** (om). **16 Corbis:** Roger Ressmeyer (or) (u). **16-17 Getty Images:** Stattmayer (o/Hintergrund). **17 Corbis:** Bettmann (mr) (mlu); Roger Ressmeyer (mlO); Jim Sugar (ur). **18 Science Photo Library:** John Sanford. **19 Corbis:** Ed Darack/Science Faction (or); Roger Ressmeyer (mru). **European Southern Observatory (ESO):** (ul). **Getty Images:** Joe McNally (mlu). **Large Binocular Telescope Corporation:** (m). **Reuters:** NASA (mlO). **TMT Observatory Corporation:** (ur). **20 Corbis:** Matthias Kulka (mO); Mehau Kulyk/Science Photo Library (ul); NASA/JPL/Science Faction (um). **NASA:** JPL-Caltech/Las Campanas (ur). **21 Corbis:** Markus Altmann (aul); NASA-CAL/Handout/Reuters (ul); NASA, ESA and The Hubble Heritage Team/Handout/Reuters (om). **Science Photo Library:** David A. Hardy (m); NASA (ur); NRAO/AUI/NSF (aur); JPL/Caltech/Harvard-Smithsonian Center for Astrophysics (ul); JPL (ul). **22-23 NASA:** JPL-Caltech/University of Arizona (m); JPL-Caltech/IRAS/H. McCallon (ur). **23 NASA:** JPL-Caltech/K. Su (Univ. of Arizona) (om). **Science Photo Library:** CCI Archives (or); Robert Gendler (mlu). **24 Mit freundlicher Genehmigung des NAIC - Arecibo Observatory, a facility of the NSF:** (ul). **24-25 NRAO/AUI/NSF:** (u). **25 NRAO/AUI/NSF:** (mlO) (or). **Science Photo Library:** Paul Wootton (om). **26 (m) University Corporation for Atmospheric Research (UCAR):** 2007 Copyright/Carlye Calvin (ml). **ESA:** ECF (mru). **Max Planck Institut für Solarforschung:** SUNRISE-Projekt/P. Barthol (ul). **NASA:** Swift/Stefan Immler et al. (or). **27 Chandra-Röntgenobservatorium:** optische: Robert Gendler; Röntgenaufnahme: NASA/CXC/SAO/J. Drake et al. (mlu). **ESA:** (mO). **NASA:** ESA (ol); SDO (or);

Mit freundlicher Genehmigung von SOHO/MDI, SOHO/EIT & SOHO/LASCO consortia. SOHO ist ein Projekt der internationalen Kooperation zwischen ESA und NASA. (mru/Sonnenstrahlen). **28 Getty Images:** NASA (l). **HubbleSite:** (ur). **Science Photo Library:** Emilio Segre Visual Archives/American Institute Of Physics (mrO). **29 Alamy Images:** Dennis Hallinan (u/Erde). **Chris Hansen:** (ur). **NASA:** (m); ESA and the Hubble SM4 ERO Team (or). **NRAO/AUI/NSF:** (mu). **Science Photo Library:** Emilio Segre Visual Archives/American Institute Of Physics (mru). **30 NASA:** STScI Digitized Sky Survey/Noel Carboni; NASA and The Hubble Heritage Team (STScI/AURA) (ul); NASA, ESA und J. Maíz Apellániz (Instituto de Astrofísica de Andalucía, Spain) (or). **31 HubbleSite:** NASA, ESA and The Hubble Heritage Team (STScI/AURA) (ml). **NASA:** JPL-Caltech (ol) (mr); JPL-Caltech/J. Bally (Univ. of Colo.) (ur). **32 Chandra-Röntgenobservatorium:** NGST (ul). **ESA:** (um); D. Ducros (or). **Science Photo Library:** NASA (ur). **32-33 Alamy Images:** Dennis Hallinan (Hintergrund). **33 Chandra-Röntgenobservatorium:** NASA/CXC/SAO (mrO); Röntgen-: NASA/CXC/SAO; optische: NASA/STScI; Infrarotaufnahme: NASA/JPL-Caltech/Steward/O. Krause et al. (amrO). **ESA:** D. Ducros, 2009 (um). **HubbleSite:** NASA, ESA and the Hubble Heritage Team (STScI/AURA) -ESA/Hubble Collaboration (amlO). **NASA:** (ul) (ur); JPL-Caltech (mlO). **34 Global Oscillation Network Group (GONG):** NSO/AURA/NSF/MLSO/HAO (mlO). **Laser Interferometer Gravitational Wave Observatory (LIGO):** (m). **National Science Foundation, USA:** Glenn Grant (ur). **35 ALMA:** ESO/NAOJ/NRAO (mru) (mlu). **NASA:** SOFIA (or); Carla Thomas (mlO). **The Sudbury Neutrino Observatory Institute (SNOI):** Lawrence Berkeley National Laboratory for the SNO Collaboration (mr). **36-37 HubbleSite:** NASA, ESA, J. Hester und A. Loll (Arizona State University) (Hintergrund). **36-62 HubbleSite:** NASA, ESA, J. Hester und A. Loll (Arizona State University) (l). **37 HubbleSite:** (m); NASA, ESA, CXC und JPL-Caltech (aml). **NASA:** JPL-Caltech/R. Hurt (SSC) (ml). **38 Corbis:** Moodboard (mlu). **38-39 HubbleSite:** NASA, ESA and the Hubble Heritage Team (STScI/AURA) - ESA/Hubble Collaboration (m). **39 Alamy Images:** George Kelvin/HOTOTAKE (mr) (mru) (amru). **Science Photo Library:** Detlev Van Ravenswaay (ur). **40 Chandra-Röntgenobservatorium:** NASA/CXC/SAO/P. Slane et al. (ul). **43 © CERN:** Maximilien Brice (mru). **Corbis:** NASA/epa (Hintergrund). **Getty Images:** Rob Atkins (amrO); Jeremy Horner (mrO). **NASA:** WMAP Science Team (mlu). **44-45 Science Photo Library:** NASA/ESA/STSCI/R. WILLIAMS, HDF TEAM (Hintergrund). **45 Anglo Australian Observatory:** David Malin (ur). **HubbleSite:** NASA, ESA, Y. Izotov (Main Astronomical Observatory, Kyiv, UA) und T. Thuan (University of Virginia) (mru). **NASA:** Röntgen-: CXC/Wesleyan Univ./R. Kilgard et al; ultraviolette: JPL-Caltech; optische: ESA/S. Beckwith & Hubble Heritage Team (STScI/AURA); Infrarotaufnahme: JPL-Caltech/Univ. of AZ/R. Kennicutt (om). **Science Photo Library:** (m); JPL-Caltech/CTIO (um).

46 NASA: JPL-Caltech (ul) (ur). **Science Photo Library:** Volker Springel/Max-Planck-Institut für Astrophysik (ml). **46-47 NASA:** JPL-Caltech/STScI/CXC/UofA/ESA/AURA/JHU (m). **47 European Southern Observatory (ESO):** (ul). **NASA:** Al Kelly (JSCAS/NASA) & Arne Henden (Flagstaff/USNO) (um); ESA, A. Aloisi (STScI/ESA), Hubble Heritage (STScI/AURA) - Hubble Collaboration (aul); The Hubble Heritage Team (STScI/AURA)/Ray A. Lucas (mO). **48-49 HubbleSite:** NASA and The Hubble Heritage Team (STScI/AURA). **50 European Southern Observatory (ESO):** Yuri Beletsky (ml). **Science Photo Library:** Chris Butler (ul). **50-51 NASA:** JPL-Caltech/R. Hurt (SSC) (m); CXC/MIT/Frederick K. Baganoff et al. (mru). **51 NASA:** CXC/UMass/D. Wang et al. (or); JPL-Caltech/R. Hurt (SSC) (m); JPL-Caltech/S. V. Ramirez (NExScI/ Caltech), D. An (IPAC/Caltech), K. Sellgren (OSU) (mlu); NASA/CXC/M. Weiss (mrO). **52 Chandra-Röntgenobservatorium:** NASA/SAO/CXC (mru). **NASA:** JPL-Caltech/M. Meixner (STScI) & the SAGE Legacy Team (ml). **53 CSIRO:** Dallas Parr (ur). **ESA:** Hubble and Digitized Sky Survey 2 (ol); NASA, ESO und Danny LaCrue (mrO). **NASA:** ESA and the Hubble Heritage Team (STScI/AURA) (or). **54 Science Photo Library:** Mark Garlick (o); MPIA-HD, BIRKLE, SLAWIK (u). **55 NASA:** Adam Block/NOAO/AURA/NSF (m); JPL-Caltech/D. Block (Anglo American Cosmic Dust Lab, SA) (or); JPL-Caltech/Univ. of Ariz. (ml); Paul Mortfield, Stefano Cancelli (ul); UMass/Z. Li & Q. D. Wang (om). **56-57 NASA:** JPL-Caltech/ESA/CXC/STScI. **58 NASA:** Röntgen-: NASA/CXC/CfA/E. O'Sullivan optische Aufnahme: Canada-France-Hawaii-Telescope/Coelum (m). **58-59 m Mit freundlicher Genehmigung von Dr. Stelios Kazantzidis (Center for Cosmology and Astro-Particle Physics, The Ohio State University):** (u/Kollision Spiralgalaxien); NASA, ESA and the Hubble Heritage Team (STScI/AURA) (or); NASA, ESA and the Hubble Heritage Team (STScI/AURA)-ESA/Hubble Collaboration (mru); NASA, ESA, Richard Ellis (Caltech) und Jean-Paul Kneib (Observatoire Midi-Pyrenees, Frankreich) (mlu); NASA, H. Ford (JHU), G. Illingworth (UCSC/LO), M. Clampin (STScI), G. Hartig (STScI), the ACS Science Team und ESA (mr). **59 HubbleSite:** NASA, ESA, CXC, C. Ma, H. Ebeling und E. Barrett (University of Hawaii/IfA) et al. und STScI (ol). **60 Corbis:** STScI/NASA (mru). **Till Credner, Allthesky.com:** (Hintergrund). **HubbleSite:** (ul). **Science Photo Library:** NRAO/AUI/NSF (mr). **61 Chandra-Röntgenobservatorium:** Röntgen-: NASA/CXC/Univ. of Maryland/A. S. Wilson et al.; optische: Pal. Obs. DSS; Infrarotaufnahme: NASA/JPL-Caltech; VLA: NRAO/AUI/NSF (ul).

DANK

DANK & BILDNACHWEIS

HubbleSite: John Hutchings (Dominion Astrophysical Observatory), Bruce Woodgate (GSFC/NASA), Mary Beth Kaiser (Johns Hopkins University), Steven Kraemer (Catholic University of America), the STIS Team and NASA (ol). **NRAO/AUI/NSF:** Mit freundlicher Genehmigung des National Radio Astronomy Observatory/Associated Universities, Inc./ National Science Foundation (mrO). **Science Photo Library:** NASA/ESA/STSCI/J. BAHCALL, PRINCETON IAS (mru). **62 Science Photo Library:** Mike Agliolo (mru); Volker Springel/Max-Planck-Institut für Astrophysik (ml). **62-63 Science Photo Library:** Lynette Cook. **63 HubbleSite:** NASA, ESA, M. J. Jee und H. Ford (Johns Hopkins University) (ur). **Science Photo Library:** M. Markevitch/CXC/CFA/NASA (ul). **64-65 Getty Images:** AFP/Jim Watson (Hintergrund). **64-88 Dorling Kindersley:** ESA - ESTEC (l). **65 Corbis:** Bettmann (aml). **ESA:** (m). **US Geological Survey:** Astrogeology Team (ml). **66 Getty Images:** Sir Godfrey Kneller (m). **NASA:** KSC (l); United Launch Alliance/Pat Corkery (r). **67 NASA:** Bill Ingalls (m); Pratt & Whitney Rocketdyne (or). **68-69 NASA:** Bill Ingalls. **70 Alamy Images:** Linda Sikes (ur). **Corbis:** NASA/CNP (m). **Science Photo Library:** Mark Garlick (ml). **71 Alamy Images:** Stock Connection Blue (m). **Corbis:** (mrO); Bettmann (ol). **Getty Images:** NASA (mlu). **Science Photo Library:** NASA (mr) (mru). **72 NASA:** (or); KSC (mru); MSFC/KSC (ml). **73 ESA:** (ml). **EUROCKOT Launch Services GmbH:** (mrO). **Getty Images:** Space Imaging (ul). **NASA:** Victor Zelentsov (ol). **Courtesy Sea Launch:** (ur). **74 ESA:** CNES/Arianespace/Photo optique video du CSG (mlu) (mu); Service Optique CSG (mr). **74-75 ESA:** CNES/ Arianespace/Photo optique video du CSG (o). **75 ESA:** CNES/Arianespace/Photo optique video du CSG (um) (mr); Service Optique CSG (ml). **76 Corbis:** Alain Nogues/Sygma (ur). **NASA:** JPL (mlu). **77 NASA:** (u). **78 Corbis:** Bettmann (u). **ESA:** D. Ducros (m). **NASA:** Goddard Space Flight Center/MODIS Rapid Response Team/Jeff Schmaltz (mr). **79 CNES:** Illustration P.Carril - Mars 2003 (mlu). **© EADS:** Astrium (mru). **ESA:** J. Huart (mrO). **80-81 USGS:** Mit freundlicher Genehmigung der U.S. Geological Survey. **82 Getty Images:** Ludek Pesek (u). **NASA:** NSSDC (ol). **Science Photo Library:** Detlev Van Ravenswaay (m). **83 NASA:** Ames Research Center (mrO); JPL (ol); NSSDC (mlu). **Science Photo Library:** NASA/JPL (um). **US Geological Survey:** Astrogeology Team (amlu). **Wikimedia Commons:** Daderot (ur). **84 ESA:** (m). **NASA:** (mru). **85 CNES:** Illustration D. Ducros - 1998 (mr). **ESA:** (or). **NASA:** (mu) (um) (ur). **86 NASA:** ISRO/JPL-Caltech/USGS/ Brown Univ. (ul). **Science Photo Library:** Indian Space Research Organisation (r). **87 CBERS:** INPE (mrO). **Corbis:** Li Gang/Xinhua Press (om). **Getty Images:** ChinaFotoPress (ml). **Akihoro Ikeshita:** (mlu). **Mit freundlicher Genehmigung von JAXA:** NHK (u/Hintergrund) (mu). **88 ESA:** AOES Medialab/ESA 2002 (mu). **Science Photo Library:** David A. Hardy, Futures: 50 Years In Space (mO). **89 Mit freundlicher Genhmigung von JAXA:** (mru). **Science Photo Library:** David A. Hardy (mlu); NASA (ol) (mrO). **90-114 Dorling Kindersley:** NASA (l). **90-91 Getty Images:** NASA/National Geographic (Hintergrund). **91 Corbis:** Bettmann (ml). **NASA:** (aml). **SpaceX:** NASA (m). **92 Corbis:** Bettmann (ml) (mr); NASA - digital version copyright/Science Faction (ul). **NASA:** 5909731/MSFC-5909731 (mrO). **92-93 Corbis:** Bettmann (Hintergrund). **93 Corbis:** Bettmann (mlO) (um) (mr); Karl Weatherly (mu). **Dorling Kindersley:** Bob Gathany (ol). **NASA:** (mlu); MSFC (or).

94 NASA: ESA (r); Robert Markowitz/Mark Sowa (um). **95 ESA:** (mlO) (mrO); ASI-Star City (mru). **NASA:** (ml) (ur) (mlu); Bill Ingalls (ol). **Science Photo Library:** NASA (mr). **96 NASA:** JSC (mlu) (u) (or). **97 Dorling Kindersley:** NASA (mlu). **NASA:** JSC (mru) (ur) (aur). **Science Photo Library:** NASA (o). **98 NASA:** (ml) (um). **Science Photo Library:** NASA (mru) (ur). **99 NASA:** (ol) (um) (or). **Wikimedia Commons:** Aliazimi (ul). **100 Alamy Images:** RIA Novosti (ml). **Corbis:** Bettmann (m); Hulton-Deutsch Collection (or). **Getty Images:** Hulton Archive (mO). **NASA:** 5909731/MSFC-5909731 (ur). **101 Corbis:** Roger Ressmeyer (or). **NASA:** Kennedy Space Center (ul). **Press Association Images:** (aur). **Science Photo Library:** Power und Syred (mru). **102-103 NASA:** (Hintergrund). **104 Alamy Images:** RIA Novosti (mlO). **The Kobal Collection:** MGM (mru). **NASA:** (mlu). **104-105 Science Photo Library:** NASA (u). **105 NASA:** (ol) (mrO). **106 NASA:** (ml) (ur). **107 Mit freundlicher Genehmigung von JAXA:** (ur). **NASA:** (mlO) (mr) (or). **108 NASA:** (mrO) (mu) (mru). **109 Corbis:** Bettmann (mr). **NASA:** (ur); MSFC (ol) (mlO). **Science Photo Library:** NASA (mrO). **110 Alamy Images:** Detlev van Ravenswaay/Picture Press (ur). **Corbis:** Jim Sugar (ul). **NASA:** Scaled Composites (mO). **110-111 Corbis:** Ed Darack/Science Faction (Hintergrund). **111 Bigelow Aerospace:** (mru). **Getty Images:** Daniel Berehulak (mO). **NASA:** KSC (ul). **Science Photo Library:** Take 27 Ltd. (ur). **Mit freundlicher Genehmigung von Virgin Galactic:** (ol) (mrO). **112 Reaction Engines Limited/Adrian Mann:** Reaction Engines Ltd. develops SKYLON, a space plane which evolved from the HOTOL project (u). **Science Photo Library:** Richard Bizley (mrO). **113 Agence France Presse:** (mru). **Corbis:** (ml). **NASA:** DFRC/Illustration by Steve Lighthill (u). **SpaceX:** NASA (or). **114 Alamy Images:** Pat Eyre (mru). **Corbis:** James Marshall (mu). **ESA:** S. Corvaja (ul). **Science Photo Library:** Sinclair Stammers (mrO). **115 Alamy Images:** Photos 12 (mr). **NASA:** MSFC (mlu). **PA Photos:** AP/ NASA (ur). **Science Photo Library:** Victor Habbick Visions (o). **116-117 NASA:** JPL/ University of Arizona (Hintergrund). **116-162 Dorling Kindersley:** NASA/Finley Holiday Films (l). **117 Corbis:** Dennis di Cicco (m). **HubbleSite:** M. Wong und I. de Pater (University of California, Berkeley) (ml). **118 NASA:** JPL-Caltech/T. Pyle (SSC) (m). **Science Photo Library:** Detlev Van Ravenswaay (mru). **119 David A. Hardy :** PPARC (ur). **Julian Baum:** (mlu). **120 HubbleSite:** Reta Beebe (New Mexico State University)/NASA (mu); NASA, ESA, L. Sromovsky und P. Fry (University of Wisconsin), H. Hammel (Space Science Institute) und K. Rages (SETI Institute) (mru). **NASA:** (mlu/Erde). **120-121 NASA:** JPL Caltech (Planeten des Sonnensystems). **121 Dorling Kindersley:** NASA/Finley Holiday Films (u). **122 Science Photo Library:** NASA (r). **123 Getty Images:** Dieter Spannknebel (ol); NSSDC (mlu). **NASA:** NSSDC/GSFC (mO). **Science Photo Library:** M. Ledlow et al./ NRAO/AUI/NSF (mu). **SOHO/EIT (ESA & NASA):** (mr). **124-125 Science Photo Library:** NASA (om). **125 ESA:** MPS/Katlenburg-Lindau (mru). **NASA:** JPL (mlO); NSSDC (ul) (um). **126 NASA:** JPL (mrO) (u) (mlu). **127 ESA:** (mru). **NASA:** Ames Research Center (or); JPL (ol); JPL-Caltech (mrO) (m) (ml). **Science Photo Library:** David P. Anderson, SMU/Nasa (mu). **128 ESA:** DLR/FU Berlin (G. Neukum) (um). **NASA:** (mrO); ESA (mr); JPL (mu); JPL/Malin Space Science Systems (ur); NSSDC (ul). **129 Getty Images:** Time & Life Pictures (mlu). **NASA:** GSFC (r); JPL/MSSS (ol); JPL/Malin Space Science Systems (mO). **130 Corbis:** Lowell Georgia (ur); JPL/USGS (r); JPL/MSSS (mu). **NASA:** JPL/University of Arizona (ml). **131 ESA:** G. Neukum (FU Berlin) et al./Mars Express/DLR (mrO); JPL (mlu); JPL-Caltech (mu/Rover). **NASA:** JPL/Cornell (o) (ul) (ur) (mO) (mu). **Science Photo Library:** NASA (aul). **132-133 NASA:** HiRISE/JPL/University of Arizona. **134 Alamy Images:** Mary Evans Picture Library (or). **Science Photo Library:** Chris Butler (mu) (ur). **135 NASA:** JPL/USGS (o). **Science Photo Library:** Henning Dalhoff/Bonnier Publications (mru); D. Van Ravenswaay (cml). **136 HubbleSite:** NASA/ESA, John Clarke (University of Michigan) (or); M. Wong und I. de Pater (University of California, Berkeley) (ur). **137 Corbis:** NASA-JPL-Caltech - digital versi/ Science Faction (r). **HubbleSite:** NASA, ESA, IRTF, A. Sánchez-Lavega und R. Hueso (Universidad del País Vasco, Spanien) (mlu). **NASA:** JPL/Cornell University (mlO). **138 Corbis:** Bettmann (or); JPL/USGS (u). **NASA:** JPL/University of Arizona (m); JPL/ Brown University (ul); JPL/DLR (or); JPL/ University of Arizona (mr). **139 NASA:** JPL (mlO) (um) (ml) (mlu). **140 NASA:** JPL-Caltech (mru); MSFC (ul). **141 NASA:** Walt Feimer (mr); JPL (mlu); JPL-Caltech (ml) (ur); MSFC (mrO); JPL/Space Science Institute (mlu). **142 NASA:** JPL/STScI (or). **Science Photo Library:** D. Van Ravenswaay (mru); NASA, ESA, J. Clarke (Boston University) und Z. Levay (STScI) (m). **143 Corbis:** NASA - digital version copyright/Science Faction (om); STScI/NASA (r) (um). **Science Photo Library:** NASA/JPL/ University of Arizona (ol). **144 Alamy Images:** The Print Collector (or); JPL/USGS (um). **NASA:** JPL/Space Science Institute (mlu) (ml) (mru). **NRAO/AUI/NSF:** (mr). **144-145 NASA:** JPL/Space Science Institute (om). **145 ESA:** (ur); NASA/JPL/University of Arizona (or) (mu) (mru). **NASA:** (mlO); JPL (ul); JPL/GSFC/Space Science Institute (mlu); JPL/University of Arizona (mO). **146-147 NASA:** JPL/Space Science Institute. **148 Getty Images:** John Russell (ml). **W. M. Keck Observatory:** Lawrence Sromovsky, (Univ. Wisconsin-Madison) (mu). **NASA:** JPL (ur); NSSDC (l). **149 NASA:** GSFC (ur); JPL (m); JPL/USGS (ul); JPL-Caltech (mlO) (mr) (amr); NSSDC (mrO). **150 NASA:** (ul); Voyager 2 (m). **151 NASA:** (mrO); JPL (ul); JPL/USGS (mlO). **Science Photo Library:** Royal Astronomical Society (mr). **152 HubbleSite:** NASA, ESA und M. Buie (Southwest Research Institute) (or). **NASA:** Dr. R. Albrecht, ESA/ESO Space Telescope European Coordinating Facility (mlO). **152-153 NASA:** ESA und G. Bacon (STScI) (u). **153 HubbleSite:** ESA, H. Weaver (JHU/APL), A. Stern (SwRI) and the HST Pluto Companion Search Team (mu). **154 Corbis:** Dennis di Cicco (u). **155 Corbis:** Jonathan Blair (ul); Gianni Dagli Orti (mlO). **HubbleSite:** NASA/ESA/M. Wong (Space Telescope Science Institute, Baltimore, Md.)/H. B. Hammel (Space Science Institute, Boulder, Colo.)/Jupiter Impact Team (mr). **Science Photo Library:** Mark Garlick (ur); Gordon Garradd (or); NASA/ESA/ STSCI/H. Weaver & T. Smith (m). **156 Corbis:** NASA (mru); Roger Ressmeyer (m). **Dorling Kindersley:** ESA (mrO). **ESA:** SOHO (mlu). **NASA:** JPL (ur). **157 HubbleSite:** NASA, ESA, P. Feldman (Johns Hopkins University) und H. Weaver (Johns Hopkins University Applied Physics Laboratory) (or); JPL/UMD (mrO). **NASA:** JPL (ol); MSFC (ml). **Science Photo Library:** Erik Viktor (u). **158 ICSTARS Astronomy:** Vic & Jen Winter. **159 Corbis:** Tony Hallas/Science Faction (ur). **HubbleSite:** John Caldwell (York University, Ontario), Alex Storrs (STScI) (or). **Kwon, O Chul:** (mr). **Jimmy Westlake:** (mlO). **160 Corbis:** Hans Schmied (mO). **Science Photo Library:** Mark Garlick (mlO). **160-161 Corbis:** Bryan Allen (u).

161 Dorling Kindersley: The Natural History Museum, London (mO). **Galaxy Picture Library:** UWO/University of Calgary/Galax (or). **NASA:** Ted Bunch/JPL (amrO); M. Elhassan/ M. H. Shaddad/P. Jenniskens (mru); Michael Farmer/JPL (mr); JPL/Cornell (ml). **162 Selden E. Ball:** Cornell University (mO). **Corbis:** NASA/Roger Ressmeyer (mr). **NASA:** JPL/ University of Arizona (amr). **Science Photo Library:** Christian Darkin (u); NASA (ml); T. Stevens & P. Mckinley, Pacific Northwest Laboratory (mrO). **163 NASA:** (om) (ul); JPL/ USGS (mlu); JPL/University of Arizona (ml); JPL/University of Arizona/University of Colorado (or); NOAA (mr). **Science Photo Library:** Mark Garlick (ur); US Geological Survey (mru). **164-165 Science Photo Library:** Planet Observer (Hintergrund). **164-176 Dorling Kindersley:** NASA (l). **165 Corbis:** Momatiuk - Eastcott (aml); Douglas Peebles (m). **Getty Images:** Barcroft Media (ml). **166 Dorling Kindersley:** Planetary Visions Ltd. (mlu). **166-167 NASA:** (m). **167 NASA:** (or/Erde); MSFC (mr) (um). **168-169 Alamy Images:** Rolf Nussbaumer Photography. **170 Alamy Images:** Alaska Stock LLC (u). **NASA:** JPL (ml). **171 iStockphoto.com:** Janrysavy (ml) (mu) (mr) (amru). **NASA:** GSFC (ul); MODIS Ocean Science Team (ur). **Science Photo Library:** European Space Agency (m). **172 Corbis:** Douglas Peebles (mru). **172-173 Corbis:** Galen Rowell (u). **173 Corbis:** Momatiuk – Eastcott (mO). **Science Photo Library:** Bernhard Edmaier (mru); David Parker (ur); Ron Sanford (or). **174 Corbis:** Bryan Allen (mlu); Hinrich Baesemann/DPA (ml). **NASA:** (or). **Science Photo Library:** Detlev Van Ravenswaay (ur). **175 Corbis:** (ur); Mike Hollingshead/Science Faction (ul); Gerolf Kalt (mlu); NOAA (mr). **Science Photo Library:** David R. Frazier (ml). **176 Dorling Kindersley:** The Royal Museum of Scotland, Edinburgh (ur). **Science Photo Library:** Lynette Cook (Vulkane); Henning Dalhoff/Bonnier Publications (mlu). **177 Alamy Images:** Amberstock (ol). **Dorling Kindersley:** Jon Hughes (ul) (um). **ESA:** (mru). **imagequestmarine.com:** Peter Batson (mu). **NOAA:** Office of Ocean Exploration; Dr. Bob Embley, NOAA PMEL, Chief Scientist (mO). **Science Photo Library:** Victor Habbick Visions (or); P. Rona/OAR/National Undersea Research Program/NOAA (ml). **178-179 Alamy Images:** Melba Photo Agency (Hintergrund). **179 NASA:** (ml) (m). **180 Alamy Images:** Patrick Eden (u). **Science Photo Library:** Andrew J. Martinez (mrO) (amrO). **181 Corbis:** William Radcliffe/ Science Faction (mr). **Science Photo Library:** Planetary Visions Ltd. (um). **182 Getty Images:** VGL/amanaimagesRF (amrO). **NASA:** Mit freundlicher Genehmigung des Image Science & Analysis Laboratory, NASA Johnson Space Center (mro). **Science Photo Library:** Dr. Fred

Espenak (mO); NOAO (om); David Nunuk (mru). **182-192 Dorling Kindersley:** NASA (l). **183 Corbis:** Tom Fox/Dallas Morning News (mru); Reuters (ol). **Getty Images:** VGL/amanaimagesRF (mr). **NASA:** Mit freundlicher Genehmigung des Image Science & Analysis Laboratory, NASA Johnson Space Center (amr). **Science Photo Library:** NOAO (m). **184 NASA:** JSC (ml). **184-185 Getty Images:** Stocktrek RF (m). **Moonpans.com:** (u). **185 Getty Images:** SSPL (mru). **NASA:** JSC (mu); MSFC (mlO); NSSDC (mrO). **186 Getty Images:** Viewstock (ul). **187 NASA:** (mr) (mu) (mru); Neil A. Armstrong (ul) (ur); JPL-Caltech (um). **Science Photo Library:** D. Van Ravensswaay (mlu); Ria Novosti (ul). **188 Moonpans.com:** Charlie Duke (u). **NASA:** JSC (ol) (ml). **189 Corbis:** (ol); Roger Ressmeyer (ul). **NASA:** (mru); Charlie Duke (mru); JSC (mO). **Science Photo Library:** NASA (or). **190 Corbis:** NASA/Roger Ressmeyer (ul). **NASA:** MSFC (mlO) (mlu). **190-191 NASA. 192** Mit freundlicher Genehmigung von **JAXA:** (mrO). **NASA:** (mr) (ur) (aur); GSFC (mO) (mu); NSSDC (l). **193 ESA:** (m). Mit freundlicher Genehmigung von **JAXA:** (ol). **Science Photo Library:** Paul Wootton (u). **X-Prize Foundation:** (amrO); Team Italia/Alberto Rovetta (mrO). **194-195 NASA:** SOHO. **194-208 Alamy Images:** Brand X Pictures (l). **195 NASA:** GSFC/TRACE (ml); TRACE (m). **SST, Royal Swedish Academy of Sciences, LMSAL:** (aml). **196 NASA:** (ml); SOHO (aur). **Science Photo Library:** John Chumack (mr); Ton Kinsbergen (ol). **SOHO/EIT (ESA & NASA):** (ur). **197 NASA:** SOHO. **198** (m) **University Corporation for Atmospheric Research (UCAR):** Illustration von Mark Miesch (or). **NASA:** (u). **199 NASA:** (ml); GSFC/A. Title (Stanford Lockheed Institute)/TRACE (ul); GSFC/SOHO (ur). **200 NASA:** TRACE (ul). **200-201 NASA:** Steve Albers/Dennis di Cicco/Gary Emerson. **201 NASA:** (ur); JPL-Caltech (ol); SOHO (mrO). **202 NASA:** GSFC (u). **SST, Royal Swedish Academy of Sciences, LMSAL:** (or). **203 NASA:** GSFC (mlu); SOHO/ESA (o); SOHO/MSFC (m) (ur). **204-205 Corbis:** Fred Hirschmann/Science Faction. **206 Wikimedia Commons:** (ul). **206-207 NASA:** ISAS. **207 NASA:** MSFC (mu). **208 Corbis:** Bettmann (ol). **Science Photo Library:** Royal Astronomical Society (mO). **208-209 Corbis:** Roger Ressmeyer. **209 Alamy Images:** BWAC Images (ur). **NASA:** MSFC (ol). **Reuters:** Ho New (m). **210-211 HubbleSite:** NASA/ESA/A. Nota (STScI/ESA). **210-238 HubbleSite:** NASA, ESA und Martino Romaniello (Europäische Südsternwarte, Deutschland) (l). **211 Corbis:** Stapleton Collection (ml); NASA/ESA/HEIC/The Hubble Heritage Team/STScI/AURA (m). **HubbleSite:** NASA/ESA/J. Hester (ASU) (aml). **212 HubbleSite:** NASA/ESA/M. Robberto (Space Telescope Science Institute/ESA)/Hubble Space Telescope Orion Treasury Project Team (um). **213 Anglo Australian Observatory:** D. Malin (AAO)/AATB/UKS Telescope (aor). **NASA:** (or); Compton-Gammastrahlen-observatorium/GSFC (om); ESA/H. Bond (STScI)/M. Barstow (University of Leicester) (aol). **Science Photo Library:** European Space Agency (mlO) (ul) (ur) (mlu) (mru) (r); NASA/A. Caulet/St-ECF/ESA (or). **214 HubbleSite:** NASA/Jeff Hester (Arizona State University) (ol). **214-215 HubbleSite:** heic0506b/opo0512b. **215 HubbleSite:** A. Caulet (ST-ECF, ESA)/NASA (mlO); NASA/ESA/SM4 ERO Team (ur). **NASA** (or); Ryan Steinberg & Family/Adam Block/NOAO/AURA/NSF (ol). **216 HubbleSite:** NASA/ESA/H. E. Bond (STScI)/The Hubble Heritage Team (STScI/AURA). **216-217 HubbleSite:** NASA/ESA/The Hubble Heritage Team (STScI/AURA). **218 Anglo Australian Observatory:** David Malin (ol); NASA/ESA/Hans Van Winckel (Catholic University of Leuven, Belgien)/Martin Cohen (University of California, Berkeley) (ur); NASA/ESA/HEIC/The Hubble Heritage Team/STScI/AURA (ul); NASA/Jon Morse (University of Colorado) (mr). **HubbleSite:** NASA/ESA/Andrea Dupree (Harvard-Smithsonian CfA)/Ronald Gilliland (STScI) (mO). **219 Chandra-Röntgenobservatorium:** Röntgen-: NASA/CXC/Rutgers/G. Cassam-Chenaï/J. Hughes et al.; Radiowellen-: NRAO/AUI/NSF/GBT/VLA/Dyer, Maddalena & Cornwell; optische Aufnahme: Middlebury College/F. Winkler/NOAO/AURA/NSF/CTIO Schmidt & DSS (mr); NASA (um); NASA/Andrew Fruchter/ERO Team - Sylvia Baggett (STScI)/Richard Hook (ST-ECF)/Zoltan Levay (STScI) (ur). **Hubble-Site:** NASA/The Hubble Heritage Team (STScI/AURA)/W. Sparks (STScI)/R. Sahai (JPL) (ul). **220 HubbleSite:** NASA/ESA/The Hubble Heritage Team (STScI/AURA)/P. McCullough (STScI). **NASA:** NOAO/T. A. Rector/U. Alaska/T. Abbott/AURA/NSF (ur). **Naval Research Lab.:** Rhonda Stroud/Nittler (2003) (mrO). **221 HubbleSite:** NASA/K. L. Luhman (Harvard-Smithsonian Center for Astrophysics, Cambridge, Mass.)/G. Schneider, E. Young, G. Rieke, A. Cotera, H. Chen, M. Rieke, R. Thompson (Steward Observatory, University of Arizona, Tucson, Ariz.) (ul). **NASA:** NOAO/T. A. Rector/U. Alaska/WIYN/AURA/NSF/GSFC (o). **222 HubbleSite:** NASA/ESA/G. Bacon (STScI) (um). **NASA:** CXC/SAO/M. Karovska et al. (ml). **223 HubbleSite:** NASA/ESA/(STScI/AURA)/J. Maíz Apellániz (Institute of Astrophysics of Andalucía, Spanien). **224-225 HubbleSite:** NASA/ESA/The Hubble Heritage Team (STScI/AURA)/A. Cool (San Francisco State University)/J. Anderson (STScI). **225 Hubble-Site:** NASA/ESA/H. Richer (University of British Columbia) (mr). **226 ESA:** NASA/L. Ricci (ESO) (mO) (ur) (mr) (aul) (amlu). **HubbleSite:** NASA/ESA/M. Robberto (Space Telescope Science Institute/ESA)/The Hubble Space Telescope Orion Treasury Project Team (mru). **NASA:** JPL-Caltech (amrO). **227 NASA:** Jean-Luc Beuzit et al./Grenoble Observatory/European Southern Observatory (or); JPL (ur). **National Research Council Canada:** C. Marois und B. Macintosh/Keck Observatory (ul). **228 HubbleSite:** NASA/H. Richer (University of British Columbia) (mru). **NASA:** (ml); CXC/M. Weiss (ul); JPL-Caltech/R. Hurt (SSC) (mru). **229 NASA:** (or); Dana Berry (ur); CXC/SAO/F. Seward (m); JPL (mlu). **230 Dorling Kindersley:** NASA (um) (mru) (amr). **HubbleSite:** ESA, NASA und Felix Mirabel (French Atomic Energy Commission and Institute for Astronomy and Space Physics/Conicet of Argentina) (ml). **NASA:** G. Bacon (STScI) (or). **Science Photo Library:** CXC/AlfA/D. Hudson und T. Reiprich et al./NRAO/VLA/NRL/NASA (ul). **231 Science Photo Library:** Europäische Weltraumagentur. **232 Science Photo Library:** David Nunuk (u). **232-233 Science Photo Library:** Larry Landolfi. **233 Alamy Images:** Tony Craddock/Images Etc. Ltd. (mO). **Corbis:** Jay Pasachoff/Science Faction (ul). **234 Corbis:** Stapleton Collection (ml) (or). **Getty Images:** The Bridgeman Art Library/Andreas Cellarius (ur). **235 Science Photo Library:** Pekka Parviainen (ul). **236 Science Photo Library:** Davide De Martin (or); NASA/JPL-Caltech/STSCI (ml); Eckhard Slawik (mr). **238 Corbis:** Radius Images (ml). **Getty Images:** Robert Gendler/Visuals Unlimited, Inc. (or); Stone/World Perspectives (mr). **240 Corbis:** Bettmann (mlO) (amru); Gianni Dagli Orti (mlu); Christel Gerstenberg (mr); Stapleton Collection (amlu). **Dorling Kindersley:** NASAFinley Holiday Films (amr); Rough Guides (amlO). **Science & Society Picture Library:** (mrO). **Science Photo Library:** Chris Butler (mru). **240-241 iStockphoto.com:** Gaffera. **241 Corbis:** Bettmann (mrO); NASA - digital version copyright/Science Faction (ml). **Dorling Kindersley:** Anglo-Australian Observatory/David Malin (mlu). **Getty Images:** Time & Life Pictures (amlu). **NASA:** ESA und G. Bacon (STScI) (ol). **Science Photo Library:** NASA/JPL (ur). **242 Alamy Images:** Stock Connection Blue/Novastock (mrO). **Dorling Kindersley:** The Science Museum, London (mO). **NASA:** (amlO); JPL (um); JPL-Caltech (mu). **Science Photo Library:** Ria Novosti (ul) (aol); Detlev Van Ravensswaay (amru). **242-243 iStockphoto.com:** Gaffera. **243 Corbis:** Reuters (mlu); JPL/Scaled Composites (or). **NASA:** JPL (mru) (ol); NASA/ESA/STSCI/H. Ford et al. (amlO). **Science Photo Library:** NASA (amr); Friedrich Saurer (ur); Detlev Van Ravensswaay (mO). **244 Science Photo Library:** Henning Dalhoff/Bonnier Publications. **245 HubbleSite:** NASA, ESA and The Hubble Heritage Team (STScI/AURA). **246-247 Moonpans.com:** (u). **248-249 Alamy Images:** Dennis Hallinan. **249 Dorling Kindersley:** NASA. **250 NASA:** SOHO/EIT Consortium/ESA. **251 Corbis:** STScI/NASA (ur). **252-253 Corbis:** Bryan Allen. **253 NASA:** JPL/USGS (or). **254 Dorling Kindersley:** Bob Gathany (or). **NASA:** ESA, NASA und Felix Mirabel (French Atomic Energy Commission and Institute for Astronomy and Space Physics/Conicet of Argentina) (ul). **255 Corbis:** Ed Darack/Science Faction (ur). **256 NASA:** JPL-Caltech/T. Pyle (SSC)

Alle anderen Abbildungen © Dorling Kindersley
Weitere Informationen unter:
www.dkimages.com

Dorling Kindersley dankt Ben Morgan für seine redaktionelle Unterstützung, Peter Radcliffe für Designassistenz und Peter Bull für zusätzliche Illustrationen.